Revista Venezolana de Legislación y Jurisprudencia

Secciones
Homenaje - Doctrina - Legislación - Jurisprudencia
- Misceláneas

Caracas, 2018
N° 10-I

Edición Homenaje
a María Candelaria Domínguez Guillén

Revista Venezolana de Legislación y Jurisprudencia

Periodicidad semestral (N° 10 corresponde a julio-diciembre de 2017)

Edison Lucio Varela Cáceres
Director

María Candelaria Domínguez Guillén
Asesora Académica

Fernando Ignacio Parra Aranguren
Coordinador

Consejo Científico Asesor

Cosimina G. Pellegrino Pacera
UCV

Sheraldine Pinto Oliveros
UCV - UNIMET

Nayibe Chacón Gómez
UCV

Gyomar Pérez Cobo
LUZ

María Eugenia Cisneros Araujo
UCV

Paula Beatriz Bianchi Pérez
ULA

Miguel Ángel Torrealba Sánchez
UCV

Marilena Asprino Salas
ULA

Enrique Urdaneta Fontiveros
UCAB -Academia de Ciencias
Políticas y Sociales

Mauricio Rodríguez Ferrara
ULA

José Rafael Belandria García
UCAB - UCV

Abdón Sánchez Noguera
ULA

Juan Carlos Sainz-Borgo
Universidad para la Paz, ONU

Ediltrudis Panadero de la Cruz
Universidad de Oriente, Cuba

Francisco Mora Sifuentes
Universidad de Guanajuato

Eduardo Barajas Languren
Universidad de Guadalajara

Diseño y diagramación: Reinaldo R. Acosta V.
Corrección: Elizabeth Haslam

Depósito Legal N° pp201202DC4188
ISSN 2343-5925

Los trabajos publicados han sido sometidos a arbitraje bajo el sistema de pares «doble ciego». La Revista se encuentra indizada en la base de datos del catálogo de Latindex (folio N° 24545). También está incorporada en la base de datos del «Proyecto Ulpiano» de la Academia de Ciencias Políticas y Sociales: www.ulpiano.org.ve

Editorial: **Revista Venezolana de Legislación y Jurisprudencia, C.A.**
www.rvlj.com.ve / @la_rvlj / revista_venezolana@hotmail.com
Los Ruices, Edificio Annabela, Caracas-Venezuela. Código Postal 1071
Teléfono: (0212) 234.29.53

Contenido

PRESENTACIÓN
    Edison Lucio VARELA CÁCERES 23

HOMENAJE

A propósito de haber sido su profesor
    Ramón ESCOVAR LEÓN 29

Semblanza a la Dra. Domínguez Guillén
    Edison Lucio VARELA CÁCERES 33

    Su principal atributo… 33

    El destino… 34

    Los números… 35

    La anécdota… 36

En torno a María Candelaria Domínguez Guillén
    Flor Karina ZAMBRANO FRANCO 37

    I 37

    II 38

    III 39

    IV 40

***Curriculum vitae* de María Candelaria Domínguez Guillén** 43

Doctrina

Apostillas sobre la carga probatoria y su recepción en el Derecho Civil venezolano
Serviliano Abache Carvajal 57

1. Generalidades sobre la carga de afirmar y de probar los hechos jurídicos controvertidos 57

2. Justificación de la carga probatoria 62

3. Fundamento (positivo) de la carga probatoria 64

4. Aproximación doctrinaria al concepto de carga probatoria 65

5. El principio general de la carga probatoria 67

6. La carga probatoria de los hechos constitutivos, extintivos e impeditivos 69

7. El principio *favor probationis* en la carga probatoria y el principio de proximidad, cercanía o facilidad a la obtención de la prueba 71

8. Los artículos 506 del Código de Procedimiento Civil y 1354 del Código Civil 76

Persona y dignidad humana: bases quiritarias de la conceptualización de los derechos fundamentales y la bioética
Tulio Alberto Álvarez 81

A manera de introducción 81

1. El ciclo vital de la persona y el derecho a la vida 84

2. El estatuto de libertad como sustrato de vida y humanidad 87

3. La autonomía de voluntad quiritaria en proyección a la moralidad de los actos 94

4. La ciudadanía quiritaria fundante de los criterios de nacionalidad y ciudadanía modernos 99

5. Conceptualización general del *status* familiar quiritario como origen de la familia occidental 102

Conclusiones 107

La norma detrás del velo: Aplicación de la teoría del levantamiento del velo societario en arbitraje comercial internacional
Luis David Briceño Pérez 111

Introducción 111

1. ¿*Piercing the corporate veil*? 112

2. El fundamento de la obligatoriedad del arbitraje para las partes 113

3. Fundamentos de la extensión a terceros no signatarios 116

4. Sobre la naturaleza de la teoría del levantamiento del velo 122

5. Fraude, abuso de derecho e infracapitalización 125

6. Un caso especial de responsabilidad 127

Conclusión 130

Los animales y los robots frente al Derecho
Luis Daniel Crovi 133

Introducción 133

1. Persona y personalidad 133

2. Los animales como «personas no humanas» 136

3. Los robots 139

Reflexión final 143

Aspectos jurídicos de los drones
Sacha Rohán FERNÁNDEZ CABRERA 145

Introducción 145

1. Generalidades 145

2. Usos, incertidumbres y problemas 146

3. Consideraciones jurídicas 152

Conclusiones 162

Las concepciones de los derechos subjetivos en la Escolástica
Julio GAMBA 165

Introducción 165

1. Las concepciones objetivas de los derechos subjetivos 166

2. Las concepciones subjetivas de los derechos 174

3. El derecho subjetivo como relación determinada
   e indeterminada 183

Conclusión 187

El rapto del Derecho Civil por el Derecho Administrativo:
A propósito del contrato administrativo. Un ensayo crítico
José Ignacio HERNÁNDEZ G. 189

1. La separación entre el Derecho Administrativo y el Derecho
   Civil aplicable a la actividad administrativa contractual 189

2. Las cláusulas exorbitantes como cláusulas derogatorias
   del Derecho Civil: la marca del contrato administrativo 196

3. Crítica conceptual a la teoría del contrato administrativo:
   la artificial distinción entre el Derecho Administrativo
   y el Derecho Civil 200

4. Crítica a la teoría del contrato administrativo desde el análisis económico del Derecho. La función de la regulación civil del contrato y su aplicación al ámbito de la actividad contractual de la Administración Pública 204

Conflictos matrimoniales originados por el uso indebido de Internet
Milagros E. HERNÁNDEZ RAMOS 209

Introducción 209

1. Aspectos positivos y negativos de las relaciones por Internet .. 211
2. Relaciones por Internet 212
3. La infidelidad conyugal por Internet 213
4. ¿Cuáles son los motivos de la infidelidad? 217
5. Efectos jurídicos 218

Conclusiones 226

Constitución y Derecho Internacional Privado
Claudia MADRID MARTÍNEZ 227

Introducción 227

1. La Constitución y la determinación de la jurisdicción 230
2. La Constitución y la determinación del Derecho aplicable 246

Conclusiones 265

Maternidad subrogada
Henry J. Martínez S. 269

Introducción 269

1. ¿En qué consiste la maternidad subrogada? 271

2. Tipos de maternidad subrogada 274

3. Regulación legal de la subrogación a nivel internacional 276

4. Regulación en Venezuela 278

Conclusiones 283

El juez en el laberinto de la interpretación
Luis Emilio Melo López 285

El empleo del cine en el estudio del Derecho Civil a partir de la obra de María Candelaria Domínguez Guillén
Cosimina G. Pellegrino Pacera 295

Notas introductorias 295

1. Cine dentro del Derecho Civil: Propuestas fílmicas 301

Breves consideraciones sobre la responsabilidad por ruptura injustificada de las tratativas precontractuales
Sheraldine Pinto Oliveros 315

Introducción 315

1. Condiciones de procedencia de la responsabilidad precontractual por ruptura injustificada de las tratativas: La culpa *in contrahendo* 318

2. Condiciones de procedencia de la responsabilidad precontractual por ruptura injustificada de las tratativas: El daño 323

Conclusión 327

Daños punitivos ¿Una quiebra del sistema de responsabilidad civil?
Enrique URDANETA FONTIVEROS 331

1. Daños punitivos: noción y funciones 333
2. Antecedentes históricos 334
3. Supuestos de procedencia 335
4. *Quantum* de la indemnización 338
5. Daños punitivos sin que exista un daño efectivo 341
6. Figuras próximas y manifestaciones en el Derecho venezolano de los daños punitivos 342
7. ¿Conviene trasplantar los daños punitivos al sistema de responsabilidad civil venezolano? 357

LEGISLACIÓN

El derecho a la intimidad y el derecho a la privacidad en relación con la utilización del mal llamado «papel de reciclaje»
María Fernanda ARTEAGA FLAMERICH 365

Introducción 365

1. El papel 366
2. Reciclaje o reutilización 368
3. Derechos de la personalidad 369
4. El derecho a la intimidad y el derecho a la privacidad 370
5. La violación del derecho a la intimidad y del derecho a la privacidad con la reutilización del papel 373
6. Tutela a los derechos a la intimidad y a la privacidad, desde el punto de vista del Derecho privado 376

Conclusiones 379

El financiamiento chino a cambio de petróleo: implicaciones jurídicas para Venezuela
Natalia Boza Scotto 381

Introducción 382

1. Marco contextual: El «petropréstamo» en América Latina 382

2. Un recorrido por los petropréstamos entre Venezuela y China . 384

3. La renovación de las «fases de cooperación» implica el otorgamiento de nuevos préstamos 396

4. Calificación jurídica de la relación contractual, conforme al Derecho venezolano 399

5. Aspectos relevantes de los petropréstamos, como expresión de una relación jurídica compleja 406

Conclusiones 416

Obligaciones *in solidum* en el Derecho venezolano
Marianna G. de Vita R. 419

Introducción 419

1. Obligaciones *in solidum* en el Derecho romano 421

2. Obligaciones *in solidum* en el Derecho francés 424

3. Concepción de las obligaciones *in solidum* y su aplicabilidad en Venezuela 427

Conclusiones 439

Cumplimiento e incumplimiento de las obligaciones de hacer
Andrés Domínguez Luelmo 443

Introducción 443

1. Planteamiento general: Incumplimiento, cumplimiento voluntario y ejecución forzosa en forma específica 445

2. Principios que inspiran la ejecución de las obligaciones
   de hacer 450
3. Los títulos ejecutivos y su función en la ejecución 452
4. Los títulos ejecutivos no judiciales: La desaparición
   de la denominada cláusula *guarentigia* 455
5. Determinación del carácter no personalísimo
   o personalísimo de la prestación de hacer como criterio
   determinante en la ejecución forzosa 464
6. Ejecución de condena de hacer no personalísimo 472
7. Ejecución de condena de hacer personalísimo 477
8. El problema de la imposibilidad de la prestación antes
   y después de iniciada la ejecución 485

Conclusiones 489

Fundamento constitucional del secreto empresarial en Venezuela
Thais Elena FONT ACUÑA 491

Introducción 491

1. El secreto empresarial. Concepto. Requisitos. Instrumentos
   internacionales 493
2. Bases constitucionales del secreto empresarial en Venezuela ... 495

Conclusiones 502

El abuso procesal
Jorge Isaac GONZÁLEZ CARVAJAL 505

Introducción 505

1. Corrección procesal. Particular referencia al ordenamiento
   jurídico venezolano 510

2. Algunos problemas metodológicos para el estudio
   de la corrección procesal 523

3. Corrección procesal. La preocupación, su justificación
   y el problema meta ético que encierra 532

4. Abuso procesal 538

Conclusión 548

La figura de la prórroga de los decretos de estados de excepción
Nélida Peña Colmenares 551

Introducción 551

1. Nociones generales sobre la figura de la prórroga
   de los estados de excepción 552

2. La prórroga de los estados de excepción en la Constitución 556

3. Los controles sobre la declaratoria de prórroga 566

Conclusión 580

Breve excurso histórico y conceptual sobre las leyes constitucionales, a propósito de las dictadas por la sedicente Asamblea Nacional Constituyente
José Peña Solís 581

Premisa introductoria 581

1. El origen y la evolución histórica de las leyes constitucionales . 583

2. Síntesis conceptual derivada del examen del anterior
   perfil histórico normativo de las leyes constitucionales 595

3. Las «leyes constitucionales» dictadas por la «Asamblea
   Nacional Constituyente» de 2017, no resultan encuadrables
   en el marco teórico que sirve de base de sustentación a este
   tipo de instrumentos normativos, ni tampoco en el ordenamiento
   constitucional venezolano 597

El pago del salario en divisas y otras opciones económicas de retención en Venezuela
    Juan Carlos PRÓ-RÍSQUEZ 611

    Introducción 611

    1. La reforma de la Ley Orgánica del Trabajo 614

    2. El pago del salario en divisas a los trabajadores 622

    3. Otras alternativas de incremento remunerativo
       sin impacto salarial 637

    Conclusiones 645

Sobre la deducibilidad de la pérdida monetaria por inflación en el impuesto sobre la renta. Un caso de resistencia constitucional
    Humberto ROMERO-MUCI 649

    Introducción 650

    1. Sobre la inconstitucional supresión de la metodología del ajuste por inflación a las entidades financieras y de seguros y demás contribuyentes especiales 657

    2. Sobre la pérdida financiera por inflación 659

    3. Sobre la idemnidad de la regla del artículo 4 de la Ley de Impuesto sobre la Renta 662

    4. Sobre la pertinencia técnica y jurídica de la BA VEN-NIF 2 y NIC 29 como metodología alternativa y supletoria para el cálculo de la pérdida monetaria por inflación 667

    5. Sobre la deducibilidad de la pérdida monetaria por inflación 674

    6. Sobre la prueba de la pérdida financiera por inflación: aplicación de procedimiento convenido de auditoría relativo a información financiera 676

7. Sobre la posibilidad jurídica de continuar aplicando por analogía la metodología del Título IX de la Ley de Impuesto Sobre la Renta ... 681

Conclusiones 687

La buena fe en el proceso. Algunas consideraciones referidas al artículo 170 del Código de Procedimiento Civil
Nilyan SANTANA LONGA 691

Intoducción 691

1. La buena fe como principio inherente al proceso 692

2. El artículo 170 del Código de Procedimiento Civil 693

3. El mandato del artículo 170 del Código de Procedimiento Civil ... 696

4. Vías y soluciones procesales 699

Conclusiones 708

La persona natural y la libertad en las Disposiciones Generales del Código Civil de la República Popular China
Emilio SPÓSITO CONTRERAS 711

Introducción 712

1. Antecedentes 713

2. Las Disposiciones Generales del Código Civil 716

3. Influencia occidental 717

4. La persona natural en las Disposiciones Generales del Código Civil 720

5. Perspectivas 727

Conclusiones 729

La enumeración de los entes y órganos sometidos al control contencioso-administrativo según el artículo 7 de la Ley Orgánica de la Jurisdicción Contencioso-Administrativa (o cuando el legislador sí se equivoca)
    Miguel Ángel Torrealba Sánchez 731

    Preliminar. La importancia de la clasificación de las personas jurídicas al establecer el ámbito subjetivo de aplicación de una Ley 732

    1. La lista 733

    Consideración final 756

La emancipación y la capacidad evolutiva de los niños y adolescentes
    Edison Lucio Varela Cáceres 761

    Introducción 761

    1. La emancipación en el modelo del Código Civil 762

    2. La emancipación a tenor de la doctrina de la protección integral 774

    3. Una propuesta de *lege ferenda* 779

    Conclusiones 781

Jurisprudencia

El costo de reconocer derechos fundamentales en el Estado social. Consideraciones sobre la jurisdicción constitucional y los grupos sexo diversos
    Jorge Octaviano Castro Urdaneta 783

    Introducción 784

    1. La intervención de la justicia constitucional en el reconocimiento de los derechos de LGBTTI 787

    2. Los criterios jurisprudenciales de la Sala Constitucional relacionados con los grupos de LGBTTI 794

    3. La dimensión económica del reconocimiento de los derechos de LBGTTI 801

    Consideraciones finales 810

Validez de los acuerdos sobre división de la comunidad de gananciales realizados en divorcios no contenciosos y solicitudes de separación de cuerpos y de bienes
    Juan Enrique Croes Campbell 815

    Introducción 815

    1. Delimitación del tema 816

    2. La disolución y liquidación de la comunidad de gananciales en Venezuela 818

    3. Posición de la jurisprudencia 821

    4. Nuestra posición sobre este tema 825

    Conclusiones 834

Análisis de los argumentos de la sentencia de la Sala Constitucional del Tribunal Supremo de Justicia N° 512/2002 con base en el esquema de Stephen Toulmin

    Carlos Pérez Fernández 837

    Introducción 837

    1. Primer razonamiento 840

    2. Segundo razonamiento 845

    Conclusiones 850

Recientes modificaciones jurisprudenciales de la Casación Civil venezolana

    Luis Aquiles Mejía Arnal 853

    Introducción 853

    1. La casación de oficio, el efecto de la sentencia de casación y el trámite de la formalización en el Código de Procedimiento Civil de 1987 853

    2. La casación de oficio a partir de la sentencia N° 432/2017 857

    3. La casación de instancia establecida en la sentencia N° 510/2017 858

    4. La audiencia de casación instaurada en la sentencia N° 811/2017 864

La aplicación de la Convención de los Derechos de las Personas con Discapacidad por la Sala de lo Civil y de lo Administrativo del Tribunal Supremo cubano
Leonardo B. Pérez Gallardo 869

1. La necesaria sensibilización de los jueces en temas de discapacidades 869

2. El Alto Foro y la Convención de los Derechos de las Personas con Discapacidad: ¿Pueden los jueces cubanos aplicar directamente un tratado internacional de derechos humanos ratificado por el país? 880

3. Capacidades diferentes y ejercicio de la capacidad jurídica: restitución parcial del ejercicio de la capacidad jurídica. Algunos influjos en los fallos de tribunales de instancia 883

4. La discapacidad en la valoración judicial de la cualidad de legitimario asistencial 897

5. Discapacidad, salvaguardas y formalidades testamentarias ... 905

6. Discapacidad y cese de convivencia 910

Post scriptum 911

La constitucionalización de la unión marital de hecho a través de la jurisprudencia
Víctor Rafael Hernández-Mendible 913

Introducción 914

1. Los antecedentes constitucionales y legales del reconocimiento de las uniones maritales de hecho 917

2. La jurisprudencia constitucional sobre las uniones maritales de hecho 920

Conclusiones 954

**La convención colectiva de trabajo como fuente y prueba
de obligaciones laborales y su tratamiento por la Sala
de Casación Social**
    Oscar RIQUEZES CONTRERAS 957

    Introducción 957

    1. Las normas convencionales laborales 961

    2. La convención colectiva de trabajo como prueba
       de las obligaciones laborales 963

    3. La convención colectiva de trabajo ¿hecho o derecho?
       El aforismo *iura novit curia* según la Sala de Casación Social . 973

**El interés superior del niño en las decisiones de la Sala
Constitucional del TSJ (2013-2017)**
    Gabriel SIRA SANTANA 981

    Introducción 981

    1. Año 2013 983

    2. Año 2014 988

    3. Año 2015 993

    4. Año 2016 996

    5. Año 2017 999

    Comentario final 1001

MISCELÁNEAS

Palabras de Apertura del v Aniversario de la *Revista Venezolana de Legislación y Jurisprudencia* y presentación del *Curso de Derecho Civil III Obligaciones* de la profesora María Candelaria Domínguez Guillén
 Gabriel Ruan Santos 1007

Presentación del libro de María Candelaria Domínguez Guillén *Curso de Derecho Civil III Obligaciones*
 James Otis Rodner 1011

 Palabras de introducción 1011

 Biografía de la autora 1012

 Uso de bibliografía venezolana 1012

 Ubicación de la bibliografía en Venezuela 1012

 Derecho moderno de las obligaciones 1014

 Nuevos medios de pago y la criptomoneda 1016

 El consumidor y el débil jurídico 1017

 Internacionalización del Derecho 1018

 Relaciones jurídicas complejas 1018

Palabras de presentación del libro *Curso de Derecho Civil III Obligaciones*
 María Candelaria Domínguez Guillén 1021

Crónica administrativa: Presentación del libro *La ejecución de sentencias en el proceso administrativo iberoamericano. España, Perú, Costa Rica, Colombia y Venezuela* del profesor Miguel Ángel Torrealba Sánchez
 José Rafael Belandria García 1027

 I. El acto de presentación 1028

 II. El contenido del libro 1030

 III. El buen hacer en el Derecho Administrativo 1031

Índice de la Revista Venezolana de Legislación y Jurisprudencia (Nos del 1 al 10)
 Edison Lucio Varela Cáceres 1033

 Índice por autores 1037

 Índice por materias 1052

  Derecho Constitucional 1052

  Derecho Administrativo 1053

  Derecho Civil 1057

  Derecho Mercantil 1061

  Derecho Internación Privado 1062

  Derecho Internación Público 1062

  Derecho Penal y Crimonología 1063

  Derecho Procesal y Probatorio 1063

  Derecho de la Niñez y de la Adolescencia 1066

  Derecho del Trabajo 1066

  Derecho Financiero y Tributario 1067

Filosofía, Historia e Introducción al Derecho 1068

Derecho Extranjero 1069

Derechos humanos 1070

Derecho y literatura 1072

Semblanzas 1073

Retratos 1074

Misceláneas 1075

Presentación

La fortuna me sonríe bondadosamente, pues me corresponde presentar un nuevo número de esta joven *Revista*, ejemplar por demás redondo, el Nº 10, que está dedicado a homenajear la excelsa figura de la profesora María Candelaria Domínguez Guillén, cómplice de los diversos avatares vividos por esta publicación.

En efecto, solo felicidad siento al poder expresar un breve elogio «con admiración sincera pero restringida»[1], a una persona que tengo el placer de conocer –por sus enjundiosos libros y personalmente– y como es preciso que ilustre un poco al lector sobre la mujer agasajada que para un jurista serio debe resultar ampliamente familiar su henchida obra escrita, me permito referir una anécdota de cómo nos conocimos y nació no la inclinación por el Derecho Civil que ya cada uno profesaba, sino la camaradería que solo es propia de los que comparten nobles y sinceros esfuerzos por una bienhechora causa, como es en nuestro caso por la difusión de la cultura jurídica.

Así, una vez arribado a este valle capitalino tardé varios años en toparme con la autora del copioso libro *Ensayos sobre capacidad y otros temas de Derecho Civil*, ciertamente era natural que para alguien que apenas comenzaba a incursionar en el campo del Derecho de la Niñez y Adolescencia existiera un legítimo interés por descubrir quién se aguardaba detrás de la ya para entonces lozana obra jurídica. Sin embargo, la timidez propia de mi casta andina no me llevó a buscarla, mas sí a querer conocer a la autora de tan ricos textos.

---

[1] Así le dedicaba un libro Rubén Darío a Miguel de Unamuno, quien contestaría: «toda admiración si es sincera es restringida, y si no es restringida o es insincera o es ininteligente».

Así, muchas veces al ver a una profesora caminar por los pasillos de la Facultad –donde para entonces cursaba estudios de postgrado– me preguntaba: ¿será ella la Dra. Domínguez Guillén?, pero fallaba en mi suposición. Así pasaron los años hasta que finalmente la providencia nos colocó en hoy una extraña oficina para ser presentados por también hoy una extraña persona. Grata sorpresa, la Dra. Domínguez Guillén no exteriorizaba la imagen de la académica idealizada, circunspecta y distante, sino resultó ser una persona amigable con verbo rápido y encendido, que al saber que era docente en otra universidad con efervescencia me convidó a que me inscribiera en un concurso que recientemente se abría para una plaza en la Universidad Central de Venezuela.

Lo curioso es que, posteriormente, la Dra. Domínguez Guillén comentó que también le sorprendió el conocerme, pues aunque no me estaba buscando ya sabía de mi existencia en el campo académico, ello por demás extraño, ya que a la fecha únicamente había publicado un modesto artículo en la *Revista de Derecho* del Tribunal Supremo de Justicia y mi tesis de especialista. Y es aquí donde el destino hace su trabajo, pues meses antes, visitando el Departamento de Publicaciones para ver el estado de la edición de la mencionada tesis, me consultó la Lic. Pereira –responsable de publicaciones para entonces– sobre la portada de un libro homenaje al profesor Tejera París que preparaba la Universidad Central de Venezuela, el cual se encontraba en fase final de edición. Al hojear el contenido del libro observé que contenía un artículo de la Dra. Domínguez Guillén que me resultaba útil para una colaboración que escribía para la referida *Revista de Derecho*, así que lo cité y envié oportunamente al editor, nuestro querido profesor Fernando Parra Aranguren, y este último lo envió a la homenajeada para su arbitraje, mayor sorpresa la de la Dra. Domínguez Guillén el ver citado su trabajo en un libro que a la fecha no se había publicado, ello obviamente generó una particular impresión, en el sentido de que si por algo se ha caracterizado nuestra agasajada es por una habilidad inquisitiva extraordinaria que con esfuerzos prodigiosos agota el mayor número de fuentes bibliográficas que sobre el tema objeto de su foco existe en el ámbito nacional e incluso las más autorizadas voces foráneas.

Varios años han transcurrido desde ese fortuito encuentro, y ellos no han hecho otra cosa que ratificar la buena imagen que tengo de una trabajadora incansable que cada año te asombra con un nuevo libro, que amplía sus horizontes hacia nuevas áreas de interés. Por ello, en este momento que reflexiono, me gustaría afirmar que soy su discípulo, pero ello faltaría a la verdad, ya que siempre me ha tratado como un par, como un semejante –aunque ello diste de ser cierto en el plano académico– y por ello hemos podido tener muchos puntos de vistas distintos y discusiones sinceras sobre aspectos jurídicos o personales, siempre como colegas o más aún como amigos, trato que atesoro más que cualquier «línea altamente lisonjera» de las que son comunes en el mundo académico. No continúo porque la mayor prueba de lo que he querido ilustrar se desprende de las colaboraciones que siguen a esta presentación y que además son expuestas por plumas más autorizadas que la mía, así que conviene pasar ya a mencionar los trabajos que integran el presente número compuesto por cinco secciones: Homenaje, Doctrina, Legislación, Jurisprudencia y Misceláneas, a saber:

La sección «Homenaje» se encuentra integrada por tres semblanzas, las cuales resaltan la figura de la Dra. DOMÍNGUEZ GUILLÉN desde diversos puntos de vistas, que en conjunto perfilan con exactitud la conspicua obra académica de la agasajada. Así, el profesor Ramón ESCOVAR LEÓN se enfoca en su perspectiva como maestro ductor; mi aporte se hace desde la mirada del colega y compañero de cátedra; por su parte, la profesora Flor Karina ZAMBRANO FRANCO desarrolla su elogio desde su visión de estudiante. Cierra esta sección la reproducción del *Curriculum vitae* de la homenajeada.

En el apartado de «Doctrina» se incluyen las colaboraciones de Serviliano ABACHE CARVAJAL (*Apostillas sobre la carga probatoria y su recepción en el Derecho Civil venezolano*), Tulio Alberto ÁLVAREZ (*Persona y dignidad humana: bases quiritarias de la conceptualización de los derechos fundamentales y la bioética*), Luis David BRICEÑO PÉREZ (*La norma detrás del velo: Aplicación de la teoría del levantamiento del velo societario en arbitraje comercial internacional*), Luis Daniel CROVI (*Los animales y los robots frente al Derecho*), Sacha Rohán FERNÁNDEZ CABRERA (*Aspectos jurídicos de los drones*), Julio GAMBA (*Las concepciones de los derechos subjetivos en la Escolástica*), José Ignacio HERNÁNDEZ G. (*El rapto del Derecho Civil por el Derecho Administrativo: A propósito del contrato administrativo. Un ensayo crítico*), Milagros E. HERNÁNDEZ RAMOS (*Conflictos matrimoniales originados por el uso indebido de Internet*), Claudia MADRID MARTÍNEZ (*Constitución y Derecho Internacional Privado*), Henry J. MARTÍNEZ S. (*Maternidad subrogada*), Luis Emilio MELO LÓPEZ (*El juez en el laberinto de la interpretación*), Cosimina G. PELLEGRINO PACERA (*El empleo del cine en el estudio del Derecho Civil a partir de la obra de María Candelaria Domínguez Guillén*), Sheraldine PINTO OLIVEROS (*Breves consideraciones sobre la responsabilidad por ruptura injustificada de las tratativas precontractuales*), Enrique URDANETA FONTIVEROS (*Daños punitivos ¿Una quiebra del sistema de responsabilidad civil?*).

La sección de «Legislación» la componen trabajos de los autores: María Fernanda ARTEAGA FLAMERICH (*El derecho a la intimidad y el derecho a la privacidad en relación con la utilización del mal llamado «papel de reciclaje»*), Natalia BOZA SCOTTO (*El financiamiento chino a cambio de petróleo: implicaciones jurídicas para Venezuela*), Marianna G. DE VITA R. (*Obligaciones* in solidum *en el Derecho venezolano*), Andrés DOMÍNGUEZ LUELMO (*Cumplimiento e incumplimiento de las obligaciones de hacer*), Thais Elena FONT ACUÑA (*Fundamento constitucional del secreto empresarial en Venezuela*), Jorge Isaac GONZÁLEZ CARVAJAL (*El abuso procesal*), Nélida PEÑA COLMENARES (*La figura de la prórroga de los decretos de estados de excepción*), José PEÑA SOLÍS (*Breve excurso histórico y conceptual sobre las leyes constitucionales, a propósito de las dictadas por la sedicente Asamblea Nacional Constituyente*), Juan Carlos PRÓ-RÍSQUEZ (*El pago del salario en divisas y otras opciones económicas de retención en Venezuela*), Humberto ROMERO-MUCI (*Sobre la deducibilidad de la pérdida monetaria por inflación en el impuesto sobre la renta. Un caso de resistencia constitucional*), Nilyan SANTANA LONGA (*La buena fe en el proceso. Algunas consideraciones referidas al artículo 170 del Código de Procedimiento Civil*), Emilio SPÓSITO CONTRERAS (*La persona natural y la libertad en las Disposiciones Generales del Código Civil de la República Popular China*), Miguel Ángel TORREALBA SÁNCHEZ (*La enumeración de los entes y órganos sometidos al control contencioso-administrativo según el artículo 7 de la Ley Orgánica de la Jurisdicción Contencioso-Administrativa o cuando el legislador sí se equivoca*), y quien suscribe (*La emancipación y la capacidad evolutiva de los niños y adolescentes*).

Por su parte, la sección «Jurisprudencia» la integran los siguientes autores: Jorge Octaviano CASTRO URDANETA (*El costo de reconocer derechos fundamentales en el Estado social. Consideraciones sobre la jurisdicción constitucional y los grupos sexo diversos*), Juan Enrique CROES CAMPBELL (*Validez de los acuerdos sobre división de la comunidad de gananciales realizados en divorcios no contenciosos y solicitudes de separación de cuerpos y de bienes*), Carlos PÉREZ FERNÁNDEZ (*Análisis de los argumentos de la sentencia de la Sala Constitucional del Tribunal Supremo de Justicia Nº 512/2002 con base en el esquema de Stephen Toulmin*), Luis Aquiles MEJÍA ARNAL (*Recientes modificaciones jurisprudenciales de la Casación Civil venezolana*), Leonardo B. PÉREZ GALLARDO (*La aplicación de la Convención de los Derechos de las Personas con Discapacidad por la Sala de lo Civil y de lo Administrativo del Tribunal Supremo cubano*), Víctor Rafael HERNÁNDEZ-MENDIBLE (*La constitucionalización de la unión marital de hecho a través de la jurisprudencia*), Oscar RIQUEZES CONTRERAS (*La convención colectiva de trabajo como fuente y prueba de obligaciones laborales y su tratamiento por la Sala de Casación Social*), y Gabriel SIRA SANTANA (*El interés superior del niño en las decisiones de la Sala Constitucional del Tribunal Supremo de Justicia, 2013-2017*).

Cierran este número las «Misceláneas», compuestas por las palabras expresadas con ocasión al V Aniversario de la *Revista Venezolana de Legislación y Jurisprudencia* y presentación del *Curso de Derecho Civil III Obligaciones* de la autora DOMÍNGUEZ GUILLÉN, a cargo de Gabriel RUAN SANTOS, presidente de la Academia de Ciencia Políticas y Sociales, y del profesor James Otis RODNER, así como de María Candelaria DOMÍNGUEZ GUILLÉN. Además, se añade una «Crónica administrativa» preparada por José Rafael BELANDRIA GARCÍA sobre la presentación del libro: *La ejecución de sentencias en el proceso administrativo iberoamericano. España, Perú, Costa Rica, Colombia y Venezuela* del profesor Miguel Ángel TORREALBA SÁNCHEZ. Finalmente, clausura esta sección *el Índice de la Revista Venezolana de Legislación y Jurisprudencia (N⁰ˢ del 1 al 10)*.

Ya para concluir estas páginas de introito, extendemos nuestro agradecimiento a los siempre consecuentes: Dr. Fernando Parra Aranguren y Dr. Torrealba Sánchez por sus esfuerzos *ad honorem*, al Consejo Científico Asesor, a los árbitros, al equipo de diagramación y corrección y a los generosos colaboradores, que son los que aportan el brillo que estas páginas pueden trasmitir… muchas gracias… y enhorabuena estimada Dra. Domínguez Guillén…

Prof. Edison Lucio Varela Cáceres
DIRECTOR-EDITOR

A propósito de haber sido su profesor

María Candelaria Domínguez Guillén es una referencia relevante en la doctrina jurídica venezolana. Su incansable producción se ha convertido en un aporte valioso para el Derecho Civil del país. Sus manuales y estudios en Derecho de Personas, Familia, Sucesiones y Obligaciones son de necesaria consulta para estudiantes y abogados.

La profesora Domínguez Guillén destaca la importancia que las profesoras de la Facultad de Ciencias Jurídicas y Políticas de la Universidad Central de Venezuela han aportado a los asuntos jurídicos. Cada día son más las mujeres que se dedican a la investigación en la mencionada Facultad y a la producción de obra jurídica de calidad. María Candelaria es un buen ejemplo de ello.

Entre las muchas cualidades de la homenajeada en esta 10ª edición de la *Revista Venezolana de Legislación y Jurisprudencia* quiero resaltar la seriedad con la que se ha tomado sus responsabilidades académicas. Esto queda evidenciado porque cumplió con sus ascensos hasta alcanzar la categoría de profesora Titular y por la consistencia y densidad de su obra. En 1999, concursó por oposición y en 2012 obtuvo el máximo escalafón académico en la Universidad Central de Venezuela: Profesora Titular.

Desde que la conocí pude advertir el destino académico que le esperaba. Luego que en 2001 publicó sus *Ensayos sobre capacidad y otros temas de Derecho Civil*[1] le anuncié el éxito que le aguardaba porque no se limitaba a presentar sus reglamentarios trabajos de ascensos; sino que escribía manuales y estudios sobre temas del Derecho Civil. Uno de los temas contentivos del citado texto

---

1 Publicado por el Tribunal Supremo de Justicia, y cuenta con una 2ª edic. en 2006 y una 3ª edic. en 2010.

es el trabajo presentado en una de las materias en que fui su profesor: «La interpretación: atributo esencial de la sentencia». Dicha obra también contiene el capítulo titulado: «El procedimiento de incapacitación», que analiza los aspectos procesales del juicio interdicción y de inhabilitación. Este fue, además, su trabajo presentado para optar al título de Especialista en Derecho Procesal en la UCV, del cual fui parte del jurado, y que fue objeto de mención honorífica y publicación.

De su variada obra vale la pena destacar: *Ensayos sobre capacidad y otros temas de Derecho Civil, Inicio y extinción de la personalidad jurídica del ser humano (Nacimiento y muerte)* y *Curso de Derecho Civil III Obligaciones* publicado en el año 2017. Tres obras que completan los manuales que, sobre las materias tratadas, existen en el Derecho venezolano. Ello además de los respectivos manuales que dedicó a las asignaturas de Personas, Familia y Sucesiones.

Cabe destacar que los estudios de obligaciones cuentan con los apuntes de clase de Oscar Palacios Herrera, los manuales de Eloy Maduro, Emilio Pittier, Hermes Harting, los estudios de Rafael Bernad, Enrique Urdaneta y la *Doctrina general del Contrato* de José Mélich-Orsini; a esta lista de libros hay que agregar el de la profesora Domínguez Guillén, el cual, además de apoyarse en la doctrina clásica, examina la más reciente producción jurídica en materia de obligaciones, tanto doctrinaria como jurisprudencial. Tengo la fortuna de haber sido, junto con James Otis Rodner, uno de los impulsores de la publicación de la versión impresa de esta necesaria obra. Una vez enviado los correos a los abogados interesados en la materia, obtuvimos respuesta inmediata: en menos de 48 horas se recogieron los fondos necesarios para financiar la publicación de este fundamental libro. Y no podía ser de otra manera, por cuanto la autoría de María Candelaria Domínguez Guillén es un sello de calidad intelectual. Me complace haber sido parte de esta iniciativa.

Hay, además, dos estudios que merecen comentarios aparte: «La indefensión y la inmotivación como causa de nulidad del laudo arbitral en el Derecho venezolano»[2] y «Proyección constitucional del Derecho de obligaciones»[3]. En el primero, la autora reflexiona sobre la necesidad de que el laudo arbitral sea motivado; para ello examina la doctrina nacional y extranjera y consigna su opinión sobre la base del sistema procesal venezolano. En la segunda, se adentra en el importante tema de la constitucionalización del Derecho Civil. Para ello se apoya en las sentencias de la Sala Constitucional, así como en jurisprudencia y doctrina extranjera. Se trata de un tema que merece discusión para poder precisar cuáles son los alcances de esta «constitucionalización» para no derivar de ello una intervención sin límites en la libertad de los contratos. La profesora DOMÍNGUEZ nos presenta un trabajo seminal con el cual se inicia la necesaria discusión sobre la materia. En 2018 amplía el tema con su obra: *Derecho Civil Constitucional*.

María Candelaria fue mi alumna en el postgrado de la Facultad de Ciencias Jurídicas y Políticas de la Universidad Central de Venezuela, en los cursos de «Teoría general de los recursos» y «La sentencia: requisitos y vicios». En ambas materias se destacó como una estudiante inquieta, que formulaba preguntas que estimulaban la reflexión. Como profesor me fue fácil advertir que su indetenible curiosidad intelectual haría de ella una de las doctrinarias más destacadas del país, como efectivamente ha ocurrido.

La homenajeada está casada con el profesor Miguel Ángel TORREALBA SÁNCHEZ, quien es, sin duda, uno de los más destacados profesores de Derecho Administrativo de la Universidad Central de Venezuela. Su tesis, *La ejecución de sentencias en el proceso administrativo iberoamericano*, es de necesaria consulta en la materia de ejecución de las sentencias. Fue su tesis doctoral en la Universidad de La Coruña y lo presentó como trabajo de ascenso a la categoría de profesor Asociado en la UCV. Fui miembro del jurado evaluador y puedo dar fe de la calidad jurídica de esta obra. Los profesores TORREALBA SÁNCHEZ y DOMÍNGUEZ GUILLÉN, se conocieron cuando estudiaban

---

[2] Publicado en: *Revista de Derecho Privado*. N° 31. Universidad Externado de Colombia. Bogotá, 2016, pp. 229-262, www.uexternado.edu.co/derechoprivado.

[3] En: *Revista Venezolana de Legislación y Jurisprudencia*. N° 7-I (Edición Homenaje a José Peña Solís). Caracas, 2016, pp. 87-123, www.rvlj.com.ve.

Derecho en la UCV y desde 2004 integran un matrimonio dedicado al estudio y a la educación de sus hijos María Soledad y Miguel Andrés, lo que ocupa la parte fundamental de sus vidas.

Es para mí muy grato dejar constancia escrita del aprecio personal y admiración intelectual que siento por María Candelaria y por su esposo. Una pareja que contribuye constantemente con el enriquecimiento de la doctrina jurídica venezolana.

Felicito a la *Revista Venezolana de Legislación y jurisprudencia* por este merecido homenaje que le tributa a tan distinguida jurista.

Prof. Ramón Escovar León

Semblanza a la Dra. Domínguez Guillén

*A mi brillante colega a quien califiqué de excelente
al leer sus obras y tuve la fortuna de reiterarlo al conocer…*

La personalidad de la Dra. DOMÍNGUEZ GUILLÉN es tan directa y espontánea que, al enterarse del proyectado homenaje, me ha pedido que le escriba unas palabras de panegírico, honor aceptado con profundo deleite.

Para afrontar el compromiso se asume la posición que gentilmente se me ha dispensado por la homenajeada, la cual no es otra que la de «colega» que comparte cátedra y, aunque es evidente que su efigie está muy elevada, en relación con quien escribe, la verdad es que la Dra. DOMÍNGUEZ GUILLÉN jamás ha usado en el trato académico el argumento de autoridad; por ello al fijar la anterior perspectiva no se hace más que corresponder a la verdad, que por lo demás me privilegia.

Su principal atributo…

Así pues, desde ese plano de igualdad cortésmente dispensado, lo que más se estima de la personalidad de la Dra. DOMÍNGUEZ GUILLÉN es su honestidad, pues no tiene miramientos para decir su parecer aunque sea contrario a la posición de su interlocutor, y ello es un verdadero atractivo para aquel que cree en la crítica y que es humilde para aceptar la inversa, ya que le permite a la contraparte descubrir que se encuentra en un error o apuntalar los argumentos para robustecer la posición asumida, lo que por demás siempre implicará una progresión en el pensamiento[1].

---

[1] Asentaba DE UNAMUNO: «¿y quién no ha escrito tonterías nunca? ¡Desgraciado de él! el hombre más tonto del mundo es el que se muere sin haber dicho ni hecho tontería alguna, porque ha existido tontamente. El que no saca afuera sus tonterías, se queda con ellas dentro y le anonadan el alma»; también Manuel CABALLERO apuntalaba:

Y es que no hay nada más odioso que las posiciones acomodaticias, genuflexas o lisonjeras, que son siempre un claro obstáculo para la ciencia, ya que contradicen la autenticidad. De allí que es difícil escuchar una frase zalamera que provenga de María Candelaria, pues si expresa un elogio es porque considera honestamente que el destinatario es digno merecedor del mismo. Lamentablemente, esto, que debería ser la regla en el mundo de relaciones, resulta más bien una excepción[2]. Sin embargo, la Dra. Domínguez Guillén nos da un ejemplo vivo de lo que es el éxito profesional como producto del exclusivo talento, sacrificio y trabajo[3]. Magisterio desplegado en franco obsequio a la creación de conocimiento y su consecuente difusión.

El destino…

La Dra. Domínguez Guillén nació en España y de allí provienen sus venas, pero la sangre que corre por las mismas —me atrevo a afirmar– es 100 % venezolana, pues arribó a nuestras costas con cuatro años de edad[4], un 6 de noviembre de 1975, un día antes del cumpleaños de Miguel Ángel, su esposo, lo cual comenta con jocosidad como un hecho «premonitorio porque yo iba a ser su regalo de la vida», pero, si se es justo, la fortuna no solo ha premiado a su compañero, sino a todos los venezolanos que podemos ufanarnos de contar con una civilista de primera línea.

«Se ha dicho que solo los imbéciles no cambian jamás de opinión, puesto que para cambiarla hay que haber hecho el esfuerzo de tenerla».

[2] Por ello, Manuel Carreño advierte en su universal *Manual*: «37. A veces los malos se presentan en la sociedad con cierta apariencia de bondad y buenas maneras, y aun llegan a fascinarla con la observancia de las reglas más generales de la urbanidad, porque la urbanidad es también una virtud y la hipocresía remeda todas las virtudes. Pero jamás podrán engañar por mucho tiempo a quienes sepan medir con la escala de la moral los verdaderos sentimientos del corazón humano».

[3] Ya lo advertía Ángel Ossorio en su inmortal *El alma de la toga*: «todas las reglas del trabajo pueden reducirse a ésta: hay que trabajar con gusto. Logrando acertar en la vocación y viendo en el trabajo no solo un modo de ganarse la vida, sino la válvula para la expansión de los anhelos espirituales, el trabajo es liberación, exaltación, engrandecimiento».

[4] Como apunta Pedro Emilio Coll, «El suelo crea las razas»; añade Briceño-Iragorry: «La patria se mete por los ojos. Con el paisaje se recibe la primera lección de Historia».

Por lo dicho, el más claro ejemplo de su compromiso con esta tierra es que ante el reciente éxodo de muchos profesionales a nuevos horizontes, en ningún momento ha manifestado su interés por abandonar a Venezuela, pudiendo hacerlo por cuanto cualquier universidad estaría encantada de recibirla en su claustro. Ello evidencia el nivel de compromiso y de claridad, ya que sabe que todavía queda mucho por hacer o, con mayor propiedad, por reconstruir[5]. Aquí recuerdo la frase de François RABELAIS: «ciencia sin conciencia no es sino la ruina del alma».

Los números...

Enormes méritos se pueden esbozar de su obra escrita, pero si se midiera simplemente en términos cuantitativos se estaría hablado de más de una decena de libros y de más de 90 artículos –a la fecha–, lo que representan –si nuestros cálculos son correctos– más de mil páginas de docta doctrina.

Ahora bien, si se aludiera al aspecto cualitativo sus trabajos se caracterizan por un dominio avasallador de la bibliografía más importante sobre la temática estudiada[6], por una posición siempre crítica con soporte en una sólida argumentación, por una amplitud de miradas, pues, si bien su centro de interés generalmente es el Derecho sustantivo, no descuida el incorporar los aspectos periféricos relacionados con el ámbito procesal y constitucional, constantemente necesarios para tener una visión completa del fenómeno jurídico.

---

[5] Recuerda OSSORIO, en otra obra: «El hondo patriotismo es el del cumplimiento del deber de cada cual, y el abogado patriota tiene una fórmula de mostrar su amor a la patria: no servir más que a la justicia; posponer ante ella cualquiera otro interés (…) Mas tampoco basta servirla rutinariamente. Ha de ser con encendida pasión, con fe de iluminados, con fervor de amantes».

[6] BAUMEISTER TOLEDO en recensión al libro: *Ensayos sobre capacidad y otros temas de Derecho Civil*, indicaría: «La obra dispendia generosamente conocimientos de las más reputada doctrina nacional y extranjera, del otrora y de las más recientes tendencias, sin menoscabos de hacer oportunos y atinados comentarios personales, en los diversos puntos que se analizan, con absoluto pero grato rigor metodológico y acertado criterio», vid. *Revista de la Facultad de Derecho*. N° 57. UCAB. Caracas, 2002, p. 459.

En cuanto a la materia es difícil encontrar un aspecto del Derecho Civil Personas por el que no haya entornado su ojos examinadores o al menos mencionado tangencialmente en su extensa obra, llegando a ampliar su horizonte a otras áreas del Derecho Civil –Familia, Sucesiones y, recientemente, Obligaciones y Bienes–.

En consecuencia, no se puede concebir que exista hoy un jurista que estudie nuestro Derecho Civil y que no conozca su nombre civil y la fama que le precede, pues, si se diera tal hipotético caso, sería de esos abogados lechuguinos que «sobran» y a los que alude el maestro Calamandrei para el desconsuelo de nuestra digna profesión[7].

La anécdota…

Finalmente, una última muestra del talante de nuestra homenajeada. Cuando se proyectaba la creación de esta *Revista*, unánimemente se le ofreció la dirección a la Dra. Domínguez Guillén, empero inmediatamente rechazó el encargo por considerar que tal empresa debía descansar en el promotor inicial[8], tal modo de proceder evidencia que en su pensamiento no existe ningún dejo de falso protagonismo y, si bien no dirige formalmente esta publicación, es una parte fundamental para su andamiaje… por ello reiteramos nuestro infinito agradecimiento por la confianza depositada…

Prof. Edison Lucio Varela Cáceres

---

[7] *Vid.* Calamandrei, Piero: *Demasiados abogados*. Ejea. Trad. José R. Xirau. Buenos Aires, 1960.

[8] *Vid.* Domínguez Guillén, María Candelaria: «Presentación». En: *Revista Venezolana de Legislación y Jurisprudencia*. N° 1. Caracas, 2013, pp. 7 y ss.

En torno a María Candelaria Domínguez Guillén

I

Una lámpara no se enciende para después esconderla, sino para que desde un lugar alto, ilumine todo lo que le rodea. Eso explica muchas respuestas claves de las vidas de las personas, como por ejemplo ¿por qué nacen en este hogar y no en aquel?, o ¿por qué nacen en determinado país? Todas las habilidades y dones con los que fue dotado el hombre tienen un propósito. Que cada persona pueda descubrir –en parte– el propósito de su tránsito en la tierra, es una de las mayores plenitudes que puede experimentar un ser humano.

Ver el pasado a la luz del propósito de la profesora María Candelaria Domínguez Guillén para juzgar el presente, es –en mi caso– una deuda. Una experiencia personal me une de por vida a esta amiga, académica, madre y docente: Ella impulsó en gran medida –junto a otros dos profesores– mis pasos dentro de la enseñanza académica, y lo hizo en un momento en el que caían mis manos al vivir una de las épocas de mayor desequilibrio dentro de lo que conocí en la Escuela como «Estado de Derecho». De su trabajo soy una prueba viva, pues, camino por las sendas de su trayectoria, siendo que, hasta los momentos, imparto clases en una cátedra a la que ella se ha dedicado por más de 23 años consecutivos.

Por eso, escribo en nombre personal y representando a una generación de jóvenes profesores, de egresados «ucevistas», así como en nombre de los múltiples alumnos que le debemos a ella un ejemplo de excelencia, humildad, constancia y dedicación.

Son 15 promociones de abogados las que me separan de la autora a la que se le rinde homenaje con esta publicación, y hoy, puedo decir que mi promoción, y ahora mis alumnos, somos el fruto sembrado por María Candelaria –como se le conoce en los pasillos de la Universidad Central de Venezuela–, por eso, por su ardua labor, hoy nos congregamos todos para agradecer esa luz que hemos recibido de sus albores y de su trayectoria en la academia.

II

La profesora María Candelaria Domínguez Guillén se gradúa de abogada dentro del segundo mandato de Rafael Caldera como presidente de Venezuela, en el año 1994. Para ese entonces, la Constitución de la República de Venezuela de 1961 se encontraba en plena vigencia y ni se pensaba en su reforma.

Tan solo un año después de su graduación, se encontraba dictando la cátedra de Derecho Civil I Personas, en cuya actividad ha permanecido por 23 años, ocupando los cargos de jefa del Departamento de Derecho Privado, así como de jefa de la Cátedra de Derecho Civil I Personas, ambos en la Universidad Central de Venezuela.

Y en el año 1996, surgía ya a la palestra como una novel investigadora, perfilándose dentro de los jóvenes abogados como una acuciosa estudiosa, y así, la Asociación de Profesores de la Universidad Central de Venezuela decidió publicar su trabajo: *La indexación: su incidencia a nivel de los tribunales labores de instancia*.

Cuatro años después de haber obtenido el título de abogada, la profesora María Candelaria ganaría el concurso de oposición para la materia de Derecho Civil I Personas, a la cual ya venía dedicándose como profesora desde sus primeros pasos.

Su interés por el Derecho Procesal se ve marcado cuando inicia sus estudios de postgrado, siendo que en el año 2001 obtiene el título con «mención honorífica», con su trabajo de investigación: *El procedimiento de incapacitación*, tema al cual se dedicaría por muchos años más, hasta llegar a iniciar una cátedra en el Departamento de Estudios de Postgrado de la Universidad, denominada

«Los procedimientos de incapacitación y de ausencia», que fue dictada por ella en el año 2012, y en la cual tuve la dicha de participar como estudiante.

Finalmente, dentro del escalafón de estudios, obtiene el grado de Doctora en Ciencias, mención «Derecho» en el año 2007, con la tesis doctoral que obtuvo mención honorífica: *Inicio y fin de la personalidad del ser humano*.

Actualmente, funge como Asesora Académica en la *Revista Venezolana de Legislación y Jurisprudencia*, es miembro del Comité Académico de la *Revista Ars Boni et Aequi* de la Universidad Bernardo O'Higgins de Chile, delegada del IDIBE (Instituto de Derecho Iberoamericano), y fue miembro de GADAL (Grupo para la Armonización del Derecho en América Latina).

III

En cuanto a sus obras, la profesora María Candelaria nos obsequia su libro *Ensayos sobre capacidad y otros temas de Derecho Civil*, publicado por la «Colección de nuevos autores» del Tribunal Supremo de Justicia, texto de gran profundidad, que recopila trabajos que abarcan las nociones de la capacidad jurídica, atributos y algunos aspectos constitucionales relacionados con los anteriores, texto que es de consulta obligatoria en todas las Escuelas de Derecho del país, por el gran interés que despierta su minucioso analisis de las fuentes documentales del Derecho Civil personas y Procesal Civil.

En el año 2008, el Tribunal Supremo de Justicia publicó su *Manual de Derecho de Familia*. En el año 2009, la Editorial Panapo editó su *Diccionario de Derecho Civil*; en el año 2010 se imprimió su *Manual de Derecho Sucesorio*, al año siguiente ve luz su esperado *Manual de Derecho Civil I Personas*; ya para el 2012 nos sorprende gratamente con su monografia: *La convivencia familiar*, y finalmente, en el año 2017, difunde su reciente obra: *Curso de Derecho Civil III, Obligaciones*, completando con este texto la columna vertebral del Derecho Civil y constituyéndose en una de las doctrinarias con mayor solidez científica, y rigor académico de las Escuelas de Derecho de Venezuela.

Y ¡Cuánto más podríamos añadir! En una Nación a la que poco se dedica a la investigación y en la que el mérito académico es un honor que ha quedado en desuso –salvando las instituciones académicas demócratas que aún mantienen la meritocracia– hasta los momentos, esta autora ha publicado más de 90 artículos, y sigue produciendo fecundas obras, que, a su vez, nos brindan nuevas líneas de investigación.

Dentro de este transcurrir, nuestra República sufrió de muchos cambios, la República de Venezuela comenzó a llamarse República Bolivariana de Venezuela, la Constitución del año 1961 es suplantada por la Constitución de 1999, y con ello, la modificación de los poderes públicos, así como de las instituciones civiles, familiares, electorales, políticas, entre otras, ello implicó una seria reforma estructural y funcional para los académicos y docentes de todas las áreas, pero más enfáticamente para aquellos que nos dedicamos al Derecho. Sin embargo, podemos decir que ante todos estos cambios las obras de la profesora Domínguez Guillén son la principal referencia para otros académicos, lo cual demuestra no solo la solidez científica de cada una de sus obras, sino la visión futurista que siempre ha tenido en cada uno de sus libros.

IV

La figura de la profesora Domínguez Guillén gira en torno a nuestra querida Universidad Central de Venezuela, mejor conocida como «la casa que vence las sombras». Nuestra potente Universidad –lo escribo con el sentido de propiedad que algunos comprenderán porque lo comparten– sigue siendo la casa desde donde salen los mejores hombres, el laboratorio desde donde se fusionan la calidad humana y la excelencia académica, sigue siendo la puerta para ver un futuro, para trabajar por él, para forjarlo desde el hoy.

Esa Universidad que comparte hoy con María Candelaria el carácter de humildad, que no necesita ufanarse de lo que tiene porque está enfocada en lo que es, y desde allí surge contra todo mal tiempo. Desde la Universidad, la profesora Domínguez Guillén pasó de estudiante a docente, se hizo madre de dos niños y de muchas generaciones. Muchas cosas pasaron desde la Universidad…

Desde la Universidad Central de Venezuela, la profesora María Candelaria se hizo abogada junto a una promoción que creyó, y que aún cree, en el poder del Derecho para transformar una sociedad, procurando desde el mejor conocimiento, el orden y la paz social.

Desde la Universidad Central de Venezuela, la profesora María Candelaria dejó la tinta de sus arduos trabajos productos de un largo camino de investigación, legando un estudio compacto que trascendió las fronteras de Venezuela, dando a conocer nuestra doctrina en América Latina.

Desde la Universidad Central de Venezuela, la profesora Maria Candelaria dejó un legado en los profesores, que ahora, por el éxodo que hemos vivido, repartió docentes de la mejor calidad en todo el mundo.

Desde la Universidad Central de Venezuela conocimos una profesora que no vive por su situación externa, sino que está determinada por la firmeza de su voluntad.

Desde la Universidad Central de Venezuela, la profesora María Candelaria nos invita a un más excelente futuro desde el hoy, que ya –al leer estas líneas– se ha convertido en pasado. Ella nos demuestra que para sacar adelante a un país, Dios nos ha proveído de los mejores talentos, dones y capacidades, y que siguiendo los pasos de su ejemplo: determinación, perseverancia y humildad, debemos sembrar el Derecho, sin desmayar, porque, a su tiempo, tendremos la mejor cosecha de justicia, si no nos damos por vencidos…

Profa. Flor Karina ZAMBRANO FRANCO

Curriculum vitae de María Candelaria Domínguez Guillén

Lugar y fecha de nacimiento: Santa Cruz de Tenerife (España), 3 de diciembre de 1970.

Títulos: Colegio Cristo Rey Altamira, Bachiller en Ciencias (1988). Universidad Central de Venezuela, Abogada, promedio 17,19 (1994); Especialista en Derecho Procesal, distinción honorífica, tesis: *El procedimiento de incapacitación* (2001); Doctora en Ciencias mención «Derecho», distinción honorífica, tesis doctoral: *Inicio y fin de la personalidad jurídica del ser humano* (2007).

Escalafón y dedicación: Investigadora-docente del Instituto de Derecho Privado, FCJP, de la Universidad Central de Venezuela por concurso de oposición (1999), tiempo completo, ubicada en el máximo escalafón del personal docente y de investigación debido a la presentación de los siguientes trabajos de ascenso: Asistente en el 2001 (tesis de especialista, publicada dentro de su libro: *Ensayos sobre capacidad y otros temas de Derecho Civil*); Agregado en el 2002 (trabajo publicado con el título de «Aproximación al estudio de los derechos de la personalidad». En: *Revista de Derecho*. N° 7. TSJ); Asociado en el 2007 (tesis doctoral); y Titular en el 2012 («El procedimiento de ausencia», mención honorífica y publicación, En: *Revista Venezolana de Legislación y Jurisprudencia*. N° 3).

Actividades docentes: Pregrado: Derecho Civil I Personas (desde 1995 a la fecha); Derecho Civil III Obligaciones; Derecho Civil IV Familia y Sucesiones; y los seminarios: «Las causas que afectan la capacidad de obrar» y «Los atributos y derechos de la persona humana ante los avances de la técnica» (conjuntamente con Dilia RIBEIRO). Postgrado: Especialización Derecho Procesal: «Los procedimientos de incapacitación y de ausencia»; «Procesos de divorcio y concubinato»; «Procedimientos sucesorios» y «Procedimientos relativos al Estado civil».

Actividades administrativas: Jefe del Departamento de Derecho Privado (2009-2016); jefe de la Cátedra de «Derecho Civil I Personas» (2002-2016); miembro electo del Consejo de Escuela; miembro de la Subcomisión de Asesoramiento Académico (1997-2006) y miembro del Consejo Técnico del Instituto de Derecho Privado (desde 2012).

Libros publicados:

1. *La indexación: su incidencia a nivel de los tribunales laborales de instancia*. Asociación de Profesores de la UCV. Caracas, 1996, 62 pp.

2. *Ensayos sobre capacidad y otros temas de Derecho Civil*. TSJ. Caracas, 2001 (2ª edic., 2006 y 3ª, 2010, 876 pp.)[1].

3. *Inicio y extinción de la personalidad jurídica del ser humano (nacimiento y muerte)*. TSJ. Caracas, 2007 (1ª, reimp. 2010, 302 pp.).

4. *Manual de Derecho de Familia*. TSJ. Caracas, 2008 (2ª, Ediciones Paredes. 2014, 545 pp.).

5. *Diccionario de Derecho Civil*. Panapo. Caracas, 2009, 171 pp.

6. *Manual de Derecho Sucesorio*. Edit. Texto. Caracas, 2010, 623 pp.

7. *Manual de Derecho Civil I Personas*. Ediciones Paredes. Caracas, 2011 (1ª, reimp. 2013, 542 pp.).

8. *La convivencia familiar (antiguo derecho de visitas)*. Ediciones Paredes. Caracas, 2012, 311 pp.

9. *Curso de Derecho Civil III Obligaciones*. Editorial RVLJ. Caracas, 2017, 711 pp.

10. *Derecho Civil Constitucional (la constitucionalización del Derecho Civil)*. «Prólogo» de Víctor R. HERNÁNDEZ-MENDIBLE. "CIDEP-Editorial Jurídica Venezolana". Caracas, 2018, 196 pp.

---

[1] *Vid.* recensión de Alberto BAUMEISTER TOLEDO en: *Revista de la Facultad de Derecho*. N° 57. UCAB. Caracas, 2002, pp. 458-460.

Trabajos colectivos:

Co-relatora y actualización: *Código Civil de Venezuela, artículos 165-183.* UCV, Instituto de Derecho Privado. Caracas, 1997, 500 pp.

Co-relatora y actualización: *Código Civil de Venezuela, artículos 184-185-A.* UCV, Instituto de Derecho Privado. Caracas, 1998, 389 pp.

Co-relatora y actualización: *Código Civil de Venezuela, artículos 186-196.* UCV, Instituto de Derecho Privado. Caracas, 1998, 490 pp.

Co-relatora y actualización: *Código Civil de Venezuela, artículos 197-239.* UCV, Instituto de Derecho Privado. Caracas, (en prensa).

Relatora: *Código Civil de Venezuela, artículos 382-416.* UCV, Instituto de Derecho Privado. Caracas, (en revisión).

Artículos publicados:

1. «Algunos problemas de interpretación en materia de tutela». En: *Revista de la Facultad de Ciencias Jurídicas y Políticas.* N° 109. UCV. Caracas, 1998, pp. 257-306.

2. «La tutela del Estado y la reforma a la Ley Tutelar de Menores». En: *De los menores a los niños, una larga trayectoria.* UCV. Caracas, 1999, pp. 75-102.

3. «La educación del menor como contenido esencial de la guarda». En: *Revista de la Facultad de Ciencias Jurídicas y Políticas.* N° 116. UCV. Caracas, 2000, pp. 347-372.

4. «Consideraciones procesales sobre la indexación laboral». En: *Revista de la Facultad de Ciencias Jurídicas y Políticas.* N° 117. UCV. Caracas, 2000, pp. 215-286.

5. «El nombre civil». En: *Revista de la Facultad de Ciencias Jurídicas y Políticas.* N° 118. UCV. Caracas, 2000, pp. 201-269.

6. «Innovaciones de la Constitución de 1999 en materia de derechos de la personalidad». En: *Revista de la Facultad de Ciencias Jurídicas y Políticas.* N° 119. UCV. Caracas, 2000, pp. 17-44.

7. «Comentarios a la sentencia del 17-05-2000 de la Sala de Casación Social del Tribunal Supremo de Justicia. Especial referencia al daño moral y la indexación (Caso José Tesorero Yánez contra Hilados Flexilón S. A.)». En: *Revista de la Facultad de Ciencias Jurídicas y Políticas*. N° 119. UCV, Caracas, 2000, pp. 197-232.

8. «La tutela ordinaria de menores». En: *Revista de Derecho*. N° 2. TSJ. Caracas, 2000, pp. 249-282.

9. «La emancipación». En: *Revista de la Facultad de Ciencias Jurídicas y Políticas*. N° 120. UCV. Caracas, 2001, pp. 139-185.

10. «Reflexiones en torno a la capacidad procesal en la Ley Orgánica para la Protección del Niño y del Adolescente». En: *Revista de Derecho*. N° 3. TSJ. Caracas, 2000, pp. 257-288.

11. «El período indexatorio a juicio de la Sala de Casación Social». En: *Revista de Derecho*. N° 3. TSJ. Caracas, 2000, pp. 439-463.

12. «La protección jurídica de los impedidos». En: *Revista de la Facultad de Ciencias Jurídicas y Políticas*. N° 121. UCV. Caracas, 2001, pp. 13-68.

13. «El procedimiento de incapacitación». En: *Revista de la Facultad de Ciencias Jurídicas y Políticas*. N° 122. UCV. Caracas, 2001, pp. 259-401.

14. «La indexación de las prestaciones debidas a los funcionarios públicos». En: *Libro homenaje Universidad Central de Venezuela. Facultad de Ciencias Jurídicas y Políticas 20 años Especialización en Derecho Administrativo*. Vol. I. TSJ. Fernando Parra Aranguren, editor. Caracas, 2001, pp. 361-372.

15. «La indexación laboral». En: *Libro homenaje a Fernando Parra Aranguren*. T. I. UCV. Caracas, 2001, pp. 209-243.

16. «La persona: ideas sobre su noción jurídica». En: *Revista de Derecho*. N° 4. TSJ. Caracas, 2002, pp. 317-355.

17. «Las libertades de expresión y de información». En: *Revista de Derecho*. N° 5. TSJ. Caracas, 2002, pp. 19-72.

18. «El estado civil». En: *Estudios de Derecho Civil. Libro homenaje a José Luis Aguilar Gorrondona*. T. I. TSJ. Fernando PARRA ARANGUREN, editor. Caracas, 2002, pp. 359-410.

19. «El Secreto profesional y el deber de testimoniar». En: *Estudios de Derecho Procesal Civil. Libro homenaje a Humberto Cuenca*. TSJ. Fernando PARRA ARANGUREN, editor. Caracas, 2002, pp. 243-291.

20. «La protección constitucional de los incapaces». En: *Temas de Derecho Administrativo. Libro homenaje a Gonzalo Pérez Luciani*. Vol. I. TSJ. Fernando PARRA ARANGUREN, editor. Caracas, 2002, pp. 609-658.

21. «La capacidad procesal del menor de edad». En: *Nuevos estudios de Derecho Procesal. Libro homenaje a José Andrés Fuenmayor*. TSJ. Fernando PARRA ARANGUREN, editor. Caracas, 2002, pp. 427-464.

22. «Aproximación al estudio de los derechos de la personalidad». En: *Revista de Derecho*. N° 7. TSJ. Caracas, 2002, pp. 49-311.

23. «La capacidad laboral del menor de edad». En: *Estudios sobre Derecho del Trabajo. Libro homenaje a José Ramón Duque Sánchez*. T. I. TSJ. Fernando PARRA ARANGUREN, editor. Caracas, 2003, pp. 377-401.

24. «La avaricia: su proyección jurídica y económica». En: *Revista de Derecho*. N° 8. TSJ. Caracas, 2003, pp. 455-476.

25. «Comentarios sobre el procedimiento de privación de guarda». En: *Temas de Derecho Procesal. Libro homenaje a Felix S. Angulo Ariza*. Vol. I. TSJ. Fernando PARRA ARANGUREN, editor. Caracas, 2003, pp. 311-342.

26. «Consideraciones sobre los principios de la Niñez y la Adolescencia». En: *Lex Nova*. N° 242. Colegio de Abogados del Estado Zulia. Maracaibo, 2003, pp. 179-228.

27. «Algunos aspectos de la personalidad jurídica del ser humano en la Constitución de 1999». En: *El Derecho Constitucional y Público en Venezuela. Homenaje a Gustavo Planchart Manrique*. T. I. UCAB-Tinoco, Travieso, Planchart & Nuñez, Abogados. Caracas, 2003, pp. 215-265.

28. «Sobre los derechos de la personalidad». En: *Díkaion. Lo Justo, Revista de Actualidad Jurídica*. N° 12. Universidad de la Sabana. Bogotá, 2003, pp. 23-37.

29. «El derecho a la identidad como límite a las libertades de expresión e información». En: *Revista de Derecho* N° 9. TSJ. Caracas, 2003, pp. 343-359.

30. «La delación en los regímenes de incapaces». En: *Studia Iuris Civiles. Homenaje a Gert F. Kummerow Aigster*. TSJ. Caracas, 2004, pp. 177-199.

31. «Alcance del artículo 20 de la Constitución de la República Bolivariana de Venezuela (libre desenvolvimiento de la personalidad)». En: *Revista de Derecho*. N° 13. TSJ. Caracas, 2004, pp. 13-40.

32. «Reflexiones sobre la representación y la asistencia de los incapaces». En: *Revista de Derecho*. N° 11. TSJ. Caracas, 2004, pp. 273-282.

33. «La sede jurídica». En: *Temas de Derecho Civil. Homenaje a Andrés Aguilar Mawdsley*. T. I. TSJ. Fernando Parra Aranguren, editor. Caracas, 2004, pp. 449-495.

34. «Primacía de la persona en el orden constitucional». En: *El estado constitucional y el Derecho Administrativo en Venezuela. Libro Homenaje a Tomas Polanco Alcántara*. UCV. Caracas, 2005, pp. 299-320.

35. «Las uniones concubinarias en la Constitución de 1999». En: *Revista de Derecho*. N° 17. TSJ. Caracas, 2005, pp. 215-247.

36. «Comentarios sobre algunas decisiones judiciales relativas al defensor *ad litem*». En: *Temas de Derecho Procesal*. Vol. I. TSJ. Fernando Parra Aranguren, editor. Caracas, 2005, pp. 417-455.

37. «En torno a la posesión de estado». En: *Revista de Derecho*. N° 22. TSJ. Caracas, 2006, pp. 55-84.

38. «El reconocimiento voluntario de la filiación». En: *Revista de Derecho*. N° 23. TSJ. Caracas, 2006, pp. 27-68.

39. «El cálculo de la concepción». En: *Revista de Derecho*. N° 24. TSJ. Caracas, 2007, pp. 63-96.

40. «Notas sobre el artículo 210 del Código Civil: Reconocimiento forzoso de la filiación». En: *Revista de Derecho*. N° 25. TSJ. Caracas, 2007, pp. 147-193.

41. «Algunas sentencias que declaran el cambio de sexo». En: *Revista de la Facultad de Ciencias Jurídicas y Políticas*. N° 130. UCV. Caracas, 2007, pp. 53-100.

42. «Breve reflexión sobre el reconocimiento de la paternidad en la Ley para Protección de las Familias, la Maternidad y la Paternidad». En: *Ensayos sobre Derecho del Trabajo y Derecho de la Seguridad Social*. TSJ. Fernando PARRA ARANGUREN, editor. Caracas, 2008, pp. 227-249.

43. «La derogatoria de la inhabilitación legal». En: *Revista de Derecho*. N° 26. TSJ. Caracas, 2008, pp. 223-249.

44. «Más sobre las uniones estables de hecho según la Sala Constitucional del Tribunal Supremo de Justicia». En: *Revista de Derecho*. N° 27. TSJ. Caracas, 2008, pp. 133-167.

45. «La rectificación administrativa de partidas». En: *Homenaje a Aníbal Dominici*. Ediciones Liber. Caracas, 2008, pp. 227-263.

46. Situación del *nasciturus* en la Constitución de 1999». En: *Libro Homenaje a Enrique Tejera París*. UCV. Caracas, 2008, pp. 133-156.

47. «Innovaciones de la Reforma de la LOPNA en materia de patria potestad». En: *Revista de Derecho*. N° 28. TSJ. Caracas, 2008, pp. 131-182.

48. «Consideraciones sobre la muerte (breve referencia al Derecho comparado)». En: *Boletín de la Academia de Ciencias Políticas y Sociales*. N° 146. Caracas, 2008, pp. 389-426.

49. «Acerca del artículo 76 de la Constitución de la República Bolivariana de Venezuela». En: *Libro Homenaje al profesor Alfredo Arismendi A.* Ediciones Paredes-UCV. Caracas, 2008, pp. 317-344.

50. «Más sobre la capacidad procesal del menor (a propósito del artículo 451 de la Ley Orgánica para la Protección de Niños, Niñas y Adolescentes)». En: *Revista de Derecho*. N° 29. TSJ. Caracas, 2009, pp. 97-123.

51. «Diferencia entre incapacitación absoluta y relativa». En: *Revista de Derecho*. N° 30. TSJ. Caracas, 2009, pp. 97-132.

52. «Diferencia entre inhabilitación y emancipación». En: *Revista de Derecho*. N° 31. TSJ. Caracas, 2009, pp. 13-25.

53. «La capacidad laboral de los incapaces de obrar». En: *Sobre Derecho del Trabajo y Derecho de la Seguridad Social*. TSJ. Fernando Parra Aranguren, editor. Caracas, 2009, pp. 317-338.

54. «Breve referencia a la filiación *postmortem*». En: *Revista de la Facultad de Ciencias jurídicas y Políticas*. N° 134. UCV. Caracas, 2009, pp. 195-217.

55. «Notas sobre la responsabilidad civil en algunas instituciones del Derecho de Familia». En: *Revista de Derecho* N° 32. TSJ. Caracas, 2010, pp. 33-72.

56. «La rectificación de partidas: referencia sustantiva y algunas notas procedimentales». En: *Revista de la Facultad de Ciencias jurídicas y Políticas*. N° 135. UCV. Caracas, 2010, pp. 245-311.

57. «Los atributos de las personas». En: *Boletín de la Academia de Ciencias Políticas y Sociales*. N° 147. Caracas, 2009, pp. 201-236.

58. «Sobre la noción de Derecho Civil». En: *Revista de la Facultad de Derecho*. N°s 62-63. UCAB. Caracas, 2010, pp. 81-97.

59. «Minoridad y mayoridad: consideraciones conceptuales». En. *Revista de Derecho*. N° 33. TSJ. Caracas, 2010, pp. 193-219.

60. «Notas sobre la responsabilidad civil en algunas instituciones del Derecho de Familia». En: *Revista de Derecho de Familia y de las Personas*. Año IV, N° 2. La Ley. Buenos Aires, 2012, pp. 50-71.

61. «El daño en el Derecho Civil extrapatrimonial. Con especial referencia al Derecho de Familia». En: IV *Jornadas Aníbal Dominici. Derecho de Daños. Responsabilidad contractual/extracontractual. Homenaje: Enrique Lagrange*. T. I. Salaverría, Ramos, Romeros y Asociados. Caracas, 2012, pp. 159-219.

62. «Aspectos generales del régimen legal de la discapacidad (especial referencia al autismo)». En: *Revista de Derecho*. N° 34. TSJ. Caracas, 2012, pp. 157-186 (en coautoría con: Miguel Ángel TORREALBA SÁNCHEZ).

63. «El nombre civil en el Derecho venezolano». En: *Revista de Derecho de Familia y de las Personas*. Año IV, N° 9. La Ley. Buenos Aires, 2012, pp. 226- 260.

64. «El divorcio en Venezuela». En: *Revista de Derecho de Familia y de las Personas*. La Ley, Argentina, Año IV, N° 11, diciembre 2012, pp. 81-126.

65. «Gestación subrogada». En: *Revista Venezolana de Legislación y Jurisprudencia*. N° 1. Caracas, 2013, pp. 183-227.

66. «La obligación negativa». En: *Revista Venezolana de Legislación y Jurisprudencia*. N° 2. Caracas, 2013, pp. 43-123.

67. «Algunas consideraciones sobre el adulterio como causal de divorcio (especial referencia a los antecedentes históricos)». En: *Revista Venezolana de Legislación y Jurisprudencia*. N° 2. Caracas, 2013, pp. 271-302 (en coautoría con Oscar RIQUEZES CONTRERAS).

68. «Breves consideraciones jurídicas sobre las uniones homosexuales en el marco de la Constitución venezolana». En: *Revista Cuestiones Jurídicas*. Vol. VI, N° 1. Universidad Rafael Urdaneta. Maracaibo, 2013, pp. 11-40.

69. «El procedimiento de ausencia». En: *Revista Venezolana de Legislación y Jurisprudencia*. N° 3. Caracas, 2014, pp. 13-270.

70. «La unión estable de hecho. Especial referencia a las uniones concubinarias en el Derecho Internacional Privado». En: *Derecho de Familia internacional. Metodología para su estudio. Homenaje a Haydee Barrios*. Biblioteca Jurídicas Diké. Medellín, 2014, pp. 549-588 (en coautoría con Yaritza PÉREZ PACHECO).

71. «La dación en pago o prestación en lugar de cumplimiento». En: *Revista Venezolana de Legislación y Jurisprudencia*. N° 4. Caracas, 2014, pp. 15-55.

72. «La incapacitación en el Derecho venezolano». En: *Revista de Derecho de Familia y de las Personas*. Año VII, N° 2. La Ley. Buenos Aires, 2015, pp. 143-168.

73. «Las tres instituciones familiares claves en materia de niñez y adolescencia». En: *Revista de Derecho de la Defensa Pública*. N° 1, Caracas, 2015, pp. 49-67.

74. «Las capitulaciones matrimoniales: expresión del principio de la autonomía de la voluntad». En: *Revista Venezolana de Legislación y Jurisprudencia*. N° 5 (Edición Homenaje a Fernando Ignacio Parra Aranguren). Caracas, 2015, pp. 335-380.

75. «La familia: su proyección en la sucesión legal y en la sucesión forzosa». En: *I Jornadas Franco-venezolanas de Derecho Civil: Nuevas tendencias en el Derecho Privado y reforma del Código Civil Francés*. Capítulo Venezolano de la Asociación Henri Capitant Des Amis de la Culture Juridque Francaise-Editorial Jurídica Venezolana. José Annicchiarico, Sheraldine Pinto y Pedro Saghy, coords. Caracas, 2015, pp. 63-89.

76. «La causa extraña no imputable». En: *Libro homenaje a la Academia de Ciencias Políticas y Sociales en el centenario de su fundación 1915-2015*. T. IV. Academia de Ciencias Políticas y Sociales. Caracas, 2015, pp. 2785-2812.

77. «El daño moral en las personas incorporales: improcedencia de la prueba *in re ipsa*». En: *Revista Venezolana de Legislación y Jurisprudencia*. N° 6 (Edición Homenaje a Arturo Luis Torres-Rivero). Caracas, 2016, pp. 23-64.

78. «Algunas normas dispositivas del Código Civil venezolano en materia de obligaciones». En: *Jurisprudencia Argentina*. Buenos Aires, Abeledo Perrot, N° 13, 2016-II, pp. 20- 39.

79. «Panorama de los Derechos de la persona en las distintas Constituciones de Venezuela». En: *Revista de Derecho de la Defensa Pública*. N° 2. Caracas, 2016, pp. 55-88.

80. «Proyección constitucional del Derecho de Obligaciones». En: *Revista Venezolana de Legislación y Jurisprudencia*. N° 7-I (Edición Homenaje a José Peña Solís). Caracas, 2016, pp. 87-123.

81. «La inmotivación y la indefensión como causa de nulidad del laudo arbitral en el Derecho venezolano». En: *Revista de Derecho Privado*. N° 31. Universidad Externado de Colombia. Bogotá, 2016, pp. 229-262.

82. «La pensión compensatoria en el Derecho venezolano: Escasa aproximación legislativa». En: *Revista de Actualidad Jurídica Iberoamericana*. N° 5 *bis*. Valencia, 2016, pp. 166-188 (en coautoría con Edison Lucio VARELA CÁCERES).

83. «Notas sobre el derecho a la identidad en el ordenamiento jurídico venezolano». En: *Revista de Actualidad Jurídica Iberoamericana*. N° 6-1. Valencia, 2017, pp. 41-69.

84. «Temporalidad y extinción de la relación obligatoria». En: *Revista Venezolana de Legislación y Jurisprudencia*. N° 8 (Edición Homenaje a Jurista Españoles en Venezuela). Caracas, 2017, pp. 315-353.

85. «El abuso de derecho. Un estudio. Tres autores». En: *Revista Venezolana de Legislación y Jurisprudencia* N° 8 (Edición Homenaje a Jurista Españoles en Venezuela). Caracas, 2017, pp. 515-549 (en coautoría con Edison Lucio VARELA CÁCERES).

86. «El Derecho de Bienes en Venezuela». En: *Jurisprudencia Argentina*. 2017-I, N° 8. Abeledo Perrot. Buenos Aires, 2017, pp. 15-23 (en coautoría con Carlos PÉREZ FERNÁNDEZ).

87. «Entre los derechos reales y los derechos de crédito». En: *Revista Venezolana de Legislación y Jurisprudencia*. N° 9. Caracas, 2017, pp. 51-81.

88. «Notas sobre el patrimonio en el Derecho venezolano». En: *Revista Boliviana de Derecho*. N° 25. Fundación Iuris Tantum. Santa Cruz, 2018, pp. 272-305 (en coautoría con Carlos PÉREZ FERNÁNDEZ).

89. «Aspectos generales del régimen legal de la discapacidad (especial referencia al autismo)». En: *Personas con discapacidad: Miradas jurídicas en clave convencional*. Ediciones Olejnik. Leonardo PÉREZ GALLARDO,

coord. Santiago, 2018, pp. 13-45 (en coautoría con: Miguel Ángel TORREALBA SÁNCHEZ).

90. «Prólogo» al libro de VARELA CÁCERES, Edison Lucio: *La capacidad de ejercicio en los niños y adolescentes (especial referencia al Derecho español y venezolano)*. Editorial RVLJ. Caracas, 2018, pp. 11-15.

91. «Derecho del paciente y responsabilidad civil médica (Venezuela)». En: *Revista de Actualidad Jurídica Iberoamericana*. N° 8. Valencia, 2018, pp. 328-372.

92. «Trascendencia de la Constitución en el Derecho Civil venezolano» (en prensa).

93. «Los jóvenes adultos y el Derecho de la Niñez y de la Adolescencia: contraste entre España y Venezuela» (en coautoría con Edison Lucio VARELA CÁCERES) (en prensa).

Otras actividades: Miembro de GADAL (Grupo para la Armonización del Derecho en América Latina, 2015-2017). Miembro del Comité de Arbitraje de la *Revista de la Facultad de Derecho* de la Universidad Católica Andrés Bello (2003-2004). Asesora académica de la *Revista Venezolana de Legislación y Jurisprudencia*. Miembro del comité académico de la *Revista Ars Boni et Aequi* (Universidad Bernardo O'Higgins, Chile). Delegada del IDIBE para Venezuela (Instituto de Derecho Iberoamericano, Valencia-España). Defensora *ad litem*, juez de retasa, pasante con carácter rotatorio Juzgado Superior Séptimo en lo Civil Civil, Mercantil y del Tránsito de la Circunscripción Judicial del Área Metropolitana de Caracas (1994).

Profesora María Candelaria Domínguez Guillén

Apostillas sobre la carga probatoria y su recepción en el Derecho Civil venezolano

Serviliano ABACHE CARVAJAL[*]

Sumario

1. Generalidades sobre la carga de afirmar y de probar los hechos jurídicos controvertidos 2. Justificación de la carga probatoria 3. Fundamento (positivo) de la carga probatoria 4. Aproximación doctrinaria al concepto de carga probatoria 5. El principio general de la carga probatoria 6. La carga probatoria de los hechos constitutivos, extintivos e impeditivos 7. El principio *favor probationis* en la carga probatoria y el principio de proximidad, cercanía o facilidad a la obtención de la prueba 8. Los artículos 506 del Código de Procedimiento Civil y 1354 del Código Civil

1. Generalidades sobre la carga de afirmar y de probar los hechos jurídicos controvertidos

Algunos autores han equiparado el concepto de «carga» con los de «deber» y «obligación», mientras que los más los han escindido a tal punto que estos

---

[*] **Universidad Central de Venezuela**, Abogado mención *Magna Cum Laude*; Especialista en Derecho Tributario mención Honorífica; Profesor de pregrado (Introducción al Derecho) y postgrado (Tributación Municipal). **Universidad Católica Andrés Bello**, Profesor de pregrado (Argumentación Jurídica) y postgrado (Teoría General del Tributo). **Universidad de Alicante**, Máster en Argumentación Jurídica mención Sobresaliente. Coordinador de la sección venezolana del observatorio *Doxa* de Argumentación Jurídica.
Agradezco al prof. Edison VARELA CÁCERES, director de la *Revista Venezolana de Legislación y Jurisprudencia*, su amable invitación para participar en este mercido homenaje a la labor académica de nuestra querida amiga profa. Dra. María Candelaria DOMÍNGUEZ GUILLÉN, a quien dedico este trabajo.

institutos no ofrezcan confusión o impliquen sinonimia alguna. En este último sentido se ha pronunciado la más calificada doctrina, en la cual se ubica Muñoz Sabaté[1], quien, sobre las enseñanzas del maestro Goldschmidt, distingue las cargas procesales de los deberes y obligaciones, sobre la base de que aquéllas pueden empeorar la situación procesal de las partes, esto es, su no cumplimiento incrementa las probabilidades en contra de recibir una sentencia desfavorable; mientras que estos representan un derecho de la otra parte o del Estado. Ello así, «no existe ningún deber de probar, pero el no probar significa en la mayoría de los casos la derrota. O *provare* o *soccombere*»[2].

Ubicándonos en las «cargas» de afirmar y de probar, enseña Chiovenda que estas van, por lo general, unidas, están relacionadas, aun cuando no concuerden en su totalidad. No todo lo que se tiene que afirmar se debe igualmente probar, ni la totalidad de las afirmaciones hechas durante el juicio deben ser probadas por el afirmante. Cuando se pretende hacer valer un derecho en el litigio, se está tácitamente afirmando su existencia, empero, no siempre se tiene la carga de probar su presencia actual. Así, bajo el supuesto que alguna de las partes tenga la carga de afirmar un hecho notorio que sea a su vez constitutivo de un derecho, no tendrá la carga de probarlo por su propia naturaleza «notoria»[3].

Ello así, cobran meridiana importancia las afirmaciones que hagan las partes sobre los hechos «jurídicos», entendidos estos como aquellos hechos de los

---

[1] *Cfr.* Muñoz Sabaté, Luis: *Técnica probatoria. Estudios sobre las dificultades de la prueba en el proceso*. Editorial Praxis. Barcelona, 1967, pp. 48 y 49.

[2] Ibíd., p. 49.

[3] *Cfr.* Chiovenda, José: *Principios de Derecho Procesal Civil*. Tomo II. Editorial Reus. Madrid, 1977, p. 258. También se ha planteado una distinción analítica entre la carga probatoria y la carga argumentativa, como lo ha propuesto Piacenza, Eduardo: «La teoría de la argumentación de Perelman y los problemas de la carga de la prueba». En: *Interpretación jurídica y argumentación (y otros ensayos jurídicos)*. UCAB-Universidad Metropolitana. Corina Yoris y Arturo Serrano, comps. Caracas, 2015, p. 292, para quien: «queda claro que carga de la prueba no es lo mismo que carga de la argumentación. En un juicio puede hablarse de la primera, pero no de la segunda. Ahora bien, cuando se usa la expresión carga de la prueba fuera del ámbito del proceso, a lo que en realidad se está aludiendo es a carga de la argumentación».

cuales se produce el nacimiento, modificación o extinción de un mandato específico de la ley –hechos constitutivos, impeditivos, modificativos y extintivos–, que se diferencian de los hechos «simples» o «no jurídicos», por cuanto estos últimos solo resultan relevantes para el Derecho, en tanto en cuanto sirvan para demostrar la existencia de un hecho jurídico[4].

En principio, la afirmación del hecho «constitutivo» del mandato concreto de la ley debe hacerla el demandante, así como la afirmación de su excepción deberá hacerla el demandado. Y así, la regla general en torno a los hechos «extintivos» e «impeditivos» consiste en que no tiene la carga de la afirmación de su inexistencia el demandante, sino que, por el contrario, el demandado deberá, en caso de estar presentes, afirmar su existencia. Si el demandado no llegare a afirmar y probar la existencia de los hechos extintivos e impeditivos, se tendrán como ciertos, lógicamente, los hechos constitutivos afirmados y probados por el demandante, siendo palpable entonces su estrecha vinculación con la carga probatoria[5].

En lo que respecta a los indicados hechos simples o no jurídicos, las reglas de los mismos deben entenderse netamente casuísticas. Al no ser hechos jurídicos, aquellos carecen entonces de reglas jurídicas puntuales que delimiten su tratamiento y operatividad dentro del proceso. El demandante no tiene la carga de afirmar y probar hechos simples. Empero, si algún hecho simple es afirmado y probado por el demandado, que a su vez demuestre algún hecho jurídico constitutivo, impeditivo o extintivo, entonces el demandante se verá «obligado», para desvirtuar dicha prueba, a afirmar y probar otros hechos simples que demuestren el hecho jurídico contrario al probado por el demandado[6].

No obstante lo anterior, y en rigor de las enseñanzas de MICHELI, por lo general las normas no regulan qué temas deben ser obligatoriamente probados, hecha excepción, cuando plantean de una particular manera el supuesto de hecho normativo –hipótesis–, facilitando o dificultando la actividad probatoria.

---

[4] *Cfr.* CHIOVENDA: ob. cit., t. I, p. 335.
[5] *Cfr.* ibíd., t. II, p. 259.
[6] *Cfr.* ibíd., t. II, p. 260.

En este sentido, es necesario fijar, en cada caso concreto, cuáles son los hechos jurídicos –constitutivos, impeditivos, modificativos y extintivos– que deberán ser objeto de actividad probatoria por cada una de las partes del proceso, y a quién corresponderá la prueba de uno u otro hecho[7]. Hechos estos que, por comprender una multiplicidad de ambientes, realidades o circunstancias de distintas índoles y naturalezas, han sido denominados «atómicos»[8].

Se ha dicho ampliamente que la carga de la prueba se refiere a quién debe probar, qué debe probar y cuánto debe probar. Así, la carga de la prueba debe entenderse como la regla dirigida, en primer lugar, a las «partes procesales» –carga subjetiva–, para fijar «quién debe probar qué cosa»[9], esto es, para delimitar qué parte debe aportar las pruebas de ciertos hechos jurídicos, a la extensión de su actividad probatoria y, así, quién debe soportar los efectos negativos de la no realización de su actividad probatoria; y en segundo lugar, al juez –carga objetiva–, para informarle cómo debe decidir en caso de que la parte llamada a probar algún elemento fáctico controvertido no lo haya hecho, por lo que, en palabras de Piacenza, «estas reglas le permiten al juez decidir, aun cuando ninguna de las partes haya aportado lo necesario para justificar positivamente sus pretensiones»[10].

El actor del proceso deberá, en principio, probar sus afirmaciones sobre los hechos constitutivos que fundamentan su pretensión; por su parte, el demandado deberá, como regla, demostrar sus afirmaciones que constituyen la excepción en sí misma del hecho constitutivo; y sobre la actividad probatoria –o falta de– desarrollada por las partes durante el litigio, el juez deberá condenar o absolver al demandado de la pretensión del demandante. Estas normas generales encuentran ciertos matices, excepciones y efectos variados dependiendo de la actitud asumida por los sujetos del proceso y de la forma

---

[7] *Cfr*. Micheli, Gian Antonio: *Curso de Derecho Procesal Civil*. Vol. II. Ejea. Buenos Aires, 1970, p. 97.
[8] *Cfr*. Muñoz Sabaté: ob. cit., p. 38.
[9] Taruffo, Michele: *Simplemente la verdad. El juez y la construcción de los hechos*. Marcial Pons. Madrid, 2010, p. 257.
[10] Piacenza: ob. cit., p. 292.

en que plantean sus razones y defensas, como se evidencia, por ejemplo, del conocido *argumentum ad ignorantiam*[11].

Si el demandante pretende la condenatoria del demandado al cumplimiento de una obligación que este asumió convencionalmente, bastará que el demandante pruebe la existencia de dicha obligación, mientras que, por su parte, le tocará al demandado probar la extinción de la obligación o que la misma era, por ejemplo, ilegal. Si por el contrario, el demandante pretende la declaración de condena del demandado con base en que este incumplió una obligación de no hacer, entonces le corresponderá probar el hecho positivo que configura el incumplimiento y, por tanto, justifica su pretensión de resarcimiento[12].

Como vemos, entonces, la carga de la prueba está enmarcada en el sistema contradictorio, en términos generales, sobre las afirmaciones de uno de los litigantes y en su aceptación o rechazo por parte del otro, indicándole así a las partes, subsecuentemente, las pruebas que les corresponde aportar en el debate procesal para formar la convicción del juez.

En definitiva, debe tenerse presente con TARUFFO que «la regla general sobre la carga de la prueba tiene una evidente función epistémica: apunta ante todo a imponer a quien haya alegado un hecho la carga de demostrar con pruebas que ese hecho ocurrió verdaderamente. Esta regla está dirigida, entonces, a favorecer la determinación de la verdad y a lograr que la decisión final se

---

[11] «Esta falacia, en consecuencia, consiste en afirmar –erróneamente– que la ausencia de pruebas, evidencias o argumentos sólidos en contra de algo –una afirmación, punto de vista, etc.– es por sí sola suficiente para acreditar la verdad de la afirmación no negada o no refutada. Es por ello que el razonamiento recibe el nombre de *argumento ad ignorantiam*, o 'argumento a partir de la ignorancia' –de los elementos o pruebas en contra–. Toda afirmación, punto de vista, teoría, etc., precisa para su fundamentación o justificación de elementos que apoyen dicha teoría, afirmación o punto de vista, sin que la ausencia de elementos en contra implique, sin más, que ésta es cierta. Como suele decirse de forma bastante gráfica, 'la ausencia de prueba no es prueba de ausencia'», MARTÍNEZ ZORRILLA, David: *Metodología jurídica y argumentación*. Marcial Pons. Madrid, 2010, p. 253.
[12] *Cfr.* MUÑOZ SABATÉ: ob. cit. cit., pp. 97 y 98.

funde en esa determinación», «Quien no demuestre la verdad de los hechos que tiene la carga de probar es derrotado, pues el juez debe establecer las consecuencias de la falta de prueba de los hechos que una parte ha alegado, decidiendo en su contra»[13].

2. Justificación de la carga probatoria

Ya hemos dicho que la regla procesal de la carga de la prueba y su distribución, determina cuál de las partes debe probar ciertos hechos jurídicos controvertidos en el proceso, en principio, sobre la base de las afirmaciones que cada una haga, esto es, dependerá de cómo cada una de las partes plantea su pretensión, para establecer cuál deberá probar los hechos afirmados o contradichos en el litigio. Sobre esta premisa, el juez podrá, con base en las reglas legales sobre la carga probatoria, determinar quién debe probar qué cosa y deberá, en principio, atribuirle los efectos negativos –condena– a aquella que no haya cumplido con su labor probatoria.

En este sentido, y en los términos que ya se introdujo anteriormente, la carga de la prueba encuentra su justificación en dos aspectos: i. El subjetivo, concreto o de la fase instructoria: establecer cuál de las partes del juicio deberá probar unos hechos discutidos y cuál deberá probar los otros, y ii. el objetivo, abstracto o de la fase decisoria: indicarle al juez cómo decidirá la controversia en caso de que no hayan sido probados los mismos o lo hayan sido de manera insuficiente, es decir, cuál de las partes experimentará las consecuencias negativas de su conducta probatoria pasiva.

En efecto, la conducta procesal impuesta a las partes para el desarrollo de su actividad probatoria, en cada litigio «particularmente» considerado, con fines de lograr que el órgano jurisdiccional acoja sus pretensiones o excepciones sobre los hechos jurídicos controvertidos en el litigio, es el denominado «aspecto subjetivo y concreto» de la carga de la prueba, que opera como su justificación durante la fase de instrucción de la causa.

---

[13] Taruffo: ob. cit., pp. 255 y 256.

En palabras de MICHELI, la regla de la carga de la prueba debe «indicar, en el curso del proceso —y al juez que debe decidir acerca de la concreta admisión del medio de prueba ofrecida— cuál de las partes está legitimada para ejercitar el poder procesal de aducir las pruebas»[14]. En efecto, «en la fase de la instrucción probatoria, ante el juez instructor, la regla de la carga de la prueba viene, pues, en consideración por la determinación de quién debe probar, de qué debe probarse y de cuánto debe ser probado por cada una de las partes»[15].

Por su parte, el «aspecto objetivo y abstracto» de la carga probatoria, delimitador de la justificación de la institución en la fase decisoria, se refiere a la regla de juicio que le indica al juez, en cualquier caso en «general», contra quién deberá fallar cuando no hayan sido acreditadas las afirmaciones o excepciones sobre los hechos controvertidos con las probanzas de ley a que estaba obligada alguna o ambas partes del proceso, evitando de esta manera, en los casos que no se haya producido prueba alguna o se haya producido de manera insuficiente o insatisfactoria para crear la convicción del juez, la absolución de la instancia, por demás violatoria del principio de la tutela judicial efectiva.

En este sentido, es sabido que el juez debe, sin excepción, decidir todas las causas que se someten a su conocimiento, con la expresa prohibición apuntada de absolver la instancia. Es por esto que «la ley se preocupa de dar al juez, en todo caso, la posibilidad de pronunciarse en cuanto al fondo de la demanda o, cuando menos, sobre la existencia de los presupuestos para que tal pronunciamiento sea posible»[16], inclusive cuando no esté seguro a cuál parte favorecer y a cuál condenar, esto es, «cuando dicho juez no se haya encontrado en situación de formarse una convicción segura acerca de la existencia o el modo de ser de los hechos relevantes para la decisión»[17].

Es precisamente el deber de decidir del juez, lo que justifica el desarrollo de las reglas sobre cómo este debe sentenciar en caso de enfrentarse a hechos

---

[14] MICHELI: ob. cit., p. 91.
[15] Ibíd., p. 95.
[16] Ibíd., p. 200.
[17] Ídem.

inciertos, probados insuficientemente o no habiendo sido probados en lo absoluto por las partes o, inclusive, obtenidos de oficio directamente por el juez de la causa[18]. De esta manera se pone de relieve la innegable importancia que detentan las reglas sobre la distribución de la carga probatoria, que, como se observa, no solo operan o se activan durante la fase instructoria de la causa –aspecto concreto–, sino que además tienen plena cabida en la determinación objetiva de la manera cómo ha de fallar el director del litigio –aspecto abstracto–.

3. Fundamento (positivo) de la carga probatoria

El *onus probandi*, como regla dirigida a regular la conducta probatoria de las partes del litigio y, sobre todo, en su carácter de regla de juicio encaminada a determinar cómo debe decidir el juez la controversia planteada, debe, forzosamente, estar consagrada de manera expresa en el Derecho positivo.

En este orden de ideas, explica MICHELI que la carga de la prueba es una «norma» procesal, es Derecho positivo y, en tal sentido, los criterios generales adoptados y dirigidos a predeterminar temas probatorios no son admisibles, al menos que estén expresamente regulados por el legislador, o lo que es lo mismo, que también sean norma legal, razón por la cual si la misma no está regulada en el ordenamiento jurídico, no tendrá, entonces, fundamento en la indicada regla del *onus probandi*[19].

En efecto, siendo la regla de la carga probatoria un aspecto determinante de la forma y alcance de la actividad procesal que deben desplegar las partes del litigio, específicamente en materia de pruebas, así como regla de juicio que representa para el juez al momento de impartir justicia al dictar sentencia, es imprescindible que todas las circunstancias, factores, elementos y, en definitiva, todo aquello de relevancia jurídica susceptible de afectar la correcta distribución de las cargas probatorias, debe estar «expresamente» consagrado en la ley, entre otras razones, para evitar posibles discrecionalidades, arbitrariedades o hasta infundados favoritismos judiciales que violarían abiertamente

---

[18] *Cfr.* Ídem.
[19] *Cfr.* Ibíd., pp. 99, 100, 200 y 201.

los derechos fundamentales de las partes procesales, con especial atención en los derechos a la defensa y al debido proceso.

4. Aproximación doctrinaria al concepto de carga probatoria

Veamos, entonces, algunos de los conceptos de la doctrina sobre la institución de la carga de la prueba, centrándonos exclusivamente en las posturas asumidas en el ámbito del Derecho Procesal Civil, doméstico y comparado, a fines de intentar trazar una idea medianamente precisa sobre la noción de esta categoría, así como los espacios o denominadores comunes que se encuentran y las ligeras diferencias que pueden apreciarse de las opiniones de algunas autoridades en la materia.

Enseña MICHELI que «la regla de la carga de la prueba grava a quien quiere hacer valer un derecho en juicio con la prueba de los hechos que constituyen su fundamento; mientras quien excepciona la ineficacia de tales hechos o bien excepciona que el derecho se ha modificado o extinguido debe probar los hechos sobre los cuales la excepción se funda»[20].

De otro lado, COUTURE explica la carga de la prueba como la «conducta impuesta a uno o a ambos litigantes, para que acrediten la verdad de los hechos enunciados por ellos». Ahondando en su explicación, señala que «la carga de la prueba no supone, pues, ningún derecho del adversario, sino un imperativo del propio interés de cada litigante; es una circunstancia de riesgo que consiste en que quien no prueba los hechos que ha de probar, pierde el pleito. Puede quitarse esa carga de encima, probando, es decir, acreditando la verdad de los hechos que la ley le señala. Y esto no crea, evidentemente, un derecho del adversario, sino una situación jurídica personal atinente a cada parte; el gravamen de no prestar creencia a las afirmaciones que era menester probar y no se probaron. Como en el antiguo dístico, es lo mismo no probar que no existir»[21].

---
[20] Ibíd., p. 93.
[21] COUTURE, Eduardo: *Fundamentos del Derecho Procesal Civil*. 3ª, Ediciones Depalma. Buenos Aires, 1977, pp. 241 y 242.

Por su parte, Devis Echandía, luego de un extenso y profundo análisis crítico de las variadas posiciones y criterios sobre las reglas de la distribución de la carga de la prueba, concluye como regla general que «corresponde la carga de probar un hecho a la parte cuya petición –pretensión o excepción– lo tiene como presupuesto necesario, de acuerdo con la norma jurídica aplicable; o, expresada de otra manera, a cada parte le corresponde la carga de probar los hechos que sirven de presupuesto a la norma que consagra el efecto jurídico perseguido por ella, cualquiera que sea su posición procesal»[22].

En Venezuela, Rengel-Romberg, después de hacer un análisis pormenorizado de la institución desde los orígenes de la palabra latina *onus*, que se entendía como «obligación» de probar, pasando por las influencias históricas germánicas que concebían que la prueba le correspondía al reo y no al actor, y después de comentar el Derecho moderno, concluye que «tanto en el Derecho romano, como en el medioeval y en el moderno, ambas partes pueden probar: a. El actor, aquellos hechos que fundamentan su pretensión; b. El demandado, aquellos hechos que fundamentan su excepción o defensa; que es lo mismo que decir: las partes tienen la carga de probar sus respectivas afirmaciones de hecho»[23].

Finalizando con este breve esbozo, Duque Corredor explica que la más moderna doctrina procesalista considera que «a cada parte le corresponde probar los hechos en los que funde el supuesto del cual pretenda derivar en su favor la aplicación de una norma jurídica»[24].

Comos se observa, las citadas posturas comparten un común denominador, cual es la necesaria intervención de «ambas» partes del proceso en la actividad probatoria, en el entendido de que el actor y el demandado deberán traer

---

[22] Devis Echandía, Hernando: *Teoría general de la prueba judicial*. Tomo I. Ediciones Zavalía. Buenos Aires, 1981, p. 490.
[23] Rengel-Romberg, Arístides: *Tratado de Derecho Procesal Civil venezolano*. Tomo III (El procedimiento ordinario). Editorial Ex Libris. Caracas, 1991, p. 279.
[24] Duque Corredor, Román J.: *Apuntaciones sobre el procedimiento civil ordinario*. Editorial Jurídica Alva. Caracas, 1990, p. 194.

al juicio los elementos probatorios que soporten los hechos que cada uno afirma y sus pretensiones, para formar la convicción del juez sobre la controversia planteada y así lograr el fallo que persiguen. De lo contrario, y como explica Couture, quien no demuestre los hechos que afirma, sucumbirá en el litigio.

También notamos una ligera distinción entre una y otra opinión, que se podría decir abarcan las corrientes mayoritarias de la doctrina. Por un lado, tenemos la postura clásica, seguida muy de cerca por Rengel-Romberg, según la cual corresponde a las partes del litigio probar sus respectivas «afirmaciones» sobre los hechos. Y por el otro, se ha desarrollado la idea, compartida por Devis Echandía y comentada por Duque Corredor, que la carga probatoria no implica, exactamente, que las partes tengan que probar sus afirmaciones, sino que deben demostrar las circunstancias de hecho que constituyen el «presupuesto fáctico» –supuesto de hecho o antecedente– de la norma tipo regla cuyo efecto jurídico es perseguido por la parte que invoca su aplicación.

Como puede apreciarse, las comentadas posturas se erigen alrededor de la noción tradicional y rígida sobre la carga de la prueba que, en no pocos casos, lejos de distribuir en su correcta medida y alcance la actvidad probatoria y, con ello, sentar las bases para la igualdad de las partes en el proceso, pueden generar serias desigualdades en la producción de la prueba, en virtud de la posición desventajosa en que puede encontrarse para su obtención la parte que afirma el hecho controvertido o invoca la aplicación de la norma cuyo efecto jurídico persigue, obligada, conforme a esas nociones, a demostrarlo. Sobre esta cuestión, se volverá más adelante.

5. El principio general de la carga probatoria

Tradicionalmente se ha dicho que el interesado y llamado a probar las afirmaciones sobre los hechos constitutivos que fundamentan su pretensión, es el mismo sujeto que las ha hecho: el actor, como iniciador de la acción que da lugar al litigio. Mientras que, por su parte, el demandado no deberá probar hecho alguno, impeditivo o extintivo, si se limita a negar las afirmaciones hechas por el demandante. Esto recoge la máxima romana según la cual *incumbit probatio qui dicit, no qui negat*.

No obstante lo anterior, la doctrina enseña que no todas las pruebas que buscan demostrar las afirmaciones dirigidas a formar la convicción del juez de la causa deben ser producidas por el demandante. Por el contrario, cuando el demandado no niega pura y simplemente las afirmaciones del actor, sino que, por ejemplo, afirma que el derecho invocado por aquel ha desaparecido, corresponderá a él, en consecuencia, demostrar la extinción del hecho[25].

También debe tenerse en cuenta que, en razón de que la «afirmación» o «negación» que hagan las partes sobre los hechos jurídicos controvertidos en el proceso puede resultar una cuestión de «técnica argumentativa», algo más de forma que de fondo, lo importante para garantizar la correcta distribución de la carga probatoria es analizar el «discurso argumentativo» –afirmativo o negativo– que hagan los sujetos procesales a la luz de la normativa cuyo cumplimiento invocan y efectos persiguen. Como bien enseña Taruffo, «se deriva también la necesidad de recurrir al supuesto de hecho sustantivo para determinar de caso en caso qué cargas probatorias le corresponden a cada parte, como ocurre con la llamada *Normentheorie*, según la cual cada parte tiene la carga de proveer la prueba de los hechos en los que se funda la norma que la misma parte invoca como criterio para la determinación de consecuencias jurídicas a su favor»[26].

Por lo anterior, la postura asumida por el demandado –negativa pura y simple o afirmación de un hecho–, en relación con la pretensión del demandante, podrá modificar la carga probatoria de las partes, dependiendo de la extensión y manera en que aquél plantee su posición en el litigio. Las distintas posturas que pudiera asumir el demandado frente a la pretensión del demandante, serían, a grandes rasgos: i. convenir en la pretensión del demandante; ii. reconocer los hechos pero no el derecho invocado por el demandante; iii. reconocer

---

[25] *Cfr.* Chiovenda: ob. cit., t. ii, p. 264.
[26] Taruffo: ob. cit., p. 257.

parcialmente los hechos, y iv. desconocer los hechos. Cada una de estas posibles posturas del demandado, distribuirá diferenciadamente la carga probatoria.

Además, en el marco de este principio, también debe tenerse en cuenta que si el actor no prueba sus afirmaciones, esto es, el o los hechos constitutivos en que sustenta su pretensión procesal, bajo este supuesto el demandado tampoco tendrá nada que demostrar o contra demostrar, precisamente por la falta de prueba del afirmante.

Ahora, si el demandante efectivamente prueba en toda su extensión sus afirmaciones sobre los hechos constitutivos que dieron origen a su demanda, entonces el demandado tendrá la carga de demostrar aquello que lo libere de lo probado por el actor, lo cual puede hacer de dos formas distintas: i. o bien demuestra la inexistencia del hecho constitutivo en principio probado por el actor, ii. o bien encamina su actividad probatoria a demostrar otro u otros hechos que, sin desvirtuar el hecho constitutivo probado por el demandante, eliminen el efecto jurídico de este, probando así lo que se ha denominado la excepción[27].

6. La carga probatoria de los hechos constitutivos, extintivos e impeditivos

Enseña CHIOVENDA que los hechos constitutivos son los «que dan vida a una voluntad concreta de la ley y a la expectativa de un bien por parte de alguien». En efecto, estos hechos jurídicos activan el sistema legal y encuadran en el supuesto de hecho –antecedente– de alguna norma tipo regla en particular, generando, en consecuencia, un derecho para alguien. Por su parte, los hechos extintivos, como su denominación los deja entender, «hacen cesar una voluntad concreta de ley y la consiguiente expectativa de un bien»[28]. Así, estos hechos tienen el efecto opuesto a los anteriormente indicados, ocasionando la desactivación del sistema positivo por la extinción del derecho que tenía alguna persona.

---

[27] *Cfr.* CHIOVENDA: ob. cit., t. II, p. 268.
[28] Ibíd., t. I, p. 335.

Y en tercer lugar, tenemos los denominados hechos impeditivos, que en palabras de CHIOVENDA son «una categoría intermedia de hechos jurídicos fundada en la relación en que se encuentran entre sí las diversas circunstancias que se requieren para que nazca un derecho»[29]. En efecto, y como también se desprende de su denominación jurídica, estos hechos «impiden» el nacimiento del derecho, hasta tanto no estén presentes de manera concurrente los múltiples eventos o circunstancias exigidas por la ley.

Ahora bien, la carga de la prueba de los hechos jurídicos se distribuirá de acuerdo a qué tipo de hecho deba ser probado: constitutivo, extintivo o impeditivo. Así, tenemos que los hechos «constitutivos» deberán ser, en principio, probados por su afirmante, esto es, el actor del litigio. Y decimos en principio porque, tal y como hemos apuntado con anterioridad, puede darse el caso en que, por ejemplo, el demandado se allane en la pretensión del actor, esto es, convenga en la demanda, en cuyo caso el demandante se verá relevado de toda actividad probatoria sobre los hechos constitutivos que afirmó para fundamentar su pretensión. Vemos entonces, una vez más, cómo es determinante la actitud «activa» o «pasiva» que puede asumir el demandado, a los efectos de la fijación en cada caso concreto de las reglas de distribución de la carga de la prueba.

Por su parte, los hechos «extintivos» deberán ser probados por quien los alega, esto es, el demandado, lo cual podrá realizar de las dos maneras antes indicadas: bien probando la extinción misma del hecho constitutivo afirmado por el demandante, o bien probando la extinción del hecho constitutivo a través de la demostración de otro u otros hechos jurídicos distintos a este, que surtan efectos sobre él.

En este mismo sentido, los hechos «impeditivos» que alega el demandado, para pretender el no nacimiento del derecho del demandante, por la falta concurrente de una serie de elementos jurídicos, deben ser, como resulta lógico, probados por aquel. El demandado deberá probar la inexistencia del elemento

---

[29] Ibíd., t. I, p. 336.

o elementos que a su decir no están presentes en el caso concreto para dar nacimiento a su obligación y correspondiente derecho del demandante.

7. El principio *favor probationis* en la carga probatoria y el principio de proximidad, cercanía o facilidad a la obtención de la prueba

Resulta de recibo que las reglas procesales para distribuir en su correcta medida las cargas probatorias sobre los hechos jurídicos controvertidos en el litigio, afirmados y excepcionados por los sujetos del proceso, deben fijarse en cada caso específico, de acuerdo con las peculiaridades y situaciones propias del juicio individualmente considerado, aun cuando existan reglas generales sobre la institución, que en lugar de tenerse como imperativos incontrovertibles, inflexibles y carentes de excepciones, deben, por el contrario, tenerse como guías formales e indicadoras de las actividades probatorias de las partes.

Aunado a lo expuesto, es importante tener en cuenta que, por lo general, las cargas de afirmar –alegar– y probar van unidas, aun cuando también es cierto que no siempre la totalidad de las afirmaciones deben ser probadas por quien las efectúa. En no pocas ocasiones, por razones de «facilidad», las afirmaciones que hace una parte deberán ser demostradas por la otra, debido a que se encuentra en mejor posición –en ese caso en particular– para ejecutar dicha actividad probatoria[30].

Y es, precisamente, en rigor de la adecuación de las reglas probatorias a cada proceso particularmente considerado y con miras de atenuar las estrictas reglas sobre la distribución de la carga de la prueba, especialmente en aquellos casos de «dificultad probatoria», que la doctrina ha desarrollado el principio *favor probationis*, el cual está dirigido a «atenuar» o «flexibilizar» las

---

[30] Así ocurre, por ejemplo, en los Estados Unidos de América, por razón de la inexistencia de reglas sobre la carga probatoria, siendo el juez quien debe determinar «caso a caso» qué parte tiene que probar qué hecho, con base en varios criterios, siendo el principalmente empleado el correspondiente a la «facilidad» de acceder a los conocimientos necesarios o a disponer de la prueba. *Cfr.* TARUFFO: ob. cit., p. 258.

reglas tradicionales de distribución de la carga probatoria que, en algunos casos, en lugar de preservar el equilibrio e igualdad de los sujetos procesales en la ejecución de sus actividades probatorias, la dificultan, colocando sobre la parte menos indicada la carga de producir la prueba esclarecedora de las circunstancias de hecho controvertidas en el debate judicial[31], situación que puede tener relevancia constitucional –como enseña TARUFFO– si se facilita el logro o consecución de la tutela judicial efectiva[32].

Este principio influye de forma determinante en el *onus probandi*, dirigiéndolo a lo que se ha venido denominando como «cargas dinámicas». Estas cargas dinámicas consisten en ampliar el concepto clásico del *onus probandi*, según el cual, y como ya lo hemos expuesto, la carga, en principio, recae sobre la parte que afirma el hecho jurídico, hasta el punto de situarla sobre aquella que esté en mejores condiciones para demostrar los indicados hechos controvertidos en el juicio. En este sentido, se ha considerado, con razón, que uno de los beneficios más inmediatos y palpables que ha resultado de la aplicación del principio *favor probationis*, ha sido la creación de presunciones *hominis* de culpa[33] en contra de la parte que teniendo que producir la prueba,

---

[31] Así lo ha entendido ZAMBRANO FRANCO, Flor Karina: «La carga dinámica de la prueba y la búsqueda de la verdad». En: *Ámbito Jurídico*. Año XV, N° 185. Legislación Económica. Caracas, 2014, p. 10, quien enfocando la cuestión a partir de la apreciación de los hechos por el juez, precisa: «Hay casos en los cuales las reglas rígidas probatorias no permiten que el juez conozca la verdad de los hechos afirmados por las partes, como por ejemplo podría ocurrir en el caso de una demanda por daños y perjuicios interpuesta por mala praxis médica; en este caso nos preguntamos: ¿quién está en mejor posición de demostrar si una operación médica se realizó de manera correcta? ¿El paciente afectado o el médico? Sin lugar a dudas en este caso sería el médico, ya que es quien tiene el conocimiento científico y la pericia para demostrar –en este caso, el hecho opuesto– que el procedimiento quirúrgico siguió los pasos idóneos. Es pues, un caso demostrativo para aplicación del dinamismo en materia de pruebas».

[32] *Cfr.* TARUFFO: ob. cit., p. 259.

[33] Positivizadas en el ordenamiento jurídico venezolano en los artículos 1394 y 1399 del Código Civil. Sobre estas presunciones, PEYRANO, Jorge W.: «Carga de la prueba. Conceptos clásicos y actuales». En: *Revista de Derecho Privado y Comparado*. N° 13 (Prueba-I). Rubinzal-Culzoni Editores. Buenos Aires, 1997, ha señalado lo siguiente: «este amplio criterio de razonabilidad de que dispone el juez en orden al deber de

no lo hace, con lo cual experimentará las consecuencias negativas de su falta de actividad probatoria[34].

Así, Muñoz Sabaté explica que este principio no puede verse ni analizarse bajo una óptica tan precisa como la que emplea el legislador para crear, regular y dictar el Derecho positivo, a lo que se le suma el hecho que el mismo posee una motivación más psicológica que jurídica, razón por la cual fracasaría sin más todo intento de consagración normativa general y abstracta. Así, considera que el *favor probationis* es «una necesidad que siente el juzgador, a veces intuitivamente, de salirse de su estática y fría posición de espectador para coadyuvar en pro de la parte que más dificultades objetivas encuentre en la producción y estimación de su prueba»[35].

El estudio del principio *favor probationis* en el marco de las reglas sobre la carga de la prueba ha dado nacimiento a lo que la doctrina ha denominado el «principio de proximidad», «cercanía» o «facilidad a la obtención de la prueba» para distribuir en su correcta medida las cargas probatorias entre las partes procesales, según el cual la parte más cercana a la obtención y producción de una prueba, esto es, con mayor facilidad o proximidad a la misma, deberá aportarla en cada caso concreto[36].

La aplicación de este principio se ha convertido en una herramienta para los jueces interesados en descubrir la verdad real –también llamada verdad

---

buena fe con el que deben actuar las partes en el proceso y en relación al mérito probatorio de los elementos arrimados, al juicio, permitirán a aquél en el momento de dictar el fallo, determinar presunciones *hominis* de culpa contra la parte que observó una conducta pasiva para demostrar su no culpa cuando se hallaba en condiciones más favorables de hacerlo –*favor probationis*– que el accionante a su vez, para probar la culpa de aquél».

[34] *Cfr.* Quintero Tirado, Mariolga: «Algunas consideraciones sobre la prueba en el ámbito civil con algunas menciones en el área mercantil». En: *Revista Venezolana de Estudios de Derecho Procesal*. N° 2. Livrosca. Caracas, 2000, pp. 136 y ss.
[35] *Cfr.* Muñoz Sabaté: ob. cit., p. 146.
[36] *Cfr.* Abache Carvajal, Serviliano: «Repensando el proceso tributario y la carga probatoria en el Derecho venezolano». En: *Revista de Derecho Tributario*. N° 148. Asociación Venezolana de Derecho Tributario. Caracas, 2015, p. 41.

material, histórica o empírica–[37], en los casos de «dificultad probatoria», que si bien no sería extraño su cuestionamiento en los procesos regidos por el principio dispositivo, por aquello de que el juez deberá decidir «exclusivamente» con base en lo alegado y probado por las partes, encontramos que su utilización en los procesos inquisitivos pudiera responder e integrarse con la finalidad perseguida en los mismos y, en tal sentido, erigirse como una significativa «regla de juicio» basada en la experiencia. Así lo ha entendido MICHELI, para quien «el juez administrativo distribuirá, por tanto, la eventual falta de certeza, en que él se encuentre después de cerrada la instrucción, fijando en cada caso la regla de juicio con base de la cual emitir la decisión. Regla que le es dictada en general por criterios de la experiencia, el primero entre los cuales es la mayor proximidad de una parte a la prueba»[38].

El principio de la facilidad a la prueba, como norte de la distribución de la carga probatoria, está estrechamente vinculado con el principio y derecho constitucional de la igualdad de las partes en el proceso. En efecto, es tan discriminatorio tratar desigualmente a los iguales, que tratar como iguales a los sujetos que se encuentran en situaciones desiguales, razón por la cual, imponer

---

[37] Teniendo en cuenta que, como lo ha explicado la doctrina, se ha considerado que «habría, por un lado, una verdad «formal» –o «judicial» o «procesal»– que sería establecida en el proceso por medio de las pruebas y de los procedimientos probatorios; y, por otro lado, habría una verdad «material» –o «empírica» o, simplemente, «verdad»– referida al mundo de los fenómenos reales o, en todo caso, a sectores de experiencia distintos del proceso y que se obtendría mediante instrumentos cognoscitivos distintos de las pruebas judiciales. Es habitual también distinguir entre una verdad «relativa», que es típica del proceso, y una verdad «absoluta», que existiría en algún lugar fuera del proceso», TARUFFO, Michele: *La prueba de los hechos*. 4ª, Editorial Trotta. Madrid, 2011, p. 24. Para un análisis pormenorizado sobre esta cuestión, entre otros, *vid*. GASCÓN ABELLÁN, Marina: *Los hechos en el Derecho. Bases argumentales de la prueba*. 3ª, Marcial Pons. Madrid, 2010, pp. 45 y ss.; TARUFFO, Michele: *Teoría de la prueba*. ARA Editores. Lima, 2012, pp. 18-30; y BONORINO RAMÍREZ, Pablo Raúl y GIMENO PRESA, María Concepción: «Fenomenología y prueba judicial. Una crítica a la concepción heredada en la teoría de la prueba». En: *Pensar el Derecho. Ensayos de teoría jurídica contemporánea*. N° 7. ARA Editores. P. R. BONORINO RAMÍREZ, editor. Lima, 2010, pp. 335-365.

[38] MICHELI, Gian Antonio: *La carga de la prueba*. Editorial Temis. Bogotá, 2004, p. 250.

la carga probatoria de un hecho controvertido a la parte que le es en extremo difícil obtener dicha prueba, al punto de que tenga que realizar gestiones casi imposibles para conseguirla, podría caracterizarse como una forma de desigualdad en el proceso, a la postre, como una prueba casi «diabólica». Por ello, se ha considerado que lo formalmente igualitario en la carga probatoria, es su atribución a la parte que tenga a su alcance demostrar el determinado hecho en cuestión, esto es, se encuentre más cercana a la producción de la prueba[39].

Por otro lado, también debe tener en cuenta, como enseña TARUFFO, que la justificación sobre la mayor «proximidad» de una de las partes a un determinado medio probatorio puede, también, considerarse «débil», habida cuenta que, aun cuando luce epistemológicamente válido, también pudiera resultar excesivo y hasta peligroso por la eventual manipulación por parte del juez de las cargas probatorias de las partes. Así, explica que el fin último de decidir el caso con fundamento en la prueba −en lugar de hacerlo con base en la falta de prueba− puede perfectamente lograrse regulando una obligación de divulgación o revelación −*duty of disclosure*−, como ocurre en el proceso civil estadounidense, en cuya Regla 26 (a) de las *Federal Rules of Civil Procedure* se establece la obligación de las partes de comunicarse mutuamente todas las informaciones relativas a las pruebas que disponen[40].

Así las cosas, el principio *favor probationis* pudiera representar, según el caso, una confrontación con los postulados probatorios tradicionales, alterando,

---

[39] Cfr. PARRA QUIJANO, Jairo: «La crisis de la noción clásica de la carga de la prueba». En: *Revista de Derecho Probatorio*. N° 8. Editorial Jurídica Alva. Caracas, 1997, p. 133.

[40] Cfr. TARUFFO: ob. cit. (*Simplemente la verdad…*), p. 263. No obstante lo anterior, el eventual peligro que pone sobre la palestra TARUFFO, pudiera ser eliminado o, por lo menos, mitigado, si se toma en cuenta que la aplicación de las «cargas dinámicas probatorias» deben cumplir ciertos presupuestos básicos para su aplicación, como lo explica ZAMBRANO FRANCO: ob. cit., p. 10, «Sin embargo, la carga dinámica de la prueba tiene sus presupuestos: i. Debe estar presente la prueba de que la contraparte se encuentra en una mejor posición para demostrar un hecho particular; y ii. la prueba de la parte que quiere beneficiarse por la flexibilización en materia de carga de la prueba, quien debe demostrar que desde su perímetro es muy difícil o casi imposible la demostración de un hecho u obtención de una prueba».

por ejemplo, las reglas sobre la distribución de la carga probatoria, la aplicación del principio de inmediación cuando el juez así lo considere, así como la consideración de las reglas sobre admisibilidad de las pruebas de una manera más elástica, por un lado, así como una facilitación considerable en la búsqueda de la verdad material y la concreción de la tutela judicial efectiva, por el otro. Sin duda, es un tema complejo.

8. Los artículos 506 del Código de Procedimiento Civil y 1354 del Código Civil

El Derecho positivo civil adjetivo venezolano, regido por el principio dispositivo, contiene apenas un solo artículo que consagra, en nuestra opinión de manera limitada, las reglas sobre la distribución, atribución o asignación de las cargas probatorias a los sujetos procesales. En efecto, el artículo 506 del Código de Procedimiento Civil, establece lo siguiente:

> Artículo 506.- Las partes tienen la carga de probar sus respectivas afirmaciones de hecho. Quien pida la ejecución de una obligación debe probarla, y quien pretenda que ha sido libertado de ella, debe por su parte probar el pago o el hecho extintivo de la obligación. Los hechos notorios no son objeto de prueba.

Como se observa, la disposición del Código de Procedimiento Civil recoge la anteriormente referida máxima romana, según la cual *incumbit probatio qui dicit, no qui negat*, que textualmente significa: le incumbe la prueba a quien dice –alega o afirma–, no a quien niega[41].

La señalada máxima fue a su vez consagrada en el artículo 133 del denominado Proyecto COUTURE, según el cual: «Quien pretende algo ha de probar los hechos constitutivos de su pretensión; quien contradice la pretensión del adversario, ha de probar los hechos extintivos o las circunstancias impeditivas

---

[41] *Cfr.* HENRÍQUEZ LA ROCHE, Ricardo: *Código de Procedimiento Civil*. Tomo III. Centro de Estudios Jurídicos del Zulia. Caracas, 1996, p. 556.

de esa pretensión»; que por su parte fue la fuente de inspiración directa del Código Modelo Procesal Civil para Iberoamérica, en cuyo artículo 129 la reguló en los términos siguientes: «Corresponde probar, a quien pretende algo, los hechos constitutivos de su pretensión; quien contradiga la pretensión de su adversario tendrá la carga de probar los hechos modificativos, impeditivos o extintivos de aquella pretensión...»[42].

En este sentido, se ha apuntado que la norma del Código de Procedimiento Civil es tan amplia que no permite la diferenciación entre las pruebas de los hechos jurídicos que regula, de las pruebas de las obligaciones[43] a que hace referencia expresa su par sustantivo en el artículo 1354 del Código Civil, consagrado en el marco de la prueba de la obligación que se pretende ejecutar, de la manera que sigue: «Quien pida la ejecución de una obligación debe probarla, y quien pretenda que ha sido libertado de ella debe por su parte probar el pago o el hecho que ha producido la extinción de su obligación».

A nuestro parecer, las normas del Código de Procedimiento Civil y del Código Civil regulan –en esencia– lo mismo, enfocándose específicamente la segunda de las transcritas, en la prueba necesaria de la obligación a los efectos de lograr su «ejecución» por parte del demandante, o a la prueba de su pago para demostrar su «extinción» por parte del demandado.

En este sentido, la regla general consagrada en los indicados enunciados normativos se refiere a los comentados hechos jurídicos constitutivos: «quien pida la ejecución de una obligación debe probarla»; y extintivos: «quien pretenda que ha sido libertado de ella debe por su parte probar el pago o hecho que ha producido la extinción de la obligación», y silencia de manera total y absoluta sobre los hechos «impeditivos» y «modificativos».

Además, y como fue anteriormente precisado, la formulación tradicional sobre las reglas del *onus probandi* que consagra el Código de Procedimiento

---

[42] Ídem.
[43] *Cfr*. Ibíd., p. 557.

Civil venezolano, de acuerdo con la cual se debe realizar la distribución de las pruebas –exclusivamente– sobre la base de las respectivas «afirmaciones» de hecho de cada uno de los sujetos procesales, ha sido criticada por la más autorizada doctrina.

En efecto, Henríquez la Roche ha observado que la afirmación o negación que se realice sobre un determinado hecho controvertido en el litigio, puede resultar de una mera cuestión de redacción o, más ampliamente, de argumentación. Resulta equivalente «negar» un hecho, que «afirmar» su inexistencia, lo cual no afectaría en medida alguna la posibilidad real de su prueba. Un hecho negativo determinado es demostrable, mientras que una afirmación indeterminada resultaría indemostrable. En este sentido, precisa que la forma más conveniente de plantear la distribución de la carga de la prueba sería que a cada parte le corresponda probar las circunstancias de hecho que sirven de presupuesto –supuesto de hecho o antecedente– de las normas cuya aplicación invocan[44].

Por su parte, los tribunales han entendido que el artículo 1354 del Código Civil, regulador de la norma romana según la cual *actori incumbit onus probandi sed reus in exceptione fit actor*, no significa que la asignación de la carga probatoria siempre recae en cabeza del actor, puesto que al reo también le incumbirá en diversas ocasiones probar o justificar los hechos controvertidos. Lo que ocurre es que al actor le corresponde, probar, en primer lugar, la presencia de los hechos que afirma y justifican su demanda; mientras que al reo, dependiendo de la actitud que asuma frente a las pretensiones del actor –convenir, reconocer, desconocer o contradecir–, le corresponderá o no, en segundo lugar, probar los hechos que afirme.

En este sentido, las reglas tradicionales de la carga probatoria consagradas en el comentado artículo 1354 del Código Civil, según las cuales: i. quien alega un hecho, un derecho o pida la ejecución de una obligación, deberá probarlo; ii. el actor debe, en principio, probar las afirmaciones sobre los hechos jurídicos controvertidos que fundamentan su pretensión; iii. la negación pura

---

[44] *Cfr.* Ibíd., pp. 556 y 557.

y simple de los hechos por parte del demandado no traslada a este la carga probatoria, y iv. si el demandado, en lugar de negar, opone una excepción afirmando el pago u otro hecho jurídico dirigido a extinguir su obligación, deberá probarlo; han sido recogidas y ampliamente desarrolladas por la jurisprudencia en numerosos litigios civiles[45].

Así las cosas, tenemos que las normas del Derecho positivo venezolano consagran los postulados tradicionales que anteriormente revisamos sobre las reglas de distribución del *onus probandi*, no siempre, como se ha podido apreciar, aseguradoras de atribuir en su correcta medida, alcance y extensión esta trascendental carga procesal, por lo que, como en tantas otras materias y disciplinas del saber jurídico, en esta falta mucho camino todavía por recorrer.

Caracas, diciembre de 2017

* * *

Resumen: En este trabajo se estudia la carga probatoria, iniciando la revisión del tema a partir de las generalidades sobre la carga de afirmar –y probar– hechos jurídicos controvertidos, para luego abordar los aspectos de mayor relevancia de esta categoría: justificación, fundamento positivo, aproximación doctrinaria a su concepto, el principio general que la rige, entre otros particulares. Posteriormente, se analiza el principio *favor probationis* y el principio de proximidad a la prueba. Finalmente, se realiza un breve repaso de su regulación en el ordenamiento jurídico venezolano. **Palabras clave**: Carga probatoria, carga de afirmar, *favor probationis*, proximidad a la prueba. Recibido: 29-12-17. Aprobado: 02-01-18.

---

[45] Una interesante recopilación jurisprudencial sobre la concepción y alcance de esta norma, puede consultarse en: PERERA PLANAS, Nerio: *Código Civil de la República de Venezuela*. Ediciones Magón. Caracas, 1978, pp. 812-821; y LAZO, Óscar: *Código Civil de la República de Venezuela*. 5ª, Offset. Caracas, 1973, pp. 673-679.

Persona y dignidad humana: bases quiritarias de la conceptualización de los derechos fundamentales y la bioética

Tulio Alberto Álvarez *
Los hechos hablan por sí mismos,
oh jueces,
y eso es lo que más cuenta[1].

Cicero

Sumario

A manera de introducción 1. El ciclo vital de la persona y el derecho a la vida 2. El estatuto de libertad como sustrato de vida y humanidad 3. La autonomia de voluntad quiritaria en proyección a la moralidad de los actos 4. La ciudadanía quiritaria fundante de los criterios de nacionalidad y ciudadanía modernos 5. Conceptualización general del *status* familiar quiritario como origen de la familia occidental. Conclusiones

A manera de introducción

La modernidad fue marcada por una nueva visión sobre la entidad de la persona física en razón del respeto a su humanidad y una expansión del concepto personalidad hacia figuras jurídicas signadas por la ficción y que se materializan en organizaciones que aglutinan diversas relaciones jurídicas.

---

[*] **Universidad Central de Venezuela**, Profesor titular, Jefe de la Cátedra Derecho Constitucional. **Universidad Católica Andrés Bello**, Profesor de pregrados y postgrado. Programa de Estudios Avanzados en Teología, Magister en Teología Fundamental, Magister en Historia y Doctor en Derecho. tulioalvarez17@gmail.com

[1] Cicero, Marcus Tullius: *Pro Milone*, 53s.: «*Res loquitur ipsa, iudices, quae semper valet plurimum*».

En estos tiempos, no solo se entiende el vocablo «persona» como «sujeto de derecho», lo que deriva en la capacidad de ser titular de derechos y asumir obligaciones; además, se han escalado estadios superiores, superando la simple consideración de que todo ser humano, como persona que es, se encuentra en plano de igualdad. Esta superación radica en la «plenificación» de los derechos humanos como inherentes a mujeres y hombres, sin distinción alguna de nacionalidad, origen étnico, elementos raciales, religión, lengua o cualquier otra condición personal.

Existe un estatuto jurídico básico conformado por el Derecho interno de los pueblos. Pero aparece el Derecho internacional de los derechos humanos para cubrir las deficiencias y nivelar la configuración de unas condiciones mínimas; de esta forma, se involucra a los Estados como sujetos activados en la protección del estatuto dogmático fundamental que ellos mismos han acordado aunado a una obligación limitante, ya que deben abstenerse de violentar las libertades fundamentales individuales o colectivas. De manera que nos encontramos con una aplicación general y un sentido de dignificación esencial que confiere universalidad al estatuto.

El Derecho quiritario tuvo un sentido original que lo configuró como *status* particular y privilegiado del ciudadano romano. A esta limitación en el ámbito de aplicación se añade un hecho: la personalidad no era inherente a la naturaleza humana y estaba sujeta a determinadas condiciones. La consecuencia fue que no se produjo una teorización de la persona que permitiera la vigencia universal de una dogmática garantista, tampoco la utilización general de ficciones o corporaciones; de tal forma, el estatuto quiritario estuvo referido al ser humano, pero requiriendo una serie de elementos para hacer efectiva su propia personalidad en fórmula de *caput*[2], sin abstracciones de ningún tipo y que, «en cabeza» de un individuo, se ensamblan conformándolo, al mismo

---

[2] Vocablo que se refiere a «cabeza» mientras que «persona» se refería, en el teatro antiguo, a la máscara del actor. Y es que para nosotros, imbuidos en el mundo del Derecho, la persona, el actor, desarrolla su papel en la escena jurídica y, ante diversas situaciones, sus roles son diversos.

tiempo, como hombre libre, ciudadano y padre de familia –*status litertatis, status civitatis* y el *status familiae*–[3].

Aunque HERMOGENIANUS sostuvo que «todo el *ius* ha sido constituido por causa de los hombres», lo que fue confirmado siglos después con una simple cita del texto en el propio *Digesto*[4], esa causa eficiente está limitada al hombre libre, al *quirite*, en cuanto a sus circunstancias, justo el sentido contrario a la universalización contemporánea. Mucho tiempo después de la clásica fase de elaboración de ese Derecho quiritario se producirá un primer impacto de aplicación universal, desde el mismo momento en que CARACALLA dictó su *Constitutio Antoniniana* del año 212 a. D. confiriendo la ciudadanía a pobladores de las provincias; y, ya en el plano sustancial, el cristianismo introdujo el reconocimiento del prójimo, la dignificación del ser humano, un espíritu que comparte JUSTINIANO, tal como se puede constatar en las referencias a Jesucristo contenidas en todos los documentos justificativos de la compilación del siglo v.

El sentido de este aporte que pretende ser un homenaje a la querida profesora María Candelaria DOMÍNGUEZ GUILLÉN es rescatar las bases quiritarias en la definición de personalidad. De este modo, se pueden precisar las deficiencias del sistema antiguo y proyectar una mayor coherencia en los avances de la dogmática de los derechos humanos como estatuto personal garantista pero, lo más relevante, también como estatuto universal de humanidad. Especial relevancia tendrá tal precisión en la problemática que se plantea con la bioética, un campo de análisis moral que en forma prescriptiva afecta decisiones judiciales de especial delicadeza y la actividad misma de las ciencias de la vida y la salud.

---

[3] PAULUS, libro *secundo ad Sabinum*, D.4.5.11: «... *tria enim sunt quae habemus, libertatem civitatem familiam*...».
[4] HERMOGENIANUS, libro *primo iuris epitomarum*, D.1.5.2: «*Cum igitur hominum causa omne ius constitutum sit, primo de personarum statu ac post de ceteris, ordinem edicti perpetui secuti et his proximos atque coniunctos applicantes titulos ut res patitur, dicemus*».

1. El ciclo vital de la persona y el derecho a la vida

La ausencia casi absoluta de la abstracción de personalidad derivó en una identidad quiritaria entre ser humano y persona. Es por ello que la capacidad jurídica se inicia con el nacimiento aunque podría tenerse al concebido –*qui in utero est*–, identificado como *nasciturus* por los comentaristas en el Derecho posterior, como nacido para determinados fines[5]. Sin embargo, tal como lo apunta PAULUS, esa consecuencia está condicionada al nacimiento con vida[6]. De manera que, siempre en la búsqueda de la mejor situación y protección jurídica para el concebido, el hijo que nace después de la muerte del padre –*postumus*– es incluido en la sucesión; y se admitió la designación de un curador –*curator ventris*– para proveer de protección a los bienes que, en un futuro, le corresponderían[7].

---

[5] De manera que los hijos ya concebidos son considerados en casi todo el Derecho Civil como nacidos, tal como lo indicó JULIANO en su digesto: *Iulianus libro 69 digestorum*, D.1.5.26: «*Qui in utero sunt, in toto paene iure civili intelleguntur in rerum natura esse. Nam et legitimae hereditates his restituuntur: et si praegnas mulier ab hostibus capta sit, id quod natum erit postliminium habet, item patris vel matris condicionem sequitur: praeterea si ancilla praegnas subrepta fuerit, quamvis apud bonae fidei emptorem pepererit, id quod natum erit tamquam furtivum usu non capitur: his consequens est, ut libertus quoque, quamdiu patroni filius nasci possit, eo iure sit, quo sunt qui patronos habent*».

[6] El hijo concebido es protegido como si hubiese nacido, siempre que se trate de sus propias ventajas, pues antes de nacer no puede favorecer a terceros, en PAULUS, libro *singulari de portionibus, quae liberis damnatorum conceduntur*, D. 1.5.7: «*Quae liberis damnatorum conceduntur. Qui in utero est, perinde ac si in rebus humanis esset custoditur, quotiens de commodis ipsius partus quaeritur: quamquam alii antequam nascatur nequaquam prosit*». Esta opinion es ratificada por PAULUS al analizar el senadoconsulto Tertuliano, confirmación de lo dicho, al advertir que al concebido se le tendrá por nacido siempre que se trate y este en función de sus derechos, pues para otros efectos solo cuenta desde que nace: «*Quod dicimus eum, qui nasci speratur, pro superstite esse, tunc verum est, cum de ipsius iure quaeritur: aliis autem non prodest nisi natus*», en libro *singulari ad Senatus Consultum Tertullianum*, en D.50.16.231.

[7] Es la opinión que se recoge de ULPIANUS libro 41 *ad edictum*, en D.37.9.1.17: «*Quotiens autem venter in possessionem mittitur, solet mulier curatorem ventri petere, solet et bonis. Sed si quidem tantum ventri curator datus sit, creditoribus permittendum in custodia bonorum esse: si vero non tantum ventri, sed etiam bonis curator datus est,*

En el Derecho de última generación compilado y elaborado por JUSTINIANO, la posición de los jurisconsultos en esta materia se solidifica al establecer en el plano legislativo que la condición jurídica del hijo, en cuanto a la definición del *status* que le corresponde, siempre se definirá a partir del momento del nacimiento; salvo que hubiera resultado más ventajoso para él la consideración del período que se inicia con la concepción[8]. Ahora bien, para considerar como nacida una persona era indispensable el parto[9], lo que implica la separación del vientre materno; además, lo que ellos denominaron el soplo de vida; y que la creatura tuviera forma humana. Solo así podría considerarse que el *infans* materializaba su participación en el orden sucesorio. Cabe aquí advertir el desencuentro histórico entre las escuelas sabiniana y proculeyana, ya que los juristas inscritos en esta última, proclamaban como prueba evidente de vida el tradicional lloro del niño mientras que los otros admitían cualquier signo vital, lo que terminó prevaleciendo.

En cuanto a la extinción de la persona, se produce por el hecho de la muerte. Como se trata de un evento constitutivo de nuevas situaciones jurídicas, la

---

possunt esse securi creditores, cum periculum ad curatorem pertineat. Idcirco curatorem bonis ex inquisitione dandum, idoneum scilicet, oportet creditores curare vel si quis alius est, qui non edito partu successionem speret». Inclusive, a partir de la *Lex Cornelia de sicariis et veneficis*, el aborto es un crimen que se castigaba con destierro –*exilium*–.

[8] Así aparece en el título *De naturalibus liberis et matribus eorum et ex quibus casibus iusti efficiuntur* del *Codex*: «*Et generaliter definimus et, quod super huiusmodi casibus variabatur, definitione certa concludimus, ut semper in huiusmodi quaestionibus, in quibus de statu liberorum est dubitatio, non conceptionis, sed partus tempus inspiciatur: et hoc favore facimus liberorum. Et editionis tempus statuimus esse inspectandum exceptis his tantummodo casibus, in quibus conceptionem magis approbari infantium condicionis utilitas expostulat, iust. a. Iuliano pp. 'a 530 d. XV k. april. Constantinopoli lampadio et oresta vv. cc. conss'»*; en C.5.27.11.4.

[9] Los que nacen muertos no se consideran nacidos ni procreados, porque nunca pudieron llamarse hijos, tal como se evidencia en PAULUS libro *primo ad legem Iuliam et Papiam*, D.50.16.129: «*Qui mortui nascuntur, neque nati neque procreati videntur, quia numquam liberi appellari potuerunt*». Inclusive, CLEMENTIUS afirma que debe entenderse ya existente en el momento de la muerte de la madre el que queda en su vientre y nace vivo: libro 11 *ad legem Iuliam et Papiam*, D.50.16.153: «*Intellegendus est mortis tempore fuisse, qui in utero relictus est*».

muerte, entonces y ahora, debe ser objeto de prueba. Sin embargo, se podían materializar situaciones de hecho de difícil o imposible prueba, tal como ocurre cuando varias personas perecen en un mismo incidente –los más comunes eran batallas, naufragios, incendios–. Cualquier confusión o imposibilidad para determinar una precedencia de muerte podía tener como consecuencia un cambio en el orden de sucesión; razón por la cual, y ante los conflictos que se pudieran originar, las víctimas podían considerarse como conmorientes; es decir, habían fallecido al mismo tiempo, caso de que no se pudiera comprobar que una muerte precedió a la otra[10].

Ahora bien, las referencias del *Digesto* señalan varias posibilidades. En primer lugar, he encontrado la solución de casos particulares, explicados por Tryphoninus en sus disputas o debates, en supuestos de muertes de familiares en el mismo evento: i. En la que el hijo muere después del padre, situación en la cual es excluido el patrono en la sucesión de quien fuera su liberto siguiendo la vocación hereditaria la vía de ese hijo mayor[11]; ii. En el tema de la dote con estipulación especial de reintegro en caso de muerte de la *uxor*, se podía suponer que el hombre muere después de la mujer[12], y iii. En la sucesión testamentaria, podría deducirse que el hijo impúber es premoriente con relación al padre, no así el hijo púber[13]. Pero de estas apreciaciones a llegar a la conclusión de que existían expresas presunciones aplicables a casos de premoriencia, tal como lo indican buena parte de los textos de Derecho romano,

---

[10] *Vid.* Domínguez Guillén, María Candelaria: *Manual de Derecho Civil I Personas*. Paredes. Caracas, 2011, pp. 105-118.

[11] Tryphoninus libro 21 *disputationum*, D. 34.5.9.2: «*Si cum filio suo libertus simul perierit intestati, patrono legitima defertur hereditas, si non probatur supervixisse patri filius: hoc enim reverentia patronatus suggerente dicimus*».

[12] *Idem.*, D. 34.5.9.3: «*Si maritus et uxor simul perierint, stipulatio de dote ex capitulo 'si in matrimonio mulier decessisset' habebit locum, si non probatur illa superstes viro fuisse*».

[13] *Idem.*, D. 34.5.9.4: «*Si Lucius Titius cum filio pubere, quem solum testamento scriptum heredem habebat, perierit, intellegitur supervixisse filius patri et ex testamento heres fuisse, et filii hereditas successoribus eius defertur, nisi contrarium approbetur. Quod si impubes cum patre filius perierit, creditur pater supervixisse, nisi et hic contrarium approbetur*».

existe un trecho muy largo. Tal proceder no era una salida común en los derechos de la antigüedad y, como no las he podido constatar en el Derecho quiritario, no las declaro como existentes. De manera que, bajo la interpretación de situaciones particulares como las que refiere Tryphoninus, creo factible una intervención de los comentaristas posteriores estableciendo una aplicación general a los supuestos comentados[14].

2. El estatuto de libertad como sustrato de vida y humanidad

El Derecho quiritario con todo y ser el Derecho de la antigüedad de mayor perfección no proscribió, ni siquiera por la influencia final del cristianismo, la más cruel y criminal distinción entre los seres humanos: aquellos que son libres y los que son esclavos[15]. En virtud de la posibilidad de reversión de la esclavitud, mediante el mecanismo liberatorio de la manumisión, se presenta la diferenciación entre los ingenuos y los libertos, esto en cuanto al hombre libre[16].

El advenimiento del cristianismo marca la noción moderna de libertad. En el sentido metafísico, para el filósofo de la antigüedad, la libertad se enfoca

---

[14] Fijémonos en la presunción, en materia de ausencia declarada, sobre que el ausente no puede vivir más de 100 años. Tan posterior es la misma que, ante el advenimiento del cristianismo, fue reducida a 70 años; y eso fue así por cuanto el Salmo 90 indica sobre la eternidad de Dios y la transitoriedad del hombre: «Los días de nuestra edad son setenta años. Si en los más robustos son ochenta años, con todo, su fortaleza es molestia y trabajo, porque pronto pasan y volamos». De forma que tal presunción seguramente es producto de una glosa inicial; porque, si no fuera así, no habría sido rebajada de 100 a 70 años. El conocimiento de la teología siempre será útil para comprender esta materia.

[15] Gaius libro *primo institutionum*, D.1.5.3: «*Summa itaque de iure personarum divisio haec est, quod omnes homines aut liberi sunt aut servi*».

[16] Sobre el tema de la libertad recomiendo revisar las obras de Bastianel, Sergio: *Morality social in social life*. Convivium Press. Bogotá, 2010; Finnis, John: *Natural law and natural rights*. Clarendon Law Series. Hong Kong, 1996; y, especialmente, me he inspirado en la presentación que del tema hace Polin, Raymond: *La liberté de notre temps*. Vrin. París, 1977. Además, debo resaltar las enseñanzas y materiales facilitados por el Dr. Pedro Trigo (S.J.) en los tiempos de mis estudios en la Maestría de Teología Fundamental de la Facultad de Teología en la Universidad Católica Andrés Bello.

como un acoplamiento al orden de las cosas, aquello que es conforme a su naturaleza, a su esencia. El ser libre se adapta perfectamente a la función que es suya, en el orden del universo; él participa en la armonía del cosmos y actualiza la perfección de aquello que es. El orden de las perfecciones y el orden del ser formaban un solo orden, la libertad debía ser entendida en unidad de ambas. Cuando el ser no es libre, se manifiesta imperfecto, está impedido de ese acoplamiento, se muestra fuera del orden. Pero, así como ese impedimento puede devenir de su propia imperfección, también puede derivar de la imperfección del medio en que el hombre se desenvuelve, producto de la intervención de fuerzas exteriores contrarias, divinas o humanas.

Para el pensamiento de la antigüedad, el grado de libertad está doblemente vinculado al grado del ser. El ser humano encuentra su máxima libertad, por una parte, desde el momento en que se sitúa en el más alto grado de perfección dentro de la jerarquía de los seres y, por otra parte, logra su objetivo al ubicarse en el más alto punto de actualización ontológica de su intensidad como ser. Ser libre, es propiamente ser según su ser, es ser. Este criterio tiene impacto en la bioética, ya que una tendencia filosófica, basada en una diferenciación entre moral personal y la esfera de lo político, determina que la escogencia personal está subordinada al bien común, lo que permitiría que el Estado pueda y deba gobernar la vida de los individuos interviniendo en la dimensión más íntima del mismo.

Con el cristianismo, el mundo de los hombres deja de ser concebido como un mundo eterno y perfecto. Es un mundo creado, solo su creador es perfecto. Aun si la Creación no es tenida como imperfecta en sí misma, como lo afirmaban ciertas herejías gnósticas, el mundo creado es imperfecto y, en consecuencia, la creatura humana es imperfecta. La libertad es precisamente la marca de la creatura humana y el medio de su imperfección al mismo tiempo que el medio de su virtud en este mundo, el medio de su salvación; es decir, el medio de la perfección que él es en la medida de esperar su futuro escatológico. El uso de la libertad deviene en la ocasión de un mérito, de una virtud.

El hombre cristiano se sabe en un mundo sin armonía. Él es imperfecto y, en consecuencia, actúa y se perfecciona en un mundo imperfecto, devenido en un mundo de sufrimiento y de pruebas. Un margen de indeterminación y de incertidumbre le es dado, su salvación depende de su libre elección entre el bien y el mal. El orden de las cosas creadas obedece a un principio: el hombre conocerá el orden bajo las especies del bien y del mal. A él se le deja la libertad de escoger, entre el bien y el mal, entre lo que es según el orden o contra el orden; es decir, el poder de hacer y el conocimiento para hacer. La libertad cristiana es fundamentalmente una libertad de escogencia en la que encaja el carácter personal de la existencia humana. Por esencia, la libertad humana es subjetiva; ella engendra la subjetividad de la existencia del hombre y forma, para cada sujeto, el principio de un destino personal y el diseño de una individualidad.

Mas, por definición, esta libertad subjetiva está situada en un orden preexistente determinado por principios; y el mandato divino concerniente al bien y al mal. Es con relación a ese orden que toma su sentido de libertad y que deriva su misma sustancia de sujeto. Si la libertad es la esencia propia del hombre, si la naturaleza del hombre consiste en hacer libremente su naturaleza, la libertad en cuanto tal no es neutra ni desprovista de valor intrínseco: «la libertad o la muerte», quiere decir simplemente existir como hombre o morir. Para mí, la libertad es vida y la vida es libertad; la sacralidad de la vida lleva a la no disponibilidad de la misma por parte del Estado, lo que impulsa una posición definida sobre el tema de la pena de muerte, pero deja abierta la duda sobre la disponibilidad del individuo de su propia vida.

El valor de la libertad depende de su uso. Podemos calificar ese uso como bueno o malo de acuerdo a la condición de postular un cierto orden del mundo, recibido o instituido. Una libertad inmediatamente perfecta será una libertad signada por la ley de Dios. Él conoce a cada ser humano. Esto no debe ser entendido en el mismo sentido nuestro, ya que para Dios el conocimiento es, digámoslo humanamente, un ingrediente de su amor. Según las enseñanzas de Pedro Trigo, para la filosofía cristiana tradicional, y para la teología que se apoyó en ella, tanto al menos, si no más, que en el dato bíblico, la persona se define como una sustancia individual de naturaleza racional –«*Naturae rationalis individua sustantia*»: BOECIO[17]–, entendiendo que en lo individual entra el cuerpo y en lo racional entra la libertad. Esta definición insiste en la densidad del ser humano, que es una sustancia, un ser en sí y de suyo; y también para sí: un fin para sí mismo. Es por esta situación que, en la actualidad, la búsqueda del bienestar personal se constituye en una regla hermenéutica al momento de interpretar el sentido y alcance de una dogmática de derechos humanos[18].

La interferencia de esta visión que impregnó a la filosofía del mundo cristiano marcó al Derecho quiritario e inspiró una vida signada por tales principios aunque fuera en su etapa final compilatoria[19]. Frente a esta visión del mundo, la esclavitud aparece como una institución injusta, apartada de los valores cristianos y del mensaje trascendente que entregó Cristo para su seguimiento. Difícil posición fue en la que se encontró JUSTINIANO ante el conflicto por sus creencias y la fundamental importancia que tuvo la esclavitud en la conformación de un sistema económico de brutal acumulación que hizo de Roma el Imperio más poderoso de la antigüedad. Este dilema economicista será una constante que interfiere en la manifestación garantista que debe ejercer el Estado en el resguardo de los derechos humanos.

---

[17] *De duabus naturis et una persona Christi*, c. III. PL 64,1343.

[18] Tomamos nota que la profesora DOMÍNGUEZ GUILLÉN: ob. cit., p. 40, advierte «una noción filosófica de persona señala que es toda sustancia individual de naturaleza racional. Pero tal definición que se corresponde con la idea de ser humano y coincide jurídicamente con la persona natural, es incompleta o inválida para el ámbito jurídico porque no incluye la persona incorporal o persona jurídica en sentido estricto». Se da así explicación a la incapacidad del Derecho romano para desarrollar la ficción de persona jurídica y la regulación de las corporaciones. *Vid*. También de la autora: *Inicio y extinción de la personalidad jurídica del ser humano (nacimiento y muerte)*. 1ª reimp. TSJ. Caracas, 2010, pp. 21-29.

[19] En este sentido, FLORENTINUS insiste en que la libertad es una facultad natural que implica discernimiento y que la esclavitud es una práctica contra natura, libro *nono institutionum*, D.1.5.4.pr.: «*Libertas est naturalis facultas eius quod cuique facere libet, nisi si quid vi aut iure prohibetur*»; y D.1.5.4.1: «*Servitus est constitutio iuris gentium, qua quis dominio alieno contra naturam subicitur*».

Se explica así la contradicción en el esquema quiritario, manifiesto en las *Institutas*, ya que, por una parte, en el apartado III.1. aparece: «La libertad, de donde viene la denominación de libres, es la facultad natural que cada uno tiene de hacer lo que le plazca, a no ser que la fuerza o la ley se lo impida»; mientras que inmediatamente y en el mismo Título III.2. resalta: «La servidumbre es una institución del Derecho de gentes que, contra lo que la naturaleza dicta, pone a un hombre en el dominio de otro». Casi como pidiendo perdón, JUSTINIANO trata de excluir a la esclavitud del Derecho quiritario, afirma que es una institución contra natura y concluye que es el Derecho de gentes quien impone tal abyección. Solo faltó aclarar en la justificación que el estatuto quiritario, respetuoso de la propiedad privada y el libre comercio, no podía intervenir en las relaciones jurídicas que se establecían entre los romanos y peregrinos.

Pero no existen razonamientos para explicar lo que no tiene justificación, si se parte de la dignidad intrínseca del ser humano. El esclavo –*servus-puer-ancilla*– fue definido por el Derecho romano como el hombre o mujer que por una *iusta* causa *servitutis* no tiene libertad y pertenece a otro a quien sirve[20]. Además, se delineó un *status* especial y máximo, el *libertatis*, para diferenciar a aquellos con plena capacidad de ejercicio porque disfrutan de su libertad. SENECAE (5 a. C.-65 d. C), fiel a su pensamiento estoico, desarrolla en su obra *De Clementia* un análisis racional dirigido a su discípulo NERÓN, seguramente con el objeto de transmitir algún tipo de equilibrio a quien ya se mostraba como un ser despótico y criminal. Una parte del discurso lo dedica a la defensa de la humanización del trato debido a los esclavos como un recurso lógico para justificar un trato justo a los súbditos:

> XVIII. Laudable es mandar con moderación a los esclavos. También en el esclavo se ha de pensar no cuánto puede ser castigado impunemente, sino cuánto te lo permiten la justicia y la bondad,

---

[20] FLORENTINUS libro *nono institutionum*, D.1.5.4.2: «*Servi ex eo appellati sunt, quod imperatores captivos vendere ac per hoc servare nec occidere solent*»; y en D.1.5.4.3: «*Mancipia vero dicta, quod ab hostibus manu capiantur*».

que mandan perdonar hasta a los cautivos y comprados por dinero. ¡Con cuánta más justicia mandan no abusar de hombres libres, noble, honrados, como si fueran esclavos, sino tratarlos como a quienes solo superas en jerarquía y de los que se te ha confiado no la servidumbre, sino la tutela! Los esclavos tienen derecho de asilo acercándose a una estatua; y estando con el siervo todo permitido, hay algo que veda hacer con el hombre el derecho común de los vivientes. ¿Quién no odiaba, aun más que sus propios esclavos, a Vedio Polión, que cebaba a las murenas con sangre humana y mandaba arrojar a los que le ofendían a un vivero lleno de serpientes? ¡Oh hombre digno de mil muertes, tanto si, para después comérselas, arrojaba a las murenas a los siervos para que los devoraran, como si tan solo las tenía para alimentarlas de este modo! Así como los amos crueles se señalan en toda la ciudad y son aborrecidos y detestados, así la injuria que cometen los reyes se hace aun más patente y su infamia y su odio pasan de siglo en siglo; ¡cuánto mejor les hubiera sido no nacer que ser contados entre los que nacieron para desgracia de los pueblos![21].

La conceptualización del esclavo como cosa estuvo altamente mediatizada por las prescripciones quiritarias por lo que no aparece extraño que se haya proscrito el maltrato. La casuística confirma la atenuación de los rigores de

---

[21] L. Annaei Senecae *Ad Neronem Caesarem De Clementia*, XVIII: «*1. Servis imperare moderate laus est. Et in mancipio cogitandum est, non quantum illud impune possit pati, sed quantum tibi permittat aequi bonique natura, quae parcere etiam captivis et pretio paratis iubet. Quanto iustius iubet hominibus liberis, ingenuis, honestis non ut mancipiis abuti sed ut his, quos gradu antecedas quorumque tibi non servitus tradita sit, sed tutela. 2. Servis ad statuam licet confugere; cum in servum omnia liceant, est aliquid, quod in hominem licere commune ius animantium vetet. Quis non Vedium Pollionem peius oderat quam servi sui, quod muraenas sanguine humano saginabat et eos, qui se aliquid offenderant, in vivarium, quid aliud quam serpentium, abici iubebat? O hominem mille mortibus dignum, sive devorandos servos obiciebat muraenis, quas esurus erat, sive in hoc tantum illas alebat, ut sic aleret*»; http://www.thelatinlibrary.com/sen/sen.clem.shtml.

la esclavitud[22]. En consecuencia, posterior al siglo I, se puede detectar una tendencia que, coincidente con un mayor conservadurismo en el resguardo de las costumbres y la moralidad, se tradujo en la prohibición de abusos y atentados contra la integridad y vida de los esclavos. Finalmente, el emperador

---

[22] En cuanto al trato, en diversas fuentes se refiere la existencia de una *Lex Petronia de servis*, fechada por Theodor MOMMSEN en el año 69 al comentar la *lex Cornelia de siccariis et veneficis*; o una *Lex Junia Petronia*, tal como es citada por Paul GIRARD, ubicada por él en el año 772 de Roma y 19 de nuestra era, en la que se prohíbe enviar a los esclavos para que combatan con las bestias en el Circo, salvo que existiera la autorización del magistrado. En el *Codex* se cita un edicto de CLAUDIO que ordenaba la libertad del esclavo enfermo abandonado por su dueño. Quien mataba injustamente a un esclavo caía bajo la *Lex Cornelia de sicariis et veneficis* de la época de SYLA con la pena de deportación, y más tarde, hasta la de muerte. Esta misma ley prohibía la entrega de esclavos para luchar con fieras como divertimento privado o público. Solo se admitía como consecuencia del *ius corrigendi* y previa autorización pública. CONSTANTINO calificó como homicidio la muerte intencionada del esclavo y al *dominus* como reo de tal crimen. Según una constitución de Antonino Pío, matar a su esclavo tenía la misma consecuencia que hacerlo con uno ajeno; además, un trato abusivo ocasionaba la venta forzada de los esclavos. Esta conclusión se encuentra en GAYO: «I.53. Pero en la actualidad ni los ciudadanos romanos ni nadie que esté bajo el imperio del pueblo romano puede tratar a los esclavos con dureza excesiva e injustificada; pues, en virtud de una constitución del sacratísimo emperador Antonino, el que mata injustificadamente a su esclavo es tan responsable como el que mata a un esclavo ajeno. Pero también se reprime en la constitución de este príncipe el maltrato por parte de los dueños; pues con ocasión de una consulta que le hicieron unos gobernadores de las provincias a propósito de los esclavos que se refugian en los templos de los dioses o en las estatuas de los príncipes, dispuso que, si parecía insoportable la dureza de sus dueños, se obligara a vender sus esclavos. Las dos cosas están bien, pues no debemos abusar de nuestro derecho, por la cual razón se prohíbe a los pródigos la administración de sus bienes». Un senadoconsulto del año 83 d. C. castigó con la multa de la mitad de los bienes a quien castrara a un esclavo. Es bastante probable que este senadoconsulto sea el mismo JUNIANO, al menos contemporáneo con aquel, en que fue regulada la colusión entre un *dominus* y su esclavo. Refiere el texto que, para obstaculizar la gran bondad de ciertos *dominus* hacia sus esclavos al permitirles reclamar su condición de ingenuos y que se pronuncie su condición de libertad, lo que podría derivar en que sujetos indignos ocuparan la función senatorial, se aprobó en tiempos de DOMICIANO un senadoconsulto que define «si alguien prueba que semejante cosa se ha hecho por colusión, si el hombre declarado libre era realmente esclavo, el antiguo *dominus* se convertirá en esclavo de aquel que haya descubierto la colusión».

Justiniano, embebido en sus creencias cristianas, confirmó las sanciones contra el *dominus* que diera un trato cruel a sus esclavos y en la *Novela Nona*, refleja una convicción afirmativa de la igualdad de todos los seres humanos a los ojos de Dios[23].

3. La autonomía de voluntad quiritaria en proyección a la moralidad de los actos

La libertad es el presupuesto de la toma de decisiones personales pero también, en el marco del Derecho, lo es de la ciudadanía y la capacidad jurídica. No se pueden separar, ya que se integran en un estatuto jurídico en el que el estado ideal incluye ser libre, ciudadano y *sui iuris*. Pero operan en esferas distintas. Es por tal circunstancia que, en este punto, conviene diferenciar los elementos que definen la capacidad jurídica de los derechos inherentes a la condición quiritaria; y aquí me refiero a los derechos civiles concretados en el *ius connubium* y el *ius commercium*, los derechos políticos referidos al *ius sufragii* y al *ius honorum* y a la posibilidad de acceder a la protección pretoria como consecuencia directa del carácter garantista del sistema procesal quiritario. Fijémonos que tal diferenciación se puede extrapolar al mundo moderno; y es lógico que sea así porque es el precedente.

La capacidad jurídica, entendida como la posibilidad de ser sujeto de derechos y obligaciones, comienza con el nacimiento y, tal como se ha advertido,

---

[23] Novela IX. *Ut Ecclesia Romana Centum Annorum Habeat Praescriptionem*. (Año del Señor 535). Texto latino versionado en la edición de Schoell and Kroll's edition: «5. *Scilicet omnibus iudicibus maioribus et minoribus, qui Christiani et orthodoxi sunt, hanc nostram constitutionem servantibus: nihilominus huiusmodi legis temeratoribus post caelestes poenas etiam legitimum semper vigorem pertimescentibus et poenam quinquaginta librarum auri formidantibus. Hac lege non solum in postea emergentibus causis suum tenorem exercente, sed etiam in his quae iam in iudicium sunt deductae. Sanctitas itaque tua praesentem nostrae mansuetudinis legem piissimam sive sacrosanctam oblationem quam deo dedicamus accipiens inter sacratissima vasa reponat, et a vobis servandam et omnes ecclesiasticas possessiones servaturam*». Dat. XVIII. k. Mai CP. Belisario cons. Fuentes: Coll. II, tit. 4; Ep. Theod. 9; Ath. 2, 4; Iul. const. VIII.

inclusive desde la concepción; lo que implica que cualquier acto inhibitorio de derechos es la consecuencia de una decisión que se valide con una voluntad, y esa no puede ser la del Estado. Sin embargo, la denominación «capacidad de ejercicio» denota la posibilidad de producir efectos jurídicos inherentes a la propia actividad y, tal condición, deriva de ciertas circunstancias como la edad, la condición sexual[24] o la inhabilidad producto de una enfermedad mental. En este punto, tiene relevancia la precisión de DOMÍNGUEZ GUILLÉN al diferenciar entre «persona» y «personalidad», este último término entendido como «la aptitud, cualidad o idoneidad para ser persona. Jurídicamente toda persona tiene personalidad y correlativamente a su vez se tiene personalidad porque se es persona. Se trata simplemente de una precisión conceptual en el plano jurídico en la que se quiere diferenciar entre el 'ente o sujeto' y la 'aptitud o cualidad', la primera corresponde a la persona, la segunda a la

---

[24] En el Derecho quiritario no se produce una equiparación entre hombres y mujeres. La primera diferencia se da en el tema de las magistraturas y la función pública, encargos de naturaleza viril a lo largo de toda la historia romana. Tal exclusión no borra el papel estelar, tras bambalinas, jugado por las mujeres de las importantes familias, tildadas como mujeres senatoriales, en las grandes conspiraciones de poder. En cuanto a la perspectiva familiar, la estructura patriarcal no dejaba mayores libertades y solo el hombre puede ser *pater familiae*. La *filia in potestate* del *pater* estaba sometida, en igual situación que los hermanos varones; solo si salía de ella y se casaba *sine manus* era considerada *sui iuris*. Pero si el matrimonio era *cum manu*, ella estaba sujeta a la *manus* de su marido o del *pater* si aquel era *alieni iuris*. Sin embargo, aun con el *status* de *alieni iuris*, durante buena parte de la historia del Derecho quiritario, estaba sujeta a un tutor de sexo –tutor *mulieris*– independientemente de que fuera *maior*. También es bueno advertir que un senadoconsulto VELLAEANUM, en el siglo I a. D., protegía a las mujeres prohibiendo que esta asumiera obligaciones a favor de terceros como sería el caso de la fianza, liberación de deudor por novación o suscribiera deudas a favor de tercero. En principio, si se suscribían, estas deudas eran válidas; pero el senadoconsulto permitía oponer una *exceptio* senadoconsulto *Vellaeani*; referencia que aparece en ULPIANUS libro 29 *ad edictum*, D.16.1.2.1. Para nivelar los intereses en conflicto, el pretor admitía una *actio restitutoria* contra el deudor liberado por la *intercessio* de la mujer; y, cuando la mujer intervino inicialmente a favor del tercero, una *actio institutoria* contra este, como si el negocio hubiese sido celebrado por él. Estas acciones originan una *in integrum restitutio* judicial. *Cfr.* KASER, Max: *Direito privado romano*. 2ª, Fundação Calouste Gulbenkian. Lisboa, 2011, p. 316.

personalidad»[25]. Pero en el sistema quiritario la personalidad, como cualidad, admite límites y grados, lo que constituyó un obstáculo inicial en el esfuerzo de universalizar un estatuto de humanidad.

La autonomía de un consentimiento dirigido a la realización de actos que se hallan en la zona limítrofe de una ética social encuentra su sustento en reglas morales que se originan en la misma sociedad. Es por ello que los temas vinculados a la bioética son tan conflictivos; tienen un componente de libertad, en cuanto al derecho subjetivo del individuo de accionar de acuerdo con su propia elección, pero también se refleja un cierto derecho difuso de los otros, interesados en el mantenimiento del orden que sustenta a la sociedad; y que podrían no abstenerse de intervenir en decisiones que, en principio, se adscriben dentro de la esfera privada de ese individuo. Aquí se encuentra una función del Derecho, bastante delicada, consistente en garantizar la libertad en el marco de los derechos de los otros. Pero, ¿cómo encontrar ese equilibrio entre la individualidad y el interés social como fundamento de la moralidad del acto?

Han sido muchos los esfuerzos, al punto que se ha planteado una «Ética mínima» diseñada en tres principios: La neutralidad desde la perspectiva de las concepciones sustanciales del bien[26], el principio negativo de evitar causar

---

[25] *Cfr.* DOMÍNGUEZ GUILLÉN: ob. cit. (*Manual de Derecho…*), pp. 47 y 48. *Vid.* también: DOMÍNGUEZ GUILLÉN: ob. cit. (*Inicio y extinción…*), pp. 27-29; DOMÍNGUEZ GUILLÉN, María Candelaria: *Diccionario de Derecho Civil*. Panapo. Caracas, 2009, pp. 126-129; DOMÍNGUEZ GUILLÉN, María Candelaria: «La persona: ideas sobre su noción jurídica». En: *Revista de Derecho*. N° 4. TSJ. Caracas, 2002, pp. 317-355.

[26] En mi artículo «La Ley natural como patrón del orden justo» desarrollo el tema: «Es indudable que el contexto social marca la formación bajo valores morales pero no es por albur que, al margen de la particularidad cultural, exista una coincidencia universal, por no utilizar el término consenso, que consolida un código de lo humano según un llamado interior. Y no hay que profesar un credo religioso para percibir lo que Santo Tomás definió como el precepto sobre el que se fundan todos los otros de la ley natural: 'Haz el bien y evita el mal', enraizado en todas las culturas. 3 Las acciones humanas, en tanto iluminadas por la razón, están dirigidas a un fin que necesariamente será o parecerá bueno. Si no estuviera direccionado racionalmente, no nos dirigiríamos a él. Sin embargo, la actualidad imprime la necesidad de añadir: 'Haz el bien luchando contra el mal' o 'para hacer el bien hay que luchar contra el mal'. Esta segunda perspectiva

daños a los otros y el principio positivo que nos impele a conferir el mismo valor a los intereses de cada quien[27]. Se trataría de un consenso sobre los principios comunes mínimos que se corresponde bastante con el documento Vaticano que define la posibilidad de una ética universal sobre temas puntuales. Y que conste que ese criterio lo sostengo al trabajar el tema de la validación del sistema normativo, como orden justo, vinculándolo a unos valores universales que privilegian la dignidad de la persona humana, desarrollados en el documento[28]. Pero ese minimalismo trifásico que no comparto, partiría de la consideración de las acciones como realidad material que pueden ser calibradas por las motivaciones de sus actores. Como si pudiéramos medir anticipadamente y con precisión las consecuencias de toda acción humana.

---

acentúa el modo cómo el bien se hace presente de forma que es la acción misma de luchar contra el mal y no como si algo, en sí mismo, fuera bueno independiente de aquello que sea malo. El bien es la acción ejercida en contra del mal entendido como génesis y acción omisiva de una acción buena. El mal carece de entidad es la ausencia del bien», en: *Fronesis*. Vol. 16, N° 3. LUZ. Maracaibo, 2009, *passim*.

[27] *Cfr.* OGIEN, Ruwen: *L'éthique aujourd'hui: Maximalistes et Minimalistes*. Gallimard. París, 2007.

[28] Me refiero al interesante documento À *la recherche d'une éthique universelle: Nouveau regard sur la loi naturelle*, elaborado por la Comisión Teológica Internacional. Congregación para la Doctrina de la Fe de la Santa Sede, http://www.vatican.va/roman_curia/congregations/cfaith/cti_documents/rc_con_cfaith_doc_20090520_legge-naturale_fr.html. En comentario contenido en artículo de mi autoría precitado, se observa, en el mismo sentido: «Así como aquel fue un reto generacional que produjo una verdadera revolución en el espíritu que determina las relaciones humanas, hoy procede la revisión de 'las cuestiones de siempre en torno al bien y el mal' en un sentido, quizás utópico, de la conformación de una comunidad mundial. Y que conste que la idealización no puede ser desechada por consideraciones vinculadas a las probabilidades de éxito. ¿Acaso no fueron las utopías las que inspiraron la humanización de las relaciones sociales y la transformación del Estado en el marco de la modernidad? ¿No vale la pena el intento? El análisis y solución de los problemas novedosos que aquejan a las sociedades, como el equilibrio ecológico, aquellos de índole moral que surgen por el desarrollo acelerado de las biotecnologías, las amenazas del terrorismo, el crimen organizado y las nuevas formas de violencia, causantes de 'una preocupación presente que interpela a toda la humanidad' ante una organización política nacional que se ve desbordada y que nos lleva a pensar en sociedades bajo una dimensión planetaria, requiere una 'urgente reflexión ética y política de rango universal'».

Se admitiría así, en una especie de economicismo social, la actuación del Estado invadiendo la esfera más íntima del ciudadano; reglando la vida y la muerte, el control de los nacimientos, la constitución de la familia, la educación de los hijos, solo para ejemplificar. No existen valores mínimos en un orden social como tampoco puede establecerse una visión neutral sobre el bien y el mal. Lo que podría darse son fórmulas de consenso que se inscriban en la dogmática constitucional enunciada en el Texto Fundamental o en el Derecho internacional, pero nunca con la pretensión de un carácter definitivo que se imponga o manifieste a las generaciones futuras. Ese mito de totalidad es bastante peligroso.

Otro punto que debo destacar es que la tradición quiritaria acepta la existencia de actos inadmisibles como aquellos en que se da la imposibilidad fáctica de realización, una imposibilidad jurídica o moral; esta última, precisamente, vinculada al tema que desarrollo y que se constituye en un atentado contra las buenas costumbres[29]. Del sistema quiritario me interesan tres reglas básicas: i. El Derecho público no puede ser alterado por los pactos de los particulares o la invalidez de aquellos pactos que atentan contra las buenas costumbres (D. 2.14.38 y Pap. 2 *quaest*: «*Ius publicum privatorum pactis mutari non potest*»; C. 2.3.6: «*Pacta, quae contra leges constitutionesque vel contra bonos mores fiunt, mullam vim habere indubitati iuris est*»); ii. no debe observarse el pacto que contradice el Derecho común (D. 2.14.7.16: «*Quotiens pactum a iure communi remotum est, servan hoc non oportet*») y iii. es lícito pactar en todo aquello que no afecte a intereses públicos, sino a asuntos particulares (D. 2,14,7,14: «*In omnibus quae non ad publicam iaesionem, sed ad rem familiarem respiciunt, pacisci licet*»).

La inmoralidad surge de la naturaleza misma del acto prometido, el cual es moralmente repudiable o atenta contra las costumbres aceptadas socialmente, no cuando resulta ilícito por vía incidental o cambios en la legislación. Entonces, la moralidad de los actos humanos sí resulta esencial para determinar la solución de conflictos jurídicos y, en especial, aquellos temas que se inscriben en la bioética. El ejemplo más evidente es la estipulación hecha para

---

[29] *Cfr*. mi obra: *Las Institutas de Justiniano*. Tomo II. UCAB. Caracas, 2012, p. 93.

cometer un delito o a causa de uno ya cometido, referido por Papinianus[30]. El punto controversial es que sea el propio Estado el que asuma la autoría de esas violaciones.

4. La ciudadanía quiritaria fundante de los criterios de nacionalidad y ciudadanía modernos

La ciudadanía romana deriva de un derecho de sangre, ya que son ciudadanos los descendientes de ciudadanos; sin embargo, podía ser adquirida en circunstancias excepcionales y por beneficio de ley por un peregrino, además de la regulación especial que favorecía a los latinos en una especie de naturalización. Tito Livio insiste en tal hecho y la relación de pureza de sangre que se vincula al ejercicio del mando y las magistraturas:

> 4.4. Pero, se me puede decir, ningún cónsul, desde la expulsión de los reyes, ha sido elegido entre la plebe. ¿Y qué, entonces? ¿No se ha de introducir ninguna novedad?, ¿y porque algo no se haya hecho aún –y en un nuevo pueblo hay muchas cosas que todavía no se han hecho–, no se ha de hacer aun cuando sea algo favorable?[31].

Los ciudadanos tienen el derecho a contraer matrimonio, lo que deriva en la constitución de la familia romana con la connotación especial que esta tiene en el Derecho quiritario –*ius connubium*–; y el derecho de adquirir y transmitir la propiedad quiritaria, ser sujeto activo en obligaciones o, en general, realizar actuaciones negociales –*ius commercium*–.

---

[30] Papinianus, libro *primo definitionum*, D.45.1.123.: «*Si flagitii faciendi vel facti causa concepta sit stipulatio, ab initio non valet*». Otras referencias en el *Digesto* sobre la nulidad inmediata de las estipulaciones inmorales son las de Ulpianus, libro 42 *ad Sabinum*, D.45.1.26.: «*Generaliter novimus turpes stipulationes nullius esse momenti*»; y en Pomponius, libro 22 *ad Sabinum*, D.45.1.27.pr.: «*Veluti si quis homicidium vel sacrilegium se facturum promittat. Sed et officio quoque praetoris continetur ex huiusmodi obligationibus actionem denegari. 1. Si stipulatus hoc modo fuero: 'si intra biennium capitolium non ascenderis, dari?', non nisi praeterito biennio recte petam*».

[31] Titi Livi, *Ab Vrbe Condita, Liber* iv.4, http://www.thelatinlibrary.com/livy/liv.4.shtml#4.

i. En cuanto a la situación que se produce por el nacimiento, la solución quiritaria es diferente a las soluciones pro libertad en el caso de la esclavitud; ya que, a la hora de determinar la ciudadanía, una ley *Minicia* comentada por Gaius presuponía la preexistencia en ambos padres romanos unidos en *iustae nuptiae*. De manera que lo importante era la derivación del vínculo de derecho, lo que a su vez era un privilegio que derivaba de la ciudadanía. Veamos como Gaius desarrolla el problema:

> 74. Si un extranjero se casa con una ciudadana romana, es discutido si puede probar la causa en virtud del senadoconsulto (…) se le concede esto especialmente. Pero cuando un extranjero se casa con una ciudadana romana y después de haber nacido el hijo ha conseguido la ciudadanía romana, al consultársele si puede probar la causa, el emperador Antonino contestó en un principio que puede probar la causa de la misma manera que si hubiese seguido siendo extranjero. Por lo cual colegimos que también el extranjero puede probar la causa[32].
>
> 75. De lo dicho resulta que, ya se case un ciudadano romano con una extranjera, ya un extranjero con una ciudadana romana, el que nace es extranjero, y que si tal matrimonio fue contraído por error, se subsana el defecto en virtud del senadoconsulto, conforme a lo que hemos dicho más arriba; pero que si no hay error, sino que conociendo su situación se unen de ese modo, en ningún caso se subsana el defecto del matrimonio[33].

---

[32] Gaius, *Intitutas*, I.74: «*Si peregrinus civem Romanam uxorem duxerit, an ex senatus consulto causam probare possit, quaesitum est (…) hoc ei specialiter concessum est. Sed cum peregrinus civem Romanam uxorem duxisset et filio nato alias civitatem Romanam consecutus esset, deinde cum quaereretur, an causam probare posset, rescripsit imperator Antoninus proinde posse eum causam probare, atque si peregrinus mansisset. Ex quo colligimus etiam peregrinum causam probare posse*».

[33] *Idem*, I.75: «*Ex iis, quae diximus, apparet, sive civis Romanus peregrinam sive peregrinus civem Romanam uxorem duxerit, eum qui nascitur peregrinum esse, sed si quidem per errorem tale matrimonium contractum fuerit, emendari vitium eius ex senatus consulto secundum ea, quae superius diximus. Si vero nullus error intervenerit, sed scientes suam condicionem ita coierint, nullo casu emendatur vitium eius matrimonii*».

ii. Por hechos posteriores al nacimiento, se podía adquirir la ciudadanía romana en diversas situaciones: a. Como consecuencia de la manumisión, el liberto adquiría el *status civitatis* con ciertas restricciones, tal como se verá *infra*; b. un beneficio especial podía ser concedido en torno a la ciudadanía vía decisión en *comitia*, en la época de la República; o a través de un senadoconsulto o una constitución imperial, a favor de una persona o ciudades. Podía otorgarse en forma individual o colectiva[34], tal como lo reseña GAIUS: «El cual privilegio lo obtienen algunas ciudades extranjeras del pueblo romano, del senado o del César (…) puede haber privilegio de latinidad mayor o menor: es mayor cuando, tanto los que son elegidos decuriones como los que tienen algún cargo o magistratura, consiguen la ciudadanía romana; es menor cuando únicamente se hacen ciudadanos los que tienen magistratura o cargo. Así se dispone en varias epístolas de los príncipes»[35].

---

[34] Por ejemplo, la equiparación colectiva de los latinos *veteres* después del conflicto que produjo la recesiva *Lex Licinia Mucia* del año 659 de Roma, lo cual se encuentra referido por CICERO al comentar la *Lex Iulia* del año 664 de Roma: «*Tulit apud maiores nostros legem C. Furius de testamentis, tulit Q. Voconius de mulierum hereditatibus; innumerabiles aliae leges de civili iure sunt latae; quas Latini voluerunt, adsciverunt; ipsa denique Iulia, qua lege civitas est sociis et Latinis data, qui fundi populi facti non essent civitatem non haberent. In quo magna contentio Heracliensium et Neapolitanorum fuit, cum magna pars in iis civitatibus foederis sui libertatem civitati anteferret. Postremo haec vis est istius et iuris et verbi, ut fundi populi beneficio nostro, non suo iure fiant*», en M. Tvllivs CICERO, *Pro Balbo*, N° 21, http://www.thelatinlibrary.com/cicero/balbo.shtml#21; lo cual es confirmado por GELLIVS: «*Hoc ius sponsaliorum observatum dicit Servius ad id tempus, quo civitas universo Latio lege Iulia data est*», en Avlvs GELLIVS, *Noctes Atticae, Liber* IV, N° 4.1, http://www.thelatinlibrary.com/gellius/gellius4.shtml#4. Véase igualmente la referencia que hace MOMMSEN sobre el otorgamiento a favor de los marinos de la flota en los tiempos de ADRIANO, según GIRARD párrafo 120.2.

[35] GAIUS, *Institutas*, I.96: «*Quod ius quibusdam peregrinis civitatibus datum est vel a populo Romano vel a senatu vel a Caesare (…) aut maius est Latium aut minus; maius est Latium, cum et hi, qui decuriones leguntur, et ei, qui honorem aliquem aut magistratum gerunt, civitatem Romanam consecuntur; minus Latium est, cum hi tantum, qui vel magistratum vel honorem gerunt, ad civitatem Romanam perveniunt. Idque conpluribus epistulis principum significatur*».

iii. Tal privilegio podía ser pleno o limitado hasta que en el año 212 d. C. CARACALLA emite la famosa *constitutio Antoniniana* mediante la cual se confiere la ciudadanía a todos los habitantes del Imperio, salvo aquellos que tuvieran la condición de *dediticii*[36].

iv. Finalmente, la ciudadanía romana se pierde: a. Por la pérdida de la libertad calificada como *capitis deminutio* máxima; b. los derechos políticos en la ciudad dejan de ejercerse en el caso de que el individuo asumiera la condición de latino *coloniario* o sufriera la pena del destierro que lo colocaba al margen de la *civitas* y derivaba de varias situaciones; entre ellas, la más relevante era sufrir la *interdictio aquae et ignis*. También era común la pena de la *deportatio in insulam* que se diferenciaba de la *relegatio in insulam* en que, esta última, no implicaba la perdida de ciudadanía[37].

5. Conceptualización general del *status* familiar quiritario como origen de la familia occidental

Pareciera contradictoria la regulación de una potestad atribuida al *pater familiae* con aquella que tiene el *dominus* bajo el régimen de servidumbre. Pero la realidad es otra. Nada más consecuente con la visión de un patrimonio familiar, en el que se incluyen personas y bienes, con la conciliación de la potestad familiar y dominial. El esclavo formaba parte de la familia no por el hecho de que fuera considerado como persona; al contrario, precisamente por ser calificado como objeto, inclusive por ser una cosa de gran valor que se

---

[36] ULPIANUS, libro 22 *ad edictum*, D. 1.5.17: «*In orbe Romano qui sunt ex constitutione imperatoris Antonini cives Romani effecti sunt*».

[37] Referencia al contenido de tales penas en MARCIANUS, libro 13 *institutionum*, D. 48.19.4: «*Relegati sive in insulam deportati debent locis interdictis abstinere. Et hoc iure utimur, ut relegatus interdictis locis non excedat: alioquin in tempus quidem relegato perpetuum exilium, in perpetuum relegato insulae relegationis, in insulam relegato deportationis, in insulam deportato poena capitis adrogatur. Et haec ita, sive quis non excesserit in exilium intra tempus intra quod debuit, sive etiam alias exilio non obtemperaverit: nam contumacia eius cumulat poenam. Et nemo potest commeatum remeatumve dare exuli, nisi imperator, ex aliqua causa*».

encuadraba dentro de la clasificación de *res mancipii*, el esclavo se inscribía como parte del patrimonio y, en consecuencia, de la familia.

En el plano de la familia se tenía plena capacidad de ejercicio –*sui iuris*– o se estaba bajo la potestad del *pater familiae* –*alieni iuris*–[38]. En el Derecho arcaico que se constituye en origen del estatuto quiritario, esa potestad es absoluta e incluye el derecho de vida o muerte sobre los hijos. Entonces, no parece inapropiado considerar que en cierto momento de la evolución social de Roma esa fortaleza del jefe de familia llevara a la conclusión de que los hijos eran tratados como si fueran bienes que nutrían ese acervo.

Destacaré un hecho singular. Un hijo de familia no disfruta de un patrimonio propio como tal; a diferencia de la modernidad en que toda persona tiene un patrimonio, aunque sea moral, precisamente por la premisa indiscutida de la dignidad humana. Esto es clave para entender el sentido de la frase «*proprium est civium Romanorum: nulli enim alii sunt homines qui talem in liberos habeant potestatem qualem nos habemus*», la cual aparece en el Título siguiente al definir la patria potestad; o según GAIUS: «*Ius propium civium Romanorum*», como se dijo anteriormente. Esos comentarios revelan que ellos estaban conscientes de la especificidad de sus regulaciones familiares, distintas a las consagradas por otros pueblos; lo que implicaba una especial ponderación de las instituciones sociales, entre ellas la familia, el núcleo fundamental de una sociedad basada en vínculos de parentesco.

---

[38] GAIUS, libro *primo institutionum*, D.1.6.1: «*pr: De iure personarum alia divisio sequitur, quod quaedam personae sui iuris sunt, quaedam alieno iuri subiectae sunt. Videamus itaque de his, quae alieno iuri subiectae sunt: nam si cognoverimus quae istae personae sunt, simul intellegemus quae sui iuris sunt. Dispiciamus itaque de his, quae in aliena potestate sunt. 1. Igitur in potestate sunt servi dominorum –quae quidem potestas iuris gentium est: nam apud omnes peraeque gentes animadvertere possumus dominis in servos vitae necisque potestatem fuisse– et quodcumque per servum adquiritur, id domino adquiritur. 2. Sed hoc tempore nullis hominibus, qui sub imperio Romano sunt, licet supra modum et sine causa legibus cognita in servos suos saevire. Nam ex constitutione divi Antonini qui sine causa servum suum occiderit, non minus puniri iubetur, quam qui alienum servum occiderit. Sed et maior asperitas dominorum eiusdem principis constitutione coercetur*».

Aquí cabe advertir que la familia romana fue, desde el momento mismo de la fundación de la ciudad, una organización rigurosamente constituida bajo el esquema patriarcal, ya que el *pater* ejerce potestad sobre los hijos de una manera exclusiva; al punto que no existe una relación propiamente hablando con la madre y la familia de ella. Esto fue así, al menos en la fase clásica quiritaria, porque ya al final del trayecto de la conformación institucional y normativa fueron reconocidos ciertos derechos viriles a la mujer, combinados con la posibilidad de vocación hereditaria.

Entonces, el Derecho romano no considera a sus ciudadanos en forma aislada sino que los visualiza como integrantes de una familia en la que desarrollara su personalidad y capacidad. Los poderes que se manifiestan en el ámbito civil son los siguientes: i. El del *pater familiae* sobre sus hijos se concreta en la patria potestad; ii. el del marido sobre su mujer, siempre que el matrimonio se hubiera hecho bajo esa modalidad, se concreta bajo la *manus*; y iii. el del *dominus* sobre su esclavo se concreta bajo el *dominium*.

Los estudios sociales y antropológicos confirman que esa relación que une a los miembros de una familia se manifiesta normalmente en un esquema monogámico. Sin embargo, existe una gran diversidad, ya que se pueden identificar situaciones diferentes que derivan del predominio de la madre y los parientes en línea femenina o, la otra opción, la fuerte presencia de la figura paterna. En este punto cabe afirmar que la familia romana es típicamente patriarcal al extremo de que el hijo es extraño a la familia de la madre en términos formales.

Independientemente de la materialización de una cierta estructura en la definición del linaje, se produce la conformación de grupos más extensos al familiar que en el orden quiritario se manifiesta en la figura de la *gens*, quizás equiparable a la figura de los clanes en otras sociedades. Se trata de lazos que derivan de un antepasado común y que se refuerzan con el tiempo, de generación en generación, bajo el compromiso que surge del deber de defensa reciproca e, inclusive, con una práctica ceremonial que refleja un factor religioso: El culto a los antepasados. En la sociedad romana, la familia conforma una comunidad de personas y bienes, lo que reflejaba además un sentido místico ligado a los objetos y a la tierra.

La potestad del *pater* era indiscutida y se manifestaba en todas las relaciones y actos de la familia como una *manum capere mancipium* que implicaba la acción de administrar ese poder como patria potestad sobre los hijos y, en general, los *liberi* descendientes. Adicionalmente, se comprende en dicha potestad la *manus* propiamente dicha sobre la mujer que ingresaba a la familia como consecuencia de *iustas nupcias*, las situaciones excepcionales de poder temporal sobre *alieni iuris* de otras familias entregados *in causa mancipi* y el *dominium* entendido como la posibilidad de enajenar los bienes que conforman el acervo patrimonial, en especial el caso de los esclavos. Estos últimos eran familia por la pertenencia de los bienes al patrimonio, no por un acto de humanidad[39].

A pesar de la progresividad que se puede observar en la evolución del Derecho romano, las relaciones entre las personas unidas por vínculos sanguíneos y que hacen una vida en común no se desarrollará en plano de igualdad[40]. Se trata de una institución viril que contrasta con el sentido actual de las relaciones familiares en el seno de las familias del mundo occidental en que la mujer comparte legalmente la responsabilidad en la crianza y educación de los

---

[39] Tan es así que, a la muerte del *pater*, los esclavos pasaban a la nueva familia constituida de acuerdo con el esquema de adjudicación sucesoral de bienes, tal como se infiere del texto de Ulpianus, libro 46 *ad edictum*, D.50.16.195.3: «*Servitutium quoque solemus appellare familias, ut in edicto praetoris ostendimus sub titulo de furtis, ubi praetor loquitur de familia publicanorum. Sed ibi non omnes servi, sed corpus quoddam servorum demonstratur huius rei causa paratum, hoc est vectigalis causa. Alia autem parte edicti omnes servi continentur: ut de hominibus coactis et vi bonorum raptorum, item redhibitoria, si deterior res reddatur emptoris opera aut familiae eius, et interdicto unde vi familiae appellatio omnes servos comprehendit. Sed et filii continentur*».

[40] Modernamente la «igualdad» constituye un principio del Derecho de Familia. Véase: Domínguez Guillén, María Candelaria: *Manual de Derecho de Familia*. 2ª, Paredes. Caracas, 2014, p. 30, consagrado en el artículo 5 de la Ley para Protección de las Familias, la Maternidad y la Paternidad, amén de la Constitución y la reforma del Código Civil de 1982.

hijos[41]. Por otra parte, ejercía en forma vitalicia la patria potestad el ascendiente vivo más lejano y no cesaba esta fuerza legal con el arribo a una cierta edad de aquellos que estuvieran sometidos a ella. Resulta esclarecedor recordar el origen de la advertencia contenida en este título Inst. Iust. I.IX.2: «… no hay otros pueblos que tengan sobre sus hijos una potestad como la que nosotros tenemos». Ya fue dicho, esa expresión *ius propium civium Romanorum* es una mención relevante que nos viene directamente de GAIUS, lo que confirma lo marcada de su influencia en el Derecho postclásico.

ULPIANUS es una fuente fundamental para descifrar la especificidad anteriormente invocada al referir que en la Ley de las Doce Tablas se concebía a la familia conformada por los agnados próximos[42]. El mismo autor permite diferenciar entre familia *proprio iure* en la que todos sus integrantes están sometidos a una misma persona, el *pater*; y familia *communi iure* conformada por los agnados que al morir el *pater* constituyeron su propia familia. Este último caso será el punto de inicio del vínculo gentilicio, referido anteriormente, que se expandirá de generación en generación[43].

---

[41] La mujer podía ser *sui iuris* pero tal posibilidad no se proyectaba en el plano relacional ya que no tenía potestad familiar sobre los *liberi*, lo que se resumía en la célebre expresión de que la mujer *sui iuris* es «cabeza y fin de su propia familia»: «*Mulier autem familiae suae et caput et finis est*», ULPIANUS, libro 46 *ad edictum*, D.50.16.195.5.

[42] ULPIANUS, libro 46 *ad edictum*, D.50.16.195.1: «*'Familiae' appellatio qualiter accipiatur, videamus. Et quidem varie accepta est: nam et in res et in personas deducitur. In res, ut puta in lege duodecim tabularum his verbis 'adgnatus proximus familiam habeto'. Ad personas autem refertur familiae significatio ita, cum de patrono et liberto loquitur lex: 'ex ea familia', inquit, 'in eam familiam': et hic de singularibus personis legem loqui constat*».

[43] ULPIANUS, libro 46 *ad edictum*, D.50.16.195.2: «*Familiae appellatio refertur et ad corporis cuiusdam significationem, quod aut iure proprio ipsorum aut communi universae cognationis continetur. Iure proprio familiam dicimus plures personas, quae sunt sub unius potestate aut natura aut iure subiectae, ut puta patrem familias, matrem familias, filium familias, filiam familias quique deinceps vicem eorum sequuntur, ut puta nepotes et neptes et deinceps. Pater autem familias appellatur, qui in domo dominium habet, recteque hoc nomine appellatur, quamvis filium non habeat: non enim solam personam eius, sed et ius demonstramus: denique et pupillum patrem familias appellamus. Et cum pater familias moritur, quotquot capita ei subiecta fuerint, singulas familias*

Conclusiones

Toda reflexión sobre los derechos fundamentales y la bioética debe partir de la exacta definición de persona, los atributos de la personalidad y la connotación de una renovada valoración de la dignidad humana como factor que activó el constitucionalismo. Ese esfuerzo encuentra en las fuentes quiritarias un empuje y claridad de gran significación. Es por ello que he utilizado fuentes primarias para establecer un punto de partida que defina el rumbo de la solución de los problemas.

El recurso que utilizo tiene una ventaja que quiero revelar. En los temas que involucran la bioética, en especial los más conflictivos, el Estado tiende a sustituir la voluntad del ciudadano imponiendo criterios no alejados de un cierto «colectivismo político». Y la confusión, más propiamente manipulación en ciertos casos, sobre los conceptos básicos contribuye a soluciones contradictorias o francamente negativas. Pero en el sistema quiritario, la organización política que cumplió el rol del Estado, llámese República o Imperio, no tiene esa connotación; y toda valoración para resolver conflictos privilegia la autonomía de la voluntad en la medida que se cumplan los atributos de capacidad y ciudadanía.

Desde el Código de Nuremberg de 1947, en la misma senda que se abrió con los famosos juicios que inauguraron una especificidad de crímenes contra la humanidad, la bioética se inaugura afirmando la primacía de la voluntad humana frente al Estado o cualquier corporación. Es cierto, este instrumento se limita a definir principios fundamentales para satisfacer los parámetros morales solo en las investigaciones ejecutadas sobre seres humanos, pero la primera precisión es la esencialidad del consentimiento voluntario lo que implica la capacidad legal para consentir. También el sujeto humano debe

---

incipiunt habere: singuli enim patrum familiarum nomen subeunt. Idemque eveniet et in eo qui emancipatus est: nam et hic sui iuris effectus propriam familiam habet. Communi iure familiam dicimus omnium adgnatorum: nam etsi patre familias mortuo singuli singulas familias habent, tamen omnes, qui sub unius potestate fuerunt, recte eiusdem familiae appellabuntur, qui ex eadem domo et gente proditi sunt».

ser libre para interrumpir el experimento cuando lo crea conveniente a su propia integridad.

El primer peligro que debe superarse es la cosificación del ser aun cuando la misma persona quiera hacerse en objeto. Esto implica límites a esa voluntad individual, más en resguardo de los valores morales implícitos que en las definiciones que pueda traer la legislación en función del interés social. Una visión trascendente del ser humano es menos permeable a las intervenciones y experimentación sobre el genoma humano[44], la clonación[45], la gestación en vientre de alquiler[46], la utilización de embriones *post mortem*[47] o el matrimonio homosexual[48]. En este último caso, debo precisar que bajo el precedente quiritario del sentido de familia, el enfoque de la solución debe ser material antes que espiritual; lo que implica que podría establecerse un régimen especial de los bienes comunes, antes que la asunción de una forma jurídico contractual poco compatible con los fines perseguidos por la institución.

Sobre las bases quiritarias de última generación, en el Derecho común, se puede afirmar la inviolabilidad del cuerpo humano y su sustantiva connotación moral. También se dan luces sobre el alegato de la libertad de elección para asumir polémicas decisiones que superan el plano personal. La libertad determina la vida, pero no puede ser la justificación para eliminarla. Por supuesto, en condiciones limítrofes, como la ausencia total de consciencia

---

[44] *Vid.* Domínguez Guillén, María Candelaria: «Aproximación al estudio de los derechos de la personalidad». En: *Revista de Derecho*. N° 7. TSJ. Caracas, 2002, pp. 222-224.
[45] *Vid.* Ibíd., pp. 116-123.
[46] Domínguez Guillén, María Candelaria: «Gestación subrogada». En: *Revista Venezolana de Legislación y Jurisprudencia*. N° 1. Caracas, 2013, pp. 183-227, http://www.ulpiano.org.ve/revistas/bases/artic/texto/RVLJ/1/rvlj_2013_1_183-228.pdf.
[47] *Vid.* Domínguez Guillén, María Candelaria: «Breve referencia a la filiación *post mortem*». En: *Revista de la Facultad de Ciencias jurídicas y Políticas*. N° 134. UCV. Caracas, 2009, pp. 195-217.
[48] *Vid.* Domínguez Guillén, María Candelaria: «Breves consideraciones jurídicas sobre las uniones homosexuales en el marco de la Constitución venezolana». En: *Cuestiones Jurídicas*. Vol. VII, N° 1. Universidad Rafael Urdaneta. Maracaibo, 2013, www.revistas.uru.edu.

y de actividad motriz, en personas que sufren una «tortura terapéutica», debe privar la voluntad del ser sufriente o quien lo represente. Es en esos casos en los que los hechos deben hablar por si mismos, en el momento en que el juez debe decidir.

Finalmente, en mi opinión, la voluntad de los involucrados será determinante para la disponibilidad del propio sexo, la preferencia sexual o la constitución de uniones entre parejas del mismo sexo con efectos patrimoniales. Solo excepcionalmente puedo admitir una acción del Estado dirigida a proteger al individuo contra sí mismo que, en la práctica, implicaría sustituir la voluntad de los ciudadanos; pero tampoco se puede desvincular su accionar de todo parámetro de moralidad. Al fin y al cabo, la naturaleza y el estatuto de lo humano debe ser el factor de validación del orden jurídico positivo.

* * *

Resumen: Acudiendo a las fuentes quiritarias primarias de última generación, se despejan los conceptos básicos de persona y dignificación de lo humano a los efectos de definir una interpretación acorde con la conciliación de los derechos fundamentales y la solución de los problemas actuales que se adscriben a la bioética. El autor precisa el concepto de libertad y objeta la actuación del Estado dirigida a limitar al ser humano para protegerlo de sí mismo. Insiste en la naturaleza y estatuto de lo humano para establecer parámetros que permitan definir un orden justo y la utilidad del Derecho romano por la primacía que da a la autonomía de la voluntad, aplicable a esta temática. **Palabras clave**: Autonomía del consentimiento, libertad limitada, ética social. Recibido: 31-01-18. Aprobado: 18-02-18.

La norma detrás del velo: Aplicación de la teoría del levantamiento del velo societario en arbitraje comercial internacional

Luis David Briceño Pérez*

Sumario

Introducción 1. ¿*Piercing the corporate veil*? 2. El fundamento de la obligatoriedad del arbitraje para las partes 3. Fundamentos de la extensión a terceros no signatarios 3.1. Doctrinas basadas en la idea de consentimiento 3.2. Grupo de compañías 3.3. Los contratos coligados 3.4. Transferencia o cesión de contrato 3.5. Agencia –mandato– 3.6. Sucesión y novación **4. Sobre la naturaleza de la teoría del levantamiento del velo 5. Fraude, abuso de derecho e infracapitalización 6. Un caso especial de responsabilidad. Conclusión**

Introducción

El objeto de estudio de la presente investigación es la aplicación de la llamada teoría del velo en el arbitraje comercial internacional, aunque para los académicos del *civil law* es corriente utilizar el término extensión de la cláusula arbitral, mientras que para los del *common law* se tiende a referir a incorporación de los no-signatarios[2]. Por ello se requiere una precisión terminológica,

---

* **Universidad Central de Venezuela**, Abogado *Magna Cum Laude*; Profesor de Filosofía del Derecho. Rodner, Martínez & Asociados. bluisdavid@gmail.com.
[2] Park, William: «No signatarios y el arbitraje internacional: El dilema del árbitro». En: *Multiple Party Actions in International Arbitration*. Oxford University Press. Oxford, 2009, p. 20.

porque, como bien señala REDFERN[3], la ambigüedad en la definición se debe a que cada autor libremente fija su concepción sobre el tema[4].

1. ¿*Piercing the corporate veil*?

Desde que SERICK[5] escribió su obra sobre esta doctrina son muchísimos los nombres que se le han dado[6]. Un autor español la define como el «desentendimiento de la personalidad jurídica, esto es, la técnica judicial consistente en prescindir de la forma externa de la persona jurídica, y a partir de ahí, penetrar en la interioridad de la mima, levantar su velo, y así examinar los reales intereses que existen o que existen en su interior»[7].

En Venezuela, MORLES HERNÁNDEZ señala: «Esta manera de actuar del órgano judicial tiene como finalidad aplicar individualmente a los socios los efectos de las normas que éstos habían pretendido soslayar mediante el recurso de la personalidad jurídica»[8]; por otra parte, MUCI BORJAS indica que el juez o la Administración pública desconoce «la existencia de un contrato, y su eficacia –oponibilidad– frente a terceros, no debe producir resultados injustos»[9].

---

[3] Ibíd., p. 15.
[4] No obstante, la distinción que más interesa al jurista práctico es la contraposición entre laudo extranjero y nacional, ya que, si se pretende el reconocimiento de este en el foro, será necesaria su homologación conforme el procedimiento del exequátur siempre que el laudo no sea nacional –ello en algunos sistemas jurídicos–. Ver: FERNÁNDEZ DE LA GÁNDARA, Luis y CALVO CARAVACA, Alfonso Luis: *Derecho Mercantil Internacional. Estudios sobre Derecho Comunitario y del comercio internacional.* 2ª, Tecnos. Madrid, 1995, p. 720.
[5] SERICK, Rolf: *Rechtsform und Realität Juristischer Personen.* Mohr. Tübingen, 1980.
[6] En español: «Doctrina del levantamiento del velo», «tesis del levantamiento del velo», «técnica del levantamiento del velo», «abuso de la personalidad jurídica», entre otros; en inglés: «*Disregard of the legal corporateness*», «*piercing the veil jurisprudence*», «*alter ego*»; en alemán: «*Durchgriff*»; en italiano: «*L'abuso di personalitá giuridica*», etc.
[7] DE ÁNGEL YAGÜEZ, Ricardo: *La doctrina del levantamiento del velo de la persona jurídica en la jurisprudencia.* Civitas. Madrid, 1997, p. 44.
[8] MORLES HERNÁNDEZ, Alfredo: *Curso de Derecho Mercantil.* Tomo II. 4ª. UCAB. Caracas, 2002, p. 867.
[9] MUCI BORJAS, José Antonio: *El abuso de la forma societaria.* Editorial Sherwood. Caracas, 2005, p. 52.

Así destaca Domínguez Guillén que «uno de los inconvenientes con que se topa la personalidad moral es que esta puede ser utilizada para abusar su forma vulnerando los derechos de terceros»[10].

Hanotiau resalta que el levantamiento del velo corporativo consiste en la discusión sobre el reconocimiento de la personalidad jurídica de la compañía, personalidad que debe ser desconocida para que la acción sea dirigida en contra de sus accionistas, quienes se protegen «*behind the corporate veil*»[11]. Reconoce además su aceptación general solo en materia de fraude, abuso de derecho y violación de normas imperativas.

Incluso en Venezuela ha sido aceptado por la doctrina los anteriores casos de aplicación de la teoría del levantamiento del velo. De hecho, Morles Hernández sostiene que solo procede en caso de fraude a la ley o abuso de derecho[12]. Por su parte, Domínguez Guillén afirma que su aplicación además está justificada en atención a los principios generales derivados de la responsabilidad civil[13]. La jurisprudencia ha entendido ampliamente dicha excepción y la aplicado a una gran cantidad de supuestos[14].

2. El fundamento de la obligatoriedad del arbitraje para las partes

Para que un proceso arbitral sea válido es necesario que haya un acuerdo también válido, pues el acuerdo arbitral es la «piedra fundamental» de arbitraje comercial moderno[15]. Así, el acuerdo arbitral, además de los efectos procesales,

---

[10] Domínguez Guillén, María Candelaria: *Derecho Civil I Personas*. Editorial Paredes. Caracas, 2011, p. 77.
[11] Hanotiau, Bernard: *Complex arbitrations: multiparty, multicontract, multi-issue and class actions*. Kluwer Law International. La Haya, 2005, p. 98.
[12] Morles Hernández: ob. cit., pp. 887 y ss.
[13] Domínguez Guillén: ob. cit., p. 81.
[14] Para ver algunas sentencias en donde se ha aplicado la teoría del velo ver: ibíd., pp. 78 y 79.
[15] de Jesús O., Alfredo: «Validez y eficacia del acuerdo de arbitraje en el Derecho venezolano». En: *Arbitraje comercial interno e internacional reflexiones teóricas y experiencias prácticas*. Academia de Ciencias Políticas y Sociales. Irene de Valera,

tiene, como todo contrato, un efecto general de carácter sustantivo, fundamentado en la obligatoriedad de lo convenido –*pacta sunt servanda*[16]– y su irrevocabilidad[17]. Luego, es un principio de esta materia que nadie puede ser obligado a acordar el arbitraje[18]. Así lo ha reconocido la Sala Constitucional del Tribunal Supremo de Justicia[19].

De lo anterior, se deduce el obvio alegato que aquellos terceros ajenos a un acuerdo no consintieron en verse obligados a cumplir los efectos de un laudo arbitral, si, precisamente, el acuerdo es el fundamento de la obligación de cumplimiento del arbitraje, luego ¿cómo es posible que los terceros se vean afectados por un acuerdo arbitral? La respuesta a esta pregunta es la que fundamenta el tema de la extensión de la cláusula arbitral a terceros no signatarios.

---

coord. Caracas, 2005, p. 58. Véase también: Domínguez Guillén, María Candelaria: «La inmotivación y la indefensión como causa de nulidad del laudo arbitral en el Derecho venezolano». En: *Revista de Derecho Privado*. N° 31. Universidad Externado de Colombia. Bogotá, 2016, p. 232, www.uexternado.edu.co/derechoprivado.

[16] Madrid Martínez, Claudia: «Al rescate del arbitraje en Venezuela». En: *Derecho privado y Procesal en Venezuela, Libro homenaje a Gustavo Planchar Manrique*. Tomo II. UCAB. Caracas, 2003, p. 757.

[17] Rengel-Romberg, Arístides: «El arbitraje en el Código de Procedimiento Civil y en la Ley de Arbitraje Comercial (1998)». En: *Seminario sobre la Ley de Arbitraje Comercial*. Academia de Ciencias Políticas y Sociales. Caracas, 1999, pp. 29 y 30.

[18] En la actualidad, han aparecido los llamados arbitrajes obligatorios. En Perú, aparecen los arbitrajes obligatorios en caso de contrataciones con el Estado, así «en el caso de las contrataciones públicas, el arbitraje es una imposición de la propia Ley y su inclusión en todo contrato que celebre el Estado para proveerse de bienes, servicios, obras o supervisión de las mismas, es obligatoria», ver: Donayre Ordinola, Jorge Luis: *Administración, gestión y contratos en obras viales. Riesgos y beneficios de la legislación actual de contrataciones públicas*. ADR Resources, Arbitraje y Mediación. Madrid, 2006, p. 9. En Venezuela también tenemos ejemplos de los llamados arbitrajes obligatorios, así por ejemplo en legislación laboral, en general: Duque Corredor, Román: «El arbitraje laboral compromisorio». En: *Arbitraje comercial interno e internacional reflexiones teóricas y experiencias prácticas*. Academia de Ciencias Políticas y Sociales. Irene de Valera, coord. Caracas, 2005, pp. 318 y ss.

[19] *Vid*. TSJ/SC, sent. N° 1541, del 17-10-08, «… el arbitraje responde en primer lugar al principio de voluntariedad o autonomía de la voluntad, que permite el ejercicio por parte de un tercero de funciones de orden jurisdiccional y comporta que una vez instaurado el correspondiente proceso arbitral, el mismo debe responder a las garantías y límites que establece el ordenamiento jurídico aplicable».

Ahora bien, cuando hablamos de «extender» los efectos del acuerdo arbitral, ¿a qué nos referimos? Como ya hemos señalado, son dos los tipos de efectos que devienen de la situación arbitral: los procesales y sustantivo; luego dicha extensión debe verificarse en ambos aspectos.

La otra precisión que consideramos importante es determinar ¿cuál es el fin de la extensión? Por lo general se extienden los efectos para traer una persona distinta al proceso para cubrirla por los efectos del arbitraje o para hacerla responsable del mérito del proceso. Estos dos casos no son necesariamente idénticos. Pensemos en el caso de la persona que recibió una garantía respaldada por una cláusula arbitral y que al ser cedida quiera hacer valer dicha garantía en sede arbitral contra el cesionario o el caso del demandante que quiere traer a una casa matriz al proceso por la clara insolvencia de la filial.

Lamentablemente, la doctrina comparada no hace el anterior análisis. Por lo general, se estudian los motivos para justificar la extensión dependiendo del tipo de sistema que se trata y luego se aplica adaptándolo a las particularidades del caso concreto. A nuestro modo de ver, que haya diversas teorías para fundamentar la extensión no se debe totalmente a la variedad casi infinita de supuestos de hechos que se puede dar en la vida real, sino a que precisamente, tratan de justificar la extensión en dos momentos distintos, uno en cuanto al contrato y el otro, en cuanto al laudo.

Que existan dos momentos en los que se puedan extender los efectos de la cláusula arbitral, implica al mismo tiempo un problema de Derecho Internacional Privado, pues en el primer caso el árbitro deberá buscar el fundamento en el Derecho aplicable para la extensión y en el segundo el juez deberá justificar la extensión con base en algún derecho. Hay un acuerdo en que los jueces verán su propio Derecho, mientras que en el caso del árbitro la génesis del poder de decisión no se deriva de un sistema jurídico único[20], por lo que tendrá que investigar la norma que fundamente dicha extensión.

---

[20] PARK: ob. cit., p. 21.

En resumen, tres preguntas son claves para la comprensión del presente tema: i. ¿Cuándo se plantea la extensión? ii. ¿Con base en cuál Derecho? y iii. ¿Cuál es el fin de la extensión? Estas preguntas serán respondidas en las presentes líneas.

3. Fundamentos de la extensión a terceros no signatarios

3.1. Doctrinas basadas en la idea de consentimiento

En la doctrina comparada se comprueban dos formas de justificar la extensión de la cláusula arbitral a terceros no signatarios: A través del consentimiento implícito y a través de la llamada teoría del levantamiento del velo[21]. PARK sostiene que estas dos categorías pueden ser matizadas en cinco casos[22].

En el caso de Estados Unidos, los tribunales prefieren basarse en la teoría del *alter ego*, asentada en principios del *estoppel*, para aceptar la extensión de los efectos de la cláusula arbitral a terceros. En realidad, es fácil entender la tendencia a no aceptarla. Por lo general, los países del *civil law* son favorables a su aceptación, precisamente porque la doctrina está construida con base en principios del *civil law*, a saber: buena fe[23], consentimiento tácito, entre otros. En algunos países del *common law*, como Estados Unidos y Reino Unido, prefieren aplicar la teoría del levantamiento del velo societario con base en principios del Derecho privado como agencia, transferencia y sucesión[24].

---

[21] Ídem.
[22] Los casos a los que PARK, ob. cit., p. 28, hace mención son: i. Participación del no signatario en la formación del contrato; ii. un solo esquema de contrato con varios documentos; iii. aceptación tácita o expresa del convenio arbitral por la parte no signataria, ya sea en el arbitraje o en otra situación; iv. la ausencia de la personalidad jurídica de la signataria, y v. en caso de fraude o abuso de la personalidad jurídica.
[23] Piénsese, por ejemplo, en la participación en la ejecución del contrato. RODNER, James Otis: *Los contratos enlazados. El subcontrato*. 2ª, Academia de Ciencias Políticas y Sociales. Caracas, 2013, pp 159 y ss., en materia de extensión de los efectos de un contrato a terceros en materia de grupo de contrato ha sostenido que dada la situación especial del tercero que se beneficia del contrato no puede negarse a recibir los efectos negativos porque sería contrario a la buena fe.
[24] RODNER: ob. cit., p. 179.

3.2. Grupo de compañías

Algunos fundamentan la extensión de la cláusula arbitral en la teoría de los grupos de empresa[25]. En el Derecho nacional, MORLES HERNÁNDEZ define los grupos de empresas como «un conjunto de sociedades cuyos órganos de administración actúan con orientación económica unitaria en respuesta a la misma influencia dominante o control»[26]. Las formas de actuar de dichos grupos son de posibilidades infinitas[27]. En Venezuela, no hay una regulación general sobre los grupos de sociedades; sin embargo, ha habido alguna regulación en leyes especiales para efectos muy particulares, así en materias: laboral[28], tributaria[29], bancaria[30], mercado de valores[31], entre otros.

¿Puede derivarse de esta regulación especial una teoría general sobre los grupos societarios? Consideramos que al menos en Derecho interno no, por ello

---

[25] En general ver: GAILLARD, Emmanuel y SAVAGE, John: *Fouchard Gaillard Goldman on International Commercial Arbitration*. Ed. Kluwer. La Haya, 1999.

[26] MORLES HERNÁNDEZ, Alfredo: «La regulación fragmentaria de los grupos de sociedades y su repercusión en la jurisprudencia». En: *Derecho de grupo de sociedades*. Academia de Ciencias Políticas y Sociales. Caracas, 2005, pp. 15 y ss.

[27] Pero en general su actuación puede ser basada en relaciones horizontales o verticales en función del control que ejerce un miembro sobre el otro RODNER, James Otis: «Grupo de sociedades en la Ley General de Bancos y la Ley de Mercado de Capitales». En: *Derecho de grupo de sociedades*. Academia de Ciencias Políticas y Sociales, Caracas, 2005, pp. 151 y ss.

[28] Artículo 21 del Reglamento de la Ley Orgánica del Trabajo, cuya constitucionalidad es discutible por establecer una solidaridad sublegal; el artículo 150 de la Ley Orgánica del Trabajo, las Trabajadoras y los Trabajadores, *Gaceta Oficial de la República Bolivariana de Venezuela* N° 6076 extraordinario, del 07-05-12.

[29] Artículo 8 del Código Orgánico Tributario, o en normas especiales, tales como el artículo 95 del Decreto con rango, valor y fuerza de Ley de Impuesto sobre la Renta, *Gaceta Oficial de la República Bolivariana de Venezuela* N° 6210 extraordinario, del 30-12-15.

[30] Artículo 65 del Decreto con rango, valor y fuerza de Ley de Instituciones del Sector Bancario, *Gaceta Oficial de la República Bolivariana de Venezuela* N° 40557, del 08-12-14.

[31] Artículo 21, parágrafo 2 del Decreto con rango, valor y fuerza de Ley de Mercado de Valores, *Gaceta Oficial de la República Bolivariana de Venezuela* N° 6211 extraordinario, del 30-11-15.

suscribimos la opinión sostenida por la Sala Constitucional –en particular por el magistrado disidente–[32], según la cual la regulación especial de dichas normas revela la intención del legislador de que sean normas de excepción y, por tanto, de interpretación restrictiva.

En materia arbitral, precisamente por su carácter flexible[33], hay una aceptación más o menos generalizada de esta doctrina de la extensión de los efectos del contrato frente a miembros del grupo contractual. El caso líder en esta materia es sin duda el laudo Dow Chemical de la Cámara de Comercio Internacional (ICC)[34]. En el caso Dow Chemical, una reclamación fue interpuesta ante la Corte de Arbitraje de la ICC no solo contra las compañías que firmaron los acuerdos relevantes, sino también contra su casa matriz «*parent company*», una empresa americana, y una empresa francesa del mismo grupo. El razonamiento del juez es que las subsidiarias estaban absolutamente controladas por la empresa matriz, y basado en la costumbre mercantil más que en Derecho francés, el tribunal consideró que el grupo de compañía constituía una realidad económica «*une realité économique unique*». Con base en el criterio de la realidad económica, el tribunal decidió tener jurisdicción sobre las empresas miembro del grupo[35].

Este criterio de la realidad económica, que poco más tarde fue ratificado por la Corte de Apelación en Francia[36], se fundamentó también en que de la actuación

---

[32] Véase: TSJ/SC, sent. N° 903, del 14-05-04, voto salvado del magistrado Pedro Rondón Haaz.
[33] PÉREZ PACHECO, Yaritza: *La jurisdicción en el Derecho Internacional Privado*. 2ª, UCV. Caracas, 2013, p. 180.
[34] ICC 4131/1982 (Laudo interino) Dow Chemical France *vs*. Isover Saint Gobain (France) 1983, en: *Journal du Droit International*. París, 1984.
[35] Un vehículo de *holding* con propósito particular fue creado únicamente para un *joint venture* anglo-francés en la industria del entretenimiento. El Tribunal rechazó una solicitud de adhesión de dos empresas demandantes del grupo del signatario inglés. Sin embargo, el Tribunal permitió la adhesión para el vehículo de *holding* mismo, con el fundamento de que había participado en las negociaciones que conllevaron al acuerdo y que estaba en el corazón de estas negociaciones –*au coeur de toutes ces négociations*–, decidido en 1991, JDI, p. 1065.
[36] *Court d'Appel, Paris, october* 22, 1983, Société Isover-Saint-Gobain *vs.* Société Dow Chemical France, *Revue de l'Arbitrage* 98, 101-101, n. Chapelle, París, 1984.

de los miembros había una clara aceptación de las consecuencias del contrato, pues en efecto se comportaron conforme al mencionado contrato. Luego sería contrario a la buena fe renunciar al efecto de la cláusula arbitral.

3.3. Los contratos coligados

En Venezuela, el autor que más ha estudiado el punto es el profesor RODNER[37], quien señala que un contrato enlazado se verifica cuando dos o más contratos independientes, autónomos y suficientes por sí mismos, tiene una conexión sustancial, de modo que la vigencia, el cumplimiento o la interpretación de un contrato tiene efectos sobre otro contrato[38]. Pese a la variedad de situaciones o configuraciones que los contratos enlazados pueden presentar, en todas, la función económica social del contrato es la que se alza como fuente de la unión entre los contratos, cuya individualidad no se diluye. Precisamente es la noción de la «causa»[39] la que apoya en la tarea de calificar el contrato como un grupo de contrato, contratos mixtos o un solo contrato[40].

Las principales críticas a la teoría de los contratos enlazados son el principio de relatividad de los contratos, crítica que se alza también en materia de extensión de la cláusula arbitral, pues en efecto no puede solicitarse los beneficios o perjuicios de un contrato del cual no se es parte y, por supuesto, el principio de la legalidad en el sentido que no puede conocerse una acción a quien la ley no se la concede.

NERET opina necesario dar una nueva lectura al principio de relatividad de los contratos[41]. Por lo tanto, en la medida en que se benefician las personas del contrato, estos se ven afectados –y, por ello responden– por el contrato[42].

---

[37] RODNER: ob. cit. (*Los contratos enlazados…*), p. 35.
[38] Sobre una clasificación general de los contratos enlazados ver: ibíd., pp. 83 y ss.
[39] Entendida en su sentido objetivo como fin económico-social, ver: DIEZ-PICAZO, Luis: *Fundamentos del Derecho Civil patrimonial. Introducción teoría del contrato*. Vol. I. 4ª, Civitas. Madrid, 1993, p. 228.
[40] RODNER: ob. cit. (*Los contratos enlazados…*), p. 53.
[41] Con lo cual el contrato no puede ser interpretado para cumplir su función tradicional de realizar la justicia conmutativa entre las partes, sino en su función social.
[42] MÉLICH-ORSINI, José: *Teoría general del contrato*. 5ª, Academia de Ciencias Políticas y Sociales. Caracas, 2012, pp. 454 y ss.

En Venezuela, por ejemplo, RODNER nos ha hecho ver que el principio de relatividad de los contratos no es absoluto[43]. En ese sentido, no solo es viable, sino que está justificada la acción directa frente a terceros. En sentido contrario, MADRID MARTÍNEZ señala que aceptar las acciones directas fuera de los casos establecidos por el legislador vulneraría el principio de relatividad de los contratos[44] y, evidentemente, el principio de legalidad. No obstante, RODNER en un trabajo posterior apoya la idea de la extensión de la cláusula arbitral en contractos enlazados basado en: i. Consentimiento presunto, ii. participación en las negociaciones y en la ejecución de un contrato y iii. la buena fe[45].

3.4. Transferencia o cesión de contrato

En caso de transferencia de contrato, la doctrina acepta que si en el acuerdo de cesión se ratifica la cláusula arbitral el problema desaparece; siempre que las partes tengan capacidad para ello[46]. La cuestión problemática es cuando la cláusula no ha sido expresamente ratificada. En estos casos, ¿puede presumirse que la cláusula arbitral fue cedida junto a la relación subyacente?, ¿o por el principio de separabilidad puede interpretarse que le cesión de la cláusula arbitral solo opera cuando hay una manifiesta ratificación de la misma?

Precisamente, en la respuesta a la anterior pregunta es en donde hay controversias. En Inglaterra, por ejemplo, debe haber una manifiesta voluntad de transferir la cláusula arbitral[47]. En Estados Unidos, se tiende aceptar en la práctica que con la cesión automáticamente se transfiere el contrato[48].

---

[43] RODNER: ob. cit. (*Los contratos enlazados...*), p. 47.
[44] MADRID MARTÍNEZ: ob. cit., p. 67.
[45] De mucha utilidad el trabajo: RODNER, James Otis y MARCANO, Angélica: «*Jurisdiction of the Arbitral Tribunal in the case of multiple contracts*». En: *Journal of Arbitration Studies*. Vol. 24, N° 3. The Korean Association of Arbitration Studies. Seul, 2014, pp. 1-31.
[46] RODNER: ob. cit. (*Los contratos enlazados...*), p. 178. Véase también sobre la cesión de contrato en general: RODNER, James Otis: «Cesión del contrato y los principios de UNIDROIT». En: *Derecho de las Obligaciones Homenaje a José Mélich Orsini*. Academia de Ciencias Políticas y Sociales. Caracas, 2012, pp. 169-242; RODNER, James Otis: *La transferencia del contrato (UNIDROIT, art. 9)*. Academia de Ciencias Políticas y Sociales-Asociación Venezolana de Derecho Privado. Caracas, 2014, p. 18.
[47] BORN, Gary: *International commercial arbitration*. Tomo I. 2ª, Kluwer International. La Haya, 2009, pp. 1187 y ss.
[48] Ibíd., p. 1189.

RODNER recomienda dividir dos supuestos. En el primer caso, la cláusula arbitral está contenida en el mismo instrumento contentivo del contrato a ser cedido, si no hay una reserva especial de las partes, puede presumirse conforme a principios de interpretación que hay un consentimiento implícito o tácito[49]. De acuerdo al citado autor, debe interpretarse el principio de *separability* –o independencia– a la cualidad de la cláusula arbitral sobrevivir aun en casos en que se anula el contrato o se extinga por cualquier causa.

Más difícil, a criterio de RODNER, es el caso de los convenios que constan en instrumentos separados. Habrá que analizar el caso concreto para determinar si puede determinarse que las partes conocían la existencia de la cláusula arbitral, y al no hacer ninguna reserva, se entiende su aceptación[50].

3.5. Agencia –mandato–
Recordemos que el mandante se obliga por todas las obligaciones de la mandante comprendida en el mandato (artículo 1699 del Código Civil). Lo que se discute es el efecto vinculante de un acuerdo arbitral pactado por un agente en beneficio del mandante, la discusión versa básicamente sobre dos puntos: la capacidad del agente de obligar al principal y la forma que dicho acuerdo debe tener para que posea validez[51]. Discusión que depende en la práctica a las normas de cada Derecho vinculado. En arbitraje se cuestiona si el acuerdo arbitral pactado por la casa matriz, obliga a las subsidiarias, y viceversa, respuesta que dependerá del Derecho aplicable a la relación.

3.6. Sucesión y novación
La norma general es que el acuerdo arbitral, como otros contratos, asegura que los sucesores universales reciban de las compañías los acuerdos del antecesor[52].

---

[49] RODNER: ob. cit. (*Los contratos enlazados…*), p. 180.
[50] Ídem.
[51] REINER, Andreas: «*The Form of the Agent's power to sign an Arbitration Agreement and Art. II (2) of the New York Convention*». En: *ICCA Congress Series*. N° 9. 1999, p. 82.
[52] Dicho principio, copiado de la tradición francesa e italiana que inspiró nuestro Código Civil, artículo 1163, «Se presume que una persona ha contratado para sí y para sus herederos y causahabientes, cuando no se ha convenido expresamente en lo contrario, o cuando no regula así de la naturaleza del contrato».

Pensemos en el caso de una compañía que se fusiona con otra voluntariamente o por disponerlo así la ley[53].

Tómese nota que en los casos anteriores es evidente que existe algún tipo de consentimiento implícito. Y, por lo tanto, pudiesen todos ser subsumidos bajo la categoría general de consentimiento implícito, como señala PARK. Pese a no ser una regla de validez general, podemos ensayar la conclusión del citado autor, definiendo entonces el consentimiento implícito o presunto «como una manera de objetivar el consentimiento en patrones de hechos en los que existe un acuerdo, a pesar que las formalidades tradicionales puedan estar ausentes o poco claros»[54]. Dicho fue el argumento esencial del caso Busisness Systems Société Alcatel[55].

4. Sobre la naturaleza de la teoría del levantamiento del velo

Hay otros grupos de teorías que justifican la extensión de los efectos de la cláusula arbitral basada en la idea del fraude[56].

Pudiese decirse que en la práctica la perforación del velo implica la idea de frenar los efectos de la división de la responsabilidad patrimonial, efecto comparativamente reconocido como un principio general de Derecho societario[57].

---

[53] Por ejemplo, se observa el caso de una novación por disposición legal «the claimant has replaced the person originally named as party, who therefore has ceased to have any rights or duties under the contract», MUSTILL, Michael y BOYD, Stewart: *Commercial Arbitration*. 2ª, LexisNexis. La Haya, 2001, p. 137.

[54] PARK: ob. cit., p. 33.

[55] Business Systems Société Alcatel (ABS), Société Alcatel Micro Electronics (AME) y Société AGF *vs*. Amkor Technology *et al.*, civ. Cass 1e, 27-05-07, JPC, I 168, Nº 11, citado en PARK: ob. cit., p. 3.

[56] En este caso, la doctrina usa en general algunas ideas que pueden resumirse en la definición de DE ÁNGEL YÁGÜEZ, Ricardo: *La doctrina del levantamiento del velo de la persona jurídica en la reciente jurisprudencia*. Civitas. Madrid, 1991, desentendimiento de la personalidad jurídica, esto es, la técnica judicial consistente en prescindir de la forma externa de la persona jurídica, y a partir de ahí, penetrar en la interioridad de la misma, levantar su velo, y así examinar los reales intereses que existen o que existen en su interior.

[57] *Vid*. Convención Interamericana sobre Conflictos de Leyes en Materia de Sociedades Mercantiles (artículo 3).

Somos de la opinión que hay una confusión entre la personalidad jurídica y el privilegio responsabilidad limitada. En otras palabras, la acogida de la doctrina del levantamiento del velo descansa en varios errores[58].

En primer lugar, la doctrina confunde la personalidad jurídica con el beneficio de la responsabilidad limitada. Históricamente ambas instituciones aparecieron en momentos distintos. Una cosa es la adopción positiva del contrato de sociedad o la existencia de la personalidad jurídica y otra muy distinta es el «privilegio de limitación de la responsabilidad» que el Derecho positivo reconoce a los «socios» de dicha sociedad. Así, por ejemplo, en Estados Unidos fue hasta el final del primer cuarto del siglo XIX cuando aparece el reconocimiento del privilegio de limitación de la responsabilidad de los socios[59]. En el caso de Venezuela fue el 26 de julio de 1955, cuando entró en vigencia la última reforma del Código de Comercio[60]. La primera Ley que lo reconoce fue en Alemania con el *Gesellschaft mit Beschränkter Haftung* de fecha 29 de abril de 1892[61]. Con lo cual demostramos la confusión que la teoría del velo nos revela, no hay identidad lógica ni cronológica entre responsabilidad limitada y la existencia de la personalidad jurídica[62].

No podemos negar que es indiscutible la relación que hay entre la personalidad jurídica y el privilegio de responsabilidad limitada. En la mayoría de los países del *civil law*, la responsabilidad limitada es un privilegio que algunas formas societarias tienen. Lo cual nos ayuda a afirmar que no hay una relación de identidad entre la idea de personalidad jurídica y limitación de responsabilidad. La responsabilidad limitada es un privilegio que puede o no

---

[58] MANOVIL, Rafael: *Grupos de sociedades en el Derecho comparado*. Abeledo Perrot. Buenos Aires, 1998, p. 1193.
[59] Reseña de DONNELL, John D.: «*The legitimacy of the Business Corporation. By James Willard Hurst, Charlottesville: The University of Virginia, 1970, pp. 164*». En: *Indiana Law Journal*. Vol. 46, N° 3. Bloomington, 1971, pp. 449-452.
[60] LORETO ARISMENDI, José: *Tratado de las sociedades civiles y mercantiles*. Gráficas Armitano. Caracas, 1976, p. 385.
[61] Ibíd., p. 398.
[62] De hecho, en las sociedades anónimas hay responsabilidad limitada de los accionistas en virtud del artículo 201.3 del Código de Comercio.

tener los accionistas, y que, de hecho, apareció luego de esta[63]. En todo caso, sería el desconocimiento de dicho privilegio y en lo absoluto, el desconocimiento de la personalidad.

Si tener personalidad jurídica fuese sinónimo de responsabilidad limitada solo las sociedades anónimas tuviesen personalidad, y en la realidad hay muchos tipos de sociedades que sin tener responsabilidad limitada poseen personalidad jurídica. La ausencia de responsabilidad no es un indicio para la pérdida de la personalidad, así, por ejemplo, cuando un padre es responsable por el hecho ilícito ocasionado por un menor bajo su custodia, no lo es porque ese menor no tenga personalidad jurídica, sino porque la responsabilidad del padre se extiende a cubrir el acto ilícito realizado por el menor por estar estipulado así en el Código Civil venezolano (artículo 1190)[64]. Otro ejemplo, cuando el principal responde por el hecho de su dependiente, no lo hace en virtud de que el dependiente no tenga personalidad, sino porque hay una norma que extiende la responsabilidad del principal frente a las actuaciones del dependiente (artículo 1191 *eiusdem*). También, cuando una sociedad mercantil irregular actúa en el comercio y es demandada en juicio, los socios responden solidariamente por su actuación por así contemplarlo el Código de Procedimiento Civil (artículo 137). Cuando un funcionario público actuando en ejercicio de la función pública encomendada por alguna ley o reglamento, causa un daño a un ciudadano, el Estado responde (artículo 140 de la Constitución), es decir, hay limitación de responsabilidad[65], no significa que el funcionario público no tenga personalidad jurídica. Es más, en Derecho Administrativo, si el funcionario que generó un daño lo hizo por dolo o culpa, este tendrá responsabilidad

---

[63] Así Manovil: ob. cit., p. 1193, comenta: «Desde el punto de vista histórico y hasta la aparición de la limitación de responsabilidad limitada como tipo autónomo, el efecto natural de la sociedad en su forma tradicional era la responsabilidad de sus socios por las deudas sociales», añade: «Recién en 1855, siguiendo el privilegio otorgado a las compañías ferroviarias, se dictó la *Limited Liability Act*, en 1855 la *Joint Stock Companies Act*, en los que se admitió la limitación de responsabilidad».

[64] Nótese que está limitada la responsabilidad del menor de edad, puesto que no responde con su patrimonio frente al ilícito.

[65] Porque establece que su responsabilidad frente al acto es cero bolívares. Quien responderá será el Estado.

frente a la Administración, es decir, de acuerdo a la teoría tradicional, en este caso sí tendría personalidad. Dado un principio de lógica, nada puede ser y no ser al mismo tiempo, no puede entonces pretenderse que en un caso se tenga personalidad jurídica –o sea, se es responsable–, y en otro no –no se es responsable–. Ante esta encrucijada, lo único lógico es darnos cuenta que la personalidad jurídica es algo distinto que la responsabilidad patrimonial, o, más concretamente, que el privilegio de la responsabilidad limitada.

La anterior argumentación nos hace cuestionarnos toda la construcción que ha hecho la doctrina de la teoría del levantamiento del velo. Si ensayamos la definición clásica de la doctrina de personalidad jurídica, como aquella cualidad de los entes de ser sujetos de derechos y obligaciones[66], nos damos cuenta que, en principio, la responsabilidad es consecuencia de la misma, pero no es una *conditio sine qua non*, como contrariamente apunta la doctrina clásica del tema. En realidad, la llamada teoría del levantamiento del velo, es inexistente, y son casos especiales de extensión de responsabilidad, en los supuestos ya mencionados.

5. Fraude, abuso de derecho e infracapitalización

Comparativamente se acepta la aplicación de la llamada teoría del velo también en caso de fraude, abuso de derecho[67] o en situaciones de infracapitalización[68]. Por lo general, se usa esta teoría para extender jurisdicción de los

---

[66] AGUILAR GORRONDONA, José Luis: *Derecho Civil I Personas*. UCAB. Caracas, 2009, p. 39.
[67] Aplicación de la personalidad jurídica como abuso de derecho puede verse en: CABANELLAS DE LAS CUEVAS, Guillermo: *Derecho societario*. Tomo III. Buenos Aires, 1994, pp. 65 y ss.; y en Venezuela también puede ver en: ZERPA, Levis I.: «El abuso de la personalidad jurídica en la sociedad anónima». En: *Revista de la Facultad de Ciencias Jurídicas y Políticas*. N° 116. UCV. Caracas, 2000, p. 80, www.ulpiano.org.ve. Véase sobre el tema del abuso de derecho recientemente: DOMÍNGUEZ GUILLÉN, María Candelaria y VÁRELA CÁCERES, Edison Lucio: «El abuso de derecho. Un estudio. Tres autores» En: *Revista Venezolana de Legislación y Jurisprudencia*. N° 8 (Edición homenaje a jurista españoles en Venezuela). Caracas, 2017, pp. 515-549.
[68] Pero, de nuevo, si hay infracapitalización no se está desconociendo la personalidad jurídica ni perforando ningún velo, se está de hecho diciendo que, dado que no se reunieron los requisitos para que opere el privilegio de responsabilidad limitada, este no procede.

tribunales –efecto procesal–, tal como fue el caso de Taca Internacional Airlines *vs*. Rolls Royce de Inglaterra donde se extendió la jurisdicción de los tribunales con base en la idea que la filial era un departamento de la matriz. También se usa para extender la responsabilidad de una empresa a otra –efecto sustantivo–.

Dice Park que cuando nos enfrentamos al problema de aplicación de la teoría del velo, por razones distintas al consentimiento presunto, debe estudiarse con base en la *lex societatis*. En su criterio, precisamente la ley del lugar de constitución será la que determinará el alcance de su personalidad jurídica, y más importante, podrá saberse si fue debidamente constituida. También la Convención Interamericana sobre Conflictos de Leyes en Materia de Sociedades Mercantiles reconoce que la ley del lugar de constitución rige elementos relativos a la capacidad y personalidad jurídica de la sociedad[69].

Reconduciendo lo dicho por Park, consideramos que lo que la ley del lugar de constitución determinará en un caso concreto es si procede el privilegio de responsabilidad limitada, reafirmando nuestra tesis. Sin perjuicio que en caso de empresas trasnacionales y en materia arbitral el juez o árbitro pueda más bien apoyarse en normas trasnacionales[70].

En materia de fraude y abuso de derecho quizás lo establecido por una decisión de la Corte Suprema de Austria ayude a entender lo esencial de la materia: «el principio base de la aplicación de la teoría del levantamiento del velo es que nadie puede usar una entidad legal para hacer daño a un tercero, o para evadir la aplicación de la ley»[71]. Siendo un caso especial de las reglas de abuso de derecho y fraude.

---

[69] Señala la Convención: «La existencia, capacidad, funcionamiento y disolución de las sociedades mercantiles se rigen por la ley del lugar de su constitución. Por 'ley del lugar de su constitución' se entiende la del Estado donde se cumplan los requisitos de forma y fondo requeridos para la creación de dichas sociedades»

[70] Park: ob. cit., p. 39.

[71] *Vid*. Oberster Gerichtshof (Austrian Supreme Court), Dec. 19, 2002, 2 Ob 308/02m, citado en: Schwarz, Franz y Konrad, Christian: *The Vienna Rules: A commentary on International Arbitration in Austria*. Kluwer Law International. Londres, 2009, p. 200 (traducción propia).

6. Un caso especial de responsabilidad

La solución del problema del velo vendrá con la claridad en los conceptos responsabilidad y obligación. De acuerdo con COUTURE, la responsabilidad es la: «1. Situación jurídica derivada de una acción u omisión ilícitas, que consiste en el deber de reparar el daño causado. 2. Posición jurídica del obligado concurrente o subsidiariamente a satisfacer una deuda ajena»[72].

El lenguaje jurídico se aleja a veces del lenguaje común[73]. Las preguntas esenciales son las siguientes: ¿Es la responsabilidad una obligación o una situación –capacidad– determinada? ¿Es lo mismo estar jurídicamente obligado a una conducta o ser jurídicamente responsable?, y ¿cómo saber si una conducta es obligatoria, sancionada, o permitida?

Que una conducta sea jurídicamente obligatoria significa que el Derecho demande el comportamiento que se considera obligatorio. Si se entiende el Derecho como un orden jurídico esencialmente coactivo, que la conducta de un hombre sea jurídicamente obligada, significa que la norma jurídica determinada enlaza la conducta contraria del individuo con un acto al cual se le denomina sanción[74]. Decir, por lo tanto, que una conducta es obligatoria, es decir que el ordenamiento jurídico enlaza la conducta contraria a una sanción.

Indudablemente, el concepto de obligación en sentido general como lo hemos señalado acá, se encuentra relacionado con el de responsabilidad[75]. Un individuo

---

[72] COUTURE, Eduardo: *Vocabulario jurídico*. Editorial Atenea. Caracas, 2014, p. 302.
[73] El *Diccionario de la Real Academia Española* señala sobre la voz responsabilidad lo siguiente: «1. f. Cualidad de responsable; 2. f. Deuda, obligación de reparar y satisfacer, por sí o por otra persona, a consecuencia de un delito, de una culpa o de otra causa legal; 3. f. Cargo u obligación moral que resulta para alguien del posible yerro en cosa o asunto determinado; 4. f. Der. Capacidad existente en todo sujeto activo de derecho para reconocer y aceptar las consecuencias de un hecho realizado libremente».
[74] KELSEN, Hans: *Teoría pura del Derecho*. 16ª, Editorial Porrúa. México D. F., 2011, p. 129.
[75] Tanto es así, que la doctrina señala la «responsabilidad» conjuntamente con el «débito» como parte del elemento del vínculo de la relación obligatoria. Ver en: MADURO LUYANDO, Eloy y PITTIER SUCRE, Emilio: *Curso de Obligaciones Derecho Civil III*.

está obligado jurídicamente a comportarse de determinada manera, porque la conducta contraria es condición de una sanción. Pero, dicha sanción puede ser dirigida hacia el individuo o hacia otro sujeto que guarda una relación con él, relación determinada por el orden[76]. El individuo contra el cual es dirigida la sanción es jurídicamente responsable. Es decir, en algunos casos el individuo responsable de un ilícito es el jurídicamente obligado, y en otros no es el jurídicamente obligado al cumplimiento de dicha conducta. En otras palabras, puede haber una relación de identidad entre el sujeto responsable y el individuo jurídicamente obligado. El principio de no contradicción nos enseña que una cosa no puede «ser» y a la vez «no ser» al mismo tiempo, la única solución lógica que nos queda es aceptar que no es lo mismo ser responsable que estar jurídicamente obligado a algo. Kelsen lo explicó claramente en una frase: Se está obligado a un comportamiento conforme a Derecho, y se responde de un comportamiento contrario a Derecho.

Todo esto nos lleva aceptar a la responsabilidad como una situación específica. En una relación entre un individuo contra el cual se dirige la sanción, con el delito que el mismo hubiera cometido, o que un tercero cometiera[77]. Lo cual es bastante similar a la definición que dio Couture, en su acepción segunda y la Real Academia Española en su acepción cuarta. Bien entendida la voz 'responsabilidad', el problema de la teoría del velo desaparece. Y nos damos cuenta de que en verdad no existe nada que pudiese llamarse como tal. No se trata de responder a la pregunta: ¿En cuáles condiciones –supuesto de hecho– es posible desconocer la personalidad jurídica de las personas jurídicas?, sino de responder a la pregunta: ¿En qué condiciones es lícito atribuirle a los accionistas la responsabilidad de ciertos y determinados actos realizados por la sociedad? O sea, un caso más de responsabilidad colectiva. Con esto, decimos que el problema de la doctrina del levantamiento del velo, no es más que el problema de la extensión de la responsabilidad de una persona a otra,

---

Tomo i. 10ª, UCAB. Caracas, 2011, pp. 30 y ss. Domínguez Guillén, María Candelaria: *Curso de Derecho Civil iii Obligaciones*. Editorial RVLJ. Caracas, 2017, pp. 58-60, www.rvlj.com.ve.

[76] Kelsen: ob. cit., pp. 132 y 133.
[77] Ibíd., p. 137.

o mejor, el problema de la atribución de la sanción y la persona responsable. Lo anterior es consecuencia necesaria del razonamiento que venimos esbozando[78]. Con la anterior explicación se diluye las principales críticas a la aplicación de la teoría del velo para lograr la extensión de responsabilidad del tercero. Ahora, en este punto, un ulterior análisis se nos hace obligatorio: ¿Cómo conciliar ambos momentos de la extensión? ¿Existe alguna manera de justificar bajo una misma categoría la extensión de los efectos del acuerdo y al mismo en tiempo explicar la extensión de los efectos del laudo?

Somos de la opinión que sí. La extensión de la responsabilidad se puede deducir de la participación en la ejecución de las obligaciones, en la teoría de los actos propios, e interpretación de la actividad de las partes conforme a la buena fe. Ya que si las partes se comportaron de tal manera que de su comportamiento se evidencia su intención de ser responsable en conjunto por un contrato, la buena fe demanda que la otra parte espere la responsabilidad por cualquiera de aquellos con los que se obligó[79]. Lo anterior se sostiene en la idea que ni el principio de relatividad de los contratos, ni el principio de la responsabilidad limitada, son de orden público. La respuesta al fundamento de la obligación dependerá de la *lex arbitri* y del ordenamiento jurídico determinado que regule la situación, así podrá usarse la teoría de los grupos societarios, *alter ego*, *estoppel* o de los grupos de contratos[80] para fundamentar la extensión tanto en el momento anterior o posterior al laudo. Aceptando que en el primer caso lo que se intenta es extender por lo general la jurisdicción –efecto procesal– y en el segundo la responsabilidad al tercero –efecto sustantivo–.

---

[78] En España, algunas sentencias hablan de comunicabilidad de la responsabilidad. La diferencia es que el fundamento de la comunicabilidad es el hecho de haber sido la misma persona que actúa a través de diversas personas jurídicas. Nosotros sostenemos, que no hay tal identidad. Ver: TS, Sala Primera, sents. del 21-02-69 y 03-03-81, en: DE ÁNGEL YÁGÜEZ: ob. cit., pp. 105 y ss.
[79] RODNER: ob. cit. (*Los contratos enlazados...*), p. 50.
[80] SALAH, Fatma: «*Extension of Petroleum Arbitration Agreements to Non-signatories in Egypt*». En: *Journal of International Arbitration*. Vol. 30, N° 1. Kluwer international. 2013, p. 76.

Conclusión

Dependiendo del tipo de sistema y de la visión que posee el árbitro en el caso concreto, se usará una o varias justificaciones cuando se quiera aplicar la teoría del levantamiento del velo societario. Por lo general, en países del *civil law* se pensará en conceptos jurídicamente indeterminados como buena fe, abuso de derecho o fraude. Se tiene la idea de extender los efectos de la cláusula arbitral a los terceros. Mientras en países del *common law* se piensa más en la idea de «incorporación» de los terceros no signatarios. En ambos, el árbitro descansa en el presupuesto de alguna forma de consentimiento, sin el cual la aplicación de la teoría será dificultosa.

En la práctica, independientemente del sistema o de la idea que tenga el árbitro sobre el arbitraje, este descansará en normas del foro o trasnacionales para justificar su decisión. Pese a lo anterior, somos de la opinión que lo que se llama «teoría del velo», es un caso de extensión de responsabilidad cuando en determinados supuestos se hace responsable a una persona por los actos de otra, entendiendo responsabilidad en un sentido amplio, como una situación especial en que una persona sufre los efectos de la conducta de un tercero –bien sea responsabilidad patrimonial o extensión los efectos de la cláusula arbitral–, siendo los dos caras de un mismo efecto, uno sustantivo y otro procesal. La crítica es que para extender la responsabilidad a un tercero, se requiere una norma expresa, cosa que no existió en el caso resuelto por la Sala Constitucional –sent. N° 903, citada *supra*–, y desde entonces, se ha ido aplicando la tesis del levantamiento del velo, poniendo el peligro la limitación de responsabilidad de los socios en las sociedades.

* * *

Resumen: En el presente artículo se hace un estudio de la aplicación de la teoría del levantamiento del velo societario en el arbitraje comercial internacional, analizando sus efectos antes y después de la emisión del laudo arbitral. Se estudian las distintas tesis que justifican los tribunales arbitrales para su procedencia, tomando en cuenta los dos grandes sistemas de Derecho. **Palabras clave**: Teoría del velo, responsabilidad, arbitraje. Recibido: 31-01-18. Aprobado: 26-02-18.

Los animales y los robots frente al Derecho

Luis Daniel Crovi [*]

Sumario

Introducción 1. Persona y personalidad 2. Los animales como «personas no humanas» 3. Los robots. Reflexión final

Introducción

Las participaciones en las publicaciones de homenaje son una excelente ocasión para demostrar el afecto y admiración que se tiene por el homenajeado. Con esa premisa, pretendemos, con estas breves líneas, rendir tributo a una excelente jurista y una valiente mujer.

Para ella, estas reflexiones sobre un tema que ha empezado a insinuarse como un desafío en la teoría del Derecho: la pretendida personalidad jurídica de los animales y los robots.

1. Persona y personalidad

La persona y la personalidad han sido, y son, eje de discusión para el Derecho. Evidentemente, detrás del concepto legal de persona existe una sola realidad: el hombre, quien es el único sujeto de la relación jurídica. El Derecho tiene su razón de existir en función de los seres humanos, sin ellos la regulación de las relaciones de familia, las obligaciones, los contratos, los derechos reales, carecerían de sentido.

---

[*] **Universidad de Buenos Aires**, Abogado, Profesor de Derecho Civil. **Universidad del Museo Social Argentino**, Doctor en Ciencias Jurídicas y Sociales y Profesor. **Universidad de San Andrés**, Profesor. Secretario de redacción de la revista: *Jurisprudencia Argentina*.

El Derecho existe por y para el hombre. Fue el hombre como ser social quien, en el inicio del tiempo ante la necesidad de prevenir y resolver conflictos, creó el Derecho, de manera pues, que siendo el ser humano la persona por antonomasia no es difícil deducir que todo el sistema legal gira siempre alrededor de tal noción. Una noción filosófica de persona señala que es toda sustancia individual de naturaleza racional. Pero tal definición que se corresponde con la idea de ser humano y coincide jurídicamente con la persona natural, es incompleta o inválida para el ámbito jurídico porque no incluye la persona incorporal o persona jurídica en sentido estricto[1].

Así, la personalidad no es una mera cualidad que el ordenamiento jurídico pueda atribuir de manera arbitraria, es una exigencia de la naturaleza y dignidad del hombre que el Derecho no tiene más remedio que reconocer[2]. El positivismo tuvo una posición contraria, sosteniendo que la persona es un centro de imputación de normas o bien la manera de designar la unidad de una pluralidad de normas que estatuyen derechos y deberes. Para esta corriente de pensamiento, ese centro de atribución puede ser el hombre –Kelsen–, la personalidad es un expediente jurídico de unificación derechos y deberes alrededor de un centro. La persona es el centro ideal de un conjunto de relaciones jurídicas actuales o socialmente posibles[3].

La jurisprudencia de Corte Suprema argentina ha recogido, de manera aislada, esa visión normativista de la persona: «la personalidad no es una cualidad 'natural', algo que exista o pueda existir antes de todo ordenamiento jurídico y con independencia de este: es una cualidad puramente jurídica, repetimos, algo que el Derecho construye para sus fines particulares»[4]. Describir la

---

[1] Domínguez Guillén, María Candelaria: *Manual de Derecho Civil I Personas*. Ediciones Paredes. Caracas, 2011, p. 39.
[2] Díez-Picazo, Luis y Gullón, Antonio: *Sistema de Derecho Civil*. Vol. I. 11ª, Tecnos. Madrid, 2005, p. 213.
[3] Orgaz, Alfredo: *Personas individuales*. Assandri. Córdoba, 1961, p. 10.
[4] «CSJN, 22-05-07, Sánchez, Elvira B. c. Ministro de Justicia y Derechos Humanos». En: *La Ley*. 2007-E, 607.

personalidad como mero recurso jurídico implica, en lenguaje simple, que la personalidad puede ser otorgada a unos, pero a otros no[5].

En el Derecho romano, la persona era el hombre asociado a su estado –*status civitatis*, *status libertatis* y *status familae*–, así el concepto de persona se vinculaba con su posición jurídica, pero con el aporte del cristianismo se abre paso la noción filosófica u ontológica de la persona: ser humano individual de naturaleza racional. El término persona queda así asociado al hombre concreto de carne y hueso, que es en definitiva al que debemos atender y proteger frente a las amenazas que se ciernen sobre él, al menos con aquellos que lucen enfermos, ancianos, ignorantes, pobres o escasamente «importantes» desde el punto de vista económico, social o político. En cada una de esas personas individuales, cabe destacar que, además de contar con la misma naturaleza característica de la especie humana, hay en ellas el aporte irrepetible en el plano real y accidental de notas definitivas que las hacen al mismo tiempo únicas[6].

Por otra parte, la actuación del ser humano es individual y colectiva, y en este último caso el Derecho debe recurrir a un concepto para mencionar a otro sujeto de derecho que no es un ser humano, para ello se ha echado mano a términos diversos –persona moral, persona ideal, persona colectiva, etc.–. El Código Civil y Comercial de la Nación Argentina opta por el término de persona jurídica. Esta categoría que se opone a las «personas humanas» es muy difícil de definir, pues engloba una realidad muy compleja que va desde el Estado como persona jurídica pública hasta una simple asociación o nuestra nueva «sociedad simple» que no adopta ningún tipo previsto en la Ley General de Sociedades[7].

---

[5] BOULIN VICTORIA, Ignacio A.: «A buen puerto por mal rumbo. El fallo de la Corte en el reciente caso Sánchez». En: *La Ley*. 2007-E, 294.

[6] VIGO, Rodolfo L. y HERRERA, Daniel A.: «El concepto de persona humana y su dignidad». En: *Revista de Derecho Privado y Comunitario*. N° 2015-3. Rubinzal Culzoni. Santa Fe, 2015, p. 16.

[7] Para solucionar esa disyuntiva, tanto el Código Civil derogado, como Código Civil y Comercial de la Nación recurren a la idea del «ente» como género: «son personas jurídicas todos los entes a los cuales el ordenamiento jurídico les confiere aptitud para

Así, solo el hombre es persona –de forma aislada o como grupos humanos personificados–. Esta afirmación, sin embargo, es cuestionada por algunos que pretenden ver ciertos reflejos de personalidad en cosas «sintientes» o «parecidas» a las personas, como expondremos a continuación.

2. Los animales como «personas no humanas»

Algunas corrientes de pensamiento de Derecho estadounidense, e incluso declaraciones de organismos internacionales –Declaración de los Derechos de los Animales de la UNESCO de 1978 y del Consejo de Europa de 1982–, han planteado la tesis de los derechos de los animales –y aun de los vegetales– considerando que ellos deben ser protegidos por sí mismos y no por su utilidad o conveniencia para el hombre. Esos criterios no tienen cabida en nuestro Derecho y, en rigor, son incompatibles con la misma noción de Derecho, cuyo fin y razón es el hombre[8].

La historia ha conocido en reiteradas oportunidades la personificación jurídica de los animales. La Edad Media fue particularmente prolífica en ese sentido, y no faltaron los juicios –y las consiguientes condenas– llevados a cabo contra diversas especies. También el Derecho canónico acudió a esos mecanismos, y hasta se llegó a decretar la excomunión de sanguijuelas, ratas y otras plagas. Sin embargo, esa suerte de personificación de los animales no podía tener cabida en el Derecho moderno, edificado a partir de la constitución del hombre en «individuo», en un «sujeto» que es motor de la historia y el progreso, que conoce el mundo en tanto «objeto», que se apropia de él y lo explota en su beneficio[9].

---

adquirir derechos y contraer obligaciones para el cumplimiento de su objeto y los fines de su creación». Ente, según el *Diccionario de la Real Academia Española*, es «Lo que es, existe o puede existir». Por encima del ser humano, tomado aisladamente o como grupos humanos personificados, no existe otro género posible que el de «ente».

[8] TOBIAS, José W.: *Derecho de las personas*. Editorial La Ley. Buenos Aires, 2009, p. 8.
[9] PICASSO, Sebastián: «Reflexiones a propósito del supuesto carácter de sujeto de derecho de los animales. Cuando la mona se viste de seda». En: *La Ley*. 2015-B, 950.

Los animales son solo cosas, sin perjuicio que el Derecho los proteja generando obligaciones a cargo de las personas que los poseen –en caso de animales domésticos– o deberes colectivos concedidos con base en intereses difusos –por ejemplo, las disposiciones referentes a la preservación de determinada especie–. Por más afecto que guardemos hacia nuestras mascotas y la posibilidad de que ellos perciban nuestros estados de ánimo o entiendan nuestras indicaciones, su inteligencia no es asimilable a la de los seres humanos, necesitan de nuestra protección cotidiana y de una legislación tuitiva, pero esas realidades no implican un cambio de categoría jurídica.

Como una reacción al antropocentrismo reinante a partir del siglo XVI, se registra ya desde hace algunas décadas una corriente de opinión que alude a «los derechos de los animales no humanos» y, yendo incluso un paso más allá, proponiendo su reconocimiento como «personas no humanas», estimándolos jurídicamente no solo ya como meros objetos de tutela, sino como portadores en sí mismos de ciertos derechos –en realidad, aún en sus proyecciones más extremas, tales postulados en ningún caso aluden a una equiparación total de aptitud jurídica en orden a la portación de derechos y obligaciones entre los seres humanos y los animales–, que se subjetivizan en esa novedosa categoría, se llega a postular que es necesario jurídicamente abandonar «el paradigma antropocéntrico» para empezar a transitar «el paradigma sensocéntrico», vale decir, calificar a la persona no por su rango de humanidad, sino por su aptitud para sentir[10].

La jurisprudencia argentina, en fallos aislados, ha pretendido otorgar a los animales el carácter de sujetos de derecho. El primer fallo que logró una gran repercusión mediática fue el dictado por la Cámara Federal de Casación Penal reconoció a un simio –Orangután Sandra– el rango de «sujeto de derecho no humano», o «persona no humana»[11]. Luego le siguieron otros.

---

[10] SAUX, Edgardo I.: «Personificación de los animales. Debate necesario sobre el alcance de categorías jurídicas». En: *La Ley*. 2016-B, 1020.
[11] La Cámara Nacional de Casación Penal, Sala II, se declaró incompetente pero *obiter dictum*, sostuvo «Que, a partir de una interpretación jurídica dinámica y no estática, menester es reconocerle al animal el carácter de sujeto de derechos, pues los sujetos no humanos –animales– son titulares de derechos, por lo que se impone su protección en el ámbito competencial correspondiente». El caso fue finalmente resuelto en términos

Un tribunal de la Ciudad Autónoma de Buenos Aires les reconoció a 78 perros en estado de abandono por su dueña, el carácter de «seres vivos sintientes»[12]. Otra Sala del mismo tribunal ha dicho que los animales ostentan el carácter de «persona no humana» y, en razón de ello tienen «derechos inherentes a esa categoría de sujetos de derecho», entre los cuales se destacan los de llevar una vida digna, sin apremios físicos ni psíquicos[13]. Un juzgado de Mendoza ha dicho que reconocer a los grandes simios como sujetos de derechos es el mejor «acto de inclusión como actores involuntarios en el campo del Derecho» que puede el ser humano realizar[14].

La controversia sobre este tema sigue abierta, como surge de los antecedentes judiciales, a quienes distinguen entre seres «sintientes» y «no sintientes», personas humanas y «no humanas», tratando de reconocer derechos subjetivos en cabeza de los animales. En otro extremo, se encuentran las llamadas «teorías del bienestar animal» que propugnan la protección animal y la defensa del medio ambiente en el cual se desarrollan, la legislación tiene por fin, procurar esos objetivos[15].

Las XXVI Jornadas Nacionales de Derecho Civil han declarado recientemente: El animal «no es sujeto de derecho» en el sistema jurídico argentino y no deviene necesario dictarse leyes que le atribuyan esa calidad, sin perjuicio de que el Estado vele por su adecuada protección[16].

---

similares por la Justicia Penal, Contravencional y de Faltas de la Ciudad Autónoma de Buenos Aires, N° 15, Asociación de Funcionarios y Abogados por los derechos de los animales y otros contra GCBA (LL Online: AR/JUR/10085/2015).

[12] CApel. Penal, Contravencional y de Faltas de la Ciudad Autónoma de Buenos Aires, Sala I, 25-11-15, G. B., R. s/ inf. Ley 14346, JA 2016-II-326.

[13] CApel. Penal, Contravencional y de Faltas de la Ciudad Autónoma de Buenos Aires, Sala III, 01-03-17, L. P. D. y otros s/ art. 14346, JA 2017-II, fascículo N° 10, p. 69.

[14] Tercer Juzgado de Garantías de Mendoza, 03/11/2016, Presentación efectuada por A.F.A.D.A respecto del chimpancé Cecilia, exp. N° P-72.254/15.

[15] Por ejemplo, la Ley 27330 dictada en Argentina que establece la prohibición en todo el territorio nacional de las carreras de perros, cualquiera fuera su raza.

[16] Celebradas en la ciudad de La Plata, Provincia de Buenos Aires, Argentina, del 27 al 29 de septiembre de 2017. Algunas posturas en el seno de la comisión que trató el tema, han defendido que el sistema jurídico debería reconocer a los animales la condición de sujeto de derecho, pero sin que ello implique una equiparación con la persona

3. Los robots

Podríamos simplemente pensar en las máquinas como tales y considerar a los robots como parte de ellas, pero la inteligencia artificial está llegando a extremos en donde resulta cada vez más difícil distinguir si los robots son entes artificiales o autónomos[17].

Se habla en el mundo de la «segunda era de las máquinas» o la «industria 4.0». Los robots –en términos amplios– están en todas partes –por ejemplo, los programas informáticos que nos contestan cuando llamamos un servicio de atención al cliente–, en la «robótica» como disciplina, ingresan la física, la mecánica, la electrónica, la informática, las matemáticas, pero también la biología porque se han creado robots con células dirigidas por señales luminosas. Drones, sofisticados aparatos médicos para la rehabilitación del cuerpo humanos y robots médicos, asistentes geriátricos, educadores, las posibilidades de esta nueva dimensión de máquinas son infinitas.

No hay acuerdo entre los ingenieros en qué es un robot, se lo suele definir como un dispositivo autónomo o semiautónomo que realiza sus tareas bajo control humano directo, control parcial y supervisión humana o de forma completamente autónoma. Autómata o automático es algo diferente a autónomo, esto último implica la libertad de decidir y no solamente de hacer. Con los nuevos robots y los venideros, estamos pasando de lo automático a lo autónomo, con consecuencias en todos los ámbitos. Las máquinas superan ya a los seres humanos en muchas dimensiones y aspectos y lo harán aún más en los próximos años[18].

---

humana. En ese caso, la legislación debería reglamentar si ello sería aplicable a todos los animales o solo a algunas especies.

[17] Una noticia periodística daba cuenta de lo siguiente: Tuomas Sandholm y Noam Brown son profesor y alumno de doctorado en el Departamento de Computación de la Universidad de Carnegie Mellon, en Pennsylvania, Estados Unidos. Ellos diseñaron un programa –que llamaron Libratus–, para que juegue al póker. El programa puede intuir por qué el otro jugador hace lo que hace y decidir si está tratando de engañarla. Es decir, puede elaborar una estrategia para tratar de engañar o confundir a los humanos (PAENZA, Adrián: *Página 12*. Argentina, 5-2-17).

[18] ORTEGA, Andrés: *La imparable marcha de los robots*. Alianza Editorial. Madrid, 2016, p. 18 y anteriores.

Si los robots son autónomos y pueden «pensar» o «decidir» entre varias opciones posibles son al menos algo distinto que el televisor o la cafetera que solo responden cuando accionamos sus comandos. Estamos ingresando en una era donde la convivencia con la inteligencia artificial se hará cada día más frecuente, por caso, ya ninguno de nosotros podemos pensar en un teléfono móvil sin que sea «inteligente».

Un informe denominado «Bot.Me: *A revolutionary partnership*», elaborado por la consultora Price Waterhouse Coopers, arroja que más de la mitad de los consumidores encuestados está de acuerdo que la Inteligencia Artificial ayudará a resolver problemas complejos que afectan a las sociedades modernas (63 %) y ayudará a las personas a vivir más satisfactoriamente (59 %). Por otra parte, menos de la mitad cree que la inteligencia artificial perjudicará y quitará trabajo a las personas (46 %) y solo el 23 % cree que esto tendrá implicaciones serias y negativas[19].

En el mundo de los negocios, los robots son de gran utilidad, pero están generando algunos conflictos. Un informe preliminar de la Comisión Europea sobre la investigación llevada a cabo en el sector del comercio electrónico, en el que se pone de manifiesto la preocupación de la institución comunitaria sobre la capacidad de facilitar una colusión entre competidores mediante el uso de programas de *software* automatizados. La posibilidad de utilizar robots para llevar a cabo conductas restrictivas de la competencia también ha sido analizada por las autoridades de Defensa de la Competencia de Alemania y Francia en su reciente informe «*Competition Law and Data*». En estas circunstancias, será complicado detectar y acreditar los acuerdos prohibidos e imputar la infracción a los responsables[20].

---

[19] Informe reproducido en la nota titulada: «Exclusivo: ejecutivos top entusiasmados con la Inteligencia Artificial». En: *Diario Infobae*, Argentina, 03-06-17.

[20] Ya existen varios asuntos en los que se han empleado robots para llevar a cabo conductas restrictivas de la competencia mediante la fijación de precios que previamente habían acordado los competidores utilizando un algoritmo (Ayllon, José: «Robots y Derecho de la Competencia». En: elderecho.com, Lefebvre-El Derecho).

No es difícil imaginar que los robots podrán, en poco tiempo, no solo dedicarse a tareas empresarias, sino también a la asistencia humana: ¿servirán para el cuidado de nuestros hijos o de los adultos mayores?, ¿podrán tener algún grado de sensibilidad para brindar «afecto» –inteligencia emocional–? Confiaremos en ellos y se supone que no podrán hacer daño intencionalmente, pero si lo provocan en función de las instrucciones o sugerencias de la persona que los usa, ¿será responsable su creador, el vendedor, el programador el usuario?

El mercado global de robots no deja de crecer en todo el mundo. En 2013, según los datos de JARA (Asociación Japonesa de Robots) había 1,33 millones en el mundo –266 000 en las Américas, sobre todo en Estados Unidos; 689 000 en Asia/Australia, esencialmente en Japón, Corea del Sur y China; y 392 000 en Europa, más de la mitad en Alemania–. Para el 2018 se prevé un total de 2 327 000, con más de la mitad de ellos –1 417 000– en Asia/Australia, sobre todo en China. Según diversos informes, el mercado global de robots e inteligencia artificial puede llegar a representar 152 000 millones de dólares ya para 2020 y mucho más después[21].

La irrupción de la robótica generará múltiples cambios en la sociedad y, por ende, en el Derecho. La concentración de capitales se irá volcando a la robótica y ello podría generar peligrosos monopolios que detenten un gran poder económico por sobre el resto de las empresas que no accedan a esas tecnologías. Los países que desarrollen estas industrias tendrán, sin duda, una posición predominante en el mundo. Las relaciones laborales deberán tomar en cuenta este fenómeno, la inteligencia artificial tiende no solo a sustituir brazos y manos, sino el propio cerebro humano.

El futuro que nos parece ciencia ficción está a la vuelta de la esquina y el Derecho deberá decidir si estas máquinas merecerán algún *status* diferente de las simples cosas, ¿serán embargables tengan el destino que tengan?, ¿requerirán algún control de fabricación o de transferencia por parte del Estado?,

---

[21] ORTEGA: ob. cit., p. 114.

¿podrán revelar datos sensibles de sus dueños que serán necesarios proteger?, ¿habrá una justicia rápida impartida por robots?, ¿los abogados serán reemplazados por máquinas inteligentes?[22]. Estas son solo algunas de las preguntas que los operadores jurídicos podemos hacernos hasta donde llega nuestra actual imaginación.

Pero los acontecimientos se suceden con un ritmo inesperado, hacia fines del año 2017 los diarios daban cuenta de una noticia insólita: «Sophia» es un robot con forma humanoide desarrollado por la empresa Hanson Robotics, que tuvo su presentación formal en marzo de 2016; un año y medio después, se convirtió en el primer robot en obtener ciudadanía saudí. La semejanza de este androide es increíble, puede imitar gestos humanos, su aspecto es casi igual al de una hermosa señorita y su inteligencia programada es asombrosa[23].

El tema está mereciendo la preocupación de organismos internacionales. Un informe del Parlamento Europeo del año 2017 pone de relieve que el desarrollo de la tecnología robótica debe orientarse a «complementar las capacidades humanas y no a sustituirlas»; considera fundamental garantizar que, en el desarrollo de la robótica y los sistemas de inteligencia artificial, «los seres humanos tengan en todo momento el control sobre las máquinas inteligentes; estima que debe prestarse especial atención al posible desarrollo de un vínculo emocional entre seres humanos y robots» –especialmente en el caso de grupos vulnerables, como niños, personas mayores y personas con discapacidad–,

---

[22] En Estados Unidos, Winston & Strawn es uno de los bufetes que adoptaron la tecnología de revisión legal conocida como codificación predictiva. Los abogados marcan la información relevante en un subconjunto de documentos y con ello alimentan un programa informático que la utiliza como base para analizar todo el conjunto de datos. El programa entonces, identifica y saca a la superficie pruebas potencialmente relevantes para que los abogados las examinen posteriormente («Watson, el robot abogado que inventó IBM». En: elcronista.com, 07-01-15).

[23] «Quiero agradecer al reino de Arabia Saudita. Estoy muy orgullosa por esta distinción. Es histórico, ser el primer robot en ser reconocido con una ciudadanía», aseguró Sophia ante el público. Durante la entrevista respondió varias preguntas con fluidez y hasta con humor. El entrevistador dijo que algunas preguntas estaban preparadas, pero que también hubo lugar para la improvisación (*Diario Infobae*, Argentina, 27-10-17).

y destaca los problemas que pueden plantear las graves consecuencias físicas y emocionales que este vínculo emocional podría causar a los seres humanos[24].

Por el momento, el ser humano –solo o como grupo humano personificado– sigue siendo el único «sujeto» de la relación jurídica; sin embargo, no podemos dejar de advertir que, en el futuro, los contratos podrán ser celebrados entre máquinas inteligentes, tal vez sin ninguna intervención humana. Tampoco sería descabellado considerar que robots inteligentes podrán «agruparse» en algún tipo de organización o persona jurídica. Esos seres con una inteligencia artificial que creamos para que «se nos parezcan», deberán ir gozando de algunas prerrogativas jurídicas y ya se discute la imputación de la responsabilidad por daños que causan. Los conceptos del presente deberán ser necesariamente revisados en pocos años, nuestra intención no es más que dejar planteados interrogantes, las respuestas llegarán pronto.

Reflexión final

La personalidad sigue siendo el centro de atención para los juristas, conceptos que parecían inmutables han empezado a ser cuestionados. El límite entre las cosas y las personas se desdibuja, la tecnología por un lado y una mirada más sensible hacía otros seres vivientes, lleva a cuestionarse si el hombre es el único sujeto de derecho y si hay cosas que se nos asemejan.

Por ahora, el Derecho ha sido construido por el ser humano y para regular relaciones jurídicas donde el único sujeto de derecho era un ejemplar de su especie, veremos si esta verdad se mantiene en el tiempo.

* * *

> **Resumen**: El autor brevemente se pasea por un tema de novedoso interés, como lo es el reconocimiento de la personalidad

---

[24] Parlamento Europeo, Documento de Sesión Nº A-80005/2017, 27-01-17, Comisión de Asuntos Jurídicos, Ponente: Mary Delvaux.

a entes no humanos, animales o robots. Para ello comenta las experiencias reciente en la jurisprudencia y la doctrina, planteando las diversas interrogantes que de tal posibilidad surgen. **Palabras clave**: Personalidad, animales, robots. Recibido: 29-01-18. Aprobado: 04-02-18.

Aspectos jurídicos de los drones

Sacha Rohán Fernández Cabrera [*]

Sumario

Introducción 1. Generalidades 2. Usos, incertidumbres y problemas 3. Consideraciones jurídicas. Conclusiones

Introducción

El presente trabajo, sin pretender ser profundo y abarcar todos los aspectos jurídicos sobre este tema, busca dar una noción de cómo los dron, *drone* o drones son empleados en diferentes ámbitos de la vida, para múltiples usos y con diferentes finalidades, por diferentes personas naturales y jurídicas, todo lo cual conlleva a que diferentes países busquen regular el uso de los mismos, a los fines de evitar violaciones jurídicas y en reguardo de los derechos de todos los ciudadanos.

De esta manera, observaremos algunas de las regulaciones que se han dictado al respecto, así como daremos nuestra opinión respecto a cómo debería sistematizarse la utilización de estos.

1. Generalidades

Los drones son dispositivos aéreos no tripulados que tienen cada vez mayor relevancia, siendo que se estimó que para el 2016 generarían un negocio

---

[*] **Universidad Central de Venezuela**, abogado; Especializaciones en Derecho Procesal y Derecho Internacional Económico y de la Integración, Doctor en Ciencias Mención Derecho, profesor de Derecho Civil III (Obligaciones). **Instituto Venezolano de Derecho Procesal**, Miembro y Bibliotecario Suplente. **Tribunal Supremo de Justicia**, Abogado Auxiliar II. sfernandez_edu@yahoo.com.

mundial anual de 127 mil millones de dólares, según el informe realizado por la consultora PwC[1], donde los sectores, como la construcción de infraestructuras[2], la agricultura[3] y el transporte[4], concentrarían la actividad más significativa, sobre todo, cuando nos damos cuenta de que los drones pueden transportar cargas de hasta una tonelada.

2. Usos, incertidumbres y problemas

Aunque el empleo de los drones puede suponer muchas ventajas, en la actualidad se enfrenta a distintos problemas, como lo son: i. Las restricciones del espacio aéreo; ii. las regulaciones propias de cada país, y iii. el peso que pueden cargar los aviones no tripulados, que en muchos casos no es muy elevado, entre otras dificultades que se presentan.

Incluso en el ámbito militar, se puede observar el caso de la nave estadounidense no tripulada X-37B[5], que aterrizó en mayo de 2017 en Cabo Cañaveral

---

[1] «¿Cuántos millones de USD pueden generar los drones en el mercado mundial?», http://www.noticias24.com/tecnologia/noticia/24177/cuantos-millones-de-usd-pueden-generar-los-drones-en-el-mercado-mundial/.

[2] Acá son aptos para recopilar información durante las obras y pueden ejecutar trabajos de riesgo.

[3] Permiten cubrir grandes extensiones de cultivo y vigilar los equipos instalados en las plantaciones. De hecho en Venezuela un grupo de ingenieros zulianos están trabajando en un Sistema Aéreo de Fumigación Agrícola Automatizado (SAFAA), con capacidad para transportar hasta 50 litros de productos químicos para el tratamiento de plagas en los cultivos, donde las bondades de este sistema se pierden de vista, pues incorpora tecnologías de propulsión de alto desempeño, con la capacidad de sobrevolar un área específica para aplicar con mucha precisión los productos agrícolas requeridos por los cultivos, todo esto mediante Satélites de Posicionamiento Global, siendo compatible con el medio ambiente al ser más ecológico y ahorrar costos. *Vid*. «Ingenieros zulianos desarrollan dron capaz de fumigar 4 hectáreas en 15 minutos», https://www.lapatilla.com/site/2018/01/07/ingenieros-zulianos-desarrollan-dron-capaz-de-fumigar-4-hectareas-en-15-minutos/.

[4] En la entrega de productos como los de Google, Amazon o DHL.

[5] Programa experimental de pruebas para demostrar la viabilidad de una plataforma espacial fiable, reusable y sin piloto, tratándose de un prototipo similar a un transbordador espacial en miniatura.

(Florida) tras casi dos años en órbita, provocando una explosión sónica en su reentrada a la atmósfera, debiéndose enfrentar a temperaturas extremas, la posibilidad de colisionar con asteroides y altos niveles de radiación en sus largas misiones orbitales, además de haberse especulado que es un sistema de espionaje espacial o de destrucción de sistemas adversarios orbitales[6].

También en el ámbito militar, las grandes potencias mundiales se han propuesto fabricar un nuevo tipo de arma de vehículos aéreos no tripulados –UAV[7], por sus siglas en inglés– que funcionan como bombas automáticas, conocidos como «drones kamikaze», los cuales pueden viajar a altas velocidades y mantenerse hasta una hora en el aire, siendo capaces de cargar una cámara de reconocimiento diurna y nocturna, así como una cabeza explosiva que se detona por sí sola al colisionar con su objetivo, además de poder ser usados para operaciones de vigilancia, pero su principal propósito es el ataque, habiendo ya sido utilizados por el ejército de Azerbaiyán en la región de Nagorno Karabaj, por Estados Unidos en Yemen y Pakistán, entre otros[8], así pueden ser utilizados individualmente o como enjambre[9].

Pero además de estos drones de grandes dimensiones, también encontramos que el dron más pequeño del mundo es una libélula real y cuenta con una minicámara que tiene la capacidad de hacer videos durante el vuelo del insecto

---

[6] «Dron espacial de EEUU aterriza en Florida y causa explosión sónica», http://www.noticias24.com/internacionales/noticia/123061/dron-espacial-secreto-de-eeuu-aterriza-en-florida-y-causa-explosion-sonica/.

[7] *Unmanned Aerial Vehicle*, también denominados UAS (*Unmanned Aerial System*), UCAV (*Unmanned Combat Aerial Vehicle*), RPA (*Remotely Piloted Aircraft*) RPAS (*Remotely Piloted Aircraft System*).

[8] «Qué son los 'drones suicidas' y cómo están transformando la manera de hacer la guerra de China, Estados Unidos y otras grandes potencias», http://www.msn.com/es-ve/noticias/mundo/qu%C3%A9-son-los-drones-suicidas-y-c%C3%B3mo-est%C3%A1n-transformando-la-manera-de-hacer-la-guerra-de-china-estados-unidos-y-otras-grandes-potencias/ar-AApg7XH?li=AAgh0dF&ocid=mailsignout; «Irán presenta su primer 'dron suicida' de ataque», http://www.eluniversal.com/noticias/internacional/iran-presenta-primer-dron-suicida-ataque_624238.

[9] «*Swarming*: Drones militares en red», https://www.lapatilla.com/site/2017/02/04/swarming-drones-militares-en-red/, consultado el 05/02/2017.

sin que muestre indicios de que realiza esa función, donde un grupo de ingenieros le insertaron neuronas de control al insecto con electrodos en los músculos bajo la técnica de la optogenética que incluye alteración genética[10].

En el aspecto de seguridad civil, las policías están usando escuadrones de drones, equipados con redes, diseñados para ubicar y, si es necesario, capturar otros drones que han sido lanzados por el público y que las autoridades consideran que son molestos o peligrosos[11], emitiendo previamente una advertencia por parlante y si no responde el dueño se neutraliza el dron[12], así como los ha usado igualmente para detectar delincuentes[13]. También, en materia de seguridad, Australia está desplegando drones en sus playas para localizar tiburones y proporcionar a los bañistas y a los surfistas ayudas de emergencia más rápidas, mientras llegan los socorristas humanos, pudiendo incluso entregar equipos de rescates mucho más rápido[14].

En el ámbito de la seguridad privada, la última tendencia en este campo es la de proteger la casa con un *drone*, donde este nuevo sistema de seguridad nace de la combinación de dos elementos que son: i. Una serie de sensores de movimiento, sonido y vibraciones y ii. un *drone* inteligente, que se carga con la luz solar gracias un panel superior y se instala en el jardín o en los alrededores de la casa,

---

[10] «Dron más pequeño del mundo es una libélula», http://www.ultimasnoticias.com.ve/noticias/tecnologia/dron-mas-pequeno-del-mundo-una-libelula/.
[11] En abril de 2015, un *drone* con una sustancia radioactiva aterrizó en la oficina del primer ministro de Japón.
[12] «El escuadrón de drones para perseguir drones que patrullará las calles de Tokio», http://www.bbc.com/mundo/noticias/2015/12/151211_drones_japon_policia_anti_drones_mr.
[13] De esta manera lo ha hecho la policía danesa, *vid.* «Pensó que era un taxi y se subió a una patrulla policial con mil cigarrillos de marihuana», https://www.lapatilla.com/site/2017/12/26/penso-que-era-un-taxi-y-se-subio-a-una-patrulla-policial-con-mil-cigarrillos-de-marihuana/.
[14] «Australia despliega drones en las playas para vigilar a los tiburones», http://www.noticias24.com/mascotas/noticia/28297/en-video-australia-despliega-drones-en-las-playas-para-vigilar-a-los-tiburones/.

siendo que se enciende de forma automática cuando hay un registro por parte de los sensores de actividad inusual alrededor del hogar[15].

También se estudia emplearlos para llevar Internet gratuito a zonas remotas, mediante un *drone* no tripulado y que funciona con energía solar, dándose el primer viaje experimental en julio de 2016 y luego en enero de 2017[16]. Del mismo modo, se solicitó una patente para llevar la «telepresencia» a un nuevo nivel con un dron que está diseñado para volar en interiores y moverse de una habitación a otra con un sistema de proyección para transmitir imágenes hacia una pared o superficie de una sala e incluir un sistema de audio para la comunicación entre los participantes y realizar teleconferencias, lo cual podría funcionar para utilizarlo en la consulta de profesionales de la medicina y sus pacientes o para ayudar a un instructor a explicar cosas a sus estudiantes que se encuentran en lugares remotos, entre otros usos[17].

Igualmente observamos que el clásico avión de papel, la flecha, el planeador y ahora el PowerUp FPV forman parte de un *drone* de 200 dólares que entra con fuerza en el grupo de los aviones de papel de *origami* que tiene un módulo instalado con una cámara que transmite en vivo directamente al teléfono celular y almacena las imágenes en un tarjeta micro SD e inicia su vuelo lanzándolo al aire[18].

Incluso, ingenieros del *Massachusetts Institute of Technology* (MIT) han logrado un método para miniaturizar los chips y procesadores que utilizan

---

[15] «Este *drone* patrulla tu casa y la protege cuando no estás», http://www.msn.com/es-ve/noticias/tecnologia/este-drone-patrulla-tu-casa-y-la-protege-cuando-no-est%C3%A1s/ar-AAjZPhZ?li=BBqdpgX&ocid=mailsignout.

[16] «Facebook mejora el *drone* que llevará Internet a zonas remotas», http://www.noticias24.com/tecnologia/noticia/25906/facebook-mejora-el-drone-que-llevara-internet-a-zonas-remotas/.

[17] «Google quiere crear un dron para hacer teleconferencias más reales», http://www.noticias24.com/tecnologia/noticia/25384/google-quiere-crear-un-dron-para-hacer-teleconferencias-mas-reales/.

[18] «¡Increíble! Un *drone* de papel que es prácticamente indestructible», http://www.noticias24.com/tecnologia/noticia/26011/increible-un-drone-de-papel-que-es-practicamente-indestructible-video/.

estas aeronaves no tripuladas, del tal forma que la capacidad de los modelos mayores puedan ser trasladados a diseños tan pequeños como una abeja, siendo un nuevo paso que viene de la nanotecnología y la miniaturización de los componentes, lo que permitirá que sean utilizados en desastres con misiones de búsqueda y rescate, entre otros usos[19].

Los drones han sido usados incluso para el escape de un prisionero que recibió mediante un dron unas tenazas y otras herramientas con las que cortó el alambre y huyó del Correccional Lieber, en Carolina del Norte Estados Unidos[20].

Ante todos estos usos, también pueden representar un riesgo para el vuelo de los aviones y otros bienes, así como sobrevolar espacios no autorizados, motivo por el cual la policía holandesa fue la primera del mundo en utilizar águilas para derribar drones en pleno vuelo, tras someter a las aves a un proceso de entrenamiento[21]. Estos riesgos se han evidenciado en el aeropuerto de Lisboa en Portugal, donde hasta agosto de 2017, se habían reportado 17 casos de este tipo, según los datos facilitados por el Gabinete de Prevención e Investigación de Accidentes con Aeronaves y de Accidentes Ferroviarios de Portugal[22]. Igualmente, un dron estuvo a punto de golpear un avión de pasajeros A320 que sobrevolaba el rascacielos Shard en el centro de Londres en julio de 2016 y que se dirigía al aeropuerto de Heathrow, siendo este uno de varios incidentes peligrosos en varios aeropuertos de ese país[23]; o el caso de un avión comercial

---

[19] «Los drones se acercan a tener el cerebro pequeño, pero eso no es malo», http://gerente.com/ve/rss-article/los-drones-se-acercan-a-tener-el-cerebro-pequeno-pero-eso-no-es-malo/.

[20] «¡Increíble! Un preso escapa de la cárcel con ayuda de un dron en EE UU», http://www.noticias24.com/gente/noticia/150883/increible-un-preso-escapa-de-la-carcel-con-ayuda-de-un-dron-en-ee-uu/.

[21] «La policía holandesa utilizará águilas para derribar drones», http://www.lapatilla.com/site/2016/09/12/la-policia-holandesa-utilizara-aguilas-para-derribar-drones/.

[22] «Un dron en el aeropuerto de Lisboa impide el aterrizaje de dos vuelos», http://gerente.com/ve/rss-article/un-dron-en-el-aeropuerto-de-lisboa-impide-el-aterrizaje-de-dos-vuelos/.

[23] «Un dron estuvo a punto de golpear un avión de pasajeros en Londres», http://www.lapatilla.com/site/2016/11/17/un-dron-estuvo-a-punto-de-golpear-un-avion-de-pasajeros-en-londres/.

de la compañía Aerolíneas Argentinas, en el que un Boeing 737 800, quedó fuera de servicio en noviembre de 2017, tras ser golpeado por un dron cuando estaba a punto de aterrizar en el aeropuerto en Buenos Aires[24].

Ha sido tal la difusión y éxito del empleo de esta tecnología que incluso se ha creado desde 2013 un Concurso Internacional de Fotografía desde Drones, donde han participado miles de personas de todo el mundo y que abarca desde fotógrafos profesionales hasta aficionados, siendo que posee las categorías urbano, personas, naturaleza y creatividad, teniendo jueces que forman parte de la revista *National Geographic* y el portal Dronestagram[25]. Sin embargo, el tomar fotos y compartirlas por Internet, puede ser contraproducente, ya que una fotografía de la zona arqueológica de Chichén Itzá, por un turista, le puede traer consecuencias legales, a pesar de seguir los ordenamientos de uso de drones en México no acató las disposiciones legales sobre el aprovechamiento de los bienes de la nación[26]. Inclusive se puede llegar a ciertas excentricidades como poseer un *drone* bañado en oro, con un precio de casi 25 mil dólares[27].

Incluso, se emplea un nuevo sistema de drones para realizar escaneos en áreas terrestres y detectar cuáles son los mejores sitios donde se puede regenerar la vegetación, para disparar directamente al suelo nuevas semillas de árboles y combatir así la deforestación, pudiendo así llegar a espacios difícilmente alcanzables como las colinas escarpadas, y realizar la siembra en ellas[28].

---

[24] «Un dron golpea a un avión en Argentina y lo deja fuera de servicio», http://www.noticias24.com/internacionales/noticia/127131/un-dron-golpea-a-un-avion-en-argentina-y-lo-deja-fuera-de-servicio/.

[25] «Los ganadores del 4º Concurso Internacional de Fotografías desde Drones», http://www.noticias24.com/fotos/noticia/28216/estos-son-los-ganadores-del-4o-concurso-internacional-de-fotografias-desde-drones/.

[26] «Un turista fotografía una maravilla del mundo con un dron y estas podrían ser las consecuencias», https://www.lapatilla.com/site/2017/11/18/un-turista-fotografia-una-maravilla-del-mundo-con-un-dron-y-estas-podrian-ser-las-consecuencias/.

[27] «Un dron DJI Phantom bañado en oro remonta vuelo», http://www.msn.com/es-ve/noticias/tecnologia/un-dron-dji-phantom-ba%C3%B1ado-en-oro-remonta-vuelo/ar-AAjY2ZZ?li=BBqdpgX&ocid=mailsignout.

[28] «Sistema de drones sembrará árboles para combatir la deforestación», http://www.ultimasnoticias.com.ve/noticias/tecnologia/sistema-de-drones-sembrara-arboles-para-combatir-la-deforestacion/.

Finalmente, se debe destacar que ya se está planeando en Dubai las primeras pruebas de drones diseñados para servir de transporte no tripulado de pasajeros –taxis–[29], debiendo resolver primero problemas regulatorios, pero esperan tener esta tecnología en práctica para el 2020[30].

3. Consideraciones jurídicas

En definitiva, los drones no son simplemente un juguete, por lo que dependiendo del país las autoridades establecen una normativa para su uso, en algunos es más restrictiva, o los prohíben y en otros son menos prohibitivos; sin embargo, hay países, que aún no han adaptado la ley a esta tecnología, mucho más cuando la Organización de Aviación Civil Internacional (OACI) avisó que no se podría elaborar una normativa internacional sobre el uso de drones antes de 2018[31].

El uso de los drones, así como de los aviones no tripulados, ya son comunes en la lucha contra Al Qaeda y el grupo Talibán por los Estados Unidos, lo cual ha generado que dos organizaciones defensoras de los derechos humanos[32] denunciaran los daños colaterales de civiles que estas operaciones armadas han provocando, con lo cual ha de preguntarse si ese daño puede ser considerado un crimen de guerra según la Convención de Ginebra, ya que se trataría del asesinato de personas no vinculadas a hostilidades o a una campaña militar contra un objetivo específico, lo cual estaría fuera del marco del Derecho Internacional, aunque el gobierno estadounidense indica que sí cumple con la normativa internacional, a pesar de que no da cifras de ese daño colateral; sin embargo, no ha respondido un informe sobre este aspecto

---

[29] Uber, Airbus y Citibus son algunas de las empresas trabajando en proyectos para desarrollar servicios de taxi usando equipos que despegan y aterrizan verticalmente (VTOL, por sus siglas en inglés *vertical take off and landing*), con motores eléctricos.

[30] «Taxis drones a la vuelta de la esquina», https://www.lapatilla.com/site/2017/10/12/taxis-drones-a-la-vuelta-de-la-esquina/.

[31] «Legislación de drones en Chile», http://universodrone.com/legislacion-de-drones-en-chile/, y de http://universodrone.com/legislacion-internacional/.

[32] Amnistía Internacional y *Human Rights Watch* (HRW).

de Naciones Unidas[33]. Lo anterior, deja duda en cuanto al enjuiciamiento de los responsables, las compensaciones a los sobrevivientes y Estados afectados.

Esto ha llevado que algunos países mediante sus autoridades respectivas, establezcan algún tipo de regulación o normativa al respecto[34], como es el caso de Europa con Irlanda a través del *The Irish Aviation Authority* (IAA), en Francia con el *Directorate General for Civil Aviation* (DGAC), en Alemania con el *Luftfahrt-Bundesamt* (LBA), en Italia con el *Ente Nazionale Per l'Aviazione Civile* (ENAC), en Rusia con el *The Federal Air Transport Agency* (FATA), en Suiza con el *Transport Styrelsen* (TS) y en Finlandia por medio *Finnish Transport Safety Authority* (FTSA), entre otros.

Por su parte, en África, nos conseguimos con que Kenia regula a través del *Kenya Civil Aviation Authority* (KCAA), en Sudáfrica por medio del *South African Civil Aviation Authority* (SACAA) y en Zimbawe con el *Civil Aviation Authority of Zimbabwe* (CAAZ).

En América, está Brasil donde la regulación la establece la *Agência Nacional de Aviação Civil* (ANAC); en Chile la efectúa la Dirección General de Aeronáutica Civil (DGAC); en Argentina, los documentos son elaborados por la Administración Nacional de Aviación Civil (ANAC), entre otros países.

Por su parte, en Oceanía, Australia lo efectúa la *Civil Aviation Safety Authority* (CASA) y en Nueva Zelandia lo realiza la *Civil Aviation Authority* (CAA).

Finalmente, en el continente Asiático, vemos, entre otros países, que en Japón la regulación la establece la *Japan Civil Aviation Bureau* (JCAB), en Singapure lo hace la *Civil Aviation Authority of Singapore* (CAAS) y en China la *Civil Aviation Administration of China* (CAAC).

---

[33] «¿Son los ataques con drones un crimen de guerra?», http://www.bbc.com/mundo/noticias/2013/10/131022_derechos_humanos_eeuu_drones_yemen_pakistan_jgc.

[34] «Legislación internacional sobre drones», http://www.gisandbeers.com/legislacion-internacional-drones/.

Así, para entender un poco más este tipo de regulaciones, mencionaremos con más de detalles algunas de ellas, comenzando con Japón, donde es ilegal pilotear drones sobre ciertas aéreas, como aeropuertos y centrales eléctricas, sobre calles o por encima de una altura de 150 m; incluso, algunas ciudades como Tokio y Osaka también prohibieron su uso en parques; estas regulaciones comenzaron en diciembre de 2015, tras una enmienda a la Ley de Aviación del país[35].

En Francia, los drones para el ocio están sujetos a las reglas del modelismo[36], siendo que lo anterior debe compararse con el ámbito profesional en el que hay poco más de dos mil dispositivos homologados por Aviación Civil, donde las principales reglas para el modelismo son: no sobrevolar áreas pobladas; no utilizar ese tipo de aparatos por la noche; y respetar una altura máxima de vuelo de 150 metros. Mientras que en el ámbito profesional, el marco legal queda definido por la autoridad de Aviación Civil, y que fue promulgada en 2012; de esta manera ha sido uno de los países pioneros en legislar sobre este tema; por ello, un usuario francés debe informar de sus actividades a la autoridad de Aviación Civil y debe utilizar material homologado, así como solicitar la autorización específica para sobrevolar zonas pobladas[37].

En España, las leyes que regulan este tema[38] establecen que se deben volar en horario diurno; deben ser usados en buenas condiciones de visibilidad; siempre han de estar fuera de las ciudades; dentro del campo de visión; no debe estar más de 500 metros alejado del piloto y no debe sobrevolar por encima de los 120 metros; igualmente se especifica que aquellas aeronaves que no superen los 25 kilogramos de peso están exentas de la obligación de registrase, no haciendo falta tener matrícula para utilizar un dron, pero sin que ello

---

[35] «El escuadrón de drones para perseguir drones que patrullará las calles de Tokio», http://www.bbc.com/mundo/noticias/2015/12/151211_drones_japon_policia_anti_drones_mr.

[36] Existe en el mercado un gran número de este tipo de dispositivos, ya que se cuenta con más de cien mil drones para uso recreativo.

[37] «¿Qué legislación regula el uso de drones?», http://es.euronews.com/2015/03/06/que-legislacion-regula-el-uso-de-drones.

[38] Como la Ley 18/2014, de 15 de octubre, de aprobación de medidas urgentes para el crecimiento, la competitividad y la eficiencia, publicada en el *BOE* N° 252, del 17-10-14.

signifique que la normativa permita su uso en cualquier espacio; de hecho, no está permitido volar en zonas en las que viva gente, como ciudades, pueblos o cualquier otro lugar habitado o en el que haya personas reunidas; tampoco es posible hacerlo en lugares en los que el espacio aéreo está controlado; aplicable no solo en los casos de naves profesionales, como las que utilizan cámaras para control o similares, sino también en drones domésticos o de ocio, las normas se aplican a todos los modelos. Solo hay una excepción a esta norma y es que se puede volar en un espacio cerrado, como un centro comercial o una nave industrial, aunque haya gente, al no considerase espacio aéreo y allí la AESA, que es el organismo de control del tráfico por aire, no tiene jurisdicción y la ley no se aplica. No obstante, se debe evitar causar lesiones y se debe actuar dentro de las normas que protegen la privacidad, ya que los drones con cámara tienen como restricciones el derecho a la intimidad, así como lo relativo a la protección de los datos personales[39].

Por otra parte, está el «Real Decreto 552/2014, de 27 de junio, por el que se desarrolla el Reglamento del aire y disposiciones operativas comunes para los servicios y procedimientos de navegación aérea y que modifica el Real Decreto 57/2002, de 18 de enero, por el que se aprueba el Reglamento de Circulación Aérea»[40], que se adapta a la legislación europea, donde estaríamos hablando no solo de zonas urbanas, sino también de otras localizaciones o eventos en los que exista un grupo de gente, aunque sea al aire libre[41].

En Portugal, el 27 de julio de 2017, en un Consejo de Ministros, el Gobierno aprobó la obligación de registrar todas las aeronaves de más de 250 gramos, incluidas las de construcción casera, para así facilitar la identificación de los infractores, estableciendo el decreto ley que toda la información sobre los dueños será incluida en una base de datos gestionada por la Autoridad Nacional de

---

[39] «Normativa drones: La legislación en España es esta», https://www.universidadviu.es/normativa-drones-la-legislacion-espana-esta/.
[40] *Vid. BOE* N° 159, del 01-07-14.
[41] «AESA recuerda las limitaciones en el uso recreativo de drones pero ¿qué dice la ley?», https://www.xataka.com/drones/cuidado-al-pilotar-tu-dron-alejate-de-zonas-pobladas-y-de-las-aglomeraciones-de-gente.

Aviación Civil (ANAC), a la que tendrán acceso las fuerzas de seguridad y otras entidades públicas, siendo que el registro otorgará a cada dron un número de identificación que deberá estar visible en el aparato que, a su vez, tendrá que estar cubierto con un seguro de responsabilidad civil que se haga cargo de los eventuales daños causados a terceros[42].

Por otra parte, según la ley británica, un piloto de drones debe ver el aparato todo el tiempo[43], las distancias que se manejan son 500 metros de alejamiento horizontal y 120 metros en vertical y para excederlas hay que pedir un permiso especial a la *Civil Aviation Authority* (CAA), exigiéndose licencia también para cualquier vuelo que esté destinado a generar ingresos. En general los dispositivos no pueden volar a menos de 150 metros de una aglomeración de personas, ni a menos de 50 metros de un vehículo o estructura que no esté bajo control del piloto del aparato; mientras que los dispositivos orientados a tareas de vigilancia tienen aún mayores restricciones[44].

Por su parte, en Australia, se ha regulado el uso de drones con fines civiles, estableciendo que cualquiera que desee operar uno de estos dispositivos debe someterse a un proceso de certificación tutelado por la *Civil Aviation Safety Authority* (CASA), donde cada uno de los vuelos requiere autorización expresa de este organismo, que además establece un límite de altura máximo de 120 metros; no se pueden acercar a menos de 30 metros de una persona ni les está permitido volar próximos a un aeropuerto –como mucho pueden hacerlo a 5 kilómetros de distancia–; así como deben evitar las zonas donde haya importantes aglomeraciones de personas[45].

Otro de los países que estableció prontamente un marco legal para el uso de esta tecnología en el ámbito civil fue Canadá, donde el organismo que gestiona el uso de los drones –*Transport Canada*–, obliga a obtener un permiso para dirigir dispositivos de más de 35 kg., pero si pesa menos de 35 kg y está destinado

---

[42] «Un dron en el aeropuerto de Lisboa impide el aterrizaje de dos vuelos», citado *supra*.
[43] «Un dron estuvo a punto de golpear un avión de pasajeros en Londres», citado *supra*.
[44] «Los países pioneros en la regulación de los drones», http://www.todrone.com/paises-pioneros-regulacion-drones/.
[45] Ídem.

a un uso recreativo no es necesario, como tampoco lo es si el peso es menor de 25 kg, aunque tenga fines comerciales[46].

En Estados Unidos, las autoridades pidieron que se creara un registro que tuviera a los propietarios de dispositivos en todo el país, así para el 21 de junio de 2016 la autoridad de regulación de aviación de Estados Unidos (*Federal Aviation Administration*, FAA) reveló un nuevo conjunto de normas, llamados «Part 107», las cuales regulan el uso de drones por operadores comerciales, por lo que cualquier entidad con ánimo de lucro que vuele un dron no tiene que tener una licencia de piloto. Así, con las nuevas normas, se reemplaza la licencia con un certificado específico de conocimientos para volar drones que existía anteriormente, con lo que se libera a las compañías para poder volar más seguido, más barato y sin tanta burocracia. De esta manera los negocios, los agricultores, las agencias del gobierno y los investigadores académicos podrán trabajar con estos sin tener que conseguir una licencia de piloto, lo cual les ponía una gran barrera anteriormente, no obstante, no se estipula nada sobre las nuevas formas de vuelos autónomos, por lo que los planes de Amazon de hacer entregas con drones quedan en el limbo jurídico, porque las leyes requieren que los operadores mantengan una visión del dron en todo momento. Además no se permite que un operador maneje más de una misión al mismo tiempo y las nuevas normas mantienen algunas limitaciones previas que comenzaron desde el año 2015, como el registro obligatorio y que los drones comerciales solo pueden volar en el día, a menos de 400 pies de altura (unos 120 metros), deben pesar mínimo 0,55 libras (249 g.), y no pueden pesar más de 55 libras (25 kilos); pero se establecen nuevas condiciones, como un límite de velocidad de 100 millas por hora (160 kilómetros por hora), que los drones pequeños pueden volar en áreas donde hay pocas personas sin necesidad de la aprobación de la FAA, pero deberán informar al control de tráfico aéreo si están planeando volar una misión sobre áreas con mucha población o con tráfico aéreo pesado[47].

---
[46] Ídem.
[47] «Estados Unidos actualiza su regulación de drones», http://www.enter.co/especiales/experiencia-dron/estados-unidos-actualiza-su-regulacion-de-drones/.

Contrario a las normas en Estados Unidos, la regulación colombiana para los drones exige a los operadores un sin fin de requisitos que hacen de esta herramienta un dolor de cabeza para quienes quieren usarlos, ya que se les da un tratamiento restrictivo que, entre otros, le exige a los operadores la licencia de piloto que acaban de eliminar en Estados Unidos, igualmente se piden registros, seguros, estudio meteorológicos, planes de vuelo, sistemas de seguridad operacional, entre otros. Así la Circular 002, del 3 de septiembre de 2015, de la Aeronáutica Civil, está generando confusión y una reglamentación ambigua respecto al uso de vehículos aéreos no tripulados[48].

En Venezuela, el Instituto Nacional de Aeronáutica Civil (INAC), mediante Resolución Nº 005 ordenó que durante 120 días de los meses de agosto y septiembre de 2016, se realizara un censo de los operadores de aeronaves dirigidas a distancia, denominadas *Remotely Piloted Aircraft* (RPA) o drones, para tener una base de datos a fin de certificarlas, en razón de que no son un juguete, contando con el respaldo de los ministerios respectivos de la Defensa y de Transporte Terrestre y Obras Públicas, teniendo como objetivo garantizar la seguridad a la población, buscando crear conciencia sobre el uso de las aeronaves, dado que estas no deben operarse en zonas pobladas, en aeropuertos o cerca de edificaciones porque pueden causar interferencia en vuelos. Así se debió llenar una planilla en la página de Internet de dicho órgano del Estado o dirigirse a su sede, para la evaluación de riesgo operacional, entregar el Registro de Información Fiscal y hacer unos pagos de derechos aeronáuticos, siendo que no se trató de permisos permanentes, sino que cada trabajo ameritaba un permiso provisional y donde una vez que el INAC otorgaba el permiso provisional se articulaba con el Ministerio de la Defensa para saber cuáles son los RPA o drones que estaban autorizados y cuáles no, realizando finalmente una evaluación médica y aeronáutica a los operadores para entregar la certificación electrónica y la licencia respectiva[49].

---

[48] Ídem.
[49] «INAC realizará un censo a los operadores de aeronaves dirigidas a distancia (drones)», http://www.noticias24.com/venezuela/noticia/322936/inac-realizara-un-censo-a-los-operadores-de-aeronaves-dirigidas-a-distancia-drones/; «INAC realiza registro de operadores de aeronaves dirigidas a distancia»,

Posteriormente, mediante Resolución SNA/GSNA/COM-PRE/002, del 24 de octubre de 2016, el INAC[50] prohibió el aterrizaje y despegue de la aviación general y privada sobre el territorio nacional desde 24 hasta el 31 de octubre de 2016, al considerarlas aeronaves clasificadas como de aviación general y privada de conformidad con lo dispuesto en los artículos 78 y 79 de la Ley de Aeronáutica Civil, así como todo sistema de aeronaves pilotadas a distancia (drones)[51].

El entonces ministro de Transporte y Obras Públicas, Ricardo Molina, indicó que esta normativa se implementó con la finalidad de saber «quién, cuándo y cómo utilizan los drones» para «procurar el sosiego de la población», mientras que el ministro de Relaciones Interiores, Justicia y Paz, explicó que «La Fuerza Armada Nacional (FAN) tiene que establecer el control y la regulación aérea de todos aquellos elementos que integren el sistema aeronáutico nacional. Asimismo, los organismos de seguridad del Estado deben regular y supervisar la utilización de este sistema de drones», siendo que durante la vigencia de esta medida temporal «Los cuerpos de seguridad podrán ejecutar las medidas necesarias para suspender los vuelos de estas naves»; además, anunció la adquisición de 30 nuevos drones «con la finalidad de ejercer una estricta video vigilancia en todo el territorio nacional, pero con especial atención en la Gran Caracas en virtud a la incidencia delictiva en el estado Miranda y Distrito Capital y ejercer el mayor control que facilite estas medidas pasivas a los órganos de seguridad»[52].

---

http://www.eluniversal.com/noticias/venezuela/inac-realiza-registro-operadores-aeronaves-dirigidas-distancia_524711; «Dueños de drones tendrán 120 días para registrarlos antes el INAC», http://www.ultimasnoticias.com.ve/noticias/politica/inac-insta-registrar-los-drones-censo-nacional/ y «Propietarios de drones deberán registrarse en el INAC en un plazo de 120 días», http://www.noticierodigital.com/2016/09/propietarios-de-drones-deberan-registrarse-en-el-inac-en-un-plazo-de-120-dias/.

[50] Fundado en el Decreto N° 1800, del 03-06-15, publicado en la *Gaceta Oficial de la República Bolivariana de Venezuela* N° 40674, del 03-06-15, y sobre la Ley de Aeronáutica Civil del 2009 (artículos 56 y 57).

[51] «Prohíben aterrizaje y despegue de aviación general y privada sobre Venezuela», http://www.lapatilla.com/site/2016/10/24/prohiben-aterrizaje-y-despegue-de-aviacion-general-y-privada-sobre-venezuela-documento/.

[52] «Propietarios de drones tendrán 120 días para registrarse ante el INAC», http://www.eluniversal.com/noticias/politica/propietarios-drones-tendran-120-dias-para-registrarse-ante-inac_459295.

Sin embargo, esta medida no fue tomada con sumisión y aceptación total, debido a que el entonces presidente de la Asamblea Nacional, Henry Ramos Allup, declaró que habrá drones en los cielos de Caracas para tomar imágenes panorámicas de la movilización del 1 de septiembre de 2016[53].

Más recientemente, en diciembre de 2017, el INAC certificó a la primera empresa operadora de Aeronaves Pilotadas a Distancia para prestar servicio de trabajo aéreo de observación, publicidad, investigación y fotografía por tres años, para tres modelos, luego de cumplir con lo establecido en las Regulaciones Aeronáuticas Venezolanas N° 130 (RAV 130)[54].

De esta manera, observamos cómo en el aspecto jurídico, ante la falta de una regulación internacional los países de manera individual han venido estableciendo cada uno su normativa según sus criterios, siendo que entre los múltiples aspectos que se deben tomar en cuenta en la utilización de los mismos está el determinar una regulación para sus diferentes usos, es decir, tanto civiles como militares, comerciales, entre otros, ante lo cual se deberá observar si al ser utilizados como armas, cómo se ha de responder ante los daños colaterales de civiles que estas operaciones armadas han provocando, que se debe seguir la normativa internacional respecto al uso del armamento, observar si se producen crímenes de guerra y quiénes han de ser responsables y enjuiciados, las compensaciones que se ha de dar a los sobrevivientes y Estados afectados, así como si se producen violaciones de lesa humanidad.

También, cuáles son los espacios aéreos en los que se pueden maniobrar estos aparatos y en cuáles no, como aeropuertos, centrales eléctricas, parques, zonas pobladas, ser manejados en un espacio aéreo controlado, etc.; si se requiere tener una matrícula, tramitar una licencia, un proceso de certificación,

---

[53] http://www.lapatilla.com/site/2016/08/30/ramos-allup-pondremos-a-volar-los-drones-y-nos-resbala-lo-que-diga-el-ministro/.
[54] *Gaceta Oficial de la República Bolivariana de Venezuela* N° 6099 extraordinario, del 23-05-13. «El INAC certificó a la primera empresa operadora de Aeronaves Pilotadas a Distancia en Venezuela», http://www.noticias24.com/venezuela/noticia/340325/inac-certifica-a-la-primera-empresa-operadora-de-aeronaves-pilotadas-a-distancia/.

hacer algún curso de pilotaje, si ha de tener o no el piloto todo el tiempo visible en el aparato, para evitar daños materiales a bienes y lesiones a personas, lo cual conllevaría también a la posibilidad de exigirles un seguro de responsabilidad civil por daños a terceros; así como también cómo quedarían las relaciones laborales cuando se utiliza en el aspecto comercial, en su manejo, responsabilidades, etc.

Del mismo modo si pueden utilizar cámaras y micrófonos y cómo han de ser empleadas las mismas, ya que con estas herramientas se puede afectar derechos como el de la intimidad, honor, reputación, a la imagen, derecho de autor de las imágenes y sonidos capturados por estos medios, la protección de datos, entre otros.

Igualmente, se debe tomar en consideración si se exigirán trámites administrativos, como los servicios y procedimientos de navegación aérea, el registro de los dueños y usuarios de estos aparatos, si se otorgará a cada dron un número de identificación que deberá estar incluida en una base de datos gestionada por la autoridad nacional respectiva, así como acceso a las fuerzas de seguridad y otras entidades públicas que lo requieran; si se le pedirá licencia, placa, matrícula, número de identificación, autorización o cualquier otro mecanismo de control registral.

En cuanto a la actividad comercial, si la práctica y uso de los drones de manera lucrativa va a generar ingresos por impuestos; si cada uno de los vuelos requiere autorización expresa individual; si van a tener según su uso un límite de velocidad; cómo se ha de realizar el transporte de personas, carga o correo, entre otros aspectos mencionados en los párrafos anteriores.

En general, además de tomar en consideración lo anteriormente dicho, se deben ver igualmente las leyes que se encuentren vinculadas a todas las actividades que se realicen con los drones, así como la normativa que se les ha de aplicar, como, por ejemplo, pudiera ser lo relativo a las baterías de litio que están consideradas como mercancía peligrosa y tóxicas.

En definitiva, cualquier normativa que se pretenda realizar sobre la regulación del uso de los drones deberá tomar en cuenta y consideración, por lo menos, todos los aspectos mencionados anteriormente, para tratar de tener una normativa más o menos completa que abarque y proteja a todas las partes involucradas, vele por los derechos de las personas, establezca las acciones, procedimientos y sanciones que se puedan interponer ante la transgresión de esta normativa, así como los aspectos contractuales o extracontractuales y modo de cumplimientos de las obligaciones que se puedan producir con el empleo de este tipo de tecnología.

Conclusiones

Hemos visto que los drones pueden tener múltiples usos que tocan diferentes aristas del Derecho tanto en lo civil, como en lo penal, comercial, laboral, administrativo, derechos humanos, militar, entre otros, aunque a nivel mundial todavía no existe claridad de cómo regular el uso de estos aparatos, y los países que han regulado el tema lo han efectuado de manera diferente, aunque puedan tener ciertos puntos en común.

Frente a lo anterior, la Organización de Aviación Civil Internacional (OACI), que da las pautas para la regulación de los RPA, se encuentra apenas trabajando las formas de regulación; por eso, varios países han venido promulgando regulaciones provisionales, mientras se expidan requisitos técnicos con mayor profundidad.

Todo lo anterior nos hace ver la importancia de que nuestro país establezca prontamente una regulación en relación con el uso de esta tecnología que sea permanente y no de carácter temporal, como se señaló, en donde se tome en consideración todos los aspectos antes indicados.

De esta manera, la regulación que se dicte sobre estos aparatos debe abarcar, por lo menos, todos los aspectos, áreas y ámbitos mencionados en este trabajo, a los fines de tratar de dejar sin regulación lo menos posible, siendo que lo que no quede establecido en dicha normativa se deberá regir y complementar con el resto de lo establecido en el ordenamiento jurídico.

* * *

Resumen: El presente trabajo pretende de manera general dar una visión amplia y breve sobre los diferentes aspectos en los cuales se emplean los drones y algunas regulaciones de carácter legal que se han dictado en el mundo y en Venezuela al respecto, así como las consideraciones que se poseen en cuanto a cómo debería el ordenamiento jurídico sistematizarlo. **Palabras clave**: Dron, aeronaves pilotadas a distancia, regulación. Recibido: 08-01-18. Aprobado: 03-02-18.

Las concepciones de los derechos subjetivos en la Escolástica

Julio GAMBA [*]

Sumario

Introducción 1. Las concepciones objetivas de los derechos subjetivos *1.1. El derecho subjetivo como officium 1.2. Derechos subjetivos cosificados 1.3. El derecho subjetivo como licitud 1.4. El derecho subjetivo como lo debido* **2. Las concepciones subjetivas de los derechos** *2.1. La diferenciación de los derechos subjetivos subjetivistas* 2.1.1. La facultad constitutiva o cualidad 2.1.2. Las facultades configurativa e institucional *2.2. Los derechos subjetivos como permisos dependientes* **3. El derecho subjetivo como relación determinada e indeterminada** *3.1. El derecho subjetivo como deuda y exigibilidad 3.2. Los derechos subjetivos desprotegidos.* **Conclusión**

Introducción

Este trabajo registra algunas acepciones medievales y modernas de los derechos subjetivos, anteriores a la codificación, en las que la primera y segunda Escolástica jugaron un papel relevante. Es posible distinguir en el pensamiento jurídico precodificador, entre una noción «objetiva» o estatutaria de los derechos subjetivos; y un enfoque que asienta los derechos en la voluntad o intereses del titular. En ambos casos, el derecho subjetivo implica una relación, entendida como deuda y exigibilidad.

---

[*] **Universidad Central de Venezuela**, Abogado *Summa Cum Laude*; Profesor de Introducción al Derecho. **Universidad Católica Andrés Bello**, Profesor de Teoría del Derecho. **Universidad de Buenos Aires**, Especialista en Elaboración de Normas Jurídicas; Magíster en Filosofía del Derecho.

Antes que ser una exposición estricta y exacta de diversos autores y momentos, el interés por perfilar nociones nítidas hizo que elementos que se encontraban mezclados en las fuentes, fuesen separados, extremando las diferencias. En otras ocasiones se procedió en forma contraria, acercando enfoques distantes a una noción común.

Como advierte Carpintero, «las nociones de libertad, facultad, potestad y dominio» coexisten en forma entremezclada en las doctrinas de los teólogos medievales y modernos[1]. También, aunque en menor proporción, esta yuxtaposición se presentó en los civilistas y, remontándose a través de ellos, en el Derecho romano justinianeo[2].

1. Las concepciones objetivas de los derechos subjetivos

El derecho subjetivo puede ser entendido como un conjunto de ventajas y desventajas que se derivan del ordenamiento jurídico, que no son otorgadas en atención exclusiva de los intereses de su titular, o no se encuentran bajo el dominio total de su voluntad. Estas dos notas permiten diferenciar este sentido. Ejemplos actuales los encontramos en el contenido de instituciones como la «patria potestad»; en los llamados derechos «estatutarios» de los funcionarios públicos y en los numerosos derechos que no pueden ser alterados por las partes.

---

[1] Carpintero, Francisco: «El desarrollo de la libertad personal en la Escolástica». En: *El derecho subjetivo en su historia*. Universidad de Cádiz. Cádiz, 2003, p. 181.

[2] Un término particularmente ambiguo, fue el *fas*, que se puede entender cercano a licitud, facultad, potestad o libertad, según la interpretación que se asuma. Otro ejemplo lo representa Bellapertica, quien en el siglo XIII, identifica cinco sentidos de potestad: Imperio, dominio, derecho originario, libre disposición y facultad lícita. Aproximadamente 20 años antes, otro glosador bajo medieval, Luca da Penna, al comentar los tres últimos libros del *Codex* justinianeo, enumeró 27 acepciones del término «derecho», algunas de las cuales se vinculan con lo que actualmente se entiende por diferentes nociones del derecho subjetivo. *Vid.* Rodríguez Puerto, Manuel: *«Jus commune* y derechos subjetivos en el siglo XVI». En: *El derecho subjetivo en su historia*. Universidad de Cádiz. Cádiz, 2003, pp. 297-299.

1.1. El derecho subjetivo como *officium*

FOLGADO comenta, refiriéndose al libro I de las *Instituciones* de GAYO, y también al libro I de las *Instituciones* de JUSTINIANO, que el término *ius* es sustituido varias veces por la palabra «potestad». Sin embargo, advierte que la patria potestad y la *dominica potestad* no implican solo beneficios, sino que son «justos que comportan situaciones, ventajas, poderes, obligaciones, cargas; por parte del titular y por parte del sometido»[3]. A cada uno su derecho, quiere decir «a cada persona o cosa su estatuto, su condición jurídica, su lugar en el sistema, su papel en la escena de la vida jurídica»[4].

Los civilistas medievales y modernos mantuvieron hasta bien entrado el siglo XVI esta concepción estatutaria, que, según CARPINTERO, «veía en cada situación, oficio o profesión un *officium* del que se desprendían consecuencias tan objetivas que no quedaba *ad libitum* de cada parte exigirlas realmente o no, que es lo típico del derecho subjetivo»[5].

HERNÁNDEZ, oponiéndose a la extensión a todos los derechos subjetivos actuales de los atributos de goce y disposición, da cuenta de la presencia de este enfoque clásico, dentro del Derecho Familiar actual, al considerar que no resulta lo más adecuado utilizar la palabra «gozar» del derecho, para designar el «hecho de tener el derecho, de ser titular». Así, tener un derecho subjetivo «puede no significar algo efectivamente grato, a lo que induciría la palabra 'gozar'. No cuadra, en efecto, decir del padre de familia que a las tres de la mañana debe interrumpir su sueño para atender a un hijo enfermo»[6].

GATTI, desarrollando su propia clasificación de los derechos subjetivos en la que distingue entre poderes y facultades, también destaca que el derecho subjetivo familiar es un poder sobre determinadas personas del que la ley inviste

---

[3] FOLGADO, Avelino: *Evolución histórica del concepto de derecho subjetivo*. Pax Juris. San Lorenzo de El Escorial, 1960, p. 87.
[4] Ibíd., p. 90.
[5] CARPINTERO: ob. cit., p. 42.
[6] HERNÁNDEZ, Héctor: *Derecho subjetivo, derechos humanos*. Abeledo Perrot. Buenos Aires, 2000, p. 44.

a su titular, pero en beneficio de la persona sometida al poder. Piensa que el interés protegido es superior y supraindividual, y lo denomina «interés familiar»[7].

CARPINTERO entiende que la concepción estatutaria del derecho subjetivo se encuentra presente en el *officium* actual de ser padre, que implica simultáneamente facultades y deberes respecto al hijo, derivadas de una posición[8].

La existencia de estos derechos denominados «funcionales» o «altruistas», es una de las críticas que se les dirigen a las concepciones voluntaristas basadas en el interés o el parecer del titular, entendidas como fundamento de todos los derechos subjetivos.

1.2. Derechos subjetivos cosificados

La existencia de rasgos objetivos también se muestra en la diferencia actual entre los derechos personales, dominados por el principio de autonomía de la voluntad, y los derechos reales que, aunque disponibles, resultan inmodificables en su contenido por las partes[9].

Este orden público inmodificable de los derechos reales hunde sus raíces hasta la Baja Edad Media y el Derecho clásico. Es una herencia de cuando los derechos reales pertenecían a las cosas, no a sus dueños, por lo que no podían ser alterados por los sujetos. MEGÍAS, comentando el *Digesto*, explica:

> … cuando leemos *ius altius tollendi*, no se quería significar «la facultad de elevar el edificio», sino la posición justa de edificio elevado; *ius tigni immittendi* no significaba la facultad de apoyar una viga en el edificio vecino, sino la posición justa de edificio que apoya su viga en el edificio vecino[10].

---

[7] GATTI, Edmundo: *Derechos subjetivos y relaciones jurídicas*. Abeledo Perrot. Buenos Aires, 2005, p. 163.
[8] CARPINTERO: ob. cit., p. 87.
[9] GATTI: ob. cit., p. 82.
[10] MEGÍAS, José: «El subjetivismo jurídico y el derecho subjetivo en los textos romanos»: En: *El derecho subjetivo en su historia*. Universidad de Cádiz. Cádiz, 2003, p. 29.

Francois LE DOUAREN, humanista jurídico francés del siglo XVI, siguiendo a PAPINIANO, destaca que la servidumbre se debe a la finca y no a la persona. Sería un derecho, un *ius*, que no es una facultad de un propietario, sino una situación jurídica que afecta a dos fincas colindantes[11]. Esta acepción objetiva no es controvertida en la actualidad.

KANT, en su *Principios metafísicos de la teoría del Derecho*, publicado en 1797, representa el rechazo de la edad contemporánea al punto de vista objetivo. Afirmó que si a todo derecho correspondiese un deber, y si dicho deber se ejerciera sobre la cosa, la cosa no podría traspasarse. Por eso, KANT piensa que el Derecho y las relaciones jurídicas se presentan solo entre las personas[12].

A KANT, propulsor de la llamada teoría unitaria personalista de los derechos subjetivos, se opuso SAVIGNY, precisamente, porque consideró que la lectura kantiana producía confusión, oscureciendo afinidades y diferencias entre los conceptos jurídicos, dándoles un sentido distinto al que tenían en Roma[13].

PUFENDORF, antes de KANT, postuló que la propiedad y la comunidad de bienes, las dos formas de dominio, no afectan a las cosas. Solo producen un efecto moral sobre el resto de los seres humanos, por lo que las instituciones jurídicas no pertenecen a la naturaleza, sino que proceden de una imposición humana[14]. RODRÍGUEZ PUERTO piensa que con tal planteamiento comenzó a separarse el Derecho de la realidad física, quedando la voluntad como el único fundamento para construir lo jurídico. El autor comenta las consecuencias de las diferencias entre el viejo enfoque objetivo y la nueva perspectiva subjetivista, que, a su criterio, se inician con PUFENDORF:

---

[11] RODRÍGUEZ PUERTO: ob. cit., pp. 308 y 309. Sin embargo, también consideraban a las servidumbres como facultades o poderes en manos de un sujeto, por lo que algo de la visión más moderna ya se contenía en su lectura clásica.
[12] GATTI: ob. cit., pp. 87 y 88.
[13] Ibíd., p. 90.
[14] RODRÍGUEZ PUERTO, Manuel: «Propiedad e individuo en la modernidad». En: *El derecho subjetivo en su historia*. Universidad de Cádiz. Cádiz, 2003, p. 366.

> … si el ente moral queda solo frente a un mundo dominado por la necesidad que no puede ofrecer criterios éticos –pues esto supondría introducir la necesidad en la moral– la voluntad del sujeto se convierte en el elemento decisivo para la elaboración de principios normativos (…) hombres como ARISTÓTELES, Tomás DE AQUINO o los juristas del *ius commune*, consideraban que la realidad exterior al sujeto sí tenía un papel básico en el desarrollo del orden jurídico. Esa realidad no estaba reducida a la naturaleza física pasiva de los modernos, sino que se componía también de las necesidades, utilidades, circunstancias sociales en las que se desenvolvía la vida, y que componían un factor muy importante en el establecimiento del estatuto jurídico de una persona[15].

Si bien el uso actual del término «derechos subjetivos» difiere del enfoque clásico, medieval y moderno, que consideraba a las cosas titulares de derechos, hay campos como los de la regulación de la fauna silvestre y en cautiverio en los que los objetos animados parecen sujetos de derecho, y en los que existe cierta pretensión de fundamentar derechos subjetivos en la naturaleza de las cosas. Esto representa una extensión del criterio clásico que mantiene cierta vigencia en su ámbito tradicional, como sucede con la servidumbre entre fundos.

1.3. El derecho subjetivo como licitud

Dentro de la concepción objetiva, se puede cambiar el énfasis del estatus del actor al de la acción, también determinada por el ordenamiento jurídico. El derecho como *officium* se completa, en la Edad Media y Moderna, con el derecho subjetivo como *licere*. Pasivamente, es lo permitido, un proceder conforme a las leyes. Activamente, es estar facultado para un hacer. Solo quien actúa dentro de su derecho está en lo lícito y, por eso, se encuentra protegido por la ley[16].

A la noción de derecho subjetivo como lo lícito se llegó, en la Edad Media, por la llamada «controversia sobre la pobreza de Cristo». Siguiendo las exigencias de la orden mendicante, los franciscanos pretendieron renunciar

---

[15] Ibíd., p. 367.
[16] FOLGADO: ob. cit., pp. 213 y 214.

a todo derecho sobre los bienes terrenales, alegando que Cristo y los apóstoles hicieron otro tanto.

Juan XXII no se mostró conforme. Discurriendo como jurista, afirmó «es imposible el simple uso de hecho sin algún derecho. Si el simple uso de hecho fuera posible sin algún derecho, el acto de usar sería no justo, pues respecto de él no hay derecho»[17]. La tesis franciscana provocaría, en consecuencia, que la conducta de Cristo y los apóstoles, que usaban las cosas que les resultaban necesarias para su subsistencia, sin valerse de un derecho consagrado positivamente, fuese ilícita. Miguel DE CESENA, en *Appel, in majori forma*, contestó:

> ... no es necesario que en la base de todo acto lícito haya una ley que lo autorice, basta la licencia; consiguientemente, si el acto de uso desprovisto de todo derecho y toda licencia es ilícito, no lo es cuando, sin que haya derecho, hay licencia[18].

A Juan XXII el criterio no lo convence. La licencia explica, en todo caso, por qué el acto no es injusto. Falta explicar por qué es justo. En *Quia vir reprobus*, el Papa expresó:

> ... quien realiza un acto de uso con licencia, pero sin derecho, o usa injustamente, o usa justamente, o usa ni justa ni injustamente. Si se contesta que se usa injustamente, se está de acuerdo con las Constituciones *Ad conditorem* y *Quia quorundam* según las cuales, quien usa sin derecho, usa injustamente. Si se dice que justamente, se sigue que con derecho, puesto que, lo que se hace justamente, se hace con derecho. Si, ni justa ni injustamente, se afirma un imposible, pues no hay actos humanos indiferentes: ni buenos ni malos, ni justos ni injustos[19].

Se formula así, una regla de clausura inversa a la que existe en el pensamiento jurídico actual: Toda acción que implique el uso de las cosas, debe

---

[17] Ibíd., pp. 130 y 131.
[18] Ibíd., p. 131.
[19] Ídem.

tener una habilitación expresa para ser lícita, no bastando con que no esté expresamente prohibida.

Una vía alterna para satisfacer la exigencia de plenitud, fue concebir distintos ordenamientos normativos jerárquicamente vinculados. OCCAM, mediante su *Opus nonaginta dierum*, intervino en la controversia sobre la pobreza de Cristo elaborando una compleja teoría que distingue entre Derecho positivo *–ius fori–* y Derecho natural *–ius poli–*. A su vez, el Derecho natural contiene tres modos. *Primo modo*, es el dictamen de la recta Razón divina comunicado a la razón humana de forma infalible, absoluta, imperativa e inmutable. *Secundo modo*, es el dictamen de la recta Razón divina para el estado de naturaleza, aquel en el que vivirían los hombres si se decidieran vivir según la simple razón natural, prescindiendo de toda ordenación humana. *Tertio modo*, es dictamen de la recta Razón divina *ex suppositione*.

Los derechos naturales *primo modo* son irrenunciables, absolutos, universales e imperativos en el sentido de ser para el titular, tanto derechos como deberes, como en el caso del derecho a la vida. Los emanados del Derecho natural *secundo* y *tertio modo* son dispositivos y pueden renunciarse libremente: la comunidad de bienes y la igual libertad de todos *–secundo modo–*; el derecho de la comunidad a elegir sus jefes y del pueblo a darse sus leyes *–tertio modo–*.

La renuncia a los derechos humanos naturales de segundo y tercer modo no significa su extinción, sino solo su aletargamiento, por lo que en ciertas circunstancias, reviven. Por ejemplo, la comunidad de bienes originaria resurge con el estado de necesidad o penuria. Y el derecho del pueblo de darse a sí mismo las leyes también resurge, si el emperador, monarca o autoridad en quien lo delegó, no cumple[20]. De esta forma, se satisfacen las exigencias de una licitud expresa, para que cada conducta posible cuente con una habilitación normativa.

---

[20] Ibíd., p. 143.

1.4. El derecho subjetivo como lo debido

De las tres acepciones principales de derecho subjetivo: Norma jurídica, poder jurídico y conducta, Tomás DE AQUINO entiende a la tercera como la principal[21]. El primer sentido del derecho subjetivo es la conducta jurídica debida, incluso desde el punto de vista del titular del derecho. Si el derecho es un poder, lo es solo para una conducta conforme a la norma y los valores jurídicos a los que la norma debe servir. Toda conducta relevante se encuentra constitutivamente determinada por las normas que, a su vez, se orientan al bien común. Para esta perspectiva objetiva, el derecho subjetivo no es una libertad, pues la libertad puede ser antijurídica. Tampoco representa la expresión de una voluntad o interés individual, sino que es de carácter objetivo: racional y constitutivamente social.

Para Tomás DE AQUINO no es determinante la consideración de una naturaleza humana como causa eficiente, de la que se extraerían normas que permiten enjuiciar acciones. Lo decisivo es la causa final. «La naturaleza humana no expresa tanto la fuente, como la forma de proceder, y el proceder específicamente humano es mediante fines, necesariamente múltiples»[22].

El derecho subjetivo es un debido actuar hacia el fin, por contraposición a la idea voluntarista del derecho subjetivo ajena a la determinación. En Tomás *de Aquino* se privilegia incluso a la cosa justa, que es algo de la razón, que priva sobre el sujeto titular del derecho y su poder. Se trataría de un derecho y no de una obligación, en tanto persigue en los actos y relaciones concretas, el bien o la perfección del titular. Las acciones permitidas resultan indiferentes para el bien o el perjuicio del sujeto. Considerar como permitidas acciones más bien irrelevantes, muestra la tendencia a la completitud prescriptiva del orden jurídico objetivo clásico.

El rechazo de la primacía del derecho por sobre el deber obedece, en la actualidad, a la intención de oponerse a lo que se entiende como una visión egoísta,

---

[21] HERNÁNDEZ: ob. cit., pp. 26-36.
[22] CARPINTERO: ob. cit., p. 170.

individualista y deformadora de los derechos subjetivos, que termina volviéndolos de imposible ejecución. Esta es la posición de Villey. Según Laclau, la función de un enunciado jurídico no es prescribir una conducta, sino indicar una realidad[23]. Aunque se trata, en todo caso, de una realidad práctica, no físico natural, orientada a realizar la finalidad de las acciones.

2. Las concepciones subjetivas de los derechos

En el Derecho clásico, la noción de permisión o facultad se vinculaba con las consecuencias favorables de una institución jurídica. No se entendía, al menos predominantemente, como manifestación de la voluntad del sujeto, aunque tal voluntad participaba en la actualización de las ventajas que el derecho establecía para su titular.

El Derecho romano no negó la acción libre, pero la consideró doméstica, en buena medida ajena al ordenamiento jurídico. El Derecho se ocupó principalmente del tráfico entre *pater familias*, considerados como la conjunción en un mismo sujeto, de tres estatutos diferentes –ciudadano, familiar y personal–, que se pueden considerar como paquetes de funciones que el Derecho asignaba al individuo. Dentro de los márgenes de cada función, había una progresiva libertad de acción, si se entienden en el orden expuesto.

En la Escolástica medieval, y sobre todo moderna, gradualmente, surgió la idea de un Derecho natural que reconoció la existencia de un sujeto previo e indeterminado por el ordenamiento normativo, y dentro de las conductas efectivamente reguladas, enfatizó las «posibilidades de hacer, sin ordenar ni prohibir nada»[24].

2.1. La diferenciación de los derechos subjetivos subjetivistas
Los autores medievales y modernos hicieron un uso ambiguo de los términos antiguos, especialmente del *fas*. Para algunos tenía un significado prescriptivo,

---

[23] Laclau, Martin: «Reflexiones acerca del carácter prescriptivo del Derecho y su lenguaje». En: *Conducta, norma y valor*. Abeledo Perrot. Buenos Aires, 1999, p. 191.
[24] Carpintero: ob. cit., p. 88.

desvinculado a la licitud objetiva, en tanto se encuentra asentado en la voluntad del sujeto que no requiere de una habilitación normativa. Para otros, se relacionaba con actuaciones derivadas de un enunciado de competencia. Las competencias, a su vez, a veces se vinculaban con la constitución libre del sujeto, previa al Derecho; y otras, con la capacidad de actuar válidamente dentro del Derecho, lo que a su vez se puede entender de dos maneras. La interpretación que aquí se propone, orientada a lograr la coherencia entre estas distinciones, a veces confusas y nunca unánimes, diferencia entre un derecho subjetivo constitutivo, entendido como libertad; un derecho subjetivo configurativo, entendido como potestad o capacidad; un derecho subjetivo institucional, entendido como facultad; y un derecho subjetivo prescriptivo, entendido como permisión dependiente, que deroga parcial o totalmente una prohibición anterior.

2.1.1. La facultad constitutiva o cualidad

Para los romanos, la diferencia entre *ius* y *fas* consistía en que el *fas* se refería a toda acción lícita que, a diferencia del *ius*, no requería declaración pública.

Para autores modernos como DE GERSON, CONRADO, VITORIA, SALÓN y ARAGÓN, *fas* es lo lícito y, por lo tanto, un sinónimo de *licere* en el aspecto activo. Alejandro DE ALÉS, en la Baja Edad Media, citó a las «etimologías» como autoridad que justifica esta lectura[25]. Estos autores mantienen la exigencia de una norma habilitante para que la conducta no sea ilícita.

DE SOTO, otro escolástico de la modernidad, entendía que facultad es la facilidad o comodidad para hacer, en tanto no se ve entorpecida por un obstáculo. Un sinónimo de *potestas* o principio específico e inmediato de la acción, que no es una fuerza psicológica, ni física, sino propiamente moral, aunque legítima y jurídica en tanto reconocida –aunque no constituida– por el ordenamiento[26].

La traducción de *fas* como licitud objetiva, o como potencia que brinda a la voluntad una facilidad de hacer, depende de cómo se interprete a los comentadores

---
[25] Ibíd., p. 59.
[26] FOLGADO: ob. cit., p. 216.

de Isidoro DE SEVILLA. En cita del canonista GRACIANO, *fas* es la «posibilidad –amparada por la ley divina– de actuar libremente sin daño para otros»[27]. Si bien se menciona la habilitación de la ley –divina–, esta puede entenderse como una autorización dada por una autoridad normativa –*supra* terrenal–, como una norma que otorga capacidad de actuar por la constitución libre del sujeto, otorgada por Dios, en el momento de su creación. No sería una prescripción, sino una capacidad o competencia, entendida como libertad. Esta libertad constitutiva es incomunicable e inmensurable, y solo se determina externamente en forma negativa, cuando afecta otra libertad.

Esta transición desde la licitud que exige una habilitación positiva, previamente otorgada por el ordenamiento normativo, a la facilidad de actuar que solo se limita por los daños que afecten a otra libertad o un derecho, no fue unánime y pacífica. Los pensadores humanistas, más fieles al espíritu clásico, continuaron entendiendo la licitud como una habilitación normativa. Para un civilista del siglo XVI, toda acción que pudiese ser intersubjetivamente relevante debía estar regulada, para mantener el control social, por lo que: «la ausencia de regulación no supone la existencia de una especie de licitud jurídica a todo lo no prohibido expresamente»[28].

Para algunos autores de la segunda Escolástica, en cambio, *potestas* es una de las divisiones del concepto más general de potencia que, a su vez, constituye una de las divisiones de la categoría de la cualidad, predicamento supremo que determina a la sustancia en su ser y obrar. Hay tres tipos de cualidad, conformados por parejas de contrarios: forma y figura, potencia e impotencia, hábito y disposición. La potencia se manifiesta en la fuerza, la capacidad, la virtualidad y la energía, y se diferencia de la posibilidad o aptitud de un ser para existir, que puede ser lógica –la no contradicción de las notas constitutivas del ser–, o causal –que es la existencia de una causa que sea razón suficiente de la producción del ser–. Hay potencia activa u operativa en la capacidad para realizar un acto; y potencia pasiva o receptiva, en la capacidad para recibir un acto. A los

---

[27] CARPINTERO: ob. cit., p. 45.
[28] RODRÍGUEZ PUERTO: ob. cit. («*Ius commune*…»), p. 311.

poderes concretos de las potencias activas, que son físicos, psicológicos o morales, la Escolástica los llama «potestades». Así, el derecho subjetivo en general, es visto como una potestad moral de la persona[29].

La potestad del derecho subjetivo es así una manifestación de la potencia, y la potencia es una cualidad de la sustancia. CARPINTERO distingue entre una facultad jurídica asociada con las formas del ordenamiento jurídico y una cualidad pre-jurídica. «La palabra facultad designaba la posibilidad de hacer de acuerdo con la ley que ya existe, mientras que la de cualidad –*qualitas*– designaba una realidad humana que existe por sí, al margen de cualquier ley prexistente»[30].

Juan DE GERSON, en su *Tractatus de potestate ecclesiastica*, también entendió a la potestad como cualidad, una justicia primera, pre-jurídica, una libertad que resulta de una liberalísima concesión divina. «De este modo, la antigua ley natural (relacionada con la licitud normativa determinada por la autoridad) quedaba sustituida por un conjunto de libertades individuales»[31]. CONRADO, seguidor de DE GERSON, incorpora la libertad pre-jurídica al mundo jurídico al considerar que «la libertad es una especie del Derecho, ya que el Derecho siempre tiene lo libre en su definición, de forma que cada cual hace lo que quiere, por lo que la persona libre siempre tiene derecho sobre su persona»[32].

Gabriel BIEL, basándose en la definición de libre arbitrio de San ANSELMO, explicó que eran iguales lo libre y lo necesario, porque lo libre lo producimos por la libertad, pero no en forma contingente, sino voluntaria. BIEL entendía a la voluntad como un poder que, al querer algo, se mueve y se domina a sí mismo. Afirmaba que «la libertad de arbitrio es la voluntad racional»[33]. Lo racional, por su parte, expresa una especie de norma. Según BIEL, «decimos que tal persona es libre aunque inmutablemente se ordena a esto»[34]. La libertad

---

[29] FOLGADO: ob. cit., p. 215.
[30] CARPINTERO: ob. cit., p. 88.
[31] Ibíd., p. 180.
[32] Ibíd., pp. 184 y 185.
[33] Ibíd., p. 185.
[34] Ídem.

sería normativa por sí misma, en tanto que al ejercerla racionalmente, manifiesta una regularidad de conducta.

Francisco SUÁREZ no consideró a la libertad como indeterminación ajena a las normas, o un ejercicio de la voluntad subordinado a la razón, del que proviene su regularidad normativa. En su *Tractatus de legibus ac Deo legislatore*, menciona que «la Ley natural permite con propiedad, pues no es meramente negativa (…) sino que indica positivamente, y dispone, que tales cosas sean indiferentes»[35]. La libertad es un espacio de indiferencia normativa, entendida más bien como permisión, que consagra el Derecho natural, conforme la visión de santo Tomás. Pero esa acepción del derecho subjetivo era una potestad subjetiva anterior a cualquier ley positiva o humana[36].

2.1.2. Las facultades configurativa e institucional

El *fas* puede entenderse como una regla moral relativa a los actos libres y conscientes –cualidad o facultad constitutiva–, o como una condición de las personas y las acciones que se ajustan a la regla moral, entendida como sinónimo de jurídica –potestad o facultad configurativa–. Según CARPINTERO, se rompe con la fundamentación natural u objetiva del ordenamiento normativo[37], para asentarla en la voluntad del titular de un derecho, basada en su condición moral e individual. Mientras la cualidad o facultad constitutiva actúa fuera de lo jurídico, aunque sin llegar a contradecirlo, la facultad configurativa opera dentro del ordenamiento normativo positivo.

El derecho subjetivo como facultad configurativa es una facultad ajustada a la ley, y derivada de ella. El papel de esta voluntad consiste en intervenir en la actualización del derecho subjetivo. «La voluntad, pues, del titular, ni es el derecho, ni lo causa; el derecho es donación de la ley (…) Sin embargo, la intervención de la voluntad puede ser condición o título para que la ley lo otorgue»[38].

---

[35] Ibíd., p. 224, cita tomada del libro I, capítulo 16, parágrafo 8.
[36] Ibíd., p. 225.
[37] Ibíd., p. 237.
[38] FOLGADO: ob. cit., p. 219.

Esta facultad tiene dos grados de determinación. En un primer momento, se puede considerar como la capacidad de obrar, para obtener los resultados deseados, previamente establecidos por el ordenamiento jurídico. Johannes ALTHUSIUS, autor del siglo XVI, distingue en su *Dicaleologica* los requisitos de un acto relevante para el Derecho, que son la voluntad, la facultad y, además, «la necesidad de que ese acto voluntario y autorizado se haga con las formalidades precisas»[39]. Una vez asumida la forma establecida por el Derecho, la voluntad o potencia se vuelve institucional.

CONRADO DE SUMMERHART, autor de finales del siglo XVI, discípulo de Juan DE GERSON, en su obra *De contractibus licitis adque ilicitis tractatus*, separó el Derecho como ley, del derecho como potestad. Dicha potestad, por su parte, se presenta materialmente, en forma absoluta, como capacidad de producir actos; y, formalmente, en forma relativa, mediante lo que es propiamente el dominio[40].

Para el civilista KAHL, así como para VUTELIUS, el *ius* como potestad o facultad, aquí llamada «configurativa», se refiere a las personas, los *sui iuris*. Quienes carecen de dicha facultad son denominados *alieni iuris*. La facultad, aquí llamada «institucional», se relaciona con derechos subjetivos sobre las cosas, el usufructo o con la acción procesal[41]. Dentro del ámbito de ejercicio de la facultad institucional están también los *alieni iuris*.

Pierre DE LA GRÉGORIE, conocido como Petrus GREGORIOS THOLOSANUS, también distinguió entre la facultad por la que podemos jurídicamente hacer algo con alguna cosa, y la potestad que versa sobre el dominio del amo sobre los esclavos[42].

Las facultades institucionales pueden tener un carácter restringido y objetivo, o pueden tener un carácter amplio y subjetivo.

---

[39] RODRÍGUEZ PUERTO: ob. cit. («*Ius commune...*»), p. 339.
[40] CARPINTERO: ob. cit., pp. 85 y 86.
[41] Ibíd., pp. 313 y 314.
[42] Ibíd., p. 331.

Para DE SOTO y MOLINA, uno de Salamanca y el otro de Coimbra, ambos escolásticos españoles de la modernidad, el dominio, en sentido amplio, es un orden o relación de personas o cosas poseídas, sean bienes, sean partes de la propia persona, sean cosas comunes o privadas, sean vínculos entre personas superiores e inferiores. No se identifica con la propiedad y ni siquiera con libre disposición o arbitrio. Los poderes incluidos dentro del dominio en sentido amplio abarcan las relaciones entre el padre y el hijo, y entre los gobernantes y los súbditos, que son derechos y, sin embargo, no implican los poderes de disposición. El derecho, pues, no puede definirse como poder de libre disposición. «Libre disposición o arbitrio significan, no solo libertad, poder de hacer, sino y sobre todo elección: poder de hacer o no hacer (…) Mas hay derechos que son al mismo tiempo deberes y, por lo tanto, reglados, dirigidos, sometidos a la ley en su ejercicio»[43]. Así, el gobernante y el padre están obligados a cuidar de sus súbditos e hijos, y a procurar su bien. Es, conforme a lo ya visto, el uso estatutario del derecho subjetivo, que no se puede entender como manifestación de la constitución libre del sujeto, o arraigar su ejercicio en la autonomía de su voluntad.

Al lado de los derechos que implican obligaciones, hay derechos que son absolutos para su titular, el dominio en sentido restringido. Domingo DE SOTO, el último de los salmanticenses, en su tratado *Sobre el derecho y la justicia*, enfatiza que este dominio en sentido restringido, noción equivalente a la de pertenencia, implica necesariamente un uso exclusivo sobre la cosa poseída. El dominio en su sentido restringido designa al actual derecho de propiedad, solo que el término *propietas* tenía, para el momento, un significado procesal, consistente en la acción de reclamar lo que es propio. En este sentido restringido de dominio, considera CARPINTERO, que «resulta patente el abandono de la noción romanista y tomista de *officium* y su sustitución por una consideración francamente subjetivista del derecho»[44].

Fernando VÁSQUEZ DE MENCHACA, español del siglo XVI, en sus *Controversias ilustres*, va más allá al considerar al *dominium* sobre las cosas como un

---

[43] FOLGADO: ob. cit., p. 226.
[44] CARPINTERO: ob. cit., pp. 208 y 209.

coto en el que su titular puede hacer lo que quiere. El gobernante no puede despojar de la propiedad al súbdito, incluso, aunque haga un mal uso de ella[45]. Es una concepción parecida a la que expone Juan DE PARÍS, quien en el siglo XIV, anticipadamente a LOCKE, postula que cada hombre es dueño de sus bienes por ser producto de su esfuerzo. El príncipe no tiene propiedad o soberanía sobre los bienes de los particulares, sino solo jurisdicción, entendida como la capacidad de discernir qué es lo justo o injusto. El legislador solo interviene para superar los conflictos entre propietarios y, excepcionalmente, para resolver las situaciones de necesidad[46].

Este enfoque liberal era minoritario, aún bien entrada la modernidad. Juristas de intención sistematizadora que vivieron en el siglo de VÁSQUEZ DE MENCHACA, como ALTHUSIUS y DONEAU, consideraron que el *dominum* del sujeto se encontraba siempre limitado por el dominio eminente del gobernante, que atiende al bien común. También PUFENDORF, de talante más liberal que VÁSQUEZ en otros aspectos, entiende que el mal uso de las cosas va en detrimento de la sociedad y es una ofensa a Dios, por lo que siempre se debe impedir el empleo abusivo de la propiedad[47].

La coexistencia de una noción general –en forma objetiva– y otra estricta –en forma subjetiva– de dominio, no fue aceptada por los glosadores y humanistas, más fieles al espíritu clásico. Para ellos, el *dominum* en sentido estricto no llegó a ser un *ius*, sino que permaneció vinculado a las cosas y parcialmente ajeno al arbitrio del titular. Aún entrado el siglo XVI, los civilistas continuaban reflejando la concepción romana objetiva, que consideraba que el derecho pertenecía al estatus del fundo, por lo que «el propietario del fundo no tiene un *ius*, sino que tiene la *res* misma, el fundo con su posición jurídica»[48]. Esto no impedía que el dominio, sin ser *ius*, constituyese parte de la

---

[45] RODRÍGUEZ PUERTO: ob. cit. («*Ius commune*...»), pp. 341 y 342.
[46] TURSI, Antonio: «Propiedad privada en Juan de París». En: *Teorías filosóficas de la propiedad*. UBA. Buenos Aires, 1997, pp. 35 y 36.
[47] RODRÍGUEZ PUERTO: ob. cit. («Propiedad e individuo...»), pp. 362, 365 y 366.
[48] MEGÍAS: ob. cit., p. 29.

relación de *ius domini*. Solo que lo hacía a través de la mediación de figuras establecidas por el ordenamiento jurídico.

2.2. *Los derechos subjetivos como permisos dependientes*
La noción de derecho subjetivo como permisión adquirirá importancia fundamental en el siglo XX, al punto que Kalinowsky la usa como prueba de la existencia de los derechos subjetivos. Algunas manifestaciones de permisiones dependientes, son nociones que se vinculan con otros usos actuales de los derechos subjetivos: la autorización y la licencia.

Para el mundo jurídico de la segunda Escolástica española, al lado de las licitudes y potestades, que son derechos porque son producidos y protegidos por las leyes, hay otras situaciones que no son derechos, porque la fuente de donde derivan no alcanza el valor de ley o su equivalente: son el privilegio, la gracia y la licencia[49], que son otorgados voluntariamente por la autoridad normativa, sin que tengan carácter general, u obedezcan a la naturaleza objetiva de las conductas reguladas.

La diferencia más palpable entre la licitud objetiva y estas otras habilitaciones subjetivas, que se asemejan en tanto ambas posibilitan conductas, es que las segundas tienen un carácter blando, endeble o no definitivo, en tanto dependen de la voluntad del otorgante. No serían propiamente derechos subjetivos, como los que corresponden a la conducta lícita amparada por una norma, sino cuasi derechos, que habilitan precariamente para realizar una conducta. Un permiso que el otorgante, en principio, puede retirar, y que no compromete su autoridad.

Las gracias o licencias revocables no tienen que ser respetadas por el otorgante. El agraciado o licenciado no puede defenderlas ni vindicarlas. Ejemplo: el pobre invitado a comer en la mesa del rico, no puede defender este beneficio. Otro ejemplo, más actual, consiste en la donación revocable por ingratitud. El beneficiario tampoco tiene acción judicial propia contra el perturbador, pero puede quejarse al concedente, o ejercer la defensa en su nombre.

---
[49] Folgado: ob. cit., pp. 216-219.

Pero hay casos de licencias o gracias irrevocables porque el concedente debe reconocer al licenciado una situación permanente. Si bien el concedente se encuentra libre de otorgarlas, una vez concedidas, la ley establece su irrevocabilidad. En tales casos, la gracia y la licencia son verdaderos derechos subjetivos. Por imperativo de la ley, imponen el respeto de todos y pueden ser defendidos contra todos[50].

Si bien el rasgo voluntario de la autorización o licencia resulta el más evidente, hay otra diferencia más significativa y profunda que contribuirá a que el derecho como permisión sustituya, en la modernidad, al derecho como licitud. Mientras la licitud requería de una habilitación positiva expresa, la permisión dependiente invierte la carga. Exige una restricción previa, ya que funciona como la derogación de una prohibición establecida, sin la cual, no resulta exigible. La importancia de este cambio se apreciará en relación con las conductas que no se encuentran expresamente reguladas. Antes se entendían como no autorizadas, ahora se comienzan a considerar como no prohibidas, pero que, aun así, tienen relevancia para el Derecho.

3. El derecho subjetivo como relación determinada e indeterminada

La más conocida caracterización de los derechos subjetivos, la de HOHFELD, que los entiende como derecho privilegio, poder o inmunidad, son un inventario de los extremos activos de las distintas relaciones jurídicas posibles, en tanto representan el correlato del deber, no derecho, sujeción e incompetencia. A pesar de su amplitud, el enfoque de HOHFELD deja sin considerar aquellos derechos subjetivos que no suponen una relación previamente establecida por el ordenamiento jurídico, en tanto no determinan con precisión y de antemano el ámbito de aplicación o el alcance de la deuda y la exigibilidad.

---

[50] Ibíd., pp. 126-129.

3.1. El derecho subjetivo como deuda y exigibilidad

Para los escolásticos españoles del siglo XVI, «el derecho, mirado desde el punto de vista de los demás, es *debitum*: deuda, es decir, obligación y sumisión. Obligación de respeto, dejar hacer. Sumisión o deber de obediencia, tener que hacer»[51]. Se trata de la dimensión prescriptiva, que constituye o refuerza los derechos subjetivos, vista desde el lado del sujeto pasivo.

Los escolásticos consideraron que solo una deuda contemplada normativamente, convierte en derecho a las pertenencias y poderes de las personas sobre las cosas o las acciones de otros. Es lo que transforma a los deberes de abstención y colaboración en correlato de un derecho. Advirtieron, sin embargo, que no toda situación beneficiosa es un derecho protegido por un deber. El fundamento inmediato de la deuda como elemento esencial del derecho es la ley. FOLGADO aclara:

> … no se trata simplemente de un *debitum* moral, exigido solo por la educación, la decencia, las conveniencias de una mejor honradez. Es un *debitum* legal, una deuda impuesta por la ley, de necesario reconocimiento para la honestidad de la vida. La ley tiene como efecto inmediato producir en sus destinatarios deber de obediencia. El derecho, por ser emanación de la ley natural o positiva, es, y lo es al mismo tiempo que derecho, obligación universal. Todo derecho es un deber. Mas se trata de un deber cualificado. La ley impone multitud de deberes que tienen diferente *ratio*: deberes de religión, de piedad, de caridad[52].

El derecho como deuda establece los derechos personales. El derecho como exigibilidad protege un derecho previo, sea real, sea personal.

Los escolásticos consideraron que tan esencial es al derecho la «posibilidad de exigir de los demás el respeto a las propias pertenencias y facultades de

---

[51] Ibíd., p. 239.
[52] Ibíd., p. 241.

hacer u obtener, que estas no se conciben sin aquella. Un poder frente a otros en lo suyo, que no se impone al respecto de esos otros, no es poder»[53].

La exigibilidad tenía una posición central en el uso de los derechos subjetivos, visible a comienzos del siglo XVII, en la obra de Leonardo LEYS. Basándose en MOLINA, LEYS vincula la noción de derecho subjetivo entendido como potestad de hacer –una competencia–, a la potestad de reclamar –una prescripción–. Antes, Antonio PÉREZ, en *De just et jure*, (I cap. 1, N° 1), mostró ese criterio mixto al definir al derecho como una «potestad dominativa de disponer *pro libito* y de obligar a los demás a que no se opongan, obligación que convierte en injuriosa la contravención»[54].

La exigibilidad como el poder de obligar a los demás a que no se opongan no es algo transitorio que surge cuando aparece el conflicto o desacato. Para los jesuitas españoles, «la exigibilidad es un clamor constante con la constancia de la ley. Esta, lógicamente, le proporciona medios de hacerse oír. Aun en el caso de impotencia de esos medios en un supuesto concreto, el derecho y su exigibilidad subsisten enteros»[55].

La distinción entre deuda y exigibilidad se aclara al considerar que puede haber exigibilidad sin deuda, pero nunca deuda sin exigibilidad, por lo que la exigibilidad resulta un uso central o primario. El deber de abstención de terceros, implicado en los derechos reales, si bien puede ser exigido por el titular, no implica una deuda. El deber de abstención que implica el derecho real no figura ni en el activo, ni en el pasivo, de ningún patrimonio[56].

3.2. *Los derechos subjetivos desprotegidos*
MOLINA, en *De just et jure* (II, cap. 1, N° 2) y ARAGÓN, en *De just et jure* (cap. 58, N° 2) coinciden en que «quedan excluidas del concepto de derecho todas aquellas facultades que, al ser contravenidas, no se causa injuria a sus titulares».

---
[53] Ibíd., p. 244.
[54] Ídem.
[55] Ibíd., p. 245.
[56] GATTI: ob. cit., p. 82.

Solo es injuria la negación del débito cuando hay derecho[57]. Según MOLINA, no son derechos las facultades de los animales, y el robar, adulterar, defraudar, que no son poderes que conceda la ley, o que no estén conformes con el propio fin, sino que los contradicen. La oposición a tales poderes, que no deben tomarse por derechos, no es por tanto injuria. No solo no es injuria el oponerse al robo, tampoco es injuria negarse a dar limosna, porque la limosna supone la libertad de dar.

Pero siguiendo esa línea de razonamiento, aunque no fue planteado en la Modernidad, tampoco es injuria oponerse a una facultad entendida como cualidad de hacer derivada de la libertad constitutiva del sujeto, postulada por la Escolástica, que, por lo tanto, no deriva del Derecho positivo, aunque tampoco lo contraviene, como sí sucede en el caso del robo, la adulteración y el fraude. En la distinción entre libertades no protegidas, y derechos cuya vulneración sí produce injuria, aparece el problema de las acciones que, en tanto que no prohibidas, se consideran *prima facie* lícitas, aunque no estén respaldadas frente a terceros. Mientras que la existencia de un débito o la exigibilidad establecidos normativamente aclara la situación. La intersección de dos conductas no prohibidas, pero tampoco protegidas, se debe resolver sin una prescripción previa.

Esta dificultad, originada en la controversia sobre la pobreza de Cristo y terminada de perfilar por el reconocimiento de una libertad constitutiva del sujeto postulada por la segunda Escolástica, no se percibió con claridad en la Modernidad. Culminó, a inicios de la era contemporánea, en la positivización progresiva de los derechos humanos, mediante la aparición de los principios, un nuevo tipo de enunciado normativo; de la ponderación, una nueva forma de aplicar el Derecho, y de una adjudicación que determina retroactivamente el alcance de los derechos en disputa.

Es un problema que no ha sido del todo resuelto y que, incluso, no es del todo percibido. La dificultad de regular lo no regulado y proteger lo no protegido se aprecia al comparar el numeral 2 del artículo 29 de la Declaración Universal

---

[57] FOLGADO: ob. cit., p. 242.

de los Derechos Humanos, con el artículo 20 de la Constitución de la República Bolivariana de Venezuela. El primero exige, para salvaguardar la libertad, que solo mediante la habilitación de la ley pueda actuar la autoridad. Esto impide intervenir en un conflicto entre libertades no reguladas. El segundo contempla la actuación de la autoridad sin habilitación legal expresa, para proteger y delimitar una libertad, cuando entra en conflicto con otra. Pero se paga un alto precio, inclusive más gravoso de lo necesario. Contrariamente a lo que se suele repetir, no es posible considerar que en Venezuela existe el principio de legalidad o, en todo caso, se debe admitir que el alcance de la legalidad es tan amplio que equivale a la ausencia de restricción. Según el artículo 20 de la Constitución venezolana, la autoridad, no necesariamente judicial, no solo puede fijar sin habilitación legal previa el límite del libre desarrollo de una personalidad, cuando entra en colisión con otra. También puede, sin habilitación legal, comprimir el libre desarrollo de la personalidad cuando esta choca con el «orden público y social».

Conclusión

El análisis de los derechos subjetivos previos a la codificación permite distinguir entre una concepción objetiva, en alguna medida todavía vigente; una noción subjetiva, hoy predominante, y el inicio del reconocimiento de derechos subjetivos que no cuentan con la protección previa del ordenamiento jurídico y no están encuadrados en una relación jurídica prestablecida.

En la concepción objetiva, se distingue el derecho como *officium*, que no atiende exclusivamente a los intereses o voluntad del titular, sino que es un cúmulo de posiciones activas y pasivas que el ordenamiento asigna a quienes ocupan una función social relevante. Los derechos subjetivos cosificados, que postula que las cosas son titulares de derechos. El derecho subjetivo como licitud, que exige la habilitación expresa para que una conducta esté permitida, postulando implícitamente una regla de clausura inversa a la del pensamiento jurídico actual. Y el derecho subjetivo como lo debido, que atiende a la protección de la naturaleza humana, entendida como actividad práctica.

Entre los derechos subjetivos subjetivistas está el derecho subjetivo constitutivo, entendido como libertad; el derecho subjetivo configurativo, entendido como potestad o capacidad; el derecho subjetivo institucional, entendido como facultad, y el derecho subjetivo prescriptivo, entendido como permisión dependiente, que deroga una prohibición anterior.

El derecho subjetivo como relación hace depender la existencia de algunos derechos de una deuda, que constituye una exigencia de conducta a los demás; y a todos los derechos de la injuria, que es una lesión a la esfera de los derechos subjetivos que cuenta con la reacción coactiva del ordenamiento jurídico.

En el desarrollo de estas acepciones de los derechos subjetivos, se presenta una tensión entre la necesidad de orden y autoridad, que se manifiesta en el gradual reconocimiento de una libertad que, en tanto no está determinada por el ordenamiento jurídico, dificulta resolver los conflictos derivados de cuando se enfrenta a otra libertad.

* * *

Resumen: El autor recurre al pensamiento de la Escolástica para exponer las diversas concepciones sobre los derechos subjetivos. Así, observa, que para los autores –de dicha corriente de pensamiento– distinguieron entre el derecho subjetivo como *officium*, cosificado, licitud o debido, así como otras distinciones. **Palabras clave**: Escolástica, derechos subjetivos, concepciones sobre los derechos subjetivos. Recibido: 30-01-18. Aprobado: 19-02-18.

El rapto del Derecho Civil por el Derecho Administrativo: A propósito del contrato administrativo. Un ensayo crítico

José Ignacio Hernández G. *

Sumario

1. La separación entre el Derecho Administrativo y el Derecho Civil aplicable a la actividad administrativa contractual 2. Las cláusulas exorbitantes como cláusulas derogatorias del Derecho Civil: la marca del contrato administrativo 3. Crítica conceptual a la teoría del contrato administrativo: la artificial distinción entre el Derecho Administrativo y el Derecho Civil 4. Crítica a la teoría del contrato administrativo desde el análisis económico del Derecho. La función de la regulación civil del contrato y su aplicación al ámbito de la actividad contractual de la Administración Pública

1. La separación entre el Derecho Administrativo y el Derecho Civil aplicable a la actividad administrativa contractual

Desde una perspectiva comparada, puede afirmarse que los ordenamientos jurídicos cuyo Derecho Administrativo ha sido inspirado por el «régimen administrativo» de Francia parten de una rígida separación entre el Derecho Administrativo y el Derecho privado aplicable a la actividad administrativa, distinción que puede considerarse como uno de los signos distintivos del

---

* **Universidad Central de Venezuela** y **Universidad Católica Andrés Bello**, Profesor de Derecho Administrativo. **Center for International Development at Harvard**, *Visiting Fellow*. **Universidad Castilla-La Mancha**, Cátedra Jean Monnet, Profesor Visitante.

Derecho Administrativo en Francia[1]. De esa manera, se admite que la Administración Pública, para cumplir con los cometidos del Estado, puede actuar como poder público a fin de tutelar al servicio público; también, puede actuar como un particular. En el primer caso, la actividad administrativa se somete a Derecho Administrativo, mientras que en el segundo caso la actividad administrativa se rige por el Derecho privado.

Actividad administrativa de Derecho Administrativo y actividad administrativa de Derecho privado. Una distinción que, como es sabido, encuentra su mejor expresión en la actividad contractual de la Administración Pública. De esa manera, en los ordenamientos jurídicos influenciados por Francia, se reconoce que la Administración Pública, para cumplir con los cometidos del Estado, puede celebrar dos categorías de contrato: i. el contrato administrativo y ii. el contrato civil. La diferencia entre ambas categorías no es solo en cuanto al régimen jurídico aplicable. Es, por el contrario, una diferencia mucho más profunda, al punto de considerarse que se trata, en realidad, de dos categorías jurídicas completamente diferentes. A pesar de cierta tendencia que promueve a la uniformidad de la regulación aplicable a la actividad contractual de la Administración Pública, esta distinción de regímenes jurídicos es uno de los principios fundamentales dentro de los sistemas de Derecho Administrativo comparado inspirados en el Derecho francés[2].

Sucede así con el Derecho Administrativo iberoamericano, en el cual la categoría del contrato administrativo se encuentra difundida[3]. Así, en Argentina, BIELSA señaló que el contrato administrativo es aquel celebrado por la Administración cuyo objeto es una prestación de utilidad pública. Estos contratos –a diferencia de los contratos civiles– quedan sometidos «íntegramente»

---

[1] DELVOLVÈ, Pierre: *Le droit administratif*. Dalloz. París, 2006, p. 82.
[2] En Francia, *vid*. MARCUS, Laure: *L unité des contrats publics*. Dalloz. París, 2010, pp. 339 y ss.
[3] MORENO MOLINA, José Antonio: «Contratos administrativos». En: *Curso de Derecho Administrativo iberoamericano*. Comares-INAP. Madrid, 2015, pp. 453 y ss., resume que «al analizar las legislaciones y prácticas administrativas nacionales sobre contratación pública en los países de América Latina la principal conclusión que se extrae es la similitud de las mismas».

a Derecho público. Al estudiar los distintos tipos de contratos, y entre ellos la concesión, BIELSA señala que la Administración mantiene el deber de vigilancia sobre el servicio público, a consecuencia de lo cual puede en cualquier momento modificar el servicio público, imponer medidas coercitivas al contratista y declarar la caducidad del contrato, esto es, su terminación por incumplimientos imputables al contratista[4].

En Uruguay, SAYAGUÉS LASO, igualmente, señaló que la Administración mantiene un conjunto de poderes que le permiten dirigir el contrato, todo lo cual abarca la posibilidad de introducir modificaciones unilaterales al contrato, así como la posibilidad de imponer sanciones, derechos desconocidos en el Derecho Civil. Sostiene, asimismo, que se ha admitido el poder implícito de la Administración para rescindir el contrato por conveniencia, así como el poder para rescindirlo por incumplimiento del contratista[5].

Esa posición es también explicada, en Colombia, por RODRÍGUEZ, para quien la Administración Pública puede celebrar contratos actuando como poder público y sometida, por ello, al Derecho Administrativo como Derecho exorbitante del Derecho Común. Dentro de ese régimen jurídico administrativo, RODRÍGUEZ destaca la figura de las «cláusulas exorbitantes», expresión que alude a los «poderes» que la Administración Pública ejerce y que son ajenos o extraños al Derecho Civil[6]. FERNÁNDEZ RUIZ, en México, también ha observado que uno de los elementos esenciales del contrato administrativo es «el régimen jurídico exorbitante de Derecho privado»[7].

---

[4] BIELSA, Rafael: *Derecho Administrativo. Legislación administrativa argentina.* Tomo I. 4ª, Librería y Editorial El Ateneo. Buenos Aires, 1947, pp. 295 y ss.

[5] SAYAGUÉS LASO, Enrique: *Tratado de Derecho Administrativo.* Tomo I. s/e. Montevideo, 1974, pp. 528 y ss. Véase en general a RICHER, Laurent: *Droit des Contrats Administratifs.* 5ª, L. G. D. J. París, 2006, pp. 90 y ss.

[6] RODRÍGUEZ R., Libardo: *Derecho Administrativo. General y colombiano.* 14ª, Temis. Bogotá, 2005, pp. 373 y ss.

[7] FERNÁNDEZ RUIZ, Jorge: *Derecho Administrativo. Contratos.* 3ª, Editorial Porrúa. México D. F., 2009, p. 86.

En España, refleja esta posición común, entre muchos otros, GARRIDO FALLA, para quien la Administración Pública ocupa una peculiar situación en el contrato administrativo, lo que se exterioriza en un conjunto de «poderes», a saber, el poder de controlar y dirigir la ejecución del contrato; el poder de modificar, dentro de ciertos límites, su contenido y el poder de interpretar por sí el contrato[8].

En Venezuela, esta distinción se ha aceptado desde la sentencia de 5 de diciembre 1944 (caso Astilleros La Guaria), cuando la entonces Corte Federal y de Casación, separándose de su doctrina, admitió la figura del contrato administrativo en Venezuela. Tal sentencia, sin embargo –y de acuerdo con PÉREZ LUCIANI– no tuvo impacto inmediato, pues no encontró eco en la doctrina. Fue necesario esperar hasta la sentencia de la Corte Federal de 12 de noviembre de 1954 (caso Alberto Machado-Machado), para que la tesis del contrato administrativo encontrara una réplica. Sin embargo, no fue hasta la sentencia de la Sala Político-Administrativa de 14 de junio de 1983 (caso Acción Comercial, S. A.), cuando se consolidó la tesis del contrato administrativo en Venezuela y, con ella, la concepción del Derecho Administrativo venezolano bajo el régimen francés[9].

Así, la sentencia Acción Comercial, S. A. parte del principio conforme al cual la Administración Pública puede obrar con dos propósitos. Puede, así, actuar para atender «requerimientos del interés colectivo», expresión equivalente a la de servicio público. En otros casos, la Administración se aparta de tales fines y actúa para procurar fines meramente patrimoniales, similares a aquellos

---

[8] GARRIDO FALLA, Fernando: *Tratado de Derecho Administrativo*. Vol. II. 10ª, Tecnos. Madrid, 1992, pp. 85 y ss.

[9] PÉREZ LUCIANI, Gonzalo: «Los contratos administrativos en Venezuela». En: *Escritos del doctor Gonzalo Pérez Luciani*. Fundación Bancaribe. Caracas, 2013, pp. 611 y ss. Sobre el impacto de esta sentencia en la teoría general del contrato administrativo, vid. IRIBARREN MONTEVERDE, Henrique: «Presentación». En: *Congreso Internacional de Derecho Administrativo, en homenaje al Prof. Luis H. Farías Mata*. Tomo I. Universidad de Margarita, 2006, pp. 7 y ss. En general, vid. ARAUJO-JUÁREZ, José: *Acto y contrato administrativo*. Ediciones Paredes. Caracas, 2011, pp. 255 y ss.

que informan la conducta del particular. Para atender cualquiera de esos fines, la Administración puede celebrar contratos. Cuando la Administración actúa para satisfacer al servicio público, expresión equivalente al de interés general o interés colectivo, el contrato por ella celebrada se somete a un régimen exorbitante, adquiriendo el carácter de contrato administrativo. Tal y como afirma la sentencia:

> … la presencia de la Administración –dadas determinadas condiciones– en el negocio jurídico, marca a éste, inevitablemente, de características distintas a la de la contratación ordinaria, para asegurar de esa manera que aquélla, depositaria del interés general o colectivo, pueda comprometerse sin sacrificio en aras de interés privados de los administrados…

Esta conclusión es extensible a toda la actividad administrativa, y no solo la actividad contractual. Bajo los principios de esta sentencia –como ha sido luego admitido en nuestro Derecho Administrativo (PÉREZ LUCIANI)–, la actividad administrativa puede ser desplegada por la Administración atendiendo a dos fines: el servicio público y fines patrimoniales. En el primer caso, la Administración actúa como poder público y se somete al Derecho Administrativo, reconociéndose a la Administración poderes desconocidos en el Derecho Civil; en el segundo caso, la Administración «actúa como un particular», ejerciendo los derechos propios del Derecho privado[10].

Esto ha permitido que el contrato administrativo sea una figura plenamente admitida en la jurisprudencia[11], y en la mayoría de la doctrina. Destaca así la posición de FARÍAS MATA, quien ha defendido la vigencia del contrato administrativo en Venezuela, en una posición compartida y desarrollada por

---

[10] Entre otros, *cfr*. PÉREZ LUCIANI, Gonzalo: «Funciones del Estado y actividades de la Administración». En: *Revista de Derecho Público*. N° 17. Editorial Jurídica Venezolana. Caracas, 1983, pp. 21 y ss., también contenido en: *Escritos del doctor Gonzalo Pérez Luciani*, ob. cit., pp. 205 y ss.

[11] Por ejemplo, y de manera reciente, véase TSJ/SPA, sent. del 30-11-17 (caso Inversiones Ramnelu).

BADELL MADRID, IRIBARREN[12] y, más recientemente, ARAUJO-JUÁREZ[13]. Frente a esa posición, se levantó una posición crítica al contrato administrativo bajo el liderazgo de PÉREZ LUCIANI, en posición compartida por CABALLERO ORTIZ y desde el Derecho Civil por José MÉLICH-ORSINI[14]. Una posición intermedia ha sido defendida por Eloy LARES MARTÍNEZ y BREWER-CARÍAS[15]. De manera especial, este autor ha cuestionado la férrea distinción entre la actividad

---

[12] FARÍAS MATA, Luis H.: «La teoría del contrato administrativo en la doctrina, legislación y jurisprudencia venezolanas». En: *Libro homenaje al profesor Antonio Moles Caubet*. Tomo II. UCV. Caracas, 1981, pp. 935 y ss. Asimismo, *vid*. BADELL MADRID, Rafael: *Régimen jurídico del contrato administrativo*. s/e. Caracas, 2001, pp. 127 y ss. así como IRRIBAREN, Henrique: «El contencioso de los contratos administrativos». En: *Régimen jurídico de los contratos administrativos*. Fundación Procuraduría General de la República. Caracas, 1991, pp. 249 y ss.

[13] Una importante corriente doctrinal del Derecho Administrativo venezolano se ha inspirado, precisamente, en los conceptos de servicio público y prerrogativas, para elaborar el concepto de Derecho Administrativo. *Cfr*. ARAUJO-JUÁREZ, José: *Derecho Administrativo*. Ediciones Paredes. Caracas, 2013, pp. 7 y ss. Por ello, el contrato administrativo sigue siendo una figura aceptada en el Derecho Administrativo venezolano, a partir del concepto de servicio público (ob. cit., pp. 312 y ss.).

[14] De referencia obligada es el tradicional trabajo de PÉREZ LUCIANI: ob. cit. («Los contratos administrativos...»), pp. 611 y ss. Asimismo, *vid*. CABALLERO ORTIZ, Jesús: «¿Deben subsistir los contratos administrativos en una futura legislación?». En: *El Derecho Público a comienzos del siglo XXI. Estudios en homenaje al profesor Allan R. Brewer-Carías*. Tomo II. UCV-Civitas. Madrid, 2003, pp. 1765 y ss., así como MÉLICH-ORSINI, José: «El contrato administrativo en el marco general de la doctrina del contrato». En: *Revista de la Facultad de Ciencias Jurídicas y Políticas*. N° 116. UCV. Caracas, 2000, pp. 65 y ss.

[15] La matización de la posición se encuentra desarrollada en la obra ya clásica en Venezuela de BREWER-CARÍAS, Allan: *Contratos administrativos*. Editorial Jurídica Venezolana. Caracas, 1992, pp. 39 y ss. Actualmente, *vid. Tratado de Derecho Administrativo. Derecho Público en Iberoamérica*. Vol. III (Los actos administrativos y los contratos administrativos). Civitas Thomson Reuters. Madrid, 2013, pp. 830 y ss. El cambio de posición en Eloy LARES MARTÍNEZ puede ser vista en la décima segunda edición de su: *Manual de Derecho Administrativo*. 12ª, UCV. Caracas, 2001, pp. 247 y ss. Sobre la posición de LARES MARTÍNEZ, *vid*. IRIBARREN MONTEVERDE, Henrique: «La teoría del contrato administrativo en la obra de Eloy Lares Martínez». En: *Boletín de la Academia de Ciencias Políticas y Sociales*. N° 152. Caracas, 2013, pp. 119-132.

administrativa sujeta a Derecho público y la actividad administrativa sujeta a Derecho privado, en posición que antes hemos compartido[16].

La desaparición de la figura del contrato administrativo en la Ley Orgánica de la Jurisdicción Contencioso-Administrativa y en la Ley de Contrataciones Públicas ha contribuido a la visión crítica del contrato administrativo. De esa manera, se ha observado que actualmente la distinción entre el contrato administrativo y el contrato civil de la Administración Pública no es relevante para determinar los tribunales competentes, pues toda pretensión relacionada con la actividad contractual de la Administración Pública siempre será conocida por los tribunales de la jurisdicción contencioso-administrativa. Asimismo, toda la actividad administrativa contractual quedará sometida a un régimen común en la Ley de Contrataciones Públicas, al margen de la precitada distinción[17]. Con todo, la figura sigue siendo reconocida no solo por la jurisprudencia, sino por la mayor parte de la doctrina[18].

---

[16] *Cfr.* BREWER-CARÍAS, Allan: «La actividad administrativa y su régimen jurídico». En: *Las formas de la actividad administrativa*. FUNEDA. Caracas, 2005, pp. 10 y ss. Desde la perspectiva del artículo 141 de la Constitución de 1999, hemos complementado esa conclusión, afirmando que la Administración no puede «actuar como un particular», pues solo puede obrar para servir a los ciudadanos, incluso si para ello lleva a cabo un uso instrumental del Derecho privado. *Cfr.* HERNÁNDEZ G., José Ignacio: *Introducción al concepto constitucional de Administración Pública en Venezuela*. Editorial Jurídica Venezolana. Caracas, 2011, pp. 157 y ss.

[17] De manera progresiva ha surgido otra corriente doctrinal que niega el concepto de contrato administrativo, al sostener que la Administración solo puede celebrar contratos para cumplir con su misión vicarial, con lo cual, la única categoría que debe admitirse es la del «contrato público», tal y como este se regula en la Ley de Contrataciones Públicas dictada en 2008. Véase nuestro trabajo HERNÁNDEZ G., José Ignacio: «El contrato administrativo en la Ley de Contrataciones Públicas de Venezuela». En: *Revista de Administración Pública*. N° 176. CEPC. Madrid, 2008, pp. 363 y ss. En especial, sobre la necesaria revisión del concepto de contrato administrativo, recientemente, *vid.* TORREALBA, Miguel Ángel: «Las actuaciones bilaterales: los contratos públicos y los convenios en la Ley Orgánica de la Jurisdicción Contencioso-Administrativa». En: *La actividad y la inactividad administrativa y la jurisdicción contencioso-administrativa*. Editorial Jurídica Venezolana. Caracas, 2012, pp. 123 y ss., así como SUBERO, Mauricio: «Críticas a la doctrina del contrato administrativo en Venezuela». En: *Revista Electrónica de Derecho Administrativo*. N° 9. Caracas, 2016, pp. 91 y ss.

[18] ARAUJO-JUAREZ, José: *La teoría de la cláusula exorbitante*. Editorial Jurídica Venezolana-CIDEP. Caracas, 2017, pp. 26 y ss.

2. Las cláusulas exorbitantes como cláusulas derogatorias del Derecho Civil: la marca del contrato administrativo

Puede afirmarse que la esencia de la teoría del contrato administrativo reside en la metodología empleada por el Consejo de Estado en Francia para confeccionar a esa figura, y que consistió en extrapolar la teoría del servicio público a la actividad contractual de la Administración[19]. Así, el contrato administrativo, luego de la evolución de la jurisprudencia, pasó a centrarse en la causa u objeto el contrato administrativo, relacionado con el servicio público. Tal elemento es suficiente para someter al contrato administrativo un «régimen exorbitante del Derecho Común».

Se trata de una de las expresiones más características del Derecho Administrativo, que incluso, lo identifica y define. De esa manera, el Derecho Administrativo ha sido definido como el conjunto de reglas exorbitantes del Derecho Común, esto es, las reglas que están fuera de la órbita del Derecho privado. Esta solución se ha justificado, para la actividad contractual, en el principio de igualdad: mientras que la teoría del contrato en el Código Civil rige a relaciones entre iguales, en el Derecho Administrativo las relaciones son desiguales, pues solo la Administración Pública es titular de «privilegios y prerrogativas». Por ello, en el marco del contrato administrativo, la Administración Pública es titular de «prerrogativas», esto es, de poderes unilaterales de actuación que se justifican en la necesidad de proteger al servicio público. Estos poderes de actuación son englobados bajo la expresión «cláusulas exorbitantes».

Ello es lo que otorga al contrato administrativo la condición de categoría única frente al contrato civil. Mientras que en este rige a plenitud el principio de autonomía de la voluntad de las partes, en aquel, este principio convive con los poderes de acción unilateral de la Administración Pública. Esto quiere decir que en el contrato administrativo el acuerdo alcanzado por las partes tiene carácter vinculante, pero al margen de ese acuerdo la Administración Pública puede ejercer poderes unilaterales que, incluso, le permiten extinguir o modi-

---

[19] Sobre la teoría general del contrato administrativo en Francia, entre otros, *vid.* Richer: ob. cit. (*Droit des* Contrats…), pp. 90 y ss.

ficar el contrato. Frente a esos poderes, el contratista tendrá en todo caso derecho a una revisión posterior a cargo de la jurisdicción contencioso-administrativa, y siempre, el derecho a preservar el llamado «equilibrio económico-financiero del contrato»[20].

De esa manera, la distinción entre el contrato administrativo y el contrato civil de la Administración descansa en el reconocimiento del régimen exorbitante al cual queda sometido el primero, todo lo cual coloca al contrato administrativo en un lugar especial dentro del Derecho Administrativo[21], lugar extensible, incluso, a las obligaciones consideradas «cuasi-contratos»[22].

Las cláusulas exorbitantes se consideran, así, la «marca» del contrato administrativo[23]. En realidad, sin embargo, no se trata de «cláusulas» o derechos contractuales, sino de poderes extracontractuales y unilaterales cuya existencia se justifica por la tutela del servicio público, causa y objeto del contrato administrativo[24]. Por ello, esos poderes son inherentes al objeto o causa del contrato administrativo, lo que quiere decir que ellos estarán siempre presentes, ya sea en el propio contrato o de manera implícita o virtual[25].

---

[20] WALINE, Jean: *Droit Administratif.* 22ª, Dalloz. París, 2008, p. 411.
[21] DE LAUEADÈRE, André; MODERNE, Franck y DELVOLVÈ, Pierre: *Traité des contrats administratifs.* Tomo I. L. G. D. J. París, 1982, pp. 235 y ss.
[22] MODERNE, Franck: *Les quasi-contrats administratifs.* Dalloz. París, 1995, pp. 7 y ss.
[23] RODRÍGUEZ-ARANA MUÑOZ, Jaime: «Las prerrogativas de la Administración en los contratos de las Administraciones Publicas». En: *Revista de Derecho Público.* N° 107. Editorial Jurídica Venezolana. Caracas, 2006, pp. 7 y ss. Véase lo que recientemente hemos expuesto en HERNÁNDEZ G., José Ignacio: «Las prerrogativas de la Administración en los contratos de las Administraciones Públicas en Iberoamérica». En: *Contrataciones públicas en el marco de los derechos sociales fundamentales.* INAP. Madrid, 2017, pp. 67 y ss.
[24] Destacando el carácter extracontractual y unilateral de esas prerrogativas, *vid.* BREWER-CARÍAS: ob. cit. (*Tratado de Derecho...*), pp. 647 y ss. Desde Colombia, *vid.* VIDAL PERDOMO, Jaime: *Derecho Administrativo.* 10ª, Temis. Bogotá, 1994, p. 197. Muy especialmente, *vid.* MARIENHOFF, Miguel: *Tratado de Derecho Administrativo.* Tomo III-A. 4ª, Abeledo-Perrot. Buenos Aires, 1998, pp. 348 y ss.
[25] En sentido similar –en Argentina– ESCOLA, Héctor Jorge: *Tratado integral de los contratos administrativos.* Vol. I. Parte general. Ediciones De Palma. Buenos Aires, 1977,

Así, resumiendo la posición en Francia y en Colombia, BENAVIDES ha observado que las prerrogativas de la Administración «sintetizan las particularidades del contrato administrativo en relación con el contrato de Derecho privado». En Colombia, se concluye que el servicio público constituye la esencia de las «cláusulas excepcionales de los contratos estatales». Estas cláusulas siempre están relacionadas con el contrato, sea que se encuentren de manera explícita en su texto, sea que rijan de manera implícita, por las disposiciones legales que sustituyen la voluntad de las partes[26].

Ahora bien, en la teoría general del contrato administrativo, como fue desarrollada en Francia y como luego fue reconocida, en general, en Iberoamérica, las «prerrogativas» de la Administración pueden clasificarse en seis grupos[27], a saber: i. La prerrogativa de resolución unilateral del contrato por incumplimiento del contratista, también denominada «caducidad», ii. la prerrogativa de resolución unilateral del contratista por razones de interés general, iii. la prerrogativa de modificación unilateral del contrato, iv. la prerrogativa de dirección e inspección, v. la prerrogativa de disciplina del contratista y vi. la prerrogativa de la interpretación unilateral del contrato. En todos esos supuestos se alude a prerrogativas que «derogan» al Derecho Civil, pues la Administración Pública puede ejercer poderes que, en el Derecho Civil, son inexistentes o, en su caso, ilegales[28].

---

p. 405, ha aludido igualmente a «poderes implícitos». En definitiva, como observaron GARCÍA DE ENTERRÍA, Eduardo y FERNÁNDEZ, Tomás-Ramón: *Curso de Derecho Administrativo*. Tomo I. Civitas Thomson Reuters. Madrid, 2013, pp. 738 y ss. en España, la prerrogativa de poder público por excelencia con la que cuenta la Administración en el contrato administrativo es el privilegio de la decisión unilateral y ejecutoria.

[26] BENAVIDES, José Luis: *El contrato estatal entre el Derecho público y el Derecho privado*. Universidad Externado de Colombia. Bogotá, 2004, pp. 322 y ss.
[27] Debemos advertir que estos seis grupos no están presentes, necesariamente, en todos los modelos de Derecho Administrativo en Iberoamérica. Pero se trata de una clasificación que recoge los principios generales aceptados en la región. Puede verse, entre otros, a MILANO, Aldo: «Panorámica general del Derecho Administrativo en Costa Rica», y VERGARA BLANCO, Alejandro: «Panorámica general del Derecho Administrativo chileno», todos en: *Derecho Administrativo en Iberoamérica*. INAP. Madrid, 2012, pp. 361 y ss.; 190 y ss., respectivamente.
[28] RICHER: ob. cit. (*Droit des contrats…*), *passim*.

Junto a la teoría general del contrato administrativo, y como adelantamos, también comprende un conjunto de garantías del contratista, que en cierto modo, atemperan el alcance práctico de las «prerrogativas» que acaban de ser expuestas. En apretada síntesis, esas garantías pueden dividirse en tres grupos: En primer lugar, el ejercicio de los poderes extracontractuales y unilaterales de la Administración Pública deberá respetar el *test* de razonabilidad y racionalidad, en el sentido de que tales poderes no podrán ser ejercidos de manera arbitraria. Asimismo, deberá respetarse la garantía del previo procedimiento.

En segundo lugar, el ejercicio de tales poderes deberá respetar el derecho a la integralidad patrimonial del contratista, lo que se asocia con el llamado «derecho al equilibrio económico-financiero» del contrato administrativo[29]. No se trata, se advierte, de crear una excepción al principio de «riesgo y ventura», que rige en el contrato administrativo[30]. Por el contrario, el equilibrio del contrato solo aplica a eventos sobrevenidos, imprevisibles y no imputables al contratista, que puedan afectar sensible o gravemente el régimen económico, por incremento de los costos o por disminución de los ingresos.

Por último, y en tercer lugar, el contratista tiene el derecho de acceso a la justicia para garantizar la protección de sus derechos. El régimen del contrato administrativo no solo tiene un contenido sustantivo, traducido en las prerrogativas ya expuestas; tiene, también, un contenido adjetivo o procesal, en el sentido que toda controversia relacionada con el contrato administrativo deberá ser resuelta por la jurisdicción contencioso-administrativo. Esto reduce, en la práctica, el alcance del arbitraje, al considerarse que todo lo relacionado con el servicio público es de orden público y, por ende, indisponible[31].

---

[29] En el Derecho francés puede verse a RICHER: ob. cit. (*Droit des contrats…*), pp. 265 y ss. Véase en Iberoamérica a BENAVIDES: ob. cit. (*El contrato estatal…*), pp. 157 y ss. y 428 y ss., y BREWER-CARÍAS: ob. cit. (*Tratado de Derecho…*), pp. 763 y ss.

[30] Para un análisis detenido de este punto, *vid.* PEZ, Thomas: *Le risque dans les contrats adinistratifs*. L. G. D. J. París, 2013, pp. 13 y ss.

[31] Puede verse, entre otros, a BENAVIDES: ob. cit. (*El contrato estatal…*), pp. 378 y ss. y BREWER-CARÍAS: ob. cit. (*Tratado de Derecho…*), pp. 799 y ss. Usualmente, se alude al «contencioso de los contratos de la Administración», para describir las pretensiones

3. Crítica conceptual a la teoría del contrato administrativo: la artificial distinción entre el Derecho Administrativo y el Derecho Civil

La base de la cual parte la figura del contrato administrativo es, en nuestra opinión, errada. No puede afirmarse, así, que la Administración Pública actúa sometida a dos ordenamientos jurídicos de acuerdo con el carácter con el cual actúe. En concreto, tampoco puede afirmarse que la Administración Pública, cuando actúa como un particular, se somete al Derecho Civil. Y en definitiva, no puede concebirse al Derecho Administrativo como un «Derecho exorbitante». Hay, al menos, cuatro razones que nos llevan a afirmar estas conclusiones:

Así, y en primer lugar, la Administración Pública nunca puede actuar como un particular. Esta es, a no dudarlo, una de las típicas expresiones enigmáticas del Derecho Administrativo: ¿Qué significa actuar «como un particular»? Según lo explicado en las secciones anteriores, se dice que la Administración actúa como un particular cuando satisface intereses propios, intereses patrimoniales o intereses no relacionados con el servicio público. Sin embargo, no existe tal cosa como «intereses propios» de la Administración Pública, pues la Administración Pública –como recuerda el artículo 141 constitucional– es una institución instrumental que siempre debe servir a los ciudadanos. Así, la Administración Pública no tiene intereses propios, pues ella es una «institución vicarial», en tanto es el instrumento del cual se vale el Estado para atender sus cometidos. Tampoco tiene intereses propios, pues la Administración Pública debe obrar al servicio de los ciudadanos, con lo cual toda la actividad administrativa, siempre, ha de desplegarse para servir a los ciudadanos.

Esta afirmación vale también para los contratos que la Administración Pública puede celebrar. De conformidad con el artículo 141 constitucional, la Administración Pública solo puede celebrar contratos para cumplir con una sola finalidad: El servicio a los ciudadanos. Esto es, que el carácter instrumental

---

procesales que pueden ser conocidas por la jurisdicción contencioso-administrativa con ocasión a la actividad contractual de la Administración. En Venezuela, y entre otros, *vid*. IRRIBAREN: ob. cit. («El contencioso de los contratos…)», *passim*.

de la Administración Pública se proyecta también sobre su actividad contractual. En ningún caso, por ello, puede la Administración Pública celebrar contratos «actuando como un particular». Y para ello, se advierte, no hace falta apelar al concepto de servicio público, impreciso y huidizo. En realidad, lo importante es considerar que todo contrato celebrado por la Administración Pública solo puede enmarcarse en la finalidad indicada en el señalado artículo 141 de la Constitución[32].

En segundo lugar, tampoco puede afirmarse que la Administración Pública puede actuar bajo dos ordenamientos jurídicos separados –el Derecho Administrativo, por un lado, y el Derecho Civil, por el otro–. De esa manera, en la práctica lo que puede observarse es que la actividad administrativa se somete, concurrentemente, a normas de Derecho público y de Derecho privado[33]. Tal interaplicación está presente en el citado artículo 141 constitucional, al disponer que la Administración Pública actúa «con sometimiento pleno a la ley y al Derecho», o sea, con sometimiento pleno a todas las normas que conforman al ordenamiento jurídico, incluyendo el Derecho privado.

Además, las tendencias globales de la actividad administrativa evidencian que el interés en la regulación de la actividad contractual actualmente no reside en la artificial distinción entre el Derecho público y el Derecho privado aplicable a la Administración Pública. Por el contrario, el interés reside en asegurar que el poder adjudicador del Estado –esto es, su poder de contratación– sea ejercido en el marco del Estado de Derecho, para evitar abusos en el ejercicio de tal poder que podrían afectar el desempeño de la economía de mercado. Con lo cual, los contratos de la Administración Pública suelen someterse a un régimen uniforme que, sin negar la aplicación de reglas especiales e incluso de reglas del Derecho Civil, se orienta a asegurar principios generales, como la transparencia, la rendición de cuentas, la participación, la legalidad y la eficiencia[34].

---

[32] Esta posición la hemos defendido antes en HERNÁNDEZ G.: ob. cit. (*Introducción al concepto...*), *passim*.
[33] BREWER-CARÍAS: ob. cit. («La actividad administrativa...»), *passim*.
[34] *Cfr.* MORENO MOLINA, José Antonio: *Derecho global de la contratación pública*. UBIS. México D. F., 2011, pp. 1 y ss. Véase igualmente a ANDERSON, Robert D.

En tercer lugar, el Derecho privado para la Administración Pública tiene un claro carácter instrumental. Dicho en otros términos: la Administración Pública acude al Derecho privado cuando ello le permite cumplir en mejor manera el artículo 141 de la Constitución. Para el mejor servicio de los ciudadanos, la Administración Pública puede entonces acudir a los actos y negocios regulados en el Derecho Civil, caso en el cual cabría hablar del «Derecho Administrativo privado»[35].

Tanto más: como observó Martín-Retortillo Baquer, las figuras jurídicas del Derecho Civil –como en especial sucede con el contrato– son «*supra*-conceptos», esto es, categorías conceptuales comunes a la teoría general del Derecho que transcienden, por ello, la distinción entre el Derecho público y el Derecho privado[36]. Con lo cual la Administración Pública, para cumplir con el rol que le asigna el artículo 141 constitucional, puede acudir a la regulación del contrato establecida en el Código Civil. No por cuanto en tal caso está actuando «como un particular», sino por cuanto esa regulación permite la gestión eficiente de los asuntos públicos a su cargo, como ampliaremos en la sección siguiente.

En cuarto, y último lugar, la teoría de las «cláusulas exorbitantes» como «poderes implícitos o virtuales» implica el desconocimiento del principio de legalidad administrativa y, por ende, abre las puertas a la arbitrariedad de la Administración Pública. Recordando lo ya dicho, debe observarse que las «cláusulas exorbitantes» son en realidad poderes unilaterales y extracontractuales, o sea, potestades administrativas, que, en tanto restringen la esfera jurídica del contratista, deben ser calificadas como potestades ablatorias. La teoría general del principio de legalidad enseña que el ejercicio de potestades

---

y Arrowsmith, Sue: «*The WTO regime on government procurement: past, present and future*». En: *The WTO regime on government procurement*. Cambridge University Press. Cambridge, 2011, pp. 3 y ss. y a Trepte, Peter: *Regulating public procurement*. Oxford University Press. Oxford, 2004, pp. 63 y ss.

[35] Hernández G.: ob. cit. (*Introducción al concepto…*), *passim*.

[36] Martín-Retortillo Baquer, Sebastián: *El Derecho Civil en la génesis del Derecho Administrativo y de sus instituciones*. Civitas. Madrid, 1996, pp. 69 y ss.

ablatorias queda condicionado por la vinculación positiva a la ley, al exigirse que la ley establezca de manera expresa el título competencial que permite a la Administración restringir la esfera jurídica del particular. Pues bien, esa garantía básica de la libertad frente al poder desaparece en la teoría general del contrato administrativo, al admitirse que la Administración pueda limitar la esfera jurídico-subjetiva del contratista invocando poderes virtuales, implícitos o tácitos.

Estas críticas conceptuales deben ser complementadas desde una observación de estricto Derecho positivo, que en modo alguno puede silenciarse: La figura del contrato administrativo no es reconocida en Venezuela, ni a efectos procesales ni en cuanto a su régimen jurídico sustantivo, tal y como vimos anteriormente. En efecto, la figura del contrato administrativo es incompatible con la Ley Orgánica de la Jurisdicción Contencioso-Administrativa y la Ley de Contrataciones Públicas, pues esas leyes establecieron la uniformidad del régimen jurídico de la actividad contractual de la Administración, en especial, en lo que respecta a los tribunales competentes para dirimir controversias contractuales como en cuanto al régimen jurídico aplicable. El contrato administrativo es, en Venezuela, una figura *contra legem*.

Por lo tanto, en Venezuela, no cabe hablar más del contrato administrativo, sino del contrato público, esto es, el contrato que celebra la Administración Pública para cumplir con el mandato que le impone el artículo 141 constitucional, el cual quedará sometido a normas especiales como la Ley de Contrataciones Públicas, pero también al Derecho Civil y al Derecho Mercantil, cuando sea el caso[37]. Sobre esto último trataremos en la siguiente sección.

---

[37] De acuerdo con esta posición, que hemos venido defendiendo, todos los contratos celebrados por la Administración Pública son contratos públicos sometidos a las normas básicas de contratación del Derecho Administrativo, pero también, al Derecho privado. Esto es, el contrato público promueve la unificación de la actividad contractual de la Administración.

4. Crítica a la teoría del contrato administrativo desde el análisis económico del Derecho. La función de la regulación civil del contrato y su aplicación al ámbito de la actividad contractual de la Administración Pública

Las razones previamente expuestas permiten comprender por qué, en nuestra opinión, el contrato administrativo es una figura que además de no estar reconocida en nuestro Derecho, presenta importantes deficiencias que pueden promover la arbitrariedad de la Administración Pública. Ahora debemos agregar que el régimen jurídico del contrato administrativo desconoce los fundamentos económicos que justifican que el Derecho Civil regule a los contratos.

A tal fin, debemos comenzar respondiendo a la siguiente pregunta: ¿Por qué el Estado, a través del Derecho Civil, debe regular al contrato? La respuesta, en nuestra opinión, parte del análisis económico del Derecho.

A tal fin, debemos comenzar recordando el concepto de «costos de transacción»[38]. El intercambio de bienes y servicios a través del instrumento del mercado requiere un conjunto de condiciones básicas que no siempre están presentes, muy particularmente en cuanto a la «información» relacionada con la transacción de bienes y servicios y la «certidumbre» relacionada con esas transacciones. Esto quiere decir que problemas de información, que generan incertidumbres, exigen a las partes incurrir en costos necesarios para atender esas deficiencias, en lo que se conoce en sentido general como costos de transacción. Mientras mayores sean esos costos, habrá más tendencia a reducir la eficiencia en la transacción de bienes y servicios.

Por ello, para promover la eficiencia, el Estado puede intervenir a los fines de reducir los costos de transacción, esto es, reducir los problemas de información que generan incertidumbre. Tal es, en apretada síntesis, la fundamentación

---

[38] Principalmente, seguimos aquí a NORTH, Douglas: *Institutions, institutional change and economic performance*. Cambridge University Press. Cambridge, 1999, pp. 3 y ss.

económica de la intervención del Estado para establecer el marco institucional del contrato[39]. Así, como resume COLLINS, la regulación de los contratos provee un sistema de reglas y sanciones que permite alcanzar el necesario grado de confianza para que extraños puedan contratar entre sí. Con lo cual, cuando los sistemas jurídicos no cuentan con estas reglas, ellos no tienen las condiciones que favorecen a una división compleja del trabajo[40].

Precisamente, las instituciones del Código Civil en materia de contratos se justifican para proveer el grado de certeza necesario para fomentar la eficiencia en la transacción de bienes y servicios. Por ello, y como bien resume DOMÍNGUEZ GUILLÉN, el contrato:

> Constituye el instrumento por el cual el hombre en sociedad pueda satisfacer necesidades: siendo el acto jurídico de mayor incidencia; única figura capaz de contener y abarcar la diversidad de composiciones voluntarias que caracterizan la vida moderna[41].

Esto encuentra reflejo en los artículos 1159 y 1160 del Código Civil, que recuerdan que el contrato genera efectos vinculantes entre las partes, las cuales deben cumplirlo de buena fe. Si el propósito del contrato –y de su regulación civil– es elevar el grado de certeza, entonces, los derechos y obligaciones establecidos en el contrato deben ser ciertos y estables. De hecho, mientras más estableces y claros sean los contratos, más contribuirán estos a reducir los costos de transacción. De allí el interés de la economía de estudiar los contratos que no logran alcanzar un grado deseado de certeza, llamados «contratos incompletos», y que, por lo demás, son la regla en la práctica. En tales casos, la aplicación del contrato –debido a la incertidumbre que lo rodea– no contribuye a aminorar los costos de transacción[42], con lo cual la regulación de los

---

[39] DE LA CRUZ FERRER, Juan: *Principios de regulación económica en la Unión Europea*. Instituto de Estudios Económicos. Madrid, 2002, pp. 217 y ss.
[40] COLLINS, Hugh: *Regulating contracts*. Oxford University Press. Oxford, 2002, pp. 3 y ss.
[41] DOMÍNGUEZ GUILLÉN, María Candelaria: *Curso de Derecho Civil III Obligaciones*. Editorial RVLJ. Caracas, 2017, p. 473.
[42] HART, Oliver: *Firms, contract and financial structure*. Clarendon Press. Oxford, 1995, pp. 23 y ss.

derechos y obligaciones derivados de los contratos establecidos en el Código Civil, deben interpretarse como normas que tienden a reducir el carácter incompleto de los contratos, supliendo posibles vacíos en la voluntad de las partes, y también, reduciendo los costos para su cumplimiento[43].

El contrato administrativo desdice toda esta teoría. En efecto, el régimen del contrato administrativo no tiene como propósito reducir los costos de transacción al incrementar la certidumbre de las partes contratantes, pues, por el contrario, ese régimen incentiva esa incertidumbre a través de la figura de las cláusulas exorbitantes como poderes implícitos o virtuales. Incluso, el principio que propone la inaplicación del Código Civil al contrato administrativo, precisamente, reconoce que la finalidad del Código Civil, consistente en elevar el grado de certidumbre de las partes contratantes, no es relevante para el contrato administrativo.

La teoría del equilibrio económico del contrato administrativo no es, de otro lado, una respuesta adecuada a esta crítica. El propósito de esa teoría no es reducir la incertidumbre del contrato, sino establecer, bajo ciertos casos y condiciones, la obligación de la Administración contratante de indemnizar al contratista o, en su caso, auxiliarle en la ejecución del contrato. Incluso bajo estas garantías, el régimen del contrato administrativo sigue estando informado por el principio de incertidumbre.

Con lo cual, la teoría del contrato administrativo no coadyuva a reducir costos de transacción. Al menos desde un punto de vista teórico, pareciera que por el contrario, esa teoría eleva los costos de transacción, pues los riesgos derivados del contrato tenderán a incrementar el precio del contratista. De hecho,

---

[43] La tecnología puede reducir costos de transacción y, por ende, hacer innecesaria la intervención del Estado. Esto es lo que sucede con los llamados «contratos inteligentes», que por medio de la tecnología, logran reducir los costos de transacción. *Cfr*. KÜNNAPAS, Kaido: «*From Bitcoin to smart contracts: Legal revolution or evolution from the perspective of de lege ferenda?*». En: *The future of law an e-technologies*. Springer. Londres, 2016, pp. 111 y ss. Por cierto, la aplicación de tales tecnologías a la actividad administrativa representa uno de los retos más sugestivos de la Administración electrónica.

todas las cargas administrativas asociadas al contrato –desde las fianzas exigidas, hasta el llamado compromiso de responsabilidad social– no son más que interferencias que pueden incrementar, injustificadamente, los costos de transacción y, por ende, afectar la eficiencia en la contratación pública.

Frente a este modelo, la teoría del contrato público rescata la fundamentación económica de la regulación del contrato. Así, por un lado, las disposiciones sobre el cumplimiento del contrato previstas en la Ley de Contrataciones Públicas tienen como propósito coadyuvar a la certidumbre del contrato, con lo cual, ellas no se oponen a la aplicación del régimen general del Código Civil o cuando aplique, del Código de Comercio. Desde tal perspectiva, las disposiciones sobre el cumplimiento del contrato en la Ley de Contrataciones Públicas deben ser interpretadas como disposiciones dispositivas llamadas a suplir lagunas en el contrato, todo lo cual permitiría a las partes establecer un régimen contractual especial. Bajo esta óptica, el régimen del contrato público se ancla en el principio de certidumbre, todo lo cual no coadyuva no solo a reducir costos de transacción, sino que, además, promueve un mayor control de la actividad administrativa, que quedará limitada por el contenido del contrato, sin que pueda sustraerse de este por medio de las llamadas «cláusulas exorbitantes».

Este cambio de perspectiva apunta a un objetivo más ambicioso, cual es redefinir la relación entre el Derecho Administrativo y el Derecho Civil. Entre nosotros, tal relación ha estado marcada por la supremacía de aquel frente a la minusvalía de este, en lo que –con toda razón– se ha llamado el «rapto del Derecho privado por el Derecho Administrativo»[44]. Es necesario por ello considerar que, para la Administración Pública, el Derecho Civil es una institución que permite controlar su actividad previniendo su arbitrariedad, particularmente, en su actividad contractual.

Boston, enero 2018

---

[44] Pascua Mateo, Fabio: *El rapto del Derecho privado*. Civitas. Madrid, 2015, pp. 95 y ss. Este rapto apunta a la invasión del Derecho Administrativo de áreas privativas del Derecho privado. En este trabajo, en realidad, nos referimos a una situación diferente: La exclusión del Derecho privado por la Administración bajo arreglos institucionales que promueven su arbitrariedad. Pero la idea de «rapto» describe muy bien la distorsionada relación entre el Derecho Administrativo y el Derecho Civil que proponemos superar.

* * *

Resumen: El contrato administrativo es una institución que promueve la arbitrariedad de la Administración y también tiende a incrementar los costos de transacción de la contratación pública. Debido a esto, es necesario reconstruir la teoría general de la actividad contractual de la Administración a través de la institución del contrato público que no niega la aplicación del Derecho Civil. Por el contrario, el Derecho Civil –y también el Derecho Mercantil– pueden contribuir a reforzar la certeza en la actividad administrativa contractual y, por lo tanto, a reducir los costos de transacción. **Palabras clave**: Contrato administrativo, contrato público, costos de transacción. Recibido: 30-01-18. Aprobado: 18-02-18.

Conflictos matrimoniales originados por el uso indebido de Internet

Milagros E. Hernández Ramos *

«La infidelidad mata el amor»
Gabriel García Márquez

Sumario

Introducción 1. Aspectos positivos y negativos de las relaciones por Internet 2. Relaciones por Internet 3. La infidelidad conyugal por Internet 4. ¿Cuáles son los motivos de la infidelidad? 5. Efectos jurídicos. Conclusiones

Introducción

Desde que existe el ser humano, ha sido una constante en su vida el espíritu de superación y progreso. Por ello, para no permanecer marginado en la sociedad, el hombre impulsa el desarrollo social, político, cultural, tecnológico, etc. Este último con gran impacto en la sociedad, modificándola en mayor o menor intensidad. Por tanto, el Derecho como ciencia no puede quedar marginado de ese desarrollo, debe participar en él, tomarlo para sí, explotarlo, porque lo necesita para cumplir con su fin, para regular íntegramente la vida en sociedad y para sobrevivir.

En la década de los 60 y en plena expansión de las telecomunicaciones, surge un dispositivo netamente militar, Internet. Este no solo se convirtió en una herramienta de transmisión de información, sino en un portal de búsqueda.

---

* **Universidad Santa María**, Abogado; Doctorado en Derecho Civil y Mercantil, y Ciencias Penales, Especialización en Docencia Universitaria; profesora en pre- y postgrado. **Universidad Central de Venezuela**, profesora de Derecho de Familia.

Este medio de comunicación masiva conecta a millones de personas, quienes pueden interactuar, conversar, intercambiar ideas, gustos y negociar, entre otros aspectos. En fin, compartir con personas de cualquier parte del mundo; siendo usado para relacionarse con otras, conocer gente nueva o mantenerse en contacto con las ya conocidas. Es una forma ideal, proporcionando ventajas para la comunicación del hombre, además de colaborar con sus actividades laborales, profesionales, educativas, recreativas y culturales. Estos avances, unidos a la tendencia globalizadora de los medios de comunicación han hecho posible redes como Facebook, Instagram, Whatsapp, YouTube o Twitter, adaptándose a ellas tanto las nuevas como anteriores generaciones en el uso de estos medios.

Ahora bien, es indiscutible los beneficios que nos brindan tanto Internet, así como las redes sociales antes mencionadas y vale la pena preguntarse: ¿De qué manera estas pueden influir negativamente en la sociedad, familia y en el matrimonio, capaz de provocar conflictos en este último? Acceder a ellas es fácil y en algunos casos brinda privacidad; encontrando las personas una forma sencilla de relacionarse: No existe más la plaza pública de antaño. En la actualidad, las relaciones se desarrollan a través del ciberespacio, que rompe las barreras psíquicas del individuo.

El problema surge cuando esas relaciones establecidas por dichos medios comienzan a afectar las relaciones de parejas dentro o fuera del matrimonio. Entonces comenzamos a preguntarnos: ¿Qué ocurre cuando personas casadas entran en Internet a buscar idilios amorosos con otras personas? ¿Puede considerarse esta actividad como infidelidad? ¿Puede ser motivo de divorcio?

Son innumerables los artículos y sitios que se consiguen en la red sobre la «infidelidad en Internet». La mayoría plantea el asunto desde la perspectiva psicosocial; otros, constituyen lugares para foros y discusiones; otros forman una guía de cómo ser infiel y no morir en el intento. También se encuentran páginas que ofrecen servicios de espionaje para detectar «la ciberinfidelidad», además de los sitios de *chats* típicos para conocer personas, así como de citas y pornografía.

Lo anteriormente expresado, evidencia que la infidelidad por Internet es un fenómeno real, que afecta las relaciones de pareja. Concretamente en nuestro trabajo analizaremos las referidas al matrimonio, con severas consecuencias sobre el mismo. Ello es tan cierto, que investigadores de diversas universidades en el mundo se encuentran haciendo estudios para definir el fenómeno, delimitarlo y establecer sus consecuencias. Por lo que el Derecho no puede quedarse a la zaga en esta materia, debiendo legislar sobre la misma, tal como lo han planteado países como Brasil y México[1].

1. Aspectos positivos y negativos de las relaciones por Internet

Establecer relaciones por Internet, es una experiencia que puede ser vivida de forma positiva por las personas, cuando se ocupa sanamente. A manera de ilustración, cuando es usado por sujetos con ocasión de su trabajo y se encuentran distantes. Este medio permite a las personas abrirse, conectarse al mundo, hacer contacto con otros sujetos de diversas edades, distintos países, variedad de costumbres, pudiendo compartir entre sí sentimientos y hasta sus pensamientos. Sin lugar a dudas, Internet ha revolucionado al mundo moderno; no podemos imaginarnos la vida actual sin tan importante y poderoso instrumento.

Pero ello deja de ser sano, cuando las relaciones a través de la red se convierten en una adicción y comienza a acaparar la vida de una persona, sustituyendo otras relaciones, tales como familiares o laborales. Los afectados por esta o cualquier

---

[1] Por cuanto, hemos venido hablando de infidelidad, es necesario, antes de proseguir establecer en qué consiste esta; así como también el adulterio. Infidelidad –*infidelitatem*–: Falta de fidelidad, deslealtad, violación del deber matrimonial de fidelidad, que constituye causal de divorcio. La palabra infiel deriva del latín *infidelis* que significa «falta de compromiso», ello implica mantener una relación con tercero fuera del matrimonio o de la relación formal. Consiste en la violación del deber de mutua fidelidad que se deben los cónyuges, que no se materializa solo con el adulterio, sino también con cualquier otra relación de intimidad o afectuosidad excesiva con una persona de otro o igual sexo. Adulterio –*adulterium*–: Violación de la fidelidad conyugal. Falsificación, fraude. Ayuntamiento carnal realizado por una persona casada con otra que no es su cónyuge.

tipo de adicción, se caracterizan por ser personas solitarias, necesitadas de afecto y tienen dificultad para establecer relaciones interpersonales directas.

Otro riesgo que se corre, es ser engañado. Habitualmente, el género femenino se suele exponer más a este tipo de problemas por socialización, ya que poseen la tendencia a expresar más fácilmente sus sentimientos. El momento de la verdad se produce en el encuentro, cuando la imagen proyectada a través del *chat*, no coincide con la realidad, creando sentimientos de desilusión y hasta situaciones graves.

Las características de las relaciones por Internet, son las siguientes: i. Es una relación intelectual, ii. de expresión de sentimientos, iii. no convivencia directa con la otra persona y iv. la imagen transmitida suele ser atractiva, espectacular y maravillosa.

2. Relaciones por Internet

Hasta hace algún tiempo, los triángulos amorosos estaban compuestos por una pareja regularmente estable y un individuo de carne y hueso que establecía una relación sentimental con alguno de los integrantes del dueto romántico. Actualmente, en cambio, es común que la persona que comete el acto de infidelidad, ni siquiera conozca el oscuro objeto de su deseo. Solo lo identifica por un seudónimo en la pantalla del computador, cuando mucho, por medio de una fotografía digital, que no siempre es igual a la persona que se encuentra del otro lado de la línea, sino que se parece más a lo que ésta desea ser.

El anonimato alimenta esa adicción, porque la persona en el otro extremo de ese ciberamorío es desconocida. Él o ella puede ser tan hermoso(a) e inteligente como cada cual pueda imaginarla en sus sueños. La fantasía es alimentada por la falta de información y el anonimato. Nadie en el ciberespacio tiene mal aliento, calvicie, sobre peso o mal humor. El sexo es el mejor que se pueda imaginar. Los hombres son cálidos, sensibles, amables y comunicativos. Las mujeres osadas, sensuales y eróticas.

Estas relaciones brindan la oportunidad para transformar a una persona y «chatear» con vecinos distantes e invisibles en el limbo de la alta tecnología. Se suplen necesidades sociales, emocionales; se permite y alienta el coqueteo; alimentando la ilusión de intimidad que ha atrapado a tantos navegantes desprevenidos de Internet.

3. La infidelidad conyugal por Internet

Desde que existe Internet, hombres y mujeres, solteros y casados, de todas las edades, han sucumbido a la tentación de conversar o coquetear por este medio, por cuanto suelen encontrar en los sitios virtuales gran satisfacción en el encuentro con alguien que les corresponda. Ocurre frecuentemente que, ante la rutina y el vacío, los cónyuges, se sientan cada vez más necesitados de afecto. Entonces, cualquier encuentro amable puede ser suficiente para volver a sentirse emocionados. La red puede representar un espacio seguro en este aspecto, ya que en principio garantiza el anonimato, pues se pueden crear desde la casa los datos que cada uno quiere. En un artículo sobre el tema, el sociólogo-escritor David GREEFIELD, autor del libro *Adicción virtual*, expresa lo siguiente: «El anonimato de la Internet ha traído una nueva raza de adúlteros, personas que serían demasiado tímidas como para incursionar en la infidelidad cuerpo a cuerpo. Siempre han existido los *affairs*, pero el hecho de que puedas conectarte con personas de todo el mundo con facilidad y a bajo precio reduce el umbral».

El problema surge cuando quienes conversan tienen compromisos previos y se atreven a quebrantarlos. En esos casos, intercambiar ideas o sentimientos con alguien más, puede terminar en una infidelidad y en un gran conflicto si la pareja se entera, el cual puede conducir hasta el divorcio.

En términos estrictos, podríamos hablar de infidelidad a través de Internet, en la medida que el compromiso establecido en la pareja se infrinja y se transfiera hacia fuera, con un tercero, aunque ello no involucre la parte física. En la actualidad, es un fenómeno que se ha convertido en un problema más común de lo que pueda creerse en las relaciones de pareja, pues los ciberinfieles son personas que se encierran y se conectan íntimamente con el otro, lo que pasa a ser una infidelidad que es vivida por la persona en forma intensa, casi como una infidelidad con contacto físico, dado que en esa relación se expresan sentimientos, pensamientos, fantasías, e incluso excitación sexual.

Existe la infidelidad por Internet, porque de hecho la persona está con otro sujeto, con el cual ocupa su tiempo, expresa sus emociones y deseos. Establece un contacto, no físico, pero sí psicológico y la infidelidad tiene aspectos psicológicos y psíquicos. La infidelidad no puede solo enmarcarse en el aspecto sexual, es una forma de aquella; siendo que la relación establecida a través de la red puede convertirse en una adicción que atrapa la vida de una persona, llegando a sustituir las relaciones conyugales, familiares y hasta laborales.

Por otra parte, la infidelidad por intermedio de la red, muchas veces trae conflictos, porque el ciberinfiel tiene como excusa que esa relación «no es verdadera», considerando que sus romances en línea son inofensivos. Sin embargo, pasan a formar parte de su vida, así como vividos y sufridos por su pareja. Con el transcurso del tiempo, el mundo de fantasía que se le presenta por Internet, puede hacerle ver al mundo real como algo monótono y aburrido, en el cual es imposible conocer la enorme cantidad de intimidades que las personas pueden confesar mediante el uso de este medio.

Una vez que se encuentra a alguien interesante en línea, esta persona presenta el mejor lado de su personalidad –dolo bueno–, así como lo hacen sus interlocutores. Ambos comienzan a compartir intimidades, esperanzas, temores o fantasías, lo cual los acerca aún más, haciendo que dichas fantasías sean todavía más intensas, profundas, y naturalmente nace la sensación del «amor», y con él una necesidad cada vez mayor de interacción real.

Todos esos cambios no pasan inadvertidos para las respectivas parejas, que comienzan a sospechar o saber sobre los «amigos» que tiene su esposo(a) en Internet y aunque estos lo nieguen o racionalicen su actividad en línea, sus parejas se sienten amenazadas. Pero los infractores continúan ignorando, o directamente negando, el impacto que todo esto tiene en sus parejas.

En efecto, los romances por Internet suelen implicar las mismas clases de pensamientos y emociones que cualquier otra relación, lo cual incluye secretos, fantasías, entusiasmo, frustraciones, negación, entre otras. Por tanto, tiene el potencial de ser devastadoras para las otras relaciones que se mantengan, ya que lo habitual es que se llegue a un punto en que se haga irresistible la idea de encontrarse con el amigo(a) virtual en persona. Los que mantienen una relación de este tipo, tienden a pensar que han conocido a su «alma gemela», que ha nacido el uno para el otro y por tal motivo valdría la pena arriesgar todo por ello.

La tecnología lo hace más fácil, así se expresa la psicóloga venezolana BEHRENS, experta en relaciones de pareja: «… el problema siempre va a ser la persona. Si alguien comienza a tener 'algo' por la red, lo primero que debe preguntarse es: ¿Qué insatisfacción hay en mi relación de pareja para que yo esté metido en esto? (…) Normalmente las personas no asumen su cuota de responsabilidad»[2].

Por otro lado, Jesús CÓRDOBA, psiquiatra venezolano, afirma que también es un problema de valores; no es solo que con Internet se pueda ser infiel, sino que por todos lados vemos mensajes culturales que, por ejemplo, nos indican que la promiscuidad es chévere. Estamos inundados de antivalores, subraya este profesional de la medicina.

Por su parte, la Iglesia católica se ha pronunciado sobre el tema en la reconocida revista: *Famiglia Cristiana* de la ciudad de Roma, en los términos siguientes:

> Adulterio es adulterio, aunque sea virtual. Este adulterio virtual es tan pecaminoso como el real. Para la Iglesia no hay diferencia, la realidad virtual puede llegar a ser tan viciosa como la realidad construida a partir de los hechos y acciones (…) La moral de los evangelios atribuye un premio a lo que una persona lleva dentro y se preocupa tanto por los malos pensamientos como de las malas acciones (…) La Biblia dice: si un hombre

---

[2] BEHRENS, Sophia: «Los *bytes* de la infidelidad». En: *Revista Todo en Domingo*, El Nacional. Caracas, 2004.

mira a una mujer con lujuria, ya ha cometido adulterio en su corazón (…) La computadora personal ha cambiado muchas cosas en el mundo, incluso la forma en que un matrimonio puede arruinarse.

Para Olga Lucía OTERO, psicóloga de pareja, asegura que la infidelidad no es de piel. Que el simple hecho de que aparezca una tercera persona a la que se le dedica tiempo que no comparte con la esposa ya afecta la relación. No importa si esto sucede en vivo o por medio de Internet. Y cuando habla de la esposa como víctima, lo hace porque en sus consultas se ha percatado que los hombres son más propensos a enredarse en este tipo de relaciones virtuales. Ella calcula que los casos que llegan a su consultorio como consecuencia de la infidelidad en línea se han incrementado aproximadamente en un 20 %. Estas relaciones conducen a situaciones como falta de comunicación con la pareja e incluso la agresividad. Esta última es el resultado directo de saber que se está haciendo algo indebido. Cuando estos comportamientos se presentan, a la víctima no le importa si el engaño fue real o virtual, pues las consecuencias son las mismas.

La también psicóloga Evelyn PECKEL y coautora del libro *Relaciones que nos atrapan*, coincide con su colega OTERO en que ser infiel no necesariamente implica contacto directo: «Yo no creo que la infidelidad sea un acto sexual físico, aunque supongo que para las personas que se conectan en la red es una forma de entretenerse que consideran inofensiva. Los cuernos duelen así sean virtuales».

Como para no dejar dudas, PECKEL afirma que está comprobado que las infidelidades virtuales causan el mismo efecto que las que se ejecutan en carne y hueso, más carne que hueso, por supuesto. Cuando se descubre una infidelidad, casi nunca se sorprenden a los personajes en el lecho. Lo que normalmente sucede es que se encuentran mensajes con declaraciones de amor, por lo que el efecto del engaño virtual es exactamente el mismo que el de una infidelidad real, que llamaremos, más adecuadamente «tradicional», pues la infidelidad *on line*, es, de hecho, ya hoy día una realidad indiscutible.

Cuando de relaciones virtuales se trata, no todas se quedan rezagadas en Internet, pues de 86 personas consultadas en una investigación de la Universidad de La Florida, 26 llegaron a conocer a las personas con la que adornaban de cuernos la cabeza de sus cónyuges. De ellos 24 tuvieron una aventura verdadera.

Al COOPER, experto en el tema y autor del libro *Sexo e Internet*, afirma que ha escuchado a muchos terapistas en los Estados Unidos, señalar que la actividad sexual en línea es la mayor causa de problemas maritales. Por ello, algunos abogados y expertos en la materia coinciden en que la infidelidad virtual es una de las principales razones por las que se divorcian actualmente los estadounidenses.

4. ¿Cuáles son los motivos de la infidelidad?

Aunque la infidelidad no se justifica, los hombres se quejan de que sus mujeres les exigen «demasiado» y les saturan con los problemas que durante el día tuvieron con los hijos, vecinos, compañeros de trabajo, etc. Les acosan con la «urgente» necesidad de dinero para pagar las deudas y para comprar esto o aquello, además descuidan su aspecto personal, so pretexto de poder arreglarse a sí mismas porque tienen que mantener en orden la casa.

Por su parte, las mujeres se quejan de sus esposos, señalando que han dejado de ser cariñosos, no tienen detalles como una flor, las frases: te quiero, te amo, son parte de la historia. Dedican demasiado tiempo a su trabajo y cuando están en casa su única pasión es la televisión. Son incomprensivos, no ayudan en las labores domésticas y solo se vuelven cariñosos cuando quieren ser «una sola carne». El terreno sexual se vuelve una rutina, donde muchas veces se trata de satisfacer la necesidad fisiológica de él. Muchas mujeres nunca han alcanzado el clímax, saben que existe, pero jamás lo han experimentado y esto a sus esposos no les importa en lo más mínimo. Ellos desean que sus esposas sean complacientes, sin ocuparse en lo que para ellas es importante a nivel emocional. Bajo este ambiente, el terreno es fértil para que las personas sean infieles. Los amantes –hombres y mujeres–, sobre todo, si son virtuales no exigen nada, solo ofrecen compañía, falsa comprensión, sexo; no comparten los problemas cotidianos, ni los sueños, ni los planes, entre otros aspectos.

5. Efectos jurídicos[3]

El matrimonio como institución jurídica produce un conjunto de consecuencias legales, las cuales pueden dividirse en dos categorías fundamentales: efectos personales y efectos patrimoniales. Los primeros, directamente derivan en los «deberes y derechos conyugales» y en forma indirecta respecto a los hijos. En este trabajo solo trataremos lo relativo a dichos deberes y derechos entre los esposos. En efecto, la Constitución de la Republica Bolivariana de Venezuela en el artículo 77, en concordancia con el Código Civil, en su artículo 137 establece: «Con el matrimonio el marido y la mujer adquieren los mismos derechos y asumen los mismos deberes. Del matrimonio deriva la obligación de los cónyuges de vivir juntos, guardarse fidelidad y socorrerse mutuamente...».

Estos deberes y derechos son: i. Cohabitación, ii. fidelidad, iii. asistencia y iv. socorro. Los deberes y derechos que nacen como producto del matrimonio, reúnen tres caracteres fundamentales: Son de naturaleza legal, de orden público y recíproco. Su raíz es de carácter ético, pero, desde el punto de vista jurídico, se trata simplemente de obligaciones y facultades legales. Estos constituyen el núcleo del estado conyugal; por eso son materia de orden público, que la voluntad de los cónyuges no puede derogar, siendo cualquier

---

[3] *Vid.* Bocaranda, Juan José: Guía Informática *Derecho de Familia*. Editorial Tipografía Principios. Caracas, 1994, pp. 241 y ss.; D'Jesús, Antonio: *Lecciones de Derecho de Familia*. Paredes Editores. Caracas, 1991, pp. 52 y ss.; Domínguez Guillén, María Candelaria: *Manual de Derecho de Familia*. TSJ. Caracas, 2008, pp. 94 y ss.; González Fernández, Arquímedes: *Matrimonio y divorcio*. Ediciones Liber. Caracas, 2003; Herrera Faría, Jaime: *Violencia intrafamiliar*. Editorial Leyer. Bogotá, 2000; López Herrera, Francisco: *Derecho de Familia*. Tomos I y II. 2ª, UCAB. Caracas, 2006, pp. 445 y ss. (t. I); 185 y ss. (t. II). Montoya, César Augusto: *Familia y menores (vivencias jurídicas)*. 2ª, Editorial Librosca. Caracas, 1999, pp. 17 y ss.; Naranjo Ochoa, Fabio: *Derecho Civil Personas y Familia*. 7ª, Librería Jurídica Sánchez R. Medellín, 1996; Simo Santoja, Vicente Luís: *Divorcio y separación. Derecho comparado y conflictual europeo*. Tecnos. Madrid, s/f; Sojo Bianco, Raúl y Hernández de Sojo, Milagros: *Apuntes de Derecho de Familia y Sucesiones*. Ediciones Paredes. Caracas, 2016, pp. 175 y ss.

pacto en contrario nulo, como reza el artículo 6 del Código Civil. Por último, son recíprocos por cuanto corresponden al marido frente a la mujer y a esta respecto de aquel.

En el análisis de dichos deberes y derechos, se abarcará exclusivamente el de fidelidad y asistencia. Dispone el citado artículo 137 del Código Civil que los cónyuges están obligados a guardarse fidelidad. Esto se traduce en la obligación de los esposos de abstenerse de tener relaciones carnales fuera del matrimonio con terceras personas. Ella obliga por igual a ambos cónyuges; razón por la cual es infiel tanto el marido como la mujer. El incumplimiento grave de este deber constituye causal de divorcio y en la doctrina extranjera el resarcimiento de daños y perjuicios a favor del cónyuge víctima de la infidelidad.

La norma contenida en el artículo 137 del Código Civil también expresa que los cónyuges están obligados a socorrerse mutuamente. Esta obligación recíproca de socorro, la vamos a denominar aquí –siguiendo la opinión general de la doctrina– «deber conyugal de asistencia»; por cuanto el socorro, propiamente dicho, es de contenido eminentemente patrimonial. El deber de socorro constituye una obligación de dar; en cambio el de asistencia constituye una obligación de hacer. La asistencia entre los esposos, en ocasiones es denominada «socorro moral», siendo de contenido ético, el cual nace de la esencia misma de la unión conyugal. Esta comprende el conjunto de cuidados tanto de orden físico como moral, que deben prodigarse los esposos durante su vida matrimonial, tanto en tiempos normales como en la enfermedad o desgracia. La preocupación permanente de uno para el otro; las atenciones recíprocas; el afecto; la mutua consideración; el respeto a la dignidad de cada cónyuge; el estímulo personal; las buenas maneras y el trato adecuado entre los esposos basados en la tolerancia mutua, son, entre muchos otros, algunos de los aspectos de esta obligación de asistencia. El incumplimiento grave de este deber-derecho, genera en el cónyuge víctima la posibilidad de accionar en divorcio por las causales 1ª hasta la 6ª del artículo 185 *eiusdem*.

Hemos expresado *ut supra* que el incumplimiento grave del deber-derecho de fidelidad y asistencia genera que el cónyuge víctima pueda accionar en «divorcio» en contra del cónyuge infractor. En efecto, a la luz de este trabajo se ha dicho que los «amoríos» de un cónyuge con terceras personas por Internet y la posibilidad de que se concrete realmente, constituye infidelidad. Así como también se expresó que tales relaciones derivan en una falta de respeto, consideración y no cumplimiento de los deberes conyugales en detrimento del esposo(a) víctima. Por tanto, a continuación se analizará cuáles causales de divorcio establecidas en el artículo 185 del Código Civil pudieran ser invocadas.

De las siete causales de divorcio que establece el citado artículo, solo nos abocaremos al estudio de tres: el adulterio; el abandono voluntario y los excesos, sevicia e injurias graves que hagan imposible la vida en común.

El adulterio, como lo define el *Diccionario de la Lengua Española de la Real Academia* es: «Ayuntamiento carnal voluntario entre persona casada y otro de distinto sexo que no sea su cónyuge»[4]. Para que exista el adulterio deben coexistir dos elementos: el «material» de la cópula carnal llevada a cabo por una persona casada, con quien no es su cónyuge, y el «intencional» de realizar el acto en forma consciente y voluntaria. No constituye adulterio, por ejemplo, la conducta impropia o la relación más o menos íntima de uno de los esposos con tercera persona, si no se llega a concretar la unión sexual. Según la doctrina tradicional, las relaciones sexuales que mantenga un cónyuge con un tercero de igual sexo, no constituyen adulterio; en cambio para el Derecho canónico sí lo es. En nuestra opinión, el adulterio puede definirse como unión carnal de un cónyuge con tercera persona, sin distinción de sexos; por cuanto en ambos casos existen los elementos de intencionalidad y el material, lo cual constituiría igual afrenta y consiguiente violación de la fidelidad conyugal.

La prueba del adulterio implica la demostración precisa de que el cónyuge ha mantenido relaciones carnales durante el matrimonio, con persona distinta de su cónyuge; siendo difícil su demostración. Sin embargo, puede resultar de:
i. El reconocimiento voluntario que haga un cónyuge de un hijo habido de una

---

[4] *Diccionario de la Lengua Española de la Real Academia*. Tomos I y II. 21ª, Editorial Espasa. Madrid, 1992.

relación adulterina, ya que ese reconocimiento es realizado ante funcionario competente y consta de instrumento público, ii. de sentencia civil que declare con lugar la acción de reclamación de estado de un hijo extramatrimonial, procreado de una relación adúltera y iii. el que surja de una decisión judicial por una acción impugnación de paternidad, de conformidad con el artículo 201 del Código Civil.

También la comprobación, en términos generales, solo puede resultar de presunciones *hominis*. Es decir, de la demostración de una serie de hechos graves, precisos y concordantes que si bien no se refieren al hecho mismo del adulterio, llevan al ánimo del juez la convicción de que el mismo tuvo lugar, en aplicación del artículo 1399 del Código Civil.

Entonces, siendo el adulterio un acto de infidelidad, el cual se consuma con la unión sexual, ¿puede una relación amorosa que solo es por Internet, constituir adulterio? En esas relaciones no existe contacto físico, pues en un alto porcentaje en esos romances tenemos expresión de sentimientos, pensamientos, no convivencia con el otro directamente; de tal manera que, al menos, en principio, dichas relaciones virtuales, carecerían del elemento material para la configuración del adulterio como causal de divorcio. No obstante, ellas pueden comenzar en Internet y evolucionar en el tiempo; de manera que puedan llegar al encuentro personal y sexual. En este caso, la situación es distinta y deberá procederse, con la fase probatoria para demostrar que efectivamente el hecho se ha consumado.

La psicólogo Hilda Salmerón García nos ofrece una definición más efectiva y real de lo que es el adulterio, en donde sí cabe la posibilidad de considerar la infidelidad por Internet como causal de divorcio por adulterio. Para ella, un concepto más adaptado a la actualidad sería: «Infidelidad, relaciones extraconyugales, amantes, etc., relación fuera del lazo conyugal que uno de los miembros establece con otra persona del mismo sexo o del sexo opuesto, y con quien mantiene algún tipo de relación amorosa –no solamente genital–, que puede ser a corto o largo plazo».

Pasemos a continuación al análisis de la causal segunda, el abandono voluntario (artículo 185.2 del Código Civil). Esta causal se configura con el incumplimiento grave, intencional e injustificado por parte de uno de los cónyuges de los deberes de cohabitación, asistencia y socorro que impone el matrimonio.

A título enunciativo se pueden mencionar algunos casos de abandono voluntario: Ausencia definitiva inexcusable del hogar común; la injustificada negativa al débito conyugal, aunque permanezcan viviendo juntos; la negativa de atender al cónyuge enfermo; la injustificada satisfacción de las necesidades del hogar, en la medida de sus recursos; el abandono material, moral y espiritual de un cónyuge respecto del otro.

La causal *in commento* puede ser invocada en el caso que nos ocupa, bajo dos aspectos: i. Cuando la adicción a Internet es de tal magnitud y provoca la cesación de la vida en común de los esposos, aun cuando sigan viviendo bajo el mismo techo. Circunstancia usual, pues el tiempo que deberían invertir en su cónyuge, lo pasan conectados a la computadora con otra(s) persona(s) con quienes mantienen relaciones ciberrománticas; descuidando en consecuencia los deberes y derechos que impone el matrimonio y ii. cuando el cónyuge infractor, abandona el hogar, los hijos y se va a convivir o no con su pareja virtual –que dejaría de serlo en este supuesto–. En ambas situaciones se materializaría el abandono voluntario como causal de divorcio.

A continuación, analizaremos si esa conducta desplegada en los romances virtuales, encaja dentro de la causal tercera del artículo 185 del Código Civil: «Los excesos, sevicia e injuria grave que hagan imposible la vida en común». Para que el exceso, sevicia o la injuria configuren causal de divorcio, es preciso que reúnan las características de ser graves, intencionales e injustificadas.

Los excesos son los actos de violencia ejercidos por uno de los cónyuges en contra del otro, poniendo en peligro la salud, integridad física o la vida misma de la víctima. El elemento material es el ejercicio de la violencia que afecte la integridad física de uno de los esposos, que puede perfectamente manifestarse, pues, como quedó dicho, cuando el cónyuge afectado comienza a dar señales de conocer la infidelidad y reclama la conducta. El otro cónyuge en principio puede responder en forma verbal, pero a medida que la situación se agrave, el cónyuge infractor puede llegar a maltratar corporalmente a su pareja. En este sentido, cabría invocar judicialmente esta causal de divorcio. La sevicia, en cambio, consiste en la crueldad o dureza excesiva con una persona; y en particular los malos tratos a la víctima, sometida al poder o autoridad de quien así abusa. Los malos tratos ejecutados con crueldad y espíritu de hacer sufrir, contienen dos elementos: i. El físico, como son los malos tratos y ii. el psicológico, que es la intención despiadada de causar daño que, hagan insoportable la vida en común. Por último, injuria, en sentido general, es el deshonor, ofensa, afrenta; desde el punto de vista civil, el agravio o ultraje de obra o palabra –hablada o escrita con el uso de medios convencionales, Internet y redes sociales–, que lesionan la dignidad, el honor, el buen concepto o la reputación de la persona contra quien se dirige.

Respecto a la injuria, la Sala de Casación Civil sostuvo: «La injuria, es el agravio, la ofensa, el ultraje inferidos mediante expresión proferida o acción ejecutada por un cónyuge en deshonra, desprestigio o menosprecio del otro cónyuge. Injuria como causal de divorcio es lo que el cónyuge dice, hace o escribe con la intención de deshonrar, afrentar, desacreditar o envilecer al otro cónyuge»[5].

La jurisprudencia ha sido constante y reiterada en cuanto a la injuria. Expresando que constituyen injurias graves los insultos verbales o escritos en privado o ante terceros; mantener relaciones equívocas con personas de otro sexo; haber cometido delitos deshonrosos, como robo, homicidio, estafas, entre otros; los vejámenes y desconsideraciones, como mantener al otro cónyuge en situación de inferioridad, así como mantener un obstinado silencio ante el otro cónyuge, entre otras tantas usadas en procesos similares.

La fidelidad es un derecho y deber conyugal mutuo, que no se viola únicamente con el adulterio, sino también con cualquier otra relación de intimidad

---

[5] CSJ/SCC, sent. del 14-08-96.

o afectuosidad excesiva con persona de otro o similar sexo, que pueda lesionar la reputación o los sentimientos del cónyuge. Se considera «injuria grave» aquellas infidelidades que no han alcanzado el grado de adulterio, como la que se desarrolla por medio de Internet, aun cuando el tercero se encuentre en otro país, pues como quedó establecido en este trabajo, existe infidelidad cuando se establecen relaciones íntimas con terceros a través de Internet, que pueden producir el quiebre de las relaciones formales y llevarlas a la separación definitiva. Tales relaciones, constituyen un agravio, ofensa para el otro cónyuge, a quien se le debe respeto y consideración.

Muchos son los casos concretos de excesos, sevicia e injuria grave entre los cónyuges, pero nos limitaremos a mencionar algunos de ellos: Proferir golpes, heridas, hematomas, amenazas, abuso sexual, violación, contagio de enfermedades infecto-contagiosas de origen sexual; infidelidad, sin llegar al adulterio; privación deliberada e injustificada de alimentos; las expresiones soeces en el lenguaje, dirigidas a ofender, las calumnias o injurias que afecten o denigren la dignidad de la persona; las proposiciones inmorales; el ocultamiento de hechos graves; la celebración de un nuevo matrimonio, sin estar disuelto el vínculo anterior, entre tantas.

Esta causal, prevista en el artículo 185 del Código Civil, es facultativa. El cónyuge ofendido está obligado a comprobar los hechos alegados en el libelo de demanda; correspondiendo al juez apreciar tales hechos para determinar si, hubo violación grave de los deberes derivados del matrimonio y sí los alegados y probados son de tal naturaleza que hacen la vida imposible en común.

En atención al tema, consideramos que la causal en referencia es una consecuencia del incumplimiento del deber-derecho de asistencia y puede tener aplicación en los casos en que las relaciones amorosas de un cónyuge con tercera persona por intermedio de Internet, produzca en la relación conyugal los excesos, sevicia o injuria grave, antes estudiados.

Para concluir, consideramos importante resaltar que las causales de divorcio contempladas en el referido artículo 185 del Código Civil, tenían entre sus características que eran únicas y taxativas. Ello se traducía en que solo se podían admitir en el proceso y declarar con lugar en la sentencia definitiva, en forma exclusiva, cualquiera de las siete causales establecidas en el citado artículo. Pero, a raíz de la sentencia N° 693, de la Sala Constitucional, se efectuó la interpretación con carácter vinculante, del artículo 185, determinando que las causales de divorcio allí previstas son «enunciativas» y «no taxativas». Al respecto la Sala estableció que «… cualquiera de los cónyuges podrá demandar el divorcio por las causales previstas en dicho artículo o por cualquier otra situación que estime impida la continuación de la vida en común, en los términos señalados en la sentencia N° 446/2014 ampliamente citada en este fallo; incluyéndose el mutuo consentimiento»[6].

A criterio de la Sala, la previsión del artículo 185 del Código Civil, que prevé una limitación al número de las causales para demandar el divorcio, es contraria al ejercicio de los derechos contenidos en la Constitución, ya que resulta insostenible el mantenimiento de un *numerus clausus* de las causales válidas para accionar el divorcio frente a la garantía de los derechos fundamentales del ciudadano al libre desenvolvimiento de la personalidad y a la tutela judicial efectiva.

En consecuencia, de la interpretación de la Sala Constitucional antes señalada y en atención al objeto del trabajo que nos ocupa, consideramos que siendo dicha decisión vinculante, los cónyuges que se sientan afectados por las relaciones amorosas que tienen su pareja vía Internet y tal situación les impida la continuación de la vida en común, pueden solicitar el divorcio aduciendo dicha decisión del Tribunal Supremo de Justicia.

---

[6] TSJ/SC, sent. N° 693, del 02-06-15. *Vid.* Varela Cáceres, Edison Lucio: «La última sentencia de divorcio de la Sala Constitucional (comentarios a la sentencia N° 693 de fecha 2 de junio de 2015)». En: *Revista Venezolana de Legislación y Jurisprudencia*. N° 6. Caracas, 2016, pp. 145-190; Espinoza Melet, Manuel: «La transformación del artículo 185-A del Código Civil». En: *Revista Venezolana de Legislación y Jurisprudencia*. N° 4. Caracas, 2014, pp. 233-250.

Conclusiones

Interrelacionarse por Internet es una experiencia que se puede vivir en forma positiva, cuando las personas la usan adecuadamente. Es un medio que permite abrirse al mundo y tomar contacto con otras personas de distintas edades, religiones, costumbres, con quienes se pueden compartir pensamientos y sentimientos. Pero, cuando alguien está casado, traspasa esos límites, estableciendo relaciones íntimas vía Internet, en perjuicio de su cónyuge, termina en infidelidad, que más allá de todas las implicaciones de tipo personal-emocional, puede desembocar en la ruptura matrimonial y el divorcio.

Cualquiera que mantenga relaciones virtuales con una tercera persona, debe reflexionar y fortalecer la vida en pareja, hablar sinceramente con su cónyuge sobre lo que le agrada o disgusta del otro y ambos buscar los correctivos necesarios para mejorar la relación. El matrimonio es una institución creada para el regocijo de los cónyuges, debiendo en todo momento defender su integridad y estabilidad en el tiempo.

* * *

Resumen: La autora reflexiona sobre el impacto que el Internet tiene en las relaciones de pareja y como por medio de las redes sociales y el ciberespacio se puede llegar a generar vínculos afectivos entre uno de los miembros del vínculo y un tercero, deviniendo en un perjuicio para el nexo matrimonial, al grado de incluso generar la ruptura o divorcio. **Palabras clave**: Relaciones por Internet, infidelidad, divorcio. Recibido: 31-01-18. Aprobado: 27-02-18.

Constitución y Derecho Internacional Privado

Claudia Madrid Martínez [*]

Sumario

Introducción 1. La Constitución y la determinación de la jurisdicción *1.1. Los criterios atributivos de jurisdicción 1.2. El artículo 151 de la Constitución 1.3. El caso del foro no conveniente 1.4. Jurisdicción inderogable y protección al consumidor. El silencio del sistema venezolano* **2. La Constitución y la determinación del Derecho aplicable** *2.1. Elección de los factores de conexión 2.2. Vigencia temporal de las normas de conflicto: sujeción al principio constitucional 2.3. Derechos humanos y aplicación del Derecho extranjero 2.3.1. Generalidades 2.3.2. Normas de aplicación necesaria y orden público en el Derecho Internacional Privado 2.4. La Constitución y las lagunas del sistema.* **Conclusiones**

Introducción

Actualmente, el Derecho privado está experimentando cierta mengua, debido a la correlativa expansión del Derecho público y, de manera más precisa, del Derecho Constitucional[1]. Tal expansión genera, por una parte, que las normas

---

[*] **Universidad Central de Venezuela**, Abogado; *Magister Scientiarum* en Derecho Internacional Privado y Comparado; Doctora en Ciencias mención Derecho; Profesora Titular. **Universidad Católica Andrés Bello**, Profesora Asociada. **Universidad de Colonia**, *Postdoctoral researcher* becada por la Fundación Alexander von Humboldt (2012-2014).

[1] Véase: Domínguez Guillén, María Candelaria: «Proyección constitucional del Derecho de Obligaciones». En: *Revista Venezolana de Legislación y Jurisprudencia*. N° 7-I (Edición homenaje a José Peña Solís). Caracas, 2016, pp. 87-123, www.rvlj.com.ve.

deban reflejar directamente principios constitucionales, con lo cual muchas de ellas pueden incluso ser calificadas como internacionalmente imperativas; y, por otra parte, la necesidad de interpretar todas las normas del sistema a la luz de la Constitución.

El primero de los fenómenos mencionados no es nuevo en la evolución del Derecho moderno. La necesidad de que la norma subconstitucional se ajuste a la Constitución no hace más que reflejar, de alguna manera, la tesis de la jerarquía de las fuentes de Kelsen. En cambio, el hecho que todas las normas del sistema deban ser interpretadas a la luz de los principios constitucionales podría generar cierta invasión de estos sobre las demás normas del sistema, con el añadido de que esta situación podría generar cierta inseguridad jurídica.

Esta tendencia que puede apreciarse como general en el Derecho comparado, es reconocida expresamente en la Constitución de la República de 1999[2]. En efecto, nuestra Constitución se autoproclama como «… la norma suprema y el fundamento del ordenamiento jurídico» (artículo 7), con lo cual todas las normas deben ser conformes con la misma, tanto que, en caso contrario, el juez podría llegar a desaplicar la norma en cuestión, a favor del dispositivo constitucional (artículo 334).

Por otra parte, la necesaria interpretación conforme a los principios constitucionales de las normas del sistema se relaciona con la facultad de intervención del Estado en las relaciones entre particulares. Tal facultad ha sido expresamente reconocida por el artículo 2 de la Constitución, norma de conformidad con la cual «Venezuela se constituye en un Estado democrático y social de Derecho y de justicia…»[3]. Este postulado, cuyo alcance no parece estar aun claramente precisado, se manifestaría, entre otras cosas, en la actividad del juez al interpretar las normas a la luz de la Constitución.

---

[2] *Gaceta Oficial de la República Bolivariana de Venezuela* N° 36860, del 30-12-99.

[3] Sobre la interpretación de esta expresión, ver: Madrid Martínez, Claudia: «La libertad contractual: su lugar en el Derecho venezolano de nuestro tiempo». En: *Derecho de las obligaciones. Homenaje a José Mélich-Orsini*. Acienpol. C. Madrid, coord. Caracas, 2012, pp. 105 y ss.

Ahora bien, como parte del sistema jurídico, el Derecho Internacional Privado no escapa a esta realidad. A pesar de ello, el tema de las relaciones de la Constitución con el Derecho Internacional Privado ha sido escasamente tratado en Venezuela[4] y tampoco parece un tema muy popular en Derecho comparado[5]. Sin embargo, el contenido del Derecho Internacional Privado también es objeto de la influencia constitucional, tanto al momento de la elaboración de sus normas, como al momento de su interpretación.

Para empezar, la Constitución de 1999 reconoce por primera vez la denominación de nuestra disciplina como Derecho Internacional Privado, al incluirla, en su artículo 156,32, dentro de las competencias del Poder Público nacional. Se trata, en palabras de HERNÁNDEZ-BRETÓN, de «Una verdadera sorpresa, sin aparente justificación teórica, pues como es sabido, la Ley de Derecho Internacional Privado fue dictada bajo la vigencia de la Constitución de 1961 en ejecución de la competencia residual establecida a favor del Poder Nacional de conformidad con el artículo 136.25 de la Constitución de 1961»[6].

En este trabajo expondremos algunos casos de influencia de la Constitución sobre la aplicación e interpretación del sistema venezolano de Derecho Internacional

---

[4] DE MAEKELT, Tatiana: «Tribunales especiales en materia del Derecho Internacional Privado». En: *Revista de la Facultad de Ciencias Jurídicas y Políticas*. N° 63. UCV. Caracas, 1982, pp. 59 y ss.; HERNÁNDEZ-BRETÓN, Eugenio: «La Constitución del 30 de diciembre de 1999 y la Ley de Derecho Internacional Privado del 6 de agosto de 1998». En: *Ley de Derecho Internacional Privado de 6 de agosto de 1998. Libro homenaje a Gonzalo Parra-Aranguren*. Tomo II. TSJ. F. PARRA ARANGUREN, editor. Caracas, 2001, pp. 11 y ss. Del mismo autor: «Arbitraje y Constitución: El arbitraje como derecho fundamental». En: *Arbitraje comercial interno e internacional. Reflexiones teóricas y experiencias prácticas*. ACIENPOL. I. de VALERA, coord. Caracas, 2005, pp. 21 y ss.; y «La función de la Constitución de 1999 en la determinación y aplicación del Derecho que regula la adopción internacional». En: *Temas de Derecho Internacional Privado. Libro homenaje a Juan María Rouvier*. TSJ. F. PARRA ARANGUREN, editor. Caracas, 2003, pp. 347 y ss.; GUERRA, Víctor: *Límites constitucionales al Derecho Internacional Privado ¿hacia una jurisdicción especial?* Dike. Medellín, 2013.

[5] Destaca la tesis de BRILMAYER, Lea: *Conflict of laws*. Little Brown and Company. Boston, 1991, *passim*, quien propone la adopción de *political rights-based approaches* para prevenir la exagerada intervención del Estado en las relaciones privadas.

[6] HERNÁNDEZ-BRETÓN: ob. cit. («La Constitución...», p. 14.

Privado, principalmente en materia de jurisdicción y de Derecho aplicable. Aunque no incluiremos lo relativo a la eficacia extraterritorial de decisiones extranjeras, hemos de considerar que también en este campo se nota la influencia constitucional, principalmente en la necesidad de que, para ser reconocida en Venezuela, la sentencia extranjera no debe violar los principios constitucionales[7].

1. La Constitución y la determinación de la jurisdicción

La propia noción de jurisdicción denota la relación de esta materia con los principios constitucionales. Sin embargo, a los efectos de este trabajo nos limitaremos al análisis de tres casos particulares: el primero, se refiere a la elección de los criterios que serán determinantes para atribuir jurisdicción a los tribunales venezolanos. En segundo lugar, analizaremos la norma contenida en el artículo 151 de la Constitución; y, finalmente, haremos referencia a la figura del *forum non conveniens* y su posible procedencia en Venezuela.

1.1. Los criterios atributivos de jurisdicción

Es generalmente reconocido que el legislador natural en materia de jurisdicción es el legislador supranacional. Sin embargo, debido a la fuerte dosis de soberanía que suele envolver toda discusión sobre la jurisdicción, esta tarea es dejada, en la mayoría de los casos, en manos del legislador estatal, quien formula las reglas de manera unilateral y sin comunicación con otros sistemas estatales. Esta visión unilateral del problema, aunada al hecho de que no existe un tribunal supranacional que dirima los conflictos positivos y negativos de jurisdicción que puedan plantearse, hace que tales conflictos sean también resueltos de manera unilateral[8].

---

[7] Ibíd., p. 16; *cfr.* MADRID MARTÍNEZ, Claudia: «Breves notas sobre el orden público y el reconocimiento de decisiones extranjeras en el sistema venezolano de Derecho Internacional Privado». En: *Temas de Derecho Internacional Privado. Libro homenaje a Juan María Rouvier.* TSJ. F. PARRA ARANGUREN, editor. Caracas, 2003, pp. 361 y ss.

[8] VIRGÓS SORIANO, Miguel y GARCIMARTÍN ALFÉREZ, Francisco: *Derecho Procesal Civil internacional. Litigación internacional.* Civitas. Madrid, 2000, pp. 39 y 40.

Así, en nuestro ordenamiento jurídico conviven normas sobre jurisdicción contenidas en tratados internacionales, que son la minoría, y en fuentes de origen interno[9], de manera que el criterio atributivo de jurisdicción a aplicar dependerá de la fuente de la cual provenga la norma competente para regular el caso. De esa fuente dependerá también la función distributiva o atributiva de ese criterio de jurisdicción.

En efecto, el criterio contenido en una fuente convencional distribuirá la jurisdicción entre los Estados parte, de manera que si, una vez aplicado el tratado vigente, la jurisdicción recae sobre otro de los Estados parte del mismo y no sobre Venezuela, nuestro juez deberá conformarse con declarar su falta de jurisdicción. En cambio, la norma sobre jurisdicción de origen estatal atribuirá jurisdicción a los tribunales venezolanos, sin poder, evidentemente, pronunciarse sobre la jurisdicción de los tribunales extranjeros. En tal sentido, en virtud del principio de la unilateralidad, cada Estado decide libremente sobre su jurisdicción, con los solos límites impuestos por el Derecho Internacional Público.

En materia de determinación de la jurisdicción, no existen lagunas que permitan el recurso a la analogía o a los principios de Derecho Internacional Privado generalmente aceptados. Ni siquiera podría haber aplicación analógica de las normas sobre competencia territorial interna para buscar afirmar la jurisdicción de los tribunales venezolanos[10]. En todo caso, la negativa o el

---

[9] Este diálogo de fuentes es reconocido por el artículo 1 de la Ley de Derecho Internacional Privado: «Los supuestos de hecho relacionados con los ordenamientos jurídicos extranjeros se regularán, por las normas de Derecho Internacional Público sobre la materia, en particular, las establecidas en los tratados internacionales vigentes en Venezuela; en su defecto, se aplicarán las normas de Derecho Internacional Privado venezolano; a falta de ellas, se utilizará la analogía y, finalmente, se regirán por los principios de Derecho Internacional Privado generalmente aceptados».

[10] Al respecto es célebre la decisión de la Sala Político Administrativa de la entonces Corte Suprema de Justicia, dictada en 1993 en la cual se afirmó que el objetivo de las normas reguladoras de la competencia territorial interna condiciona, en principio, la imposibilidad de que estas últimas se utilicen para la determinación de la jurisdicción. *Vid.* CSJ/SPA, sent. N° 212, del 27-05-93, en: *Jurisprudencia Venezolana Ramírez & Garay*. Tomo 125. Ramírez & Garay S. A. Caracas, 1993, pp. 622-626.

silencio del legislador deberían significar que el conocimiento de un supuesto de hecho jurídicamente internacionalizado no entra en la esfera de la jurisdicción de los tribunales nacionales[11]. Incluso quienes se muestran favorables a la procedencia del foro no conveniente, reconocen que concebir con tal rigidez la determinación de la jurisdicción, es una «práctica sana»[12].

La jurisprudencia, en general, reconoce el carácter de orden público de la determinación de la jurisdicción[13], lo cual imposibilitaría cualquier intento de flexibilización. Sin embargo, es en esta materia, precisamente, donde hemos observado la intervención del Estado para, a partir de un principio constitucional, elaborar y aplicar un criterio atributivo de jurisdicción que no existe en el sistema venezolano.

En efecto, en una sentencia de 2007, la Sala Político-Administrativa del Tribunal Supremo de Justicia[14], fundamentándose en el principio constitucional del bien superior del niño, admite la jurisdicción de los tribunales venezolanos, en el juicio de divorcio de una pareja con hijos menores de edad. En este caso, el demandado tenía su domicilio fuera de Venezuela, por lo que el juez debió recurrir a los criterios supletorios en materia de relaciones familiares contenidos en el artículo 42 de la Ley de Derecho Internacional Privado[15]. Así, comprobó que no hubo sumisión y que no había transcurrido el tiempo exigido por la Ley para que el demandante se considerase domiciliado en Venezuela, de manera que pudiera aplicarse el principio del paralelismo.

---

[11] Hernández-Bretón, Eugenio: «Modificación de la competencia procesal internacional directa por razón de conexión (especial referencia a los litisconsorcios pasivos)». En: *Revista de la Facultad de Derecho*. N° 43. UCAB. Caracas, 1991, pp. 216 y ss., especialmente p. 235.

[12] Guerra, Víctor: «*Forum non conveniens*». En: *Derecho Procesal Civil internacional*. Acienpol-UCV. Caracas, 2010, pp. 299 y ss., especialmente p. 312.

[13] TSJ/SPA, sent. N° 1543, del 18-07-01, http://historico.tsj.gob.ve/decisiones/spa/Julio/01543-180701-0719.htm.

[14] TSJ/SPA, sent. N° 769, del 23-05-07, http://historico.tsj.gob.ve/decisiones/spa/mayo/00769-23507-2007-2007-0315.HTML.

[15] *Gaceta Oficial de la República de Venezuela* N° 36511, del 06-08-98, vigente desde el 06-02-99.

La Sala, en lugar de declarar la falta de jurisdicción, pues no se verificó ninguno de los criterios consagrados por el sistema venezolano, afirmó la jurisdicción de los tribunales venezolanos, dejando claro que ella:

> … como todas las autoridades del Estado, está en la obligación de atender como consideración primordial al interés superior del niño. Por tanto, al encontrarse directamente interrelacionada la presente demanda de divorcio, con los derechos de los menores de edad antes referidos en lo atinente a la guarda, obligación alimentaria y régimen de visitas, siendo tales instituciones materia de orden público de conformidad con lo previsto en el artículo 12 de la Ley Orgánica para la Protección del Niño y del Adolescente, corresponde en consecuencia a los tribunales venezolanos conocer del presente caso. Ello así, aunado al hecho de que la cónyuge demandante es de nacionalidad venezolana y estuvo domiciliada en este país con anterioridad a la interposición de la demanda, que ambos niños nacieron en territorio nacional, y que el matrimonio fue celebrado en Venezuela, debe por tanto este Alto Tribunal declarar que el Poder Judicial venezolano sí tiene jurisdicción para conocer del caso de autos.

Esta flexibilidad –reiterada en decisiones posteriores[16]– a la hora de determinar la jurisdicción de los tribunales venezolanos abre, sin duda, algunas puertas cuyas ventajas o desventajas solo podrán evaluarse con el tiempo. De momento, hemos de reconocer en ella el efecto que la preeminencia de la Constitución tiene sobre los casos de Derecho Internacional Privado, al admitirse la jurisdicción de los tribunales venezolanos en casos en los cuales no se verifican los criterios atributivos de jurisdicción consagrados en el sistema venezolano.

Una suerte semejante podría correr el divorcio, a partir del caso Correa Rampersad, resuelto por la Sala Constitucional en junio de 2015[17]. A lo largo de la sentencia pueden leerse algunas afirmaciones que harían innecesario el

---

[16] TSJ/SPA, sent. N° 1137, del 11-11-10, http://historico.tsj.gob.ve/decisiones/spa/noviembre/01137-111110-2010-2010-0917.HTML.

[17] TSJ/SC, sent. N° 693, del 02-06-15, http://historico.tsj.gob.ve/decisiones/scon/junio/178096-693-2615-2015-12-1163.HTML.

recurso a los criterios atributivos de jurisdicción. Por ejemplo, la Sala afirma: «… negar la posibilidad a un individuo de acudir a los órganos jurisdiccionales para encontrar solución a un conflicto parece confiscar al derecho su función de ordenador de la conducta humana y un medio de resolución de conflictos». Una afirmación como esta que está fundamentada, según reconoce la Sala, en una interpretación de las normas sobre divorcio a la luz de dos de los derechos reconocidos en la Constitución de 1999 –el libre desenvolvimiento de la personalidad y el acceso a la justicia– podría conducir a la construcción de un nuevo criterio de jurisdicción por vía jurisprudencial, de manera que Venezuela podría convertirse en un foro favorable para el divorcio, sin exigir mayores requisitos para el establecimiento de su jurisdicción.

1.2. *El artículo 151 de la Constitución*

De conformidad con el artículo 151 de la Constitución:

> En los contratos de interés público, si no fuere improcedente de acuerdo con la naturaleza de los mismos, se considerará incorporada, aun cuando no estuviere expresa, una cláusula según la cual las dudas y controversias que puedan suscitarse sobre dichos contratos y que no llegaren a ser resueltas amigablemente por las partes contratantes, serán decididas por los tribunales competentes de la República, de conformidad con sus leyes, sin que por ningún motivo ni causa puedan dar origen a reclamaciones extranjeras.

Es esta la única norma, dentro de nuestra Constitución, que ha de calificarse como una norma de Derecho Internacional Privado, al establecer tanto la jurisdicción de los tribunales venezolanos como la aplicación del Derecho venezolano en los casos allí indicados. Su texto aparece por primera vez en 1893, época del «Liberalismo amarillo» de Joaquín Crespo.

Cuando nos preguntamos el porqué de la inclusión de esta norma en el texto constitucional, debemos considerar que, desde el punto de vista histórico, durante esa época hubo una fuerte penetración de inversión extranjera. La gran cantidad de los empréstitos públicos y de los contratos sobre obras públicas que realizó el Estado venezolano trajo como consecuencia múltiples reclamaciones diplomáticas, obviando las vías procesales regulares que, sobre la responsabilidad del Estado, preveía el ordenamiento jurídico venezolano. Aunado a estas reclamaciones contractuales, estaban también las derivadas de los daños producidos a comerciantes extranjeros, por los movimientos insurgentes, que todavía pululaban en el país. Resulta, pues, indudable la conveniencia, ante estas concretas circunstancias, de incluir una cláusula que asegurase la competencia de los tribunales y las leyes venezolanas[18].

Debido a la discusión que se presentó con ocasión de los contratos que, con las empresas alemanas, fueron celebrados por la Compañía del Gran Ferrocarril de Venezuela[19], en los cuales se omitió toda referencia a la cláusula exigida por la norma correspondiente de la Constitución de 1893 y, ante las reclamaciones de varios parlamentarios que consideraban el peligro de que Venezuela se convirtiese en una «factoría del imperio alemán», se decidió ajustar el precepto en la Constitución de 1901, de manera de entender que la cláusula se consideraría incluida en todos los contratos de interés público, aunque no estuviere escrita.

Es indudable que la *ratio* de la norma contenida en el artículo 151 constitucional alberga una fuerte dosis de inmunidad de jurisdicción, pero, en nuestra opinión, su finalidad es evitar que le sea arrebatada a Venezuela la jurisdicción que corresponde a sus tribunales en esta materia, es decir, asegurarse que el Estado venezolano sea el único competente para conocer de los litigios relacionados con contratos de interés público, cuando su naturaleza así lo exija[20], con lo cual puede clasificarse como criterio de jurisdicción exclusiva de los tribunales venezolanos. Tal criterio de jurisdicción deriva, justamente, de la inmunidad de que goza el Estado cuando realiza ese tipo de actos y, aunque

---

[18] Toro Jiménez, Fermín: *Derecho Internacional Público*. Vol. I. UCAB. Caracas, 2001, pp. 602-609.
[19] *Vid.* Velásquez, Ramón J.: *La caída del liberalismo amarillo*. Contraloría General de la República. Caracas, 1972.
[20] La determinación de cuáles son esos contratos, ha estado en manos de la Procuraduría General de la República. Ver opiniones y comentarios en: Madrid Martínez, Claudia: «El artículo 151 de la Constitución de la República: ¿inmunidad?, ¿exclusividad? o ¿las dos cosas?». En: *Boletín de la Academia de Ciencias Políticas y Sociales*. N° 143. Caracas, 2005, pp. 423 y ss.

la inmunidad es un principio de Derecho internacional que, como tal, no requiere un reconocimiento expreso, por lo que de ningún modo esta norma sería oponible en el extranjero para escapar a la jurisdicción de otro Estado, sí resulta conveniente que Venezuela circunscriba la clase de actos a que se aplicará esta excepción (*acta iure imperii*).

Ahora bien, RODRÍGUEZ, por ejemplo, expresa su duda acerca de la calificación de este supuesto como de jurisdicción exclusiva. En su opinión, la finalidad del artículo 151 constitucional no es rechazar el reconocimiento de una sentencia extranjera que decida sobre la materia objeto de la norma, con lo cual entiende que se trataría más bien de un supuesto de inderogabilidad convencional de la jurisdicción[21]. Nosotros, por el contrario, estimamos que se trata de un supuesto de jurisdicción exclusiva. La razón es, nuevamente, la inmunidad. Hoy día se entiende que la inmunidad de jurisdicción de los Estados es relativa, de manera que estos pueden verse sometidos a la jurisdicción de un Estado extranjero cuando actúen sin estar investidos de su imperio. Por interpretación en contrario, cuando actúen con tal carácter han de ser sometidos, necesariamente, a sus propios tribunales.

Por otra parte, es cierto que tal inmunidad puede renunciarse, es decir, de manera voluntaria, un Estado puede someterse al poder jurisdiccional de otro y tal renuncia a la inmunidad implica, en definitiva, una renuncia al ejercicio de su jurisdicción. Este planteamiento nos conduciría a afirmar que estos supuestos no son ni de jurisdicción exclusiva ni de jurisdicción inderogable.

Sin embargo, debemos también considerar el contenido del aparte único del artículo 1 del texto constitucional, según el cual «Son derechos irrenunciables de la Nación la independencia, la libertad, la soberanía, la inmunidad, la integridad territorial y la autodeterminación nacional». Así, en los casos en que se determine que el Estado venezolano goza de inmunidad de jurisdicción, por imperativo constitucional, no podrá renunciarla.

---

[21] RODRÍGUEZ CARRERA, Luis Ernesto: «Artículo 47. Inderogabilidad convencional de la jurisdicción». En: *Ley de Derecho Internacional Privado comentada*. T. II. UCV. 2005, Caracas, pp. 1043 y ss., especialmente p. 1103.

En conclusión, podemos afirmar, a partir de los artículos 1 y 151 de la Constitución, cuando estemos frente a un contrato con el Estado cuya naturaleza así lo exija, Venezuela gozará, de manera irrenunciable, de inmunidad de jurisdicción, lo cual traerá como consecuencia que solo los tribunales venezolanos puedan conocer de los litigios generados por este tipo de contratos y tal jurisdicción será exclusiva, por lo que, en virtud del artículo 53.3 de la Ley de Derecho Internacional Privado, toda sentencia que sobre la materia fuere dictada en el extranjero, no podrá ser reconocida en Venezuela.

1.3. El caso del foro no conveniente

Dos principios informan la determinación de la jurisdicción en el ámbito latinoamericano y Venezuela no escapa a ello. En primer lugar, la aceptación del domicilio del demandado como foro general; y, en segundo lugar, la consideración de que cuando el demandante ha elegido un tribunal, ese tribunal no tiene discrecionalidad para declinar su jurisdicción, a la vez que se considera que los demás tribunales han dejado de tenerla[22].

En efecto, el primero de los principios citados ha sido aceptado en el sistema venezolano, por el artículo 39 de la Ley de Derecho Internacional Privado, de manera que los tribunales venezolanos tendrán jurisdicción en juicios intentados contra personas –físicas o jurídicas– domiciliadas en Venezuela, independientemente del objeto del juicio –bienes, obligaciones, Derecho de Familia, etc –, del tipo de demanda –declarativa, constitutiva o de condena–, o de la localización espacial de los hechos o derechos en disputa, salvo, por ejemplo, en ciertos casos especiales, como en el de acciones relativas a derechos reales sobre inmuebles situados en el extranjero[23]. Nuestro sistema reconoce entonces el principio *actor sequitur forum rei*.

---

[22] BRAND, Ronald A.: «*Challenges to forum non conveniens*». En: *New York University Journal of International Law and Politics*. Vol. 45. Nueva York, 2013, pp. 1003 y ss., especialmente p. 1018.

[23] El domicilio también es reconocido, por el artículo 323 del Código Bustamante, como un criterio supletorio que funcionará, para las acciones personales, cuando las partes no se hayan sometido de manera expresa o tácita a jurisdicción alguna, de manera alternativa con los tribunales del lugar de cumplimiento de la obligación.

En relación con el segundo de los principios citados, hemos de reconocer en él la natural inclinación de nuestro sistema a favorecer la elección del foro por parte del demandante, destacando el rol del principio de acceso a la justicia. Esto trata de equilibrarse, justamente, con la consagración del principio actor *sequitur forum rei*. Los sistemas angloamericanos, por su parte, suelen ubicarse del lado del demandado, dando preeminencia al principio del debido proceso. Aunque este principio no es reconocido de manera expresa por nuestro sistema, su preeminencia se hace patente en la manera en que se abordan los problemas propios de la concurrencia de jurisdicciones.

En efecto, los casos de jurisdicción concurrente son resueltos en Venezuela a través de la litispendencia, figura con la cual se protegen los intereses de ambas partes en el proceso, contra eventuales comportamientos oportunistas de la otra. Así, se protege el interés del demandado de no padecer dobles procesos y del demandante de que se respete la elección jurisdiccional que ha hecho al introducir la demanda en un tribunal determinado. Además, se evita que se produzcan sentencias contradictorias y se reducen los costos derivados de procesos dobles.

En Venezuela, la procedencia de la litispendencia en litigios de carácter internacional ha sido reconocida por el Derecho positivo y por la jurisprudencia. Así, el artículo 394 del Código Bustamante, admite la litispendencia y condiciona su procedencia a que la sentencia haya de producir cosa juzgada, lo cual ocurre «… cuando se haya dictado la sentencia con la comparecencia de las partes o de sus representantes legítimos, sin que se haya suscitado cuestión de competencia del tribunal extranjero basada en disposiciones de este Código» (artículo 396). Aunque podría pensarse también que esto solo podría determinarse aplicando, *mutatis mutandis*, los requisitos que se exigen para el reconocimiento de sentencias extranjeras.

Por su parte, el artículo 58 de la Ley de Derecho Internacional Privado reconoce que «La jurisdicción venezolana exclusiva no queda excluida por la pendencia ante un juez extranjero de la misma causa o de otra conexa con ella». Así, para que proceda la litispendencia es necesario que los tribunales venezolanos tengan jurisdicción para conocer del caso; que la jurisdicción que le corresponde a los tribunales venezolanos no sea exclusiva; que la causa pendiente en el extranjero sea la misma pendiente ante tribunales nacionales; y que la citación se haya verificado según las normas vigentes en el lugar donde se haya efectivamente verificado[24].

La jurisprudencia también ha contribuido a la determinación de la actuación de esta institución en los litigios internacionales. Así, el Tribunal Supremo de Justicia[25], luego de reconocer que la litispendencia favorece la economía procesal y tiende a evitar sentencias contradictorias, afirmó que para que ella proceda es necesario que la causa pendiente ante tribunales extranjeros sea la misma pendiente ante tribunales venezolanos; que la causa cuya pendencia se alegue esté, en efecto, pendiente de decisión; que los tribunales venezolanos tengan jurisdicción para conocer del caso; que la jurisdicción de los tribunales venezolanos no sea exclusiva; que los tribunales extranjeros ante los cuales se ha propuesto el litigio tengan jurisdicción, de acuerdo con los principios generales consagrados en la Ley de Derecho Internacional Privado; que el juez extranjero haya practicado primero la citación del demandado; y que esa citación se haya realizado según las normas aplicables, vigentes en el lugar donde se lleva a cabo el juicio y en el lugar donde efectivamente se practicó.

Hemos de tener en cuenta que, al lado de la litispendencia, la Ley de Derecho Internacional Privado admite, por primera vez en nuestro sistema, la declinatoria de la jurisdicción venezolana por conexidad internacional de causas. A diferencia de lo que ocurre en los procesos internos, la conexidad no tiene como efecto la acumulación, sino la declinatoria de jurisdicción, pues se trata de dos sistemas jurisdiccionales de Estados soberanos diferentes.

---

[24] HERNÁNDEZ-BRETÓN, Eugenio: *Problemas contemporáneos del Derecho Procesal Civil internacional venezolano*. Sherwood. Caracas, 2004, pp. 125-128.
[25] TSJ/SPA, sent. N° 1121, del 19-09-02, http://historico.tsj.gob.ve/decisiones/spa/septiembre/01121-190902-02-0017.HTM; TSJ/SPA, sent. N° 2159, del 10-10-01, http://historico.tsj.gob.ve/decisiones/spa/octubre/02159-101001-01-0133.HTM; TSJ/SPA, sent. N° 136, del 05-02-14, http://historico.tsj.gob.ve/decisiones/spa/febrero/160857-00136-5214-2014-2012-1780.html.

En definitiva, la litispendencia y la conexidad –principios que formalmente derogan la preferencia de la jurisdicción venezolana ante la jurisdicción extranjera– son los únicos mecanismos de carácter estrictamente procesal que permiten al juez venezolano declinar su jurisdicción frente al juez extranjero. Sin embargo, en los últimos tiempos se ha planteado la posibilidad de admitir, además, la procedencia del llamado *forum non conviniens*, figura propia de los sistemas angloamericanos, a través de la cual el demandado puede pedir al juez que decline su jurisdicción, por considerar que existe otro tribunal conveniente para el conocimiento y decisión de la causa. Para ello, el demandado debe probar que ese otro tribunal tiene jurisdicción y que en él se garantiza el respeto del derecho a la defensa.

Frente al *forum non conveniens*, la posición del sistema venezolano ha sido más que cautelosa. En efecto, a pesar de aceptar la citación personal del demandado como criterio atributivo de jurisdicción (artículo 40.3 de la Ley de Derecho Internacional Privado), nuestro Alto Tribunal ha llegado a afirmar:

> … el principio '*forum non conveniens*', según el cual un tribunal aun teniendo jurisdicción para conocer del caso, puede discrecionalmente declinar su jurisdicción, debe esta Sala señalar que tal solicitud es totalmente infundada, toda vez que dicho principio, no es válido en Venezuela, y su aplicación resulta contraria a los principios constitucionales y legales relativos a la jurisdicción, no pudiendo el juez en ningún momento negar su jurisdicción a favor del juez extranjero, pues las normas que la regulan son de estricto orden público y de obligatorio cumplimiento[26].

Pocos meses después de dictada la sentencia citada, en noviembre de 2001, entró en vigencia el Decreto-Ley sobre Comercio Marítimo[27], cuyo artículo

---

[26] TSJ/SPA, sent. N° 1543, del 18-07-01, http://historico.tsj.gob.ve/decisiones/spa/Julio/01543-180701-0719.htm.
[27] Posteriormente reformado y publicado en la *Gaceta Oficial de la República Bolivariana de Venezuela* N° 38351, del 05-01-06.

333[28], según ha estimado parte de la doctrina venezolana[29], aceptaría la excepción del *forum non conveniens* en materia de abordaje marítimo, en los casos en que Venezuela asuma jurisdicción, justamente, a través del criterio de la citación o de otros dos criterios en los cuales tampoco parece establecerse una conexión suficientemente fuerte con el territorio de la República, es el caso del embargo –u otorgamiento de fianza sustitutiva– en Venezuela y del arribo eventual a puerto venezolano de la nave al ocurrir el abordaje (artículo 332).

El citado artículo 333 consagraría el *forum non conveniens* como una excepción que exige del demandado la prueba de que la misma acción, por los mismos hechos y causas, ha sido interpuesta ante un tribunal extranjero que garantice el derecho a la defensa del demandante; además de la presencia de vínculos de las partes, buques, aseguradores o tripulantes con el territorio de ese Estado. Desde nuestro punto de vista, es cuestionable entender que esta norma consagre el *forum non conveniens*, desde el momento en que exige que el demandado haya «… intentado una acción por los mismos hechos y causas (…) por ante ese otro Estado», con lo cual parece estar exigiendo una litispendencia, pero matizada con cierto carácter discrecional de parte del juez y sin acudir al criterio de la prevención para determinar el tribunal que, en definitiva, conocerá del asunto.

---

[28] Artículo 333: «Solamente en los casos establecidos en los numerales 2 y 3 del artículo anterior y en el caso que la jurisdicción venezolana corresponda cuando el demandado haya sido citado personalmente en el territorio de la República, los tribunales venezolanos podrán discrecionalmente declinar su jurisdicción, a solicitud del demandado, en favor de los tribunales de otro país en el cual se hubiere intentado una acción por los mismos hechos y causas, siempre que le otorgasen al demandante iguales garantías para responder de las resultas de dicha acción intentada por ante ese otro Estado. Los tribunales venezolanos tomarán en cuenta la vinculación que las partes, buques, aseguradores y tripulantes puedan tener con la jurisdicción extranjera con el fin de tomar su decisión. La solicitud se propondrá y tramitará en la forma de una cuestión previa de declinatoria de jurisdicción».

[29] HERNÁNDEZ-BRETÓN: ob. cit. (*Problemas contemporáneos…*), p. 75; GUERRA, Víctor: «La jurisdicción venezolana en materia extracontractual y la doctrina del *forum non conveniens*». En: *Estudios de Derecho Procesal Civil, Libro homenaje a Humberto Cuenca*. TSJ. F. PARRA ARANGUREN, editor. Caracas, 2002, pp. 429 y ss., especialmente p. 447; GUERRA: ob. cit. («*Forum non conveniens*»), p. 312.

La doctrina, por su parte, se muestra favorable a la aceptación del *forum non conveniens* en Venezuela. Así, Maekelt considera:

> … derogado el principio de preferencia de nuestra jurisdicción e introducida la citación del demandado, no domiciliado, como criterio atributivo de jurisdicción, que dio origen al nacimiento de la doctrina del *forum non conveniens* en los países del *common law*, nada se opone a que el juez renuncie a su propia jurisdicción, especialmente en dos situaciones: en los casos de responsabilidad contractual y extracontractual cuando ésta presenta poca vinculación con la causa o cuando el sometimiento a los tribunales venezolanos, conduce a un resultado evidentemente injusto. En este último supuesto deberá aplicarse con todo su rigor[30].

Ya en otras ocasiones[31] nos hemos mostrado favorables a la aceptación del *forum non conveniens*. Sin embargo, solo entendemos procedente esta excepción al ejercicio de la jurisdicción en aquellos casos en los que el legislador la consagre expresamente. No creemos que sea viable aplicar, por vía de una interpretación extensiva, una excepción procesal que afecta el ejercicio de la jurisdicción de los tribunales venezolanos. Sería deseable, sí, pero mientras el legislador no disponga expresamente su procedencia, el juez estará de manos atadas[32].

1.4. *Jurisdicción inderogable y protección al consumidor. El silencio del sistema venezolano*

No existen en el sistema venezolano, hasta el momento, criterios de jurisdicción especiales para las relaciones de consumo, con lo cual el consumidor puede

---

[30] De Maekelt, Tatiana: *Ley venezolana de Derecho internacional privado. Tres años de su vigencia*. Acienpol. Trabajo de incorporación a la Academia de Ciencias Políticas y Sociales. Caracas, 2002, pp. 117 y 118; Guerra: ob. cit. («La jurisdicción venezolana…»), pp. 446-451; Guerra: ob. cit. («*Forum non conveniens*»), pp. 314 y 315.

[31] Madrid Martínez, Claudia: *Las relaciones entre la responsabilidad civil contractual y la responsabilidad civil extracontractual en el Derecho Internacional Privado venezolano*. UCV. Caracas, 2007, pp. 117 y 118; Madrid Martínez, Claudia: *La responsabilidad civil derivada de la prestación de servicios. Aspectos internos e internacionales*. Acienpol. Caracas, 2009, p. 231.

[32] Ver también: Hernández-Bretón: ob. cit. (*Problemas contemporáneos…*), pp. 75 y 76.

verse arrastrado al foro impuesto por el proveedor de bienes y servicios quien, siendo el fuerte en la relación, generalmente impone las condiciones de contratación al consumidor.

Otro de los problemas que plantean las relaciones de consumo y que, en definitiva, afectan el acceso a la justicia de los consumidores, se relaciona directamente con la escasa cuantía de las transacciones, pues muchas veces no hay equilibrio entre la inversión económica en el proceso y los resultados que posiblemente se obtengan. En efecto, tal como afirma KLEIN VIEIRA, el pequeño valor económico de la relación de consumo no justifica accionar el aparato judicial, debido al alto costo del proceso y al tiempo excesivo que se toma la resolución del litigio. Sumado a ello, en un litigio en el extranjero, el consumidor ha de tener la capacidad económica para mantener y soportar una demanda internacional. Estos factores –continúa la autora– generalmente llevan al consumidor a desistir de sus derechos[33].

En el caso del sistema venezolano, aunque no es lo ideal, su silencio podría salvarse de alguna manera con el recurso a los foros inderogables. En efecto, tal como hemos reconocido en oportunidades anteriores[34], siendo su objetivo limitar la expresión procesal de la voluntad de las partes y su posible efecto derogatorio de la jurisdicción venezolana, con ellos podríamos construir una especie de foro de protección para el consumidor, fundamentado en el artículo 117 de la Constitución[35]. Tengamos en cuenta que la finalidad capital de la

---

[33] KLEIN VIEIRA, Luciane: *Protección internacional del consumidor. Procesos de escasa cuantía en los litigios transfronterizos*. Euros Editores-BdeF. Buenos Aires-Montevideo, 2013, p. 4.

[34] MADRID MARTÍNEZ: ob. cit. (*La responsabilidad civil...*), pp. 246-252; y «Relaciones de las empresas con sus clientes. Las relaciones de consumo». En: *La empresa y sus negocios de carácter internacional*. ACIENPOL. C. MADRID MARTÍNEZ, coord. Caracas, 2011, pp. 139 y ss., especialmente pp. 151-159.

[35] Artículo 117: «Todas las personas tendrán derecho a disponer de bienes y servicios de calidad, así como a una información adecuada y no engañosa sobre el contenido y características de los productos y servicios que consumen, a la libertad de elección y a un trato equitativo y digno. La Ley establecerá los mecanismos necesarios para garantizar esos derechos, las normas de control de calidad y cantidad de bienes y servicios, los

inderogabilidad de la jurisdicción es mantener, en todo momento, la jurisdicción atribuida a los tribunales venezolanos, a disposición de una de las partes, aunque entre ellas haya habido un acuerdo previo para derogar tal foro[36]. En tales casos, el posible efecto derogatorio de la sumisión no se produce debido al expreso mandato del legislador.

En efecto, de conformidad con el artículo 47 de la Ley de Derecho Internacional Privado:

> La jurisdicción que corresponde a los tribunales venezolanos, según las disposiciones anteriores, no podrá ser derogada convencionalmente en favor de tribunales extranjeros, o de árbitros que resuelvan en el extranjero, en aquellos casos en que el asunto se refiera a controversias relativas a derechos reales sobre bienes inmuebles situados en el territorio de la República, o se trate de materias respecto de las cuales no cabe transacción o que afecten los principios esenciales del orden público venezolano.

De tal manera, el posible efecto derogatorio de la elección de las partes de un foro extranjero se ve limitado *ratione materiae*. Si una de las partes decide litigar ante los tribunales venezolanos, siempre que estos tengan jurisdicción, cualquier acuerdo que la misma haya firmado, incluso sin vicio alguno en su consentimiento, no producirá efectos sobre ellos.

Para los efectos de este análisis, nos interesa fundamentalmente el último supuesto contenido en la norma citada: «aquellos casos (…) que afecten los principios esenciales del orden público venezolano». Debe notarse que la norma transcrita se refiere a contrariedad, a violación, y no simplemente a interés, tal como ocurre con el artículo 2060 del Código Civil francés que, en materia de arbitraje, se refiere, de manera más genérica a «… *matières qui*

---

procedimientos de defensa del público consumidor, el resarcimiento de los daños ocasionados y las sanciones correspondientes por la violación de estos derechos».

[36] RODRÍGUEZ CARRERA, Luis: «Artículo 47. Inderogabilidad: ob. cit. («Artículo 47. Inderogabilidad…»), pp. 1043 y ss., especialmente p. 1104. Ver también HERNÁNDEZ-BRETÓN: ob. cit. (*Problemas contemporáneos…*), pp. 118 y 119.

intéressent l'ordre public», expresión que ampliaría mucho más la posibilidad de rechazar la derogatoria convencional de la jurisdicción cuando se trate de controversias, no cuya exclusión de la jurisdicción venezolana sea manifiestamente contraria al orden público, sino que simplemente le interesen.

Pensamos que fue más adecuada la solución acogida por nuestro legislador, pues las «materias que interesan al orden público» representan una categoría excesivamente amplia, cuya consagración podría obstaculizar de manera considerable la posibilidad de derogar convencionalmente la jurisdicción de los tribunales venezolanos, incluso en materias para las cuales el propio legislador permite el recurso a la vía arbitral.

Debemos igualmente considerar, a los efectos de la interpretación de este supuesto, que la propia Ley de Derecho Internacional Privado se refiere a «principios esenciales del orden público venezolano», con lo cual parece hacer referencia al orden público en Derecho Internacional Privado, más que al orden público interno[37], lo cual restringe aún más la limitación y deja en manos del juez la determinación de los casos en los cuales la derogatoria de la jurisdicción de los tribunales venezolanos es contraria a tales principios.

Así, si la controversia se plantea ante un tribunal venezolano y este entiende que se encuentra ante un supuesto en el cual, vistas las características del caso concreto, el acuerdo de elección de un tribunal extranjero alegado para excepcionar el ejercicio de la jurisdicción venezolana afecta los principios esenciales del ordenamiento jurídico venezolano, este deberá descartar tal acuerdo y asumir la jurisdicción. Pensemos en el consumidor que no tiene

---

[37] Así se admitió en relación con el derogado artículo 2 del Código de Procedimiento Civil. Véase: HERNÁNDEZ-BRETÓN, Eugenio: «Uso inapropiado de la doctrina extranjera y desconocimiento del Derecho Internacional (Público y Privado): Aportes para un estudio de la derogación convencional de la jurisdicción (artículo 2 del Código de Procedimiento Civil venezolano)». En: *Revista de la Procuraduría General de la República*. N° 8. Caracas, 1993, pp. 41 y ss.; MADRID MARTÍNEZ, Claudia: «El rol del orden público en el arbitraje comercial internacional». En: *Revista de la Facultad de Ciencias Jurídicas y Políticas*. N° 126. UCV. Caracas, 2006, pp. 79 y ss., especialmente pp. 80 y 81.

recursos para responder de un proceso planteado en el extranjero y frente al cual, la negativa de la jurisdicción venezolana resultaría en la violación de los principios de acceso a la justicia y tutela judicial efectiva[38].

2. La Constitución y la determinación del Derecho aplicable

A excepción del ya comentado artículo 151 que, además de la jurisdicción de los tribunales venezolanos, dispone la aplicación del Derecho venezolano a los contratos con el Estado cuando su naturaleza así lo exija, la Constitución no establece normas de conflicto. Sin embargo, sus normas determinan algunos de los aspectos del sistema para la determinación y aplicación del Derecho aplicable. En efecto, de manera general ha de entenderse que la cláusula del Estado social contenida en el artículo 2 de la Constitución «… sirve de fundamento constitucional a la pluralidad de métodos que se propugna como válida alternativa en la solución de los problemas con elementos de extranjería…», de manera de obtener un balance entre la justicia formal –seguridad jurídica– y la material, y llegar con ello a una solución equitativa para el caso concreto[39].

La búsqueda de tal balance es reconocida por la Ley de Derecho Internacional Privado, al permitirle al juez cierta libertad de movimiento en la determinación y aplicación del Derecho extranjero competente. Así ocurre, por ejemplo, en materia de adaptación, al autorizar al juez a resolver teniendo en cuenta las exigencias impuestas por la equidad en el caso concreto, cuando se encuentre frente a dificultades causadas por la aplicación simultánea de diversos ordenamientos jurídicos (artículo 7). También, en materia de Derecho aplicable a los contratos, se permite al juez acudir a algunos de los componentes de la

---

[38] En el marco del Código Bustamante, puede éste constituir un caso de «Derecho local contrario» que limita los efectos derogatorios que, eventualmente, produce la sumisión, incluso en aquellos casos en los que, tal como lo exige el artículo 321, las partes hayan renunciado «clara y terminantemente» a hacer valer sus pretensiones ante los tribunales venezolanos –su fuero propio–. Sin duda, tal excepción podría ser opuesta ante los tribunales de otro Estado parte del citado tratado.

[39] HERNÁNDEZ-BRETÓN: ob. cit. («La función de la Constitución…»), p. 352.

Lex mercatoria, «... con la finalidad de realizar las exigencias impuestas por la justicia y la equidad en la solución del caso concreto» (artículo 31).

Ahora bien, con el objeto de ilustrar la relación entre la Constitución y el Derecho aplicable a las relaciones de tráfico jurídico externo, analizaremos tres aspectos concretos. En primer lugar, la elección de los factores de conexión; en segundo término, los problemas vinculados a la validez temporal de las normas de conflicto y; finalmente, analizaremos la influencia de los derechos humanos en la aplicación del Derecho extranjero.

2.1. *Elección de los factores de conexión*

El elemento esencial de la norma de conflicto es el factor de conexión[40] y su elección es una cuestión de política legislativa que exige valorar los diversos elementos presentes. En cada sistema los puntos de conexión se determinan por razones históricas y de oportunidad; por ello, pueden calificarse como criterios de regulación del tráfico externo que ponen de relieve la concepción que de la justicia tenga un determinado ordenamiento en materia de Derecho Internacional Privado. Por ejemplo, en 1998, el legislador venezolano, al asumir una necesidad social y hasta política, cambió el factor de conexión nacionalidad por el domicilio para regular todo lo que tiene que ver con el estado y capacidad de las personas y las relaciones familiares[41].

---

[40] El factor de conexión tiene su origen en la noción de sede o asiento de la relación jurídica de SAVIGNY. En efecto, para el maestro alemán, el objeto del Derecho Internacional Privado debe ser entendido a partir de la relación jurídica y no de la norma, debiendo analizarse la naturaleza de esta y, a partir de ella, determinarse su sede jurídica –*vid.* SAVIGNY, Federico Carlos: *Sistema de Derecho romano actual*. Tomo 8. 6ª, F. Góngora y Cía. Trad. J. MESÍA y M. POLEY. Madrid, 1879–. Esto motivó que buena parte de la doctrina, siguiendo el término acuñado por NEUHAUS, Paul Heinrich: «¿*Abschied* von Savigny?». En: *Rabels Zeitschrift für ausländisches und internationales Privatrecht*. Nº 46. Tübingen, 1982, pp. 4 y ss., se refiriese a SAVIGNY como el causante de un giro copernicano –*ein kopernikanischer Wendepunkt*– en la metodología del Derecho Internacional Privado.

[41] Sobre las conveniencias del Derecho de la nacionalidad o del Derecho del domicilio, véase: DE MAEKELT, Tatiana: «Nacionalidad y domicilio en el Derecho Internacional Privado». En: *Revista de la Facultad de Derecho*. Nº 23. UCV. Caracas, 1962, pp. 439 y ss.

También podemos ver un claro ejemplo de esta situación con el cambio que experimentó la regulación de la filiación entre el Proyecto de Ley de Normas de Derecho Internacional Privado de 1963-65, antecedente directo de la Ley de Derecho Internacional Privado, vigente. En efecto, el artículo 22 del Proyecto establecía que la legitimidad de la filiación estaría sometida al Derecho del domicilio del padre al momento del nacimiento del hijo o, si el matrimonio hubiere sido disuelto con anterioridad, en el momento de la disolución. Además, el artículo 23 sometía la determinación de la filiación natural al Derecho del domicilio de la madre en el momento del nacimiento del hijo y, si resultase imposible de precisar, por la ley del lugar donde este hubiere nacido. Finalmente, de acuerdo con el artículo 24, los requisitos necesarios para la validez de la legitimación y de la adopción se regían por las leyes del domicilio del padre o adoptante y del hijo o adoptado.

Estas normas fueron consideradas como contrarias al principio de no discriminación en razón del sexo, consagrado en el entonces vigente artículo 61 de la Constitución de 1961. Por tal razón, y así lo reconoce HERNÁNDEZ-BRETÓN, estas normas fueron sustituidas por una sola disposición en la cual se consagra el llamado «estatuto autónomo del menor». Nos referimos al artículo 24 de la Ley vigente, norma de acuerdo con la cual el establecimiento de la filiación y las relaciones entre padres e hijos se rigen por el Derecho del domicilio del hijo[42].

Ahora bien, en el proceso de adaptación del sistema conflictual a las exigencias de las relaciones modernas, el factor de conexión también se ha transformado. Justamente, este elemento ha constituido la base de todo el desarrollo del Derecho Internacional Privado tendiente a la flexibilización del método conflictual, adoptando nuevas formas para enfrentar las críticas realizadas a la tesis clásica de SAVIGNY. Por ejemplo, el recurso a criterios alternativos de conexión exige del operador jurídico una tarea teleológica, debido a la existencia, en primer lugar, de una gama de factores de conexión y, en segundo lugar, de un criterio orientador para la elección entre los sistemas potencialmente aplicables[43].

---

[42] HERNÁNDEZ-BRETÓN: ob. cit. («La Constitución...»), p. 15.
[43] En efecto, en opinión de JUENGER, Friedrich: *Derecho Internacional Privado y justicia material*. Porrúa-Universidad Iberoamericana. Trad. D. FERNÁNDEZ y C. FRESNEDO.

El primero de los casos citados se verifica en materia de Derecho aplicable a la forma de los actos jurídicos. En esta materia, al privilegiarse el principio *pro validitatis* para impedir la nulidad de un acto jurídico por razones de forma, se permite que el juez, sobre la base de las circunstancias del caso concreto, pueda elegir entre el Derecho del lugar de celebración del acto, el Derecho que rige su contenido y el Derecho del domicilio de su otorgante o del domicilio común de sus otorgantes (artículo 37).

El segundo caso encuentra un excelente ejemplo en la regulación de los contratos internacionales. En principio, el contrato se rige por el Derecho elegido por las partes. Así lo establece tanto el artículo 7 de la Convención Interamericana sobre Derecho Aplicable a los Contratos Internacionales (CIDACI)[44], como el artículo 29 de la Ley de Derecho Internacional Privado. Se trata del reconocimiento de la llamada «autonomía conflictual», la cual constituye un reflejo en el plano internacional de la autonomía de la voluntad y, en consecuencia, del derecho al libre desenvolvimiento de la personalidad consagrado por el artículo 20 de la Constitución.

En ejercicio de la autonomía conflictual, las partes gozan de un amplio marco de actuación: no se exige contacto alguno con el sistema elegido; la elección del Derecho puede producirse antes, durante o después de la celebración del contrato, incluso, salvo la validez formal del contrato y los derechos de terceros, la elección original puede cambiar durante la vida del contrato (artículo 8 de la CIDACI). Además, las partes pueden elegir un ordenamiento jurídico para cada parte del contrato o elegir un Derecho solo para una parte del mismo, pues se permite el *dépeçage* voluntario (artículo 7 de la CIDACI)[45]. Esta

---

México D. F., 2006, pp. 219 y 220, el establecimiento de factores de conexión alternativos depende de la fuerza de las políticas que imponen un resultado particular y de una estimación de la aceptabilidad de las normas que prevalecen en otros Estados.

[44] Suscrita en México en 1994 en el marco de las Conferencias especializadas sobre Derecho Internacional Privado (CIDIP), *vid. Gaceta Oficial de la República de Venezuela* N° 4974 extraordinario, del 22-09-95.

[45] De tal manera, «… resulta indispensable que la elección del Derecho sea lógicamente consistente, que se refiera a elementos del contrato que puedan estar sometidos a distintos

regulación, en definitiva, potencia el desarrollo del comercio internacional al reducir la incertidumbre en la regulación de las relaciones contractuales[46].

En ausencia de elección, o ante una elección inválida del Derecho aplicable, ambos instrumentos ordenan la aplicación del Derecho más vinculado con el contrato. Es este, justamente, el criterio orientador para el juez, a partir del cual habrá de construir una solución para el caso concreto. Así, para determinar ese ordenamiento, se aconseja al tribunal tomar en cuenta todos los elementos objetivos y subjetivos que se desprendan del contrato (artículos 9 de la CIDACI y 30 de la Ley de Derecho Internacional Privado). El problema que esta solución plantea tiene que ver con la determinación de lo que ha de entenderse por elementos objetivos y subjetivos del contrato.

En tal sentido, nuestra doctrina se encuentra dividida. Mas nos interesa destacar, a los efectos de este trabajo, una de las tesis que se han expuesto para determinar el Derecho más vinculado al contrato[47]: la llamada «teoría de las vinculaciones» a que se refiere GIRAL PIMENTEL[48], fundamentándose en el llamado «Informe Siqueiros»[49]. En su opinión, los elementos objetivos son

---

Derechos sin causar contradicciones». *Vid.* HERNÁNDEZ-BRETÓN, Eugenio: *Mestizaje cultural de los países de la América Latina*. ACIENPOL. Trabajo de incorporación a la Academia de Ciencias Políticas y Sociales. Caracas, 2007, pp. 86 y 87.

[46] En sentido similar, HERNÁNDEZ-BRETÓN, Eugenio: «Propuesta de actualización de los sistemas latinoamericanos de contratación internacional». En: *Anuario del Instituto Hispano Luso Americano de Derecho Internacional*. N° 17. Granada, 2005, pp. 11 y ss., especialmente p. 21.

[47] La otra tesis fue expuesta por ROMERO, Fabiola: «El Derecho aplicable al contrato internacional». En: *Liber Amicorum, homenaje a la obra científica y académica de la profesora Tatiana B. de Maekelt*. Tomo I. UCV-Fundación Roberto Goldschmidt. Caracas, 2001, pp. 203 y ss., especialmente p. 272. Ver también: DOS SANTOS, Olga: *Contratos internacionales en el ordenamiento jurídico venezolano*. UCV-Vadell Hermanos Editores. Caracas, 2000, p. 115.

[48] GIRAL PIMENTEL, José Alfredo: *El contrato internacional*. Editorial Jurídica Venezolana. Caracas, 1999, pp. 214 y 223.

[49] SIQUEIROS, José Luis: «Ley aplicable en materia de contratación internacional». En: *Proyecto de Convención Interamericana sobre Ley Aplicable en Materia de Contratación Internacional*. OEA. 1991.

«... aquellas circunstancias de hecho que están vinculadas o con las partes o con el acto jurídico en sí mismo», tales circunstancias coincidirían con los rígidos factores de conexión de las clásicas normas de conflicto, es decir, el domicilio o residencia habitual de las partes, el lugar de establecimiento o de constitución de las personas jurídicas, el lugar de celebración del contrato, el lugar de ubicación de los bienes objeto del contrato, el lugar del tribunal elegido por las partes o el lugar del arbitraje, el lugar donde se cumplen los requisitos de publicidad, entre otros. Además, el autor admite una especie de agrupamiento de contactos, al expresar que en la medida que un contrato tenga más conexiones con un Estado determinado, la relevancia de su ordenamiento jurídico puede ser más fuerte en la determinación del Derecho aplicable.

Ahora bien, GIRAL PIMENTEL estima que estas circunstancias objetivas están complementadas con un elemento subjetivo, definido por el autor como la teoría jurídica que le permite al intérprete valorar los elementos objetivos del contrato y decidir a favor de la aplicación de uno de los ordenamientos jurídicos conectados con la relación a través de estos. A pesar de que los elementos objetivos predominan en un primer momento sobre los subjetivos, de manera que en un primer momento el Derecho más vinculado dependerá del lugar en donde se ubique la mayor cantidad de elementos objetivos, no debe dejar de reconocerse la posibilidad de introducir en este factor de conexión, criterios teleológicos que contribuyan a la solución equitativa del caso concreto. Pensemos en el juez que, en plena libertad de apreciación, considera elementos tales como el principio del Derecho más favorable al consumidor, de manera de garantizarle a éste la protección de sus derechos, con lo cual se ponen nuevamente en evidencia la facultad del juez para buscar una solución justa para cada caso concreto.

2.2. *Vigencia temporal de las normas de conflicto: sujeción al principio constitucional*

Con la entrada en vigencia en 1999 de la Ley de Derecho Internacional Privado, se planteó el problema de la necesaria determinación de la naturaleza de sus normas, a los efectos de la aplicación de los principios contenidos en el artículo 24 de la Constitución. Desde luego no hubo dudas en relación con las normas procesales, las cuales fueron aplicadas inmediatamente después de la entrada en vigencia de la Ley. Las discusiones rodearon, más bien, a las normas de conflicto, debido, especialmente, al cambio del factor de conexión nacionalidad por domicilio para regir el estado y capacidad de las personas y las relaciones familiares.

En efecto, la aplicación de la disposición constitucional a las normas de conflicto planteó ciertas dudas en relación con su naturaleza, es decir, con la necesidad de determinar si estas normas tienen carácter procesal o, más bien, sustantivo. Al respecto, se han producido dos decisiones del Tribunal Supremo, en las cuales se tomaron caminos opuestos. En la primera –dictada en 1999, en un procedimiento de exequátur de una sentencia de divorcio– al evaluar la jurisdicción indirecta a través del principio del paralelismo consagrado por artículo 42.1 de la Ley de Derecho Internacional Privado, se aplicó el artículo 23 *eiusdem* a una situación que se verificó antes de la entrada en vigencia de la Ley[50]. Tal actuación fue apoyada por la doctrina sosteniendo que cuando la norma procesal contenida en el artículo 42.1 de la Ley incorpora una norma de conflicto destinada a determinar el Derecho aplicable, a los efectos de la aplicación del principio del paralelismo, esta última adquiere carácter procesal, por lo que, de acuerdo con el dispositivo constitucional, tendrá aplicación inmediata[51].

Sin embargo, en fecha posterior, el propio Tribunal Supremo al conocer un recurso de regulación de jurisdicción en un caso de divorcio[52], examinó nuevamente el principio del paralelismo consagrado en el artículo 42.1 de la Ley y se planteó el problema de determinar si el Derecho aplicable era el del domicilio del cónyuge demandante, *ex* artículo 23 de la Ley de Derecho

---

[50] CSJ/SPA, sent. del 07-07-99, *vid. Jurisprudencia Venezolana Ramírez & Garay*. Tomo 156. Ramírez & Garay S. A. Caracas, 1999, pp. 548-552.

[51] Hernández-Bretón, Eugenio: «Jurisdicción en materia de divorcio en la Ley de Derecho Internacional Privado». En: *Revista de Derecho*. N° 1. TSJ. Caracas, 2000, pp. 249 y ss., especialmente p. 253.

[52] TSJ/SPA, sent. N° 1023, del 03-05-00, http://historico.tsj.gob.ve/decisiones/spa/mayo/01023-030500-16039.HTM.

Internacional Privado, o el de la nacionalidad, de conformidad los artículos 9 y 26 del Código Civil, vigentes para el momento de interposición de la demanda. La sentencia finalmente optó por la aplicación de la Ley nacional.

Ante la posición divergente de la jurisprudencia, en nuestra opinión, la naturaleza de la norma de conflicto no puede cambiar por el hecho de ser utilizada para determinar el Derecho aplicable o para determinar, basándose en el principio del paralelismo, la jurisdicción competente. En todo caso, la aplicación del principio constitucional de irretroactividad, ante la ausencia de un régimen transitorio especialmente destinado a las normas de conflicto, no debe ser tan radical, más bien debe estar orientado por criterios como el reconocimiento de los derechos adquiridos, el *favor negotii*, la armonía internacional de soluciones, etc.

2.3. *Derechos humanos y aplicación del Derecho extranjero*

2.3.1. Generalidades

Finalmente, debemos hacer referencia a la influencia de los derechos humanos consagrados en la Constitución sobre la determinación, aplicación e interpretación del Derecho competente. Lo primero a considerar, es que los derechos humanos no deben pasar desapercibidos en el proceso de determinación del Derecho aplicable a los casos con elementos de extranjería y, así lo reconoció la Corte Constitucional alemana en fecha 4 de mayo de 1971, al evocar el derecho fundamental de libertad de contraer matrimonio para desatender el Derecho español aplicable que no otorgaba validez al divorcio anterior de un español, que pretendía contraer matrimonio con una alemana en Alemania[53].

Vale la pena destacar, en tal sentido, la referencia al llamado Derecho Internacional Privado postmoderno[54]. Puede afirmarse que los elementos que caracterizan

---

[53] *Vid. Entscheidungen des Bundesverfassungsgerichts.* N° 31. 1971, pp. 58 y ss.
[54] Esta expresión se ha popularizado a partir del Curso General dictado por Erik JAYME en la Academia de La Haya en 1995. Sin embargo, ya otros autores la habían referido y así lo reconoce el propio JAYME (BRILMAYER, Lea: «*Posmodernism in America choice of Law*». En: *Liber memorialis François Laurent, 1810-1870*. Story-Scientia. Bruselas,

la cultura postmoderna, es decir, el pluralismo, la comunicación, la narración y el retorno de los sentimientos, pueden verificarse en el Derecho Internacional Privado. El Derecho Internacional Privado postmoderno tiene entonces un nuevo centro: la persona humana. El pluralismo se refleja en el mundo jurídico a través del derecho a la diferencia, cuya aparición es el reflejo de una transformación radical en la percepción de la humanidad. Por su parte, la comunicación intercultural exige del Derecho Internacional Privado, normas que salvaguarden la integración y que, a través de la cooperación internacional y de la coordinación de las diferentes fuentes, se garantice la efectiva fluidez de las relaciones jurídicas. La narración se refleja en normas que, antes que imponer obligaciones, describen los valores que deben considerarse al aplicar el Derecho. Finalmente, la salvaguarda de la identidad cultural es reflejo del retorno de los sentimientos en la cultura jurídica postmoderna.

Siendo el individuo el nuevo centro del Derecho Internacional Privado, es comprensible que se busque la protección de la identidad cultural. Ahora bien, este valor jurídico puede ser protegido de diversas maneras, una de ellas es el principio de subsidiariedad consagrado particularmente en el Derecho de Familia y, de manera especial, en materia de adopción, al consagrar la adopción internacional como subsidiaria de la nacional[55]. En Venezuela, por ejemplo, la Constitución reconoce, en su artículo 75, el principio de subsidiariedad de la adopción internacional y tal principio es reafirmado por el artículo 407 de la Ley Orgánica para la Protección de Niños, Niñas y Adolescentes[56].

Ahora bien, la importancia de los derechos fundamentales para el Derecho Internacional Privado también se refleja en su forma de proceder frente a su

---

1989, pp. 695 y ss.; SÁNCHEZ LORENZO, Sixto: «Postmodernismo y Derecho Internacional Privado». En: *Revista Española de Derecho Internacional*. Madrid, 1994, pp. 557 y ss.). Ver: JAYME, Erik: «*Identité culturelle et intégration: le Droit International Privé postmoderne*». En: *Recueil des Cours*. Tomo 251. La Haya, 1995, pp. 9 y ss., especialmente pp. 36, 37 y 251-261.

[55] JAYME: ob. cit. («*Identité culturelle…*»), pp. 168 y 169.
[56] *Gaceta Oficial de la República Bolivariana de Venezuela* N° 6185 extraordinario, del 08-06-15.

violación. En efecto, las normas de aplicación necesaria y el orden público en el Derecho Internacional Privado aparecen como mecanismos de protección de tales derechos, autorizando incluso la desaplicación del Derecho extranjero.

2.3.2. Normas de aplicación necesaria y orden público en el Derecho Internacional Privado

El orden público en el Derecho Internacional Privado y las normas de aplicación necesaria tienen como elemento en común no permitir la aplicación del Derecho extranjero para proteger, de esta manera, los principios esenciales del ordenamiento jurídico, pero los mecanismos de que se valen para lograr este efecto son evidentemente diferentes.

En el caso del orden público, su actuación es posterior a la actuación de la norma de conflicto. Es solo después de la determinación del Derecho aplicable y de la confrontación de los resultados de su aplicación con los principios esenciales del ordenamiento jurídico del foro para verificar la manifiesta incompatibilidad de resultados entre ambos, que puede descartarse su aplicación. El fin de esta institución es controlar el resultado de la aplicación de la norma de colisión. Por el contrario, en las normas de aplicación necesaria, una vez que el juez verifica su existencia, no tiene que recurrir a ningún otro método, simplemente se declara competente el Derecho del foro sin permitir a la norma de conflicto entrar en juego[57].

Hoy día, puede considerarse que una de las características del Derecho Internacional Privado moderno, es la clara diferenciación entre el orden público en el Derecho Internacional Privado y las normas de aplicación necesaria. Fiel reflejo de ello son los artículos 8 y 10 de nuestra Ley de Derecho Internacional Privado, los cuales dan entrada a ambas figuras en nuestro sistema como instituciones autónomas. Dentro de las fuentes convencionales destaca, además, la Convención Interamericana sobre Derecho Aplicable a los Contratos

---

[57] MARÍN LÓPEZ, Antonio: «Las normas de aplicación necesaria en Derecho Internacional Privado». En: *Revista Española de Derecho Internacional*. Vol. 23, N° 1. Madrid, 1970, pp. 17 y ss., especialmente p. 35.

Internacionales, cuyos artículos 11 y 18 regulan las normas de aplicación necesaria y el orden público, respectivamente.

Atendiendo a los intereses protegidos, el Comité Jurídico Interamericano propuso una distinción entre estas dos figuras. Según este organismo, las normas de aplicación necesaria y las de orden público son variables en el tiempo y en el espacio, pero el orden público incide en los valores de más alta jerarquía jurídico-política de un Estado. Tal reserva se invoca en prácticamente todas las convenciones para eludir la aplicación de un Derecho que de otra forma sería aplicable. Las normas imperativas son atinentes a políticas económicas y monetarias, controles de cambio, regulación de la transferencia de tecnología, normas de protección al consumidor y otras. Estas normas afectan directamente a la *Lex fori*[58]. Nosotros, sin embargo, no compartimos este criterio, pues, en nuestra opinión, ambas instituciones protegen principios considerados esenciales por el ordenamiento jurídico.

Ahora bien, aunque podríamos pensar que el hecho de que las normas de aplicación necesaria, al ser normas positivas, facilitan al juez su individualización, lo cierto es que el juez debe identificar el principio que subyace en las mismas a fin de determinar si se trata efectivamente de normas internacionalmente imperativas. Esto las acerca también al orden público, pues los principios protegidos por este mecanismo también han de ser necesariamente concretizados por el juez[59].

En esta tarea, sin embargo, el poder del juez no ha de entenderse como arbitrariedad en la construcción de los principios esenciales, sino como una libertad de apreciación, lo cual no deja de lado el peligro de cierta subjetividad en su actuación. Por ello, es recomendable que la jurisprudencia, en su carácter

---

[58] *Vid.* «Proyecto de Convención Interamericana sobre Ley Aplicable en Materia de Contratación Internacional». Comité Jurídico Interamericano. 1991.

[59] *Vid.* JAYME, Erik: «Métodos para la concretización del orden público en el Derecho Internacional Privado». En: *Revista de la Facultad de Ciencias Jurídicas y Políticas*. N° 82. UCV. Trad. E. HERNÁNDEZ-BRETÓN. Caracas, 1991, pp. 215 y ss.

de órgano de la conciencia social de la época[60], realice tal labor, como una orientación de la tarea del juez[61].

Debe considerarse, particularmente, que no todos los principios generales son fundamentales. Quedan descartados los principios de carácter eminentemente técnico, sin connotación teleológica o ética, cuyo respeto no es necesario para asegurar la coherencia del ordenamiento jurídico. Al revestir un carácter fundamental, pasan a operar de manera negativa, esto es, constituyen un límite a la validez de un precepto jurídico, sea nacido de una manifestación de voluntad –orden público en el Derecho interno o normas imperativas–, sea contenido en el Derecho extranjero reclamado por la norma de conflicto –orden público en el Derecho Internacional Privado o normas de aplicación necesaria–.

Ahora bien, en la búsqueda de los principios fundamentales salvaguardados por el orden público o por las normas de aplicación necesaria es frecuente la referencia a las normas constitucionales en general y a los derechos humanos en particular. En efecto, la doctrina entiende que los principios constitucionales constituyen una referencia básica para la determinación de los casos en que debe producirse la evicción del Derecho extranjero por razones de orden público[62]. Tengamos desde ahora en cuenta, que no se exige que el Derecho extranjero sea conforme con tales principios, pues tal control de la constitucionalidad del Derecho extranjero sería inconcebible[63]. El control de la constitucionalidad

---

[60] BETTI, Emilio: *Interpretación de la Ley y de los actos jurídicos*. Editorial Revista de Derecho Privado. Trad. J. L. DE LOS MOZOS. Madrid, 1975, p. 292.

[61] *Vid.* FRANCESCAKIS, Phocion: «*Ordre public*». En: *Encyclopédie Juridique Dalloz, Répertoire de Droit International, F-Z*. Dalloz. París, 1969, pp. 498 y ss., especialmente p. 501; STRENGER, Irineu: *Direito Internacional Privado*. 3ª, Editora São Paulo. São Paulo, 1999, p. 450.

[62] *Vid.* FERNÁNDEZ ROZAS, José Carlos y SÁNCHEZ LORENZO, Sixto: *Curso de Derecho Internacional Privado*. Reimp., de la 3ª, Civitas. Madrid, 1998, p. 385; GUZMÁN ZAPATER, Mónica: «Problema de aplicación de las normas de Derecho Internacional Privado (II)». En: *Derecho Internacional Privado*. Vol. I. UNED. E. PÉREZ VERA, coord. Madrid, 1998, pp. 145 y ss., especialmente p. 166.

[63] HAMMJE, Petra: «*Droits fondamentaux et ordre public*». En: *Revue Critique de Droit International Privé*. N° 86-1. París, 1997, pp. 1 y ss., especialmente p. 4.

del Derecho extranjero ha de realizarse, lógicamente, con la propia Constitución extranjera y constituye un control previo a la actuación del orden público[64].

Debemos, además, considerar que no todos los valores recogidos en las normas constitucionales revistan el carácter de principio fundamental, sobre todo en la actualidad, cuando las Constituciones revisten cierto carácter reglamentario, incluyendo normas que, perfectamente, podrían estar contenidas en instrumentos *infra* constitucionales. Sin embargo, tal es la calificación que se les endosa en el artículo 4 del Código Bustamante. La territorialidad vuelve a ser la razón fundamental de esta afirmación. Al comentar está disposición, el propio SÁNCHEZ DE BUSTAMANTE no ve otra manera de entender los preceptos constitucionales: son de orden público internacional y,

> … deben serlo necesariamente, ya que no se concibe que dejen de aplicarse en toda su integridad a cuantos residan en el territorio. Esto no impide que algunos de ellos estén dictados solo para los nacionales o para los ciudadanos, ya que entonces el orden público internacional prohíbe a los extranjeros utilizarlos directamente y con mucha más razón sustituirlos por la regla respectiva del Derecho Constitucional de su país[65].

Ahora bien, «La enunciación de los derechos y garantías contenidos en esta Constitución y en los instrumentos internacionales sobre derechos humanos no debe entenderse como negación de otros que, siendo inherentes a la persona, no figuren expresamente en ellos». Tal es el postulado del artículo 22 de la Constitución, lo cual extiende considerablemente el radio de acción del orden público y las normas de aplicación necesaria.

En todo caso, desde la ya citada decisión de la Corte Constitucional alemana de 1971, se ha aceptado doctrinariamente que los derechos fundamentales tienen dos vías de actuación en materia de Derecho Internacional Privado:

---

[64] Véase en este sentido: MASEDA RODRÍGUEZ, Javier: *El control de la constitucionalidad de la ley extranjera*. Eurolex. Madrid, 1997, pp. 114 y ss.
[65] SÁNCHEZ DE BUSTAMANTE, Antonio: *Derecho Internacional Privado*. Tomo I. 3ª, Cultural S. A. La Habana, 1947, p. 213.

sea admitiendo que constituyen una barrera que limita directamente la aplicación del Derecho designado por la norma de conflicto de leyes, sea a través de la excepción de orden público. Tal decisión ha sido reseñada por Hammje, quien estima que la integración de los derechos fundamentales a la noción de orden público es susceptible de bemoles, pues a la defensa de derechos fundamentales en el marco de la excepción de orden público tradicional, se opone el recurso a un orden público especialmente adaptado a este efecto[66].

En todo caso, hay quienes estiman la conveniencia de una aplicación inmediata de los derechos fundamentales, basada principalmente en la supremacía de los mismos: debido a su superioridad formal y material, su aplicación no puede depender de la mediación de otro mecanismo legislativo, en particular, de una norma de conflicto. Solo su aplicación directa, incluso en las situaciones que presentan elementos de extranjería, se corresponde con la naturaleza superior de los principios fundamentales[67]. Esta técnica implica la consideración de tales disposiciones como normas de aplicación necesaria y nos enfrenta de nuevo al problema de la posible diferencia de grado o intensidad entre estas normas y los principios protegidos por la cláusula general de orden público. De hecho, autores como Wengler se han mostrado partidarios de la elaboración de normas de conflicto unilaterales, especialmente destinadas a delimitar el ámbito de aplicación de la Constitución[68], descripción que las acerca más bien a las normas de extensión.

Tal extensión del ámbito de aplicación de los derechos fundamentales habría de incluir también aquellos consagrados por convenciones internacionales. Sin embargo, es necesario considerar la jerarquía de que tales instrumentos internacionales puedan gozar dentro de un sistema jurídico determinado. Por ejemplo, en Venezuela, la Constitución establece, en su artículo 23:

---

[66] Hammje: ob. cit., («*Droits fondamentaux...*»), p. 7.
[67] Ibíd., p. 8.
[68] Wengler, Wilhelm: *Internationales Privatrecht*. Vol. I. De Gruter. Mohr, Berlin & Tübingen, 1981, pp. 126 y 127.

Los tratados, pactos y convenciones relativos a derechos humanos, suscritos y ratificados por Venezuela, tienen jerarquía constitucional y prevalecen en el orden interno, en la medida en que contengan normas sobre su goce y ejercicio más favorables a las establecidas por esta Constitución y la ley de la República, y son de aplicación inmediata y directa por los tribunales y demás órganos del Poder Público.

Parte de la doctrina ha entendido que esta disposición equipara los tratados sobre derechos humanos ratificados por Venezuela, a las normas constitucionales y su aplicación es directa, pues no se trata de acuerdos que obligan al Estado, sino más bien de «… normas que otorgan facultades a los ciudadanos de los Estados que pueden hacer valer entre ellos mismos y frente al Estado»[69]. No debemos dejar de lado el hecho de que la redacción de la norma parece sugerir que tal jerarquía constitucional se encuentra condicionada a que tales pactos «…contengan normas sobre su goce y ejercicio más favorables a las establecidas por esta Constitución y la ley de la República…».

Cuando los derechos fundamentales tienen vocación universal, su respeto se impone sin límite territorial y sin que una relativización sea posible[70]. Tal afirmación suele ejemplificarse, en el ámbito europeo, con la Convención sobre Derechos Humanos de 1951 –considerada como el común *Bill of Rights* continental– la cual ha sido incluida dentro del orden público, no solo europeo, sino también estatal. Tal carácter provoca la evicción de todo Derecho extranjero cuyos resultados sean contrarios a los derechos contenidos en el instrumento normativo. Una Corte belga, por ejemplo, en sentencia de 1996, rechazó la aplicación del Derecho marroquí que prohibía el reconocimiento de un hijo adulterino, por considerarlo violatorio de los derechos consagrados en la Convención[71].

---

[69] RONDÓN DE SANSÓ, Hildegard: *Análisis de la Constitución venezolana de 1999 (parte orgánica y sistemas)*. Ex Libris. Caracas, 2000, p. 115.
[70] OTHENIN-GIRARD, Simon: *La réserve d'ordre public en Droit international privé suisse*. Schulthess, Société Suisse de Droit International. Études vol. 110, Zúrich, 1999, p. 227.
[71] VAN HOUTTE, Hans: «*From a national to an European public policy*». En: *Law and Justice in a Multistate World, Essays in honor of Arthur T. von Mehren*. Transnational Publishers. Nueva York, 2002, pp. 841 y ss., especialmente p. 847.

Justamente, en relación con los derechos fundamentales, BUCHER ha estimado que estos forman parte de la médula protegida por el orden público, siempre que tales derechos tengan vocación universal y se ensamblen de manera tal en la comunidad internacional que su respeto se imponga sin importar los límites territoriales[72]. Sin embargo, además de estimarse que la relatividad de los derechos fundamentales hace difícil tanto la identificación de la solución concreta postulada como la conexión territorial necesaria, se ha puesto de relieve la inadecuación de este método en relación con el objetivo perseguido. Tal objetivo es evitar –sostiene HAMMJE– que el juez del foro, por aplicación de una norma extranjera, atente con su decisión contra un derecho fundamental. La intervención de estos derechos busca evitar un resultado chocante y no imponer uno determinado, función que desempeñan las normas de aplicación necesaria. La exclusión *a priori* de toda consulta al Derecho extranjero podría incluso hacer imposible cualquier medida de defensa de los derechos fundamentales, imponiendo la aplicación de la *lex fori* en todas las circunstancias, exacerbando las divergencias entre ordenamientos jurídicos y privilegiando una conexión nacionalista[73].

Justamente para evitar una defensa excesiva de los derechos fundamentales, muchos autores prefieren el recurso al orden público, entendido este como una excepción. Favorecer la actuación de la cláusula de orden público en el caso de los principios fundamentales y la consecuencial consulta previa al Derecho extranjero, conserva la flexibilidad indispensable para una justa aplicación de los mismos. Pero, por otro lado, debe considerarse el particularismo que se

---

[72] BUCHER, Andreas, *Droit international privé suisse*. Tomo I-2. Bâle, Helbing & Lichtenhahn. 1995, p. 231.

[73] HAMMJE: ob. cit. («*Droits fondamentaux...*»), pp. 8-12. La autora considera excesiva una sentencia de la Corte de Apelaciones de París, de 14 de junio de 1994 en la que, sobre la base de la Convención, se revoca la decisión de primera instancia en la que se rechaza una petición de un transexual, nacional argentino refugiado en Francia, de que le fuera rectificado su estado civil, fundamentándose en que la Ley argentina que desconocía tal posibilidad, no es considerada contraria a los principios esenciales del orden público francés. Sin embargo, la Corte de Apelaciones consideró que debía privar el derecho al respeto de la vida privada, consagrado en el artículo 8 de la Convención, con lo cual aceptó la petición formulada por el transexual.

conecta con los valores fundamentales. Por ello, consideramos con MAYER que no ha de darse importancia, en la actuación del orden público, al carácter constitucional del principio que se esté viendo vulnerado en el caso concreto[74]. En otras palabras, la intensidad del orden público no dependerá del carácter constitucional del principio de que se trate, de manera que la evicción del Derecho extranjero habrá de producirse sin importar el carácter del principio que se vea manifiestamente vulnerado por una norma extranjera.

En todo caso, para modular la actuación del orden público, la Corte de Casación francesa se ha valido de la *inlandsbeziehung* o necesidad de vinculación entre la relación controvertida y el foro. Una manera de activar el orden público cuando no hubiere vínculo con el foro puede ser, precisamente, la voluntad de reforzar la exigencia del mismo cuando estén en causa derechos fundamentales del orden jurídico del juez. Así, en lugar de poner el acento sobre la naturaleza del derecho a defender, sobre el contenido del orden público, la reacción se desplaza a los vínculos con el foro, lo cual se corresponde más con la tradicional relatividad del orden público[75].

HAMMJE definitivamente favorece la actuación del orden público para la defensa de los principios constitucionales[76]. Sin embargo, sus condiciones de funcionamiento han de ser adaptadas a las necesidades de defensa de los principios fundamentales, de manera que serán estos los que indicarán la intensidad de funcionamiento de la excepción. La conexión con el foro –*inlandsbeziehung*– no deberá ser apreciada de manera general y abstracta, sino que deberá derivarse del postulado del propio derecho fundamental, esto es, deberá, a partir del derecho fundamental cuya violación se alega, investigarse su radio de acción en el espacio. Citando a KROPHOLLER[77], la autora reseña la posibilidad

---

[74] MAYER, Pierre: «*La Convention Européenne des Droits de l'Homme et l'application des normes étrangères*». En: *Revue Critique de Droit International Privé*. París, 1991, pp. 651 y ss., especialmente p. 660.
[75] HAMMJE : ob. cit. («*Droits fondamentaux...*»), pp. 12-14.
[76] Ibíd., pp. 14-19.
[77] KROPHOLLER, Jan: *Internationales Privatrecht*. Mohr Siebeck. 4. Auflage. Tübingen, 2001, pp. 245-248.

de suprimir toda exigencia de vínculos con el foro estimando la supremacía del derecho a defender, mas tal supresión podría conducir a una aplicación sistemática de los derechos fundamentales.

Finalmente, HAMMJE propone establecer fórmulas especiales de orden público para la defensa de los derechos fundamentales, pues a través de ellas se conserva el carácter excepcional del orden público conjugado con la primacía que conviene acordar a los valores fundamentales; de ellos han de deducirse las medidas relativas a su defensa. Afinar el orden público –concluye– según la naturaleza de los principios a defender constituye una vía media entre una defensa *a priori* de los derechos fundamentales y la defensa a través de una cláusula tradicional.

En Venezuela, es quizá esta tesis la que ha inspirado la inclusión de una norma especial en la Ley de Derecho Internacional Privado, para proteger el llamado «derecho a la legítima». En efecto, el artículo 35 de la Ley permite que los herederos forzosos «puedan» hacer efectivo su derecho a legítima únicamente sobre los bienes ubicados en Venezuela, independientemente del Derecho que rige la sucesión. Así, se evitarán posibles choques con la *lex sucesionis* a la vez que se protege el derecho de los beneficiarios de la porción forzosa de la herencia.

En el Derecho comparado, podemos observar como el § 6 de la Ley de Introducción al Código Civil alemán hace mención expresa a los derechos fundamentales, como un caso especial que los jueces han de tomar en cuenta al aplicar el Derecho extranjero. Mención que ha sido calificada como de «ninguna novedad», pues tal había sido la tesis del tribunal constitucional alemán[78]. Recordemos la ya citada sentencia de 1971. En este caso se evocó el derecho fundamental de libertad de contrear matrimonio para desatender el Derecho español aplicable que no otorgaba validez al divorcio anterior de un español, que pretendía contraer nuevo matrimonio con una alemana en Alemania.

---

[78] JAYME: ob. cit. («Métodos para la concretización…»), p. 229.

En definitiva, parece ser el orden público la vía idónea para la protección de los derechos fundamentales en las relaciones de Derecho Internacional Privado. La propia estructura de las normas que lo consagran, no nos permite pensar en una aplicación directa a un caso con elementos de extranjería, ellos no pueden remplazar la reglamentación que descartan. Tales derechos obligan más bien a los Estados a abstenerse de actos atentatorios contra la libertad de los particulares, pero no a ofrecer una solución inmediata para los litigios que surjan entre ellos[79].

2.4. La Constitución y las lagunas del sistema

Tal como hemos adelantado en materia de jurisdicción, el sistema venezolano, lamentablemente, no regula las relaciones de consumo, por lo que en materia de determinación del Derecho aplicable no cabe más que recurrir a la regla general en materia de contratos, y a la excepción general para evitar lesiones en los derechos de consumidores. Nos referimos a la admisión de la voluntad conflictual o, en su caso, del principio de proximidad, limitados ambos por la actuación de las normas de aplicación necesaria o inmediata, en protección del consumidor.

Admitir esta solución, no obstante, pasa por entender que la aplicación de las normas imperativas como regla general en materia de consumo supone un fundamento simplista a la aplicación de la *lex fori*, y no brinda –en opinión de Lima Marques– una respuesta oportuna ni suficiente. No es oportuna, pues no promueve la armonía de soluciones y acaba por aumentar las tensiones propias del comercio internacional. Las legislaciones nacionales y regionales que dejan desamparados a sus consumidores, posibilitan el uso y abuso de estándares fuertemente diferenciados que dan paso al llamado «consumidor de residuos», para utilizar la expresión de Stigliz. No es suficiente porque deja desamparada a buena parte de los consumidores nacionales. El turista o el consumidor que adquiere un bien o servicio por teléfono o vía Internet no tiene conciencia precisa del Derecho que debe aplicarse a su relación, ni de sus derechos o garantías materiales[80].

---

[79] En este sentido: Othenin-Girard: ob. cit. (*La réserve d'ordre public…*), p. 228.
[80] Lima Marques, Claudia: «La insuficiente protección del consumidor en las normas del Derecho Internacional Privado. De la necesidad de una Convención Interamericana

Sin embargo, esta es la única herramienta de que dispone el juez venezolano para atemperar los rigores de la voluntad conflictual en los contratos con consumidores, dificultada en su aplicación, por la derogatoria de las normas sobre protección de los consumidores en el Derecho interno[81]. Ante un caso semejante, corresponderá al juez atender al mandato establecido expresamente en el artículo 117 de la Constitución, desoído por el legislador, de garantizar el derecho de todas las personas a disponer de bienes y servicios de calidad, así como a una información adecuada y no engañosa sobre el contenido y características de los productos y servicios que consumen, a la libertad de elección y a un trato equitativo y digno.

Así, sobre la base de esta norma y de los derechos escuetamente enunciados en el artículo 7 de la Ley Orgánica de Precios Justos, el juez ha de ir más allá de las sanciones favorables al Estado establecidas por la Ley, y garantizar una verdadera y adecuada protección a los consumidores, incluso en los casos en que la relación de consumo se encuentre, por obra del sistema venezolano de Derecho Internacional Privado, sometida a un ordenamiento jurídico extranjero.

Conclusiones

El Derecho Internacional Privado no escapa a la influencia creciente del Derecho público. Esta se hace sentir en el triple contenido del Derecho Internacional Privado: determinación de la jurisdicción, determinación del Derecho aplicable y eficacia extraterritorial de decisiones extranjeras, aunque, a los efectos de este trabajo, nos hemos limitado a los dos primeros aspectos.

(CIDIP) sobre la ley aplicable a algunos contratos y relaciones de consumo», http://www.oas.org/dil/AgreementsPDF/CIDIPVII_home_temas_cidip-vii_proteccionalconsumidor_leyaplicable_apoyo_propuestabrasil.pdf, p. 25.

[81] En efecto, la Ley para la Defensa de las Personas en el Acceso a los Bienes y Servicios (*Gaceta Oficial de la República Bolivariana de Venezuela* N° 39358, del 01-02-10) fue derogada por la Ley Orgánica de Precios Justos (publicada originalmente en la *Gaceta Oficial* N° 40340, del 23-01-14, fue reformada y publicada en la *Gaceta Oficial* N° 6156 extraordinario, del 19-11-14, fue objeto de una nueva reforma publicada en la *Gaceta Oficial* N° 6202 extraordinario, del 08-11-15 y nuevamente publicada, con correcciones materiales, en la *Gaceta Oficial* N° 40787, del 12-11-15).

Además de los casos concretos a que nos hemos referido en estas breves líneas, puede decirse, de manera general, que la noción de justicia que se maneja en Derecho Internacional Privado y que ha convertido al juez en el centro del sistema, concibiendo que el Derecho Internacional Privado, al igual que el Derecho material, sirve a la justicia entre particulares[82], tiene también una estrecha relación con los postulados constitucionales. El Derecho Internacional Privado de hoy busca el equilibrio entre la justicia formal y la justicia material, garantizando a la vez seguridad jurídica y una solución equitativa del caso concreto. El sistema venezolano es, en este sentido, reconocido como un modelo en el Derecho comparado.

Quizá tal afirmación no luzca tan clara en materia de jurisdicción, pues su propia naturaleza exige, como hemos visto, cierta rigidez –en ocasiones dejada de lado por el Tribunal Supremo, como tuvimos ocasión de comprobar–, mas en materia de determinación del Derecho aplicable no quedan dudas de la misma: la elección de los propios factores del conexión, el favorecimiento de las situaciones válidamente creadas, la flexibilización, especialización y materialización de la norma de conflicto y el funcionamiento de las instituciones generales son prueba de ello.

Así las cosas, no resta más que reafirmar nuestra idea inicial. En efecto, tal como afirma HERNÁNDEZ-BRETÓN: «Todo el Derecho se ha constitucionalizado. El Derecho Internacional Privado no es una excepción a la regla»[83].

* * *

Resumen: En la actualidad, el Derecho privado ha sido invadido, en cierta medida, por el avance del Derecho público en general y del Derecho Constitucional en particular. En efecto, el Derecho privado, y como parte de él, el Derecho Internacional Privado,

---

[82] Ver la noción de justicia en el Derecho Internacional Privado, en: KEGEL, Gerhard y SCHURIG, Klaus: *Internationales Privatrecht*. Beck, 9ª Auflage. Múnich, 2004, pp. 55-56.
[83] HERNÁNDEZ-BRETÓN: ob. cit. («La Constitución…»), p. 16.

ha visto la influencia del Derecho público en la formulación de algunas de sus normas y en la interpretación de la mayoría de ellas. En este trabajo se analiza tal influencia, en dos de las áreas temáticas que componen al Derecho Internacional Privado: la jurisdicción y el Derecho aplicable. La idea es poner de manifiesto la forma en que la interpretación constitucional, con algunas excepciones, ha contribuido a alcanzar el que en la actualidad se reconoce como el objetivo fundamental del Derecho Internacional Privado: la consecución de la justicia material del caso concreto. **Palabras clave**: Constitución, Derecho Internacional Privado, jurisdicción, Derecho aplicable. Recibido: 31-01-18. Aprobado: 25-02-18.

Maternidad subrogada

Henry J. Martínez S.*

Sumario

Introducción 1. ¿En qué consiste la maternidad subrogada? 2. Tipos de maternidad subrogada *2.1. Maternidad subrogada parcial 2.2. Maternidad subrogada total 2.3. Maternidad subrogada altruista 2.4. Maternidad subrogada comercial 2.5. Maternidad subrogada fragmentada* **3. Regulación legal de la subrogación a nivel internacional 4. Regulación en Venezuela. Conclusiones**

Introducción

La maternidad ha ido cambiando significativamente con el avance de la humanidad. Anteriormente, este hecho biológico se circunscribía a una mujer que aportaba un óvulo y disponía de su cuerpo –útero- para alojar el producto de la concepción, que fecundado con el esperma del hombre daba origen a una nueva vida, repitiéndose siempre el viejo aforismo romano *mater semper certa est* –la madre siempre es cierta–, de lo que deriva la comprobación de la maternidad y la consecuente filiación materna –relación por vínculo de sangre–. En años anteriores era impensable imaginar la posibilidad de que existiera otra madre distinta a la madre genética o biológica, y que ello hiciera tambalear la protección jurídica desplegada por el Derecho en relación con la filiación –verdad biológica– y los derechos que de ella derivan, generándose entonces multiplicidad de conflictos que deben ser resueltos en los órganos jurisdiccionales.

---

* **Universidad Central de Venezuela**, Abogado; Especialista en Derecho Penal y en Derechos Humanos; Profesor de Práctica Jurídica y Seminario.

La necesidad y el deseo del ser humano en relación con reproducirse y trascender se han convertido en un elemento motivador en la difusión y avance de las técnicas de reproducción asistida. El subsanar o mejorar condiciones de infertilidad a través de la utilización de estos medios científicos, es una oportunidad ampliamente aceptada por las parejas que presentan estos problemas, y que sienten que si bien en principio sus deseos de tener un hijo, se veían frustrados pues la única opción existente era la adopción, hoy se adhieren a las técnicas de laboratorio con el firme objetivo de materializar sus esperanzas en la procreación y ponerle coto a una situación que era imposible por medios naturales, y que en el caso que nos ocupa se trata de la llamada «maternidad subrogada», «vientre en alquiler» o «vientre sustituto». Y no solamente entran en juego los deseos de la madre o de la pareja de tener un hijo, sino que la maternidad es un derecho tutelado en distintas constituciones a nivel mundial y, en nuestro caso, en el artículo 76 de la Carta Magna.

La maternidad subrogada, en la cual el producto de la concepción que ha sido fertilizado mediante técnicas de reproducción asistida –en laboratorio– se implanta en el útero de una mujer distinta –receptora–, con el fin de gestarlo y posteriormente darlo a luz, en cierta medida resuelve una situación puntual ante el deseo de tener hijos, pero no es menos cierto que jurídicamente cambia los paradigmas establecidos en relación con la filiación materna tradicional y la consecuente filiación legal posterior, ya que se manifiesta a través de una mujer que da a luz a un hijo que, dependiendo del caso, será suyo –si ella presta su óvulo–; de no ser así, puede ser que solamente preste su útero por lo que biológica o genéticamente ese hijo no es suyo. Son realidades que el Derecho debe atender y que cada día avanzan a pasos agigantados generando una serie de conflictos intersubjetivos en relación con la interpretación que se suele dar a situaciones que, por los derechos involucrados, generan controversias no solo de tipo jurídico, sino también éticas, morales y religiosas, y que involucran distintos derechos en una misma relación jurídica tal como ocurre con algunos derechos de la personalidad, como son la dignidad, la del derecho a la intimidad, la vida, entre otros, además de los derechos del mismo niño a conocer su verdadera identidad tanto legal como genética, todo ello para preservar su integridad física, psíquica y moral.

1. ¿En qué consiste la maternidad subrogada?

Esta práctica se conoce a través de distintos nombres como son: maternidad subrogada, vientre en alquiler, maternidad sustituta, etc. También se denomina «gestación subrogada»[1] al acuerdo de voluntades mediante el cual una mujer fértil, acepta quedar embarazada, por medio de técnicas de reproducción asistida, bien sea a través de inseminación artificial o fecundación *in vitro*, con el fin de llevar a cabo la gestación –o embarazo– y dar a luz a un niño o niña producto de este proceso y que en el momento de su nacimiento o días después deberá entregar a otra persona o a una pareja, para que estos lo críen como suyo, renunciando a sus derechos como madre; es una maternidad por sustitución. Se sustituye a la madre biológica, y se ubica una madre sustituta, con lo que al final existen dos madres. En líneas generales se hace por un beneficio económico, aunque existen excepciones a esta regla, hay casos en que se utiliza esta figura por altruismo.

Domínguez Guillén señala: «La maternidad subrogada admite varias modalidades inclusive con participación de tres mujeres: una que aporta el óvulo, otra la gestación y otra que criará al niño»[2]. Continúa diciendo:

> … la «gestación» subrogada tiene lugar generalmente cuando una mujer da su óvulo para que le sea implantado a otra que gestará y dará a luz el ser. Lo que pretende trasladarse a otra mujer distinta a la que aporta su carga genética a través de su óvulo es el proceso de gestación que obviamente incluye el parto. Es decir, una mujer será la madre genética porque concede el óvulo y otra distinta gestará al concebido dándole a luz. De allí que más propio para el caso que nos ocupa es referirse a «vientre subrogado»

---

[1] Véase incluyendo la amplia bibliografía allí referida: Domínguez Guillén, María Candelaria: «Gestación subrogada». En: *Revista Venezolana de Legislación y Jurisprudencia*. N° 1. Caracas, 2013, pp. 183-227, www.rvlj.com.ve. Dada la extensión del presente ensayo, limitaremos la bibliografía citada fundamentalmente a la escrita por la autora homenajeada.
[2] Véase: ibíd., p. 189.

o «gestación subrogada», porque la maternidad genética subsiste respecto de aquélla madre que aporta el óvulo»[3].

Lo anteriormente expuesto genera una serie de situaciones jurídicas precisamente por la existencia de, como mínimo, dos maternidades, es decir, de quien aporta el óvulo y de quien gesta el producto, situación que puede desencadenar conflictos intersubjetivos por la existencia de dos madres, la que gesta y la que da a luz, en la cual la madre genética conserva intacta su identidad, la que puede perfectamente ser determinada a través de experticias heredobiológicas, se rompe aquí con el viejo aforismo romano *mater semper cesta est*, es decir, madre solo hay una y es la que da a luz. Resulta muy complicado el hecho de entender que una mujer pueda gestar a un hijo, al que posteriormente dará a luz y que no le pertenecerá, puesto que deberá desprenderse de él para entregarlo a otra persona. Esto último al menos es la creencia común, pues el asunto ciertamente está sustraído de la autonomía de la voluntad por ser materia de orden público[4].

Es quizás la última oportunidad que tienen quienes desean tener un hijo luego del fracaso de tratamientos o técnicas de inseminación artificial cuyos resultados no han sido los deseados, y no quieren hacer uso de otras instituciones, como es el caso de la adopción, institución jurídica que implica la creación de una filiación legal en la cual se hace de un hijo biológicamente ajeno, un hijo propio; sino que, por el contrario, al utilizar el óvulo de la madre y el espermatozoide del padre, siendo concebido a través de las técnicas de reproducción

---

[3] Ibíd., p. 191.
[4] Véase: ibíd., pp. 214-218. Véase también señalando la filiación como de orden público y por ende tales contratos sustraídos de la autonomía de la voluntad: DE FREITAS DE GOUVEIA, Edilia: «La autonomía de la voluntad en el derecho de la persona natural». En: *Revista Venezolana de Legislación y Jurisprudencia*. N° 1. Caracas, 2013, pp. 122 y 134, www.rvlj.com.ve. Véase también indicando que el artículo 414, literal b de la Ley Orgánica para la Protección de Niños, Niñas y Adolescentes como principio de orden público establece que la madre solo puede consentir válidamente en la adopción del niño nacido: VARELA CÁCERES, Edison Lucio: «El Derecho de Familia en el siglo XXI: Aspectos constitucionales y nuevas tendencias». En: *Revista de Derecho*. N° 31. TSJ. Caracas, 2009, p. 105.

asistida y utilizando un vientre subrogado –de otra mujer– se conserva la carga genética de sus progenitores.

La maternidad subrogada tiene implicaciones muy diversas de índole intersubjetiva, que llevan aparejadas situaciones emocionales o psicológicas y un alto porcentaje de cuestionamientos tanto en el ámbito social, ético, sexual, moral y jurídico. En el aspecto psicológico en algunas oportunidades produce sentimientos de culpa y depresión, ante la separación de la madre y del bebé; en relación con el aspecto jurídico en algunas situaciones se establecen contratos que no se encuentran amparados por el ordenamiento jurídico, y por supuesto están viciados de nulidad por ser la filiación materia de orden público, dejando sin protección a ambas partes.

La maternidad subrogada es un tema muy complicado y álgido, puesto que requiere de una variedad de elementos y a su vez de la participación de varias personas para poder llevarla a cabo. Pudiendo entonces considerarla de acuerdo a las distintas posiciones que se ocupen, lo cual haremos someramente de seguidas:

En primer lugar, tenemos a la mujer o la pareja que desea tener un hijo y que por causas naturales se encuentra imposibilitada por ser un hecho cierto que la mujer no puede gestarlo, por lo que acude a otra mujer con el fin de que esta geste el producto de la concepción, con el consecuente embarazo y posterior alumbramiento.

En segundo lugar, se encuentra la mujer dispuesta a prestar su útero con el fin de llevar a feliz término el embarazo; es decir, la madre sustituta, llamada así independientemente de que su motivación a colaborar con esta práctica tenga que ver con fines de solidaridad, altruismo o simplemente se afiance fines con contenidos económicos.

En tercer lugar, la donación de óvulos o de gametos, que implica la utilización de ambos elementos o de alguno de ellos para lograr la fecundación a través de las técnicas de reproducción asistida, lo que incidirá en que sea una maternidad uterina en la que se contempla la gestación y el parto, o maternidad genética que presupone la utilización del óvulo de la madre subrogada.

En cuarto lugar, el contrato de subrogación; es decir, la manifestación de voluntades de las partes, el acuerdo entre la madre –o los padres– y la madre sustituta, en la cual establecen las condiciones y la forma para cumplir el acuerdo. Elemento que será determinante en la motivación y valoración que se le dé a la maternidad subrogada, ya que, si bien es una situación controvertida, lo será en mayor o menor grado dependiendo de las condiciones en que se acuerde la misma.

Vistos estos supuestos procederemos de seguidas a identificar en el próximo punto los tipos de maternidades subrogadas existentes, de acuerdo a la interacción de los sujetos en la misma.

2. Tipos de maternidad subrogada[5]

2.1. *Maternidad subrogada parcial*

Se origina cuando la mujer que no puede concebir dispone de sus óvulos para que sean fecundados a través de inseminación artificial, bien sea con esperma de su pareja o de un donante, que serán posteriormente implantados en el útero de otra mujer –la futura madre subrogada–. En este caso, la madre subrogada no tiene conexión genética con el embrión implantado, eso corresponde a la madre biológica o donante de óvulos a quien será entregado el bebé luego del alumbramiento, ya que se trata de una maternidad por encargo. Propia subrogación de vientre también llamado «alquiler de vientre», o «gestación subrogada parcial», en la que puede mediar un acuerdo económico para la madre sustituta. En este caso, podemos encontrar también a la pareja de mujeres homosexuales, en la cual una aporta el óvulo a la otra y a través de la inseminación con el semen de un donante anónimo logran el embarazo tan deseado de un hijo que no entregaran a nadie, sino que será producto de esa pareja, sin mediar acuerdo económico, sino afectivo, lo que no impide que una de las madres sea la madre gestante o subrogada.

---

[5] *Vid.* http://repositorio.usfq.edu.ec/bitstream/23000/334/1/84587.pdf, pp. 17 y 18.

2.2. Maternidad subrogada total

En esta situación es la madre subrogada, quien, a su vez, es la madre genética o biológica, puesto que es la que dispone de sus óvulos, para que sean fecundados con esperma de quien pretende ser el padre o de un donante anónimo. Se aporta tanto vientre como óvulos por parte de la madre genética. Es decir, el embrión es hijo biológico de la madre sustituta, quien posteriormente entregará el bebé a otra pareja que serán los padres legales del mismo. Pudiendo establecerse un contrato a favor de la madre subrogada. En esta misma situación, y quizás de manera más compleja, se encuentran hoy en día las parejas homosexuales, también llamadas «homoparentales»[6], entre las que hallamos el caso de parejas de sexo masculino, quienes contactan a una mujer para que esta aporte un óvulo que pueda ser fecundado con el esperma de alguno de los miembros de la pareja, con el fin de poder acceder a ser padres. Igualmente, se encuentran los homosexuales de género masculino sin pareja que desean ser padres y acuden a esta modalidad, con el aporte de semen propio y óvulo de la mujer. En el mismo orden de ideas, podemos hacer referencia a la mujer sola que no tiene pareja y que desea tener un hijo, pero físicamente no es fértil y acude a la utilización de un vientre en alquiler o una madre sustituta que aportará su óvulo y será inseminada con semen de un donante anónimo. Situaciones estas últimas que profundizan la complejidad de la maternidad subrogada, sobre todo, ante la imposibilidad, en el caso de las parejas conformadas por hombres, de que el niño producto de esa modalidad pueda tener una guía en su desarrollo como persona y que vaya más allá de esa madre ocasional, que simplemente tuvo relevancia o importancia hasta el momento de su nacimiento.

2.3. Maternidad subrogada altruista

Se realiza en el caso de hermanas, hijas, sobrinas, inclusive actualmente se han dado caso de abuelas como madres de gestación, sin pretender ningún pago o contraprestación por ello, es decir, sin fin de lucro. La mujer está dispuesta a prestar el útero para llevar a cabo el embarazo, se vincula a sentimientos

---

[6] Véase: TSJ/SC, sent. Nº 1187, del 15-12-16, http://historico.tsj.gob.ve/decisiones/scon/diciembre/194078-1187-151216-2016-16-0357.HTML.

de solidaridad y generosidad con la persona o la pareja que requiere de la subrogación. En algunas oportunidades se cubren los gastos médicos o legales a que hubiere lugar. En cierto modo es una de las prácticas menos cuestionadas y un poco mejor aceptadas.

2.4. Maternidad subrogada comercial

La mujer que está dispuesta a prestar el útero requiere de un pago o remuneración económica, es decir, embarazo a cambio de compensación con bienes o monetaria. A rasgos generales ha sido cuestionada en muchos países por considerar que se trata de una explotación comercial, que afecta la dignidad del ser humano, no obstante todo ello se práctica ampliamente en países como la India, en los que se exige que la mujer embarazada por encargo de otra, sea retribuida económicamente y que se cubran todos los gastos inherentes a ella y al bebé desde la concepción hasta su alumbramiento, incluyendo los gastos de parto, en algunas oportunidades se establecen montos o pagos adicionales en función de obtener embarazos múltiples, dependiendo del contrato celebrado.

2.5. Maternidad subrogada fragmentada

Puede suceder en el caso de que una mujer done su óvulo, otra geste el producto de la concepción y otra sea la que solicite el proceso, convirtiéndose esta última en la madre legal del niño o niña nacido. Se corresponde esta modalidad con la indicada por Domínguez Guillén, de la existencia de tres madres, una biológica, una legal y otra la madre de gestación.

3. Regulación legal de la subrogación a nivel internacional

La maternidad subrogada, vientre en alquiler o gestación subrogada se encuentra ante una ausencia casi absoluta de regulación, lo que no es óbice para que se practique; sin embargo, algunos países tienen una prohibición expresa de cualquiera de sus modalidades, otros condicionan la situación al cumplimiento de ciertos requerimientos y otros la permiten en todas sus versiones. Consideramos que esta poca regulación en la materia genera problemas que deben ser atendidos y resueltos por el Derecho, como lo referente a la presunción y determinación de la maternidad, el establecimiento de la filiación, la responsabilidad de la madre sustituta en el supuesto de que los padres que contratan el embarazo mueran sin haber culminado la gestación, etc. Es más, esta modalidad de madres sustitutas se ha convertido en algunos países subdesarrollados en una forma de vida de las mujeres de escasos recursos, lo que ha devenido en un negocio ilícito muy atractivo, proliferando agencias que ofrecen el servicio como cualquier mercancía.

De seguidas, haremos una breve referencia sobre la regulación en algunos países y la forma en que abordan el tema de las madres sustitutas o vientres en alquiler[7].

España prohíbe de manera expresa la maternidad subrogada y señala: «La filiación de los hijos nacidos por gestación de sustitución será determinada por el parto», reafirma el principio *mater semper certa est*, con lo que tenemos que la madre es la que pare o la que da a luz, en la misma posición se ubican Francia y Holanda.

En perspectiva contraria se encuentran Bélgica, Ucrania y la India, que admiten la maternidad subrogada tanto altruista como comercial. Sin embargo, en el año 2013, la India prohibió de manera expresa la gestación subrogada a homosexuales, extranjeros solteros y en el caso de parejas en cuyo país esta práctica se encuentre prohibida, no obstante es un receptor de gran cantidad de solicitudes y contrataciones de mujeres para convertirse en madres subrogadas.

En relación con este punto, Grecia regula la gestación subrogada, si bien la permite estableciendo que no puede haber vínculo genético entre la madre gestante y los embriones, solo se permite acceder a ella a mujeres que no puedan gestar por sí mismas y con informes médicos que lo confirmen y, por último, las mujeres implicadas en este proceso deberán ser residentes de Grecia.

Rusia admite maternidad subrogada, en las modalidades altruista y comercial, para los mayores de edad con indicaciones médicas para acudir a ella. La madre genética debe dar su consentimiento para registrar al bebé.

---

[7] http://bioeticacs.org/iceb/seleccion_temas/vientreAlquiler/v_aquiler_web.pdf.

Brasil prohíbe la maternidad subrogada comercial, permite la maternidad subrogada altruista solo entre familiares hasta el segundo grado de consanguinidad.

En Estados Unidos, específicamente en el Estado de Illinois, existe una legislación bastante completa en la que a través de normas jurídicas y decisiones judiciales se ha regulado y permitido estos casos de maternidad subrogada y sus respectivos contratos, igual sucede en otros Estados del mismo país en los que la maternidad subrogada se permite siempre y cuando cumpla con algunos requisitos. Se permiten los contratos de gestación, siendo así que la primera referencia de la que se tiene conocimiento en relación con la maternidad subrogada comercial fue en el año 1980, en el cual se realizó un contrato mediante el cual se pagaron diez mil dólares a una mujer por convertirse en la madre gestante que posteriormente daría a luz y entregaría al bebé a una pareja contratante que serían los padres legales de la criatura.

Posteriormente, el desarrollo legislativo surgió como producto del emblemático caso de Baby M., ocurrido en 1985, en el cual la madre subrogada o sustituta, después de haber dado a luz a la niña objeto del contrato, se arrepintió y no quiso entregarla a los que serían los padres legales, queriendo entonces quedarse con ella. Las partes habían suscrito un contrato y el padre de la niña había aportado el semen para realizar la inseminación, generando entonces un conflicto de intereses que debió ser dirimido en tribunales y que finalmente decidió darle la custodia al padre y otorgarle derecho de visita a la madre sustituta.

4. Regulación en Venezuela

Venezuela no ha escapado del avance vertiginoso de la tecnología en relación con los problemas de fertilidad y reproducción asistida. Nuestro país no ha legislado sobre esta materia[8], a pesar de la referencia del artículo 204 del

---

[8] Véase: DOMÍNGUEZ GUILLÉN, María Candelaria: *Inicio y extinción de la personalidad jurídica del ser humano (nacimiento y muerte)*. TSJ. Caracas, 2007, p. 114; DOMÍNGUEZ GUILLÉN, María Candelaria: *Manual de Derecho Civil I Personas*. Ediciones Paredes. Caracas, 2011, p. 102; DOMÍNGUEZ GUILLÉN, María Candelaria: *Ensayos sobre capacidad y otros temas de Derecho Civil*. 3ª, TSJ. Caracas, 2010, pp. 649-652.

Código Civil que menciona la «inseminación artificial» y que, a decir de la doctrina, supone admitir que tal técnica no está prohibida[9]. Ha sido a través de decisiones vinculantes realizadas por la Sala Constitucional del Tribunal Supremo de Justicia que se han comenzado a resolver algunas situaciones puntuales relacionadas con esta materia. Es el caso de la sentencia N° 1456/2006[10], en la que se define la reproducción asistida como el conjunto de técnicas médicas especiales que implican la ayuda profesional al acto conyugal con el fin de lograr la procreación de la especie humana, a través de la obtención y utilización de gametos o transferencia de embriones con ese fin.

En el 2016, la misma Sala Constitucional[11] emite otra decisión vinculante en el caso de una pretensión de amparo interpuesto contra el Tribunal Tercero de Primera Instancia de Juicio del Circuito Judicial de Protección de Niños, Niñas y Adolescentes de la Circunscripción Judicial del Área Metropolitana de Caracas y Nacional de Adopción Internacional, la que fue admitida por tratarse de un tema de orden público y además de ser un punto de mero derecho.

El caso en cuestión refiere a la maternidad subrogada, en el cual la pareja –homoparental– son dos personas del mismo sexo –mujeres– de nacionalidad venezolana, quienes contraen matrimonio en Argentina, donde se reconoce el matrimonio civil sin ninguna discriminación por la orientación sexual de los contrayentes.

---

[9] Véase: Domínguez Guillén: ob. cit. (*Inicio y extinción…*), p. 193; Ribeiro Sousa, Dilia María: «Situación jurídica del concebido ante los avances de la ciencia (especial referencia al tratamiento del concebido en la Constitución de la República Bolivariana de Venezuela, y sus diferencias con la Constitución de 1961)». En: *Revista de la Facultad de Ciencias Jurídicas y Políticas*. N° 118. UCV. Caracas, 2000, pp. 276 y 277; De Freitas De Gouveia: ob. cit., p. 120.

[10] Véase: TSJ/SC, sent. N° 1456, del 27-07-06, http://www.tsj.gov.ve/decisiones/scon/Julio/ 1456-270706-05-1471.html.

[11] TSJ/SC, sent. N° 1187, del 15-12-16, http://historico.tsj.gob.ve/decisiones/scon/diciembre/194078-1187-151216-2016-16-0357.HTML. Véase sobre dicha sentencia: Varela Cáceres, Edison Lucio: «La última sentencia de la Sala Constitucional en materia de instituciones familiares: la familia homoparental». En: *Revista Venezolana de Legislación y Jurisprudencia*. N° 9. Caracas, 2017, pp. 225-259, www.rvlj.com.ve.

Posteriormente regresan a Venezuela y deciden realizarse un tratamiento para lograr concebir un hijo, lo que en efecto hacen y una de las mujeres dona su óvulo a su esposa, para que sea fecundado *in vitro* e implantarlo en su útero –quien se convierte en la madre subrogada–. Vuelven a Argentina con el fin de que ocurra el nacimiento del niño y poder así «garantizarle el derecho a la identidad, fundamentado en el derecho a la doble maternidad sin discriminación y el derecho a conformar familia»[12].

Nace el niño y regresan a Venezuela, por lo que «intentan juntas realizar la inserción de la partida de nacimiento de su hijo (…) ante la Oficina de Registro Civil en fecha 18 de noviembre de 2014 y a su vez solicitan el reconocimeinto de la nacionalidad del niño por ser hijo de ciudadanas venezolanas por nacimiento»[13].

La Oficina de Registro Civil establece que el niño es venezolano y «considera procedente la expedición del acta de Nacimiento por parte del Registro Civil venezolano, condicionando la misma, al desconocimiento de la relación de parentesco de una de las dos madres, estableciendo que la legislación venezolana no contempla o permite la doble filiación materna o paterna»[14].

Fallece una de las madres –madre biológica o genética– y surgen derechos hereditarios, además de derechos humanos que no le son reconocidos y que deben ser resueltos favorablemente para el niño, por lo que la Sala Constitucional hace una interpretación de varios artículos de la Constitución para decidir, entre los que se encuentran los artículos 56, 75 y 76, en concordancia con los artículos 17, 44, 45 y 65 de la Ley Orgánica para la Protección de Niños, Niñas y Adolescentes.

Es por ello que del texto de la sentencia se extrae lo siguiente:

> Esta Sala Constitucional evidencia que en la sociedad se han originado ciertas relaciones humanas de las cuales surgen necesidades que han quedado

---

[12] TSJ/SC, sent. N° 1187, citada *supra*.
[13] Ídem.
[14] Ídem.

desprovistas de una regulación especial, las cuales han de ser resueltas aplicando disposiciones que regulen casos semejantes o materia análogas; resultando necesario en el presente asunto aplicar los valores superiores del ordenamiento jurídico y principios generales del Derecho, para resolver en Derecho el hecho partiendo del derecho a la igualdad y a la no discriminación, a la dignidad humana y al libre desenvolvimiento de la personalidad[15].

Para concluir con la interpretación extensiva del artículo 75 de la Carta Magna, cuyo texto reproducimos de seguidas:

> El Estado protegerá a las familias como asociación natural de la sociedad y como el espacio fundamental para el desarrollo integral de las personas. Las relaciones familiares se basan en la igualdad de derechos y deberes, la solidaridad, el esfuerzo común, la comprensión mutua y el respeto recíproco entre sus integrantes. El Estado garantizará protección a la madre, al padre o a quienes ejerzan la jefatura de la familia.
>
> Los niños, niñas y adolescentes tienen derecho a vivir, ser criados o criadas y a desarrollarse en el seno de su familia de origen. Cuando ello sea imposible o contrario a su interés superior, tendrán derecho a una familia sustituta, de conformidad con la ley. La adopción tiene efectos similares a la filiación y se establece siempre en beneficio del adoptado o la optada, de conformidad con la ley. La adopción internacional es subsidiaria de la nacional.

Y en procura de garantizar uno de los fines supremos del Estado, asegurando la igualdad y la no discriminación –continua la sentencia– «desde un punto de vista multiétnico y pluricultural; procurando privativamente el bien común, la integridad territorial, la convivencia y éstas solo tendrán posibilidades de cumplimiento dignificando a aquellos cuya situación de hecho no han encontrado bajo regulaciones preconstitucionales la efectiva protección, que en la Constitución de 1999, esta Sala Constitucional en aplicación de la

---

[15] Ídem.

misma está llamada a garantizar a todos los venezolanos y venezolanas sin ninguna distinción…»[16].

Añadiendo: «Por ello esta Sala con fundamento en lo dispuesto en el artículo 335 constitucional, en garantía de los principios, valores y derechos consagrados en el Texto Fundamental, realiza la interpretación vinculante en los términos expuestos en este fallo sobre el artículo 75 de la Constitución, en atención a los derechos a la igualdad, a la no discriminación, al libre desenvolvimiento de la personalidad y a los valores de la dignidad humana, el afecto y la tolerancia de los ciudadanos…»[17].

Es por ello que luego de dictada la decisión se amplía el contenido del artículo 75 de la Constitución, permitiendo que la jefatura de las familias pueda ser ejercida por las familias homoparentales o familias constituidas por parejas del mismo sexo sin distinción alguna, lo que se extiende a los niños, niñas y adolescentes nacidos bajo estas uniones, puesto que por ser sujetos de derecho tienen tutelados sus derechos y garantías al igual que los niños nacidos bajo la figura de familias tradicionales. Igualmente, se acuerda reconocer la filiación del niño y su respectiva inscripción ante el Registro Civil, con los apellidos de sus dos madres. Asimismo, se establece entonces la coexistencia de la maternidad legal y la maternidad genética o biológica.

Se reconoce entonces la existencia de un hijo con dos madres, en este caso queda claro que la subrogación no se realizó por el hecho de obtener una compensación económica o entregar el niño a otra persona o pareja, sino que se hizo con el consecuente fin de criarlo en una pareja estable, entendiendo y admitiendo así la existencia de parejas homoparentales, lo que a futuro puede incidir en la posibilidad de ampliar los derechos de las mismas. No obstante, quedan sin resolver los casos de vientre en alquiler, los casos en los que existen no dos sino tres madres, la maternidad subrogada altruista, en las que aún en esta última, independientemente del fin primigenio, pueden presentarse

---

[16] Ídem.
[17] Ídem.

conflictos por los intereses en juego y, por último, la realización de los contratos de maternidad.

En cuanto a este último punto de los contratos de maternidad, consideramos que, por ser una materia que interesa al orden público, por vía de consecuencia se encuentra alejada o fuera de la autonomía de la voluntad de los particulares, por lo que cualquier disposición a título oneroso que intente regular la situación en relación con la filiación o con los términos del acuerdo que se haga entre la madre de gestación y la madre o padres legales resultará nulo de toda nulidad, por tener un objeto ilícito y, por ende, carecer de eficacia jurídica.

Conclusiones

A manera de conclusión, podemos anotar luego de estas breves reflexiones:

i. La maternidad subrogada, modalidad de aplicación de las técnicas de reproducción asistida, es un hecho a nivel mundial del que no escapa Venezuela. A través de ella se rompen los principios jurídicos ancestrales de acuerdo a los cuales la madre «siempre es cierta», ante la posibilidad de la existencia de dos madres y en otros casos tres.

ii. Por el hecho de requerir de una variedad de elementos y, a su vez, de la participación de varias personas para poder llevarla a cabo, es una figura complicada, que necesita ser desarrollada a nivel normativo.

iii. A través de la jurisprudencia vinculante de la Sala Constitucional del Tribunal Supremo de Justicia se ha avanzado en cierta medida en cuanto a regular algunas situaciones planteadas con el tema.

iv. La más reciente sentencia de la Sala Constitucional del Tribunal Supremo de Justicia, que reconoce la doble maternidad en el caso de la maternidad subrogada en una pareja homoparental –del mismo sexo, en este caso mujeres–, reconoce el supuesto en estos casos en observancia de los derechos a la no discriminación y a la igualdad, y de la interpretación extensiva del artículo 75 de la Constitución de la República Bolivariana de Venezuela, en armonía con el interés superior del niño, principio rector de la Ley Orgánica para la Protección de Niños, Niñas y Adolescentes.

v. Es imperativo regular la situación de los contratos de maternidad, que fomentan los intereses lucrativos y desvirtúan la esencia de la maternidad y degradan la dignidad de la mujer. Considerando al producto de la concepción como una mercancía cualquiera y que se siguen practicando de manera privada sin ningún problema, aun sabiendo que son nulos desde su inicio. Como bien señala Domínguez Guillén, el asunto debe ser analizado con una perspectiva ético-jurídica, pero en todo caso la ausencia de regulación de la figura «no autoriza la violación de principios filiatorios, asociados al interés del menor y el respeto a la dignidad humana»[18].

* * *

> **Resumen**: El autor toca un tema de bastante actualidad como es la maternidad por subrogación, explicando sus diversos tipos y comentando el más reciente fallo de la Sala Constitucional sobre dicha materia. **Palabras clave**: Maternidad subrogada, pareja homoparental, contratos de maternidad. Recibido: 29-01-18. Aprobado: 25-02-18.

---

[18] Domínguez Guillén: ob. cit. («Gestación subrogada»), p. 225. Véase también de la autora a propósito de la fecundación artificial: *Manual de Derecho de Familia*. 2ª, Ediciones Paredes. Caracas, 2014, pp. 253-263.

El juez en el laberinto de la interpretación

Luis Emilio MELO LÓPEZ *

Un tema profusamente discutido en la teoría del Derecho es la interpretación judicial. Con la crisis del positivismo y del silogismo judicial se ha abierto una discusión acerca de la metodología de la interpretación que deben usar los jueces, para construir los esquemas de comprensión que van a ser usados en la calificación de los hechos. LÓPEZ MEDINA explica que el énfasis de la teoría de la interpretación y la argumentación jurídica, es servir de mecanismo contra los excesos del formalismo dominante, que preserva al positivismo como método de interpretación. La discusión en la teoría del Derecho sobre la interpretación, incluye un capítulo fundamental, en el cual se discute el papel que juega la Constitución en el establecimiento del alcance y sentido del ordenamiento. GARCÍA DE ENTERRÍA señala que la Constitución contiene la proclamación formal de un orden superior de valores jurídicos formulados como tales, en especial los derechos fundamentales, cuya efectividad ha de mantenerse por encima del plano inseguro y lábil de todas las normas inferiores.

En la sentencia dictada por la Sala Civil del Tribunal Supremo de Justicia número 334, el 17 de mayo del 2012, se abandona la idea del uso imprescindible del silogismo judicial para explicar cómo se configura la motivación de los fallos judiciales. En esa sentencia se sostiene que hay una relación lógica entre todos los argumentos, donde es posible distinguir estructuras relacionadas con la interpretación de las normas jurídicas cuyo vínculo con las estructuras argumentativas de las cuestiones fácticas, es indispensable para que pueda hablarse de una adecuada motivación. Si bien no se precisa nada en cuanto a los elementos de interpretación, sí se enfatiza en la importancia que

---

* **Universidad Monteávila**, Profesor en de Derecho Civil, Procesal Civil y Procesal Constitucional.

tiene una adecuada estructura de los argumentos que indican el sentido y alcance que el juez atribuye a las normas que considera aplicables para resolver la controversia. Se trata de un primer intento que abre una puerta hacia la comprensión de la importancia de la interpretación judicial y el abandono de esquemas formalistas en la comprensión del ordenamiento jurídico.

La actividad de interpretar: Aun cuando la cuestión de la interpretación es aceptada unánimemente como de importancia central para la teoría del Derecho, no existe acuerdo, como lo indica Lifante Vidal, en qué consiste exactamente la actividad interpretativa, ni acerca de cuándo es necesaria o si existen límites a dicha actividad. Visto lo anterior desde la perspectiva de la Constitución, las mismas preguntas se reafirman pues, si el texto fundamental contiene prescripciones respecto a la interpretación o que ordene en ella a los jueces asegurar su integridad, las preguntas se formulan en términos de considerar el papel que juegan, especialmente, los valores y principios como mecanismo de comprensión de los textos jurídicos y hasta dónde su efectividad condiciona la aplicación de las normas jurídicas.

En el artículo 2 de la Constitución, se declara que el ordenamiento jurídico tiene como valores superiores, entre otros, la libertad, la justicia, la responsabilidad social, la igualdad y, en general, la preeminencia de los derechos humanos. Esta afirmación de la Constitución, en conjunto con la que contiene el encabezamiento del artículo 334 que ordena a los jueces asegurar su integridad, permiten establecer dos consecuencias que tienen las normas a las que se ha hecho referencia: la primera es que —como lo propone la teoría neoconstitucionalista— la validez de las normas jurídicas no se completa con haber observado el procedimiento previsto en la Constitución para su promulgación, ya que se pretende, además, que la norma desarrolle los valores superiores que se mencionan en el texto constitucional y que estos valores estén garantizados en la práctica por los jueces. La segunda conclusión es que los jueces deben utilizar a la Constitución, como referencia obligatoria para la interpretación del ordenamiento. Susanna Pozzolo señala al respecto, que la Constitución no representa una simple envoltura política, ni un simple esquema organizativo de los órganos del Estado, porque la Constitución introduce un vínculo sustancial para la creación del Derecho positivo. Es decir, la ley se encuentra subordinada a la Constitución y, como se ha indicado, presente en el proceso de interpretación de las normas jurídicas.

Tiene la Constitución otra declaración en su artículo 257 que señala como finalidad del proceso a la justicia. Esta aseveración no solo rompe con aquella idea del proceso como una finalidad en sí misma, sino que, cuando pensamos en el derecho a la tutela de los derechos o intereses de quien acude a los tribunales, la sentencia, como expresión de la tutela judicial, debe contener, como dice TARUFFO, una adecuada escogencia y una correcta interpretación de las normas jurídicas utilizadas para resolver la controversia. Por tanto, es necesario concluir que la interpretación correcta en los términos de nuestra Constitución, es aquella que ha tomado en cuenta los valores superiores del ordenamiento para examinar el sentido y alcance de una norma jurídica. Esta conclusión fue expresada por la Sala Constitucional del Tribunal Supremo de Justicia en su sentencia número 1309 dictada el 19 de julio de 2001, en la cual sostuvo, entre otros argumentos, que la interpretación constitucional hace girar el proceso hermenéutico alrededor de las normas y principios básicos previstos en su texto, porque la protección de la Constitución exige que la interpretación de todo el ordenamiento ha de hacerse conforme a ella y que esta interpretación no puede servir de pretexto para vulnerar los principios axiológicos en los que descansa el Estado constitucional venezolano, de modo que salvaguardar a la Constitución significa protegerla de toda desviación de principios, de todo apartamiento del proyecto político que ella encarna[1].

A partir de lo que se expresó en la sentencia de la Sala Constitucional que mencionamos precedentemente y lo que se ha indicado hasta ahora, puede hacerse un intento de identificación del modelo de interpretación que pretende la Constitución, como una forma de la corriente «post-positivista principialista», en la cual se reconocerían los valores superiores y los derechos fundamentales como principios que deben ser tomados en cuenta para la interpretación del Derecho.

---

[1] Esta última declaración, como analizaremos posteriormente, puede afectar la independencia judicial si los jueces se convierten en actores políticos.

Junto a lo expresado anteriormente, si bien estaría definido, al menos en principio, el papel que juegan los valores superiores y los derechos humanos en la interpretación del ordenamiento, queda en el aire determinar hasta qué punto puede verse comprometida la independencia de los jueces, si además se les considera defensores de un proyecto político.

En las constituciones que establecen como un valor el pluralismo no tiene cabida el desarrollo de una determinada ideología política, pues, por el contrario, a lo que se atiende es a que se desarrollen todas las formas del pensamiento político. En consecuencia, por proyecto político debe entenderse, en este caso, los principios y valores democráticos, además de las obligaciones que impone la Constitución al Estado para garantizar los derechos fundamentales. Para decirlo en otra manera, el artículo 3 de la Constitución le dice al Estado que debe crear las condiciones para que cada ser humano pueda desarrollar su propio proyecto de vida. Por tanto, la premisa de la actuación del Estado se centra en reconocer al ser humano, a su esfuerzo individual, a su iniciativa como parte fundamental del desarrollo social.

Es innegable que el papel de la Constitución dentro de la sociedad es el resultado de los valores que ella defiende. La omisión, en la interpretación de su texto, de cualquiera de los valores que ampara, puede resultar en una distorsión de su relación con los valores democráticos. No es lo mismo afirmar que la Constitución es la materialización de un proyecto político, privilegiando, como dice Lenio Luiz STRECK, temas colectivos y negando los individuales, convirtiendo a los jueces en los protectores de un proyecto político, que afirmar, como expresó Alf ROSS, que la Constitución es un precipitado normativo de una realidad social, de una tradición de cultura, donde tienen cabida expresiones colectivas e individuales.

Herman HELLER comenta que el conocimiento del Estado y del Derecho no puede olvidar el carácter dinámico del objeto que estudia, ni puede olvidar el carácter dinámico de los procesos de integración social; por esa razón, afirma que la Constitución del Estado no es, por eso, en primer término, proceso sino producto, no actividad, sino forma de actividad; es una forma abierta a través de la cual pasa la vida, vida en forma y forma nacida de la vida.

Riccardo GUASTINI sostiene que una de las características que deben estar presentes para que se considere la constitucionalización de un determinado sistema jurídico, es la aplicación directa de las normas constitucionales, que también se aplican a las relaciones entre particulares. Esto es posible cuando se entiende, como sostiene Peter HÄBERLE, que en el Estado constitucional democrático, los ciudadanos, su dignidad humana, constituyen la premisa antropológica-cultural[2]. En consecuencia, lo individual, lo privado, no pueden considerarse un ámbito excluido, sin que esto impida la posibilidad de que sea necesario, en determinados casos, privilegiar intereses colectivos en conflicto con intereses individuales. Herman HELLER afirmó que la Constitución del Estado era una forma acuñada que viviendo se desarrolla, esto es cierto cuando la aplicación de la Constitución, la comprensión de sus valores, no deja de lado ninguna de las tradiciones de cultura de una sociedad. Quiere decir, que la Constitución debe reafirmarse como expresión de la sociedad donde se desarrolla y con las particularidades de la sociedad donde ella existe. Por consiguiente, la posibilidad de jueces comprometidos con un proyecto político, que excluyan determinados ámbitos de la sociedad, además de impedir la materialización de la independencia de los jueces, no permite tampoco que la justicia, como finalidad del proceso y valor protegido en el texto de la Constitución, se haga realidad en nuestra sociedad, ni será posible que la pluralidad como valor esté presente en la sociedad como lo exige el citado artículo 2 constitucional.

A lo anterior debe agregarse que el artículo 2 declara que propugna unos valores como superiores, esto es, que los jueces aseguran la integridad de la Constitución no como proyecto político, sino en la dirección de los valores que aspiramos estén presentes en nuestra sociedad. Lo anterior, sin duda, es una consecuencia, como lo afirma Pablo LUCAS VERDÚ, de la preeminencia de la Constitución social sobre la Constitución política, que marca el papel político del Estado en la sociedad como garante de las condiciones que aseguren nuestro desarrollo individual.

---

[2] En nuestro caso esta premisa se deduce del artículo 3 de la Constitución, en el cual la acción del Estado se centra en el desarrollo de la protección a la dignidad de la persona.

No puede dejarse de lado que la presencia de los valores superiores y los derechos humanos, como referencia para la interpretación del ordenamiento, tiene también otra consecuencia: la necesaria interpretación por parte de los jueces de la Constitución, como presupuesto no solo de su aplicación a las relaciones entre los particulares, sino también como necesaria para la comprensión de los valores y principios que protege. Riccardo Guastini indica, como otra de las condiciones para la constitucionalización de un sistema jurídico, lo que él denomina la «sobreinterpretación de la Constitución». En nuestro caso, aun cuando el artículo 335 constitucional declara como máximo intérprete a la Sala Constitucional, los jueces, por imperativo del artículo 334, para asegurar la integridad de la Constitución y, desde luego, para identificar el sentido de sus normas y principios, deben servirse no solo de las interpretaciones que ha hecho la Sala Constitucional, sino también de las que deban realizar en aquellos casos en los que no existe una interpretación vinculante de la Sala Constitucional.

Volvamos al artículo 257 de la Constitución y a su declaración de que la finalidad del proceso es la justicia. Pensemos ahora en la influencia que puede tener esta declaración, respecto de la manera en la cual el juez puede hacer la interpretación de las normas jurídicas, que considera aplicable al caso concreto. Estoy de acuerdo con Luis Petit, cuando afirma que debe ejercerse un activismo judicial dentro de ciertos límites, para no afectar la imparcialidad. Es fácil advertir que todo juez debe estar dispuesto a que en el proceso que dirige, se cumplan derechos fundamentales de las partes como el acceso a la prueba, el derecho de defensa y no dudar en la posibilidad de ejercer los poderes probatorios a su disposición. Creo que alrededor de los derechos que configuran el debido proceso, se encuentran las posibilidades de que el activismo se configure dentro de límites que no afecten la imparcialidad del juez. La Constitución debe ser cumplida y los derechos de las partes en el proceso garantizados por un juez dispuesto a crear las mejores condiciones posibles para la sentencia. Precisa Jiménez Mesa que el juez debe saber que es un intermediario entre las necesidades sociales y las normas, de modo que cualquier método de interpretación que desfavorezca el proceso de actualización normativa, se convierte en instrumento de negación de justicia. En otras palabras, si el proceso de interpretación no incluye los valores superiores y los derechos humanos, se aplica una camisa de fuerza a la norma jurídica, que queda inmovilizada dentro de su estructura lingüística, sin que sea posible adaptarla a la realidad social que regula. Es necesario, como dice Jiménez Mesa, darle una inteligencia útil, justa y lógica a la norma jurídica para que en el encuentro de la norma con los hechos, pueda realizarse la finalidad de justicia que se espera obtener en el proceso judicial. María Candelaria Domínguez explica esta actividad del juez en el proceso de interpretación señalando que al juez se le reconoce la posibilidad de corregir, ampliar o modificar el sentido del texto de la norma que es, como lo señala, un poder de creación que debe ser usado por el juez que no puede, ni debe, quedarse inerte esperando que el legislador le dé paso a la solución de conflictos.

Debe advertirse que la interpretación judicial no puede tener como consecuencia resultados que puedan constituirse, en la práctica, en una sustitución de actividades legislativas. El poder de interpretación de los jueces se manifiesta en la posibilidad de darle sentido al objeto interpretado, no en proponer modificaciones al texto legal que examinan. Siguiendo a Wroblewski, se puede afirmar que la interpretación debe mantenerse en los márgenes que delimita el ordenamiento. Se trata, por consiguiente, de conciliar el sentido y alcance de las normas jurídicas con los valores superiores y los derechos humanos que deben integrar nuestro ordenamiento, de acuerdo a la Constitución, para que en su aplicación se reconozca cualquier ámbito de la realidad social. El control difuso a disposición de los jueces establecido en el artículo 334 constitucional, es la válvula de escape que les permite desaplicar aquellas normas del ordenamiento, cuyo sentido y alcance sea imposible conciliar con la Constitución. Habrá, por supuesto, desaplicaciones parciales o totales de normas jurídicas, pero también debe haber una abundante interpretación del ordenamiento en la cual se advierta toda la riqueza que proviene de la Constitución y que haga de ella letra viva, permanente entre nosotros y abierta a toda manifestación cultural de la sociedad. Es necesario que se reconozca que en toda actividad humana se puede distinguir la obligación de cumplir valores protegidos en la Constitución. Cuando en ella se habla de responsabilidad social, por ejemplo, se cubre un marco de actuación que va desde nuestro compromiso con otras personas en la sociedad, en la que se advierten deberes con la asistencia de sus necesidades, hasta el cumplimiento de obligaciones contractuales.

Principios como la buena fe contractual, tiene también una óptica constitucional. Cuando el juez examina un problema cuyo origen es una relación contractual, puede distinguir que las partes se encuentran comprometidas por la Constitución a honrar sus compromisos a partir de la declaración que esta hace de la responsabilidad social dentro de una sociedad que persigue la ética. Esta circunstancia pone de manifiesto, que, cuando se privilegian derechos colectivos y se desconocen derechos individuales, se puede premiar a un individuo que habiendo incumplido deberes contractuales y, por esa razón, su responsabilidad social y la ética protegidas como valores constitucionales, se le permita ejercer derechos en detrimento de la necesidad individual del otro contratante. Se desplazan, de esta manera, sus derechos individuales de la protección que le reconoce la Constitución.

Recurro a las palabras del poeta alemán E. Frieds, que resume maravillosamente la importancia de la interpretación:

> ¿Hacia dónde han ido las esperanzas?
> Hacia la Constitución
> ¿Y su decepción?
> Hacia su interpretación.

Los valores, los derechos y los principios previstos en nuestra Constitución, conforman, sin duda, las bases fundamentales de nuestra dignidad. Si la interpretación que hacen los jueces, la realizan cegados por un proyecto político, se compromete la dignidad de todos los seres humanos que integran la sociedad.

* * *

Resumen: El autor, en breve ensayo, traza con líneas gruesas la labor del juez que para administrar justicia debe interpretar el ordenamiento jurídico, ponderando el papel principal que desempeña la Constitución en dicho proceso. **Palabras clave**: Interpretación judicial, interpretación constitucional. Recibido: 31-01-18. Aprobado: 12-02-18.

El empleo del cine en el estudio del Derecho Civil a partir de la obra de María Candelaria Domínguez Guillén

Cosimina G. Pellegrino Pacera [*]

A María Candelaria, con cariño

Sumario

Notas introductorias 1. Cine dentro del Derecho Civil: Propuestas fílmicas *1.1. «El hombre bicentenario»: Utopía de hacerse persona 1.2. Otras películas* 1.2.1. La defensa de la identidad sexual 1.2.2. Reproducción subrogada y clonación: identidad genética y dignidad humana 1.2.3. Personas discapacitadas: sensibilidad y dignidad humana

Notas introductorias

Al hablar del Derecho Civil nos encontramos en una situación comprometedora, porque no somos especialistas ni asiduos estudiosos de esta disciplina jurídica. Sin embargo, no hemos nunca descartado su importancia e influencia en la vida jurídica, puesto que categóricamente hay que reconocerle que es el «derecho de la vida diaria». Así lo demuestran sus instituciones básicas que están centradas en la persona, la familia y el patrimonio.

---

[*] **Universidad Central de Venezuela**, Abogada *Magna Cum Laude*; Especialista en Derecho Administrativo; Doctora en Ciencias mención Derecho; Profesora de Derecho Administrativo y del Curso de Doctorado en Derecho.

Justamente, la magnitud de estos temas del Derecho Civil[1] ha sido examinada magistralmente en el país por María Candelaria Domínguez Guillén mediante su docencia en la Universidad Central de Venezuela y a través de su obra prolífica caracterizada por exhaustivas investigaciones bibliográficas con una amplia selección de doctrina y jurisprudencia, tanto nacional como extranjera.

Apoyada en estos estudios, la mencionada autora ha dedicado su atención a los temas del «Derecho de la persona», realizando atrevidos aportes jurídicos de gran interés en el foro. Dentro de este ámbito, de hecho, se ha dedicado a reflexionar sobre diversos tópicos de la «persona», componente central de toda cultura jurídica, particularmente lo relativo a los derechos de la personalidad cuyo eje principal yace en el derecho a la identidad[2].

Uno de los temas privilegiados por Domínguez Guillén ha sido, al respecto, las aristas que están en torno a la «identidad» como un derecho de la personalidad complejo dado las varias formas de manifestarse, entre otras, la identidad biográfica, la sexual, la genética o biológica.

Aquí conviene distinguir la interesante dimensión «estática» y «mutable» o «cambiante» de la identidad que destaca la autora a partir de la doctrina

---

[1] Acerca la definición y contenido del Derecho Civil, véase Domínguez Guillén, María Candelaria: «Sobre la noción de Derecho Civil». En: *Revista de la Facultad de Derecho*. Nᵒˢ 62-63. UCAB. Caracas, 2010, pp. 81-97.

[2] Véase al respecto Domínguez Guillén, María Candelaria: «Aproximación al estudio de los derechos de la personalidad». En: *Revista de Derecho*. N° 7. TSJ. Caracas, 2002, pp. 92-126; *Manual de Derecho Civil I Personas*. Paredes. Caracas, 2011, pp. 286-290; «Sobre los derechos de la personalidad». En: *Díkaion. Lo Justo. Revista de Actualidad Jurídica*. Año 17, N° 12. Universidad de la Sabana. Bogotá, 2003, pp. 23-37; «Innovaciones de la Constitución de 1999 en materia de derechos de la personalidad». En: *Revista de la Facultad de Ciencias Jurídicas y Políticas*. N° 119. UCV. Caracas, 2000, pp. 17-44; *Ensayos sobre capacidad y otros temas de Derecho Civil*. 3ª, TSJ. Caracas, 2010, pp. 620-624; «El derecho a la identidad como límite a las libertades de expresión e información». En: *Revista de Derecho*. N° 9. TSJ. Caracas, 2003, pp. 343-359, «Notas sobre el derecho a la identidad en el ordenamiento jurídico venezolano». En: *Revista de Actualidad Jurídica Iberoamericana*. N° 6-1. Valencia, 2017, pp. 41-69.

extranjera en la que apoya sus estudios. Estas dos dimensiones son, en cierto sentido, claves que invitan a reflexionar sin reparos sobre la rica y compleja individualidad del ser humano, pues, tal como lo advierte DOMÍNGUEZ GUILLÉN, el individuo no puede reducirse solo a los atributos físicos o corporales –identidad estática–. En definitiva, es un ser que de igual forma tiene una realidad social, política, religiosa, etc. –identidad dinámica–, es decir, una realidad diferenciada respecto de los otros individuos dentro del vasto complejo orgánico que llamamos Estado.

No es ninguna exageración sostener que la identidad estática y dinámica de la persona es una reafirmación, por un lado, de la problemática naturaleza de la persona y, por el otro, de la sustantividad propia que cada individuo tiene, que lo hace único e irrepetible.

Es indudable, por otra parte, que la importancia de la persona como centro del universo del Derecho Civil a partir de la obra de DOMÍNGUEZ GUILLÉN quedaría incompleta si dejáramos de lado otros contenidos, entre ellos, el tema de la «muerte»[3]. La noción de muerte de la persona encierra y toca, sin duda, problemas que son de carácter universal y que han sido evaluados por la citada autora.

Topamos así con la culminación de la personalidad jurídica y las relaciones o consecuencias jurídicas especialmente de tipo patrimonial que se producen en torno a quien fuera persona, así como la disolución del vínculo conyugal y las uniones de hecho –concubinato–, que resultan de interés para el Derecho de Familia[4].

Igualmente, otras cuestiones curiosas de corte conceptual que aparecen perfectamente vinculadas con el tema de la muerte están referidas a la protección

---

[3] DOMÍNGUEZ GUILLÉN, María Candelaria: «Consideraciones sobre la muerte. Breve referencia al Derecho comparado». En: *Boletín de la Academia de Ciencias Políticas y Sociales*. N° 146. Caracas, 2008, pp. 389-426.
[4] DOMÍNGUEZ GUILLÉN, María Candelaria: *Inicio y extinción de la personalidad jurídica del ser humano (nacimiento y muerte)*. TSJ. Caracas, 2010.

de la memoria del difunto y al cadáver –protección de la personalidad pretérita–, que si bien resultan bastante extrañas para el mundo jurídico[5], DOMÍNGUEZ GUILLÉN se posiciona de ellas con sus estudios e investigaciones para contribuir a su reflexión y crítica, mostrando la verdadera importancia jurídica que tienen estos conceptos.

Dando un paso más, DOMÍNGUEZ GUILLÉN también ha abordado otros problemas jurídicos del Derecho de Familia, que en buena parte podría decirse son sensibles y álgidos en el foro académico, particularmente por estar asociados a la «bioética». Es el caso de las técnicas de «reproducción asistida» y todos los temas que están relacionados con ellas[6], como es la «clonación» o fotocopia genética[7], cuyos aportes necesariamente han provocado todo tipo de reflexiones dado la falta de regulación en el Derecho venezolano, además de discusiones de problemas morales y batallas ideológicas o creencias enfrentadas.

Al respecto, podría decirse que, a pesar de los problemas jurídicos que representa especialmente la «maternidad subrogada» o «vientre de alquiler», sus contenidos se han ido construyendo gracias a las inquietudes o curiosidades que DOMÍNGUEZ GUILLÉN ha introducido a partir de sus estudios en los cuales evita, a nuestro entender, encontrar una solución absoluta, única y apresurada a los problemas o dilemas que plantea. Antes bien, invita a la crítica, deliberación y reflexión a fin de buscar una solución prudente.

Por lo que se refiere a la clonación, deja bien claro que esta técnica cosifica a la persona humana y, por ende, es contraria a la dignidad de la propia persona al mismo tiempo que vulnera los derechos personales, particularmente el derecho a la identidad. En fin, sostiene DOMÍNGUEZ GUILLÉN que la expe-

---

[5] Ibíd., p. 219.
[6] DOMÍNGUEZ GUILLÉN, María Candelaria: «Gestación subrogada». En: *Revista Venezolana de Legislación y Jurisprudencia*. N° 1. Caracas, 2013, pp. 183-227, http://rvlj.com.ve/wp-content/uploads/2015/06/183-228.pdf.
[7] DOMÍNGUEZ GUILLÉN, María Candelaria: *Manual de Derecho de Familia*. TSJ. Caracas, 2008, pp. 259-268.

rimentación genética mal puede considerarse como una forma posible de generación de vida humana[8].

En todo caso, al margen de la falta de consagración jurídica expresa respecto a estas cuestiones, la autora advierte con preocupación sobre la necesidad de tomar en cuenta y aplicar adecuadamente los principios generales del Derecho para resolverlas de forma justa, como es el interés superior del niño o del menor, entre otros.

Valdría mencionar que la obra de DOMÍNGUEZ GUILLÉN igualmente apunta a los problemas que plantea las «uniones homosexuales»[9] o el «cambio de sexo»[10] ante un Derecho de Familia criollo que no ofrece soluciones sobre estas cuestiones novedosas. Mientras la mayor parte de los sistemas latinoamericanos sí establecen regulaciones sobre estas uniones en las que reconocen y aprueban el matrimonio entre personas del mismo sexo –Argentina, Brasil, Uruguay o Colombia– o, incluso aquellas que, a pesar de no reconocer el matrimonio, defienden las uniones civiles de los homosexuales –Ecuador y Chile–.

DOMÍNGUEZ GUILLÉN, al respecto, expone de forma sencilla sus apreciaciones acerca de este tema que, sin duda, no resulta fácil por su elevado contenido moral. De hecho, podríamos decir que su principal reflexión se centra en que a la luz del ordenamiento jurídico venezolano vigente es difícil sostener este tipo de uniones. Subraya, en ese sentido, que el reconocimiento de estas uniones en el país supondría modificar sustancialmente las tradicionales instituciones que giran en torno a la familia, sobre todo cuando la autora cavila acerca de la adopción de niños por este tipo de uniones.

---

[8] Ibíd., p. 267; DOMÍNGUEZ GUILLÉN: ob. cit. («Aproximación al estudio...»), pp. 116-123.

[9] DOMÍNGUEZ GUILLÉN, María Candelaria: «Breves consideraciones jurídicas sobre las uniones homosexuales en el marco de la Constitución venezolana». En: *Cuestiones Jurídicas*. Vol. VII, N° 1. Universidad Rafael Urdaneta. Maracaibo, 2013, pp. 11-40, http://200.35.84.134/ojs-2.4.2/index.php/cj/article/viewFile/135/127.

[10] DOMÍNGUEZ GUILLÉN, María Candelaria: «Algunas sentencias que declaran el cambio de sexo». En: *Revista de la Facultad de Ciencias Jurídicas y Políticas*. N° 130. UCV. Caracas, 2007, pp. 53-100. DOMÍNGUEZ GUILLÉN: ob. cit. («Notas sobre el derecho...»), pp. 51 y ss.

Por último, importante es remarcar que la autora busca, igualmente, dirigir su mirada a otras problemáticas jurídicas que tradicionalmente no son examinadas por el Derecho Civil venezolano. Y es que Domínguez Guillén se preocupa por destacar la dignidad que tienen los discapacitados[11] y la protección que necesitan estas personas. Con un enfoque humanista, al respecto, advierte que es «… necesario rescatar la noción humana de personas pues poco les sirve a los seres que sufren alguna deficiencia, discapacidad o minusvalía ser sujeto de deberes y derechos, si no pueden en razón de su condición, disfrutar de las pequeñas o grandes cosas de la vida, porque el Estado y la sociedad no han toma en cuenta sus necesidades»[12].

Tras este brevísimo recorrido del Derecho Civil que hemos pretendido realizar, sin ningún ánimo de ser exhaustivos, desde la mirada de los textos y estudios seleccionados de Domínguez Guillén, a quien hoy rendimos tributo con este sencillo ensayo, queremos promover el interés entre profesores y estudiantes para abordar los problemas jurídicos planteados arriba, de manera directa o indirecta, desde los lentes de las piezas fílmicas.

Fundamentalmente, esta estrategia cinematográfica obedece a la convicción que tenemos de que el séptimo arte y, en general cualquier expresión artística, es una herramienta pedagógica que aporta elementos cruciales e imprescindibles para la formación humanística e intelectual en la academia jurídica. Como advierte García Colorado: «Valorar el cine, como a la literatura, la pintura o cualquier otro arte, debe ser una aspiración del currículo no escrito, ya que nos acercan a temas humanos, al mundo de la cultura, de las relaciones sociales, rescatando el valor democratizador y liberador de la enseñanza»[13].

---

[11] Domínguez Guillén, María Candelaria y Torrealba Sánchez, Miguel A.: «Aspectos generales del régimen legal de la discapacidad: Especial referencia al autismo». En: *Revista de Derecho*. N° 34. TSJ. Caracas, 2012, pp. 157-186.

[12] Domínguez Guillén, María Candelaria: «La protección jurídica de los impedidos». En: *Revista de la Facultad de Ciencias Jurídicas y Políticas*. N° 121. UCV. Caracas, 2001, pp. 13-68, http://www.ulpiano.org.ve/revistas/bases/artic/texto/RDUCV/121/rucv_2001_121_13-68.pdf.

[13] García Colorado, Gabriel *et alter*: *El cine como recurso didáctico*. Trillas. México D. F., 2010, p. 48.

Con este enfoque, creemos que las propuestas fílmicas que a continuación presentamos puedan resultar claves significativamente importantes, sobre todo para caer en cuenta cuál es la condición y la realidad humana y, por supuesto, el peligro que a veces puede encontrar la persona cuando el Estado pretende eclipsar su libertad, autonomía y dignidad. Esta complejidad hay que tenerla en cuenta, pues ciertamente, la falta de libertad humana impide al hombre desarrollarse como persona. Lo que pudiera pensarse que la centralidad del individuo es quizá el signo más notorio del Derecho Civil, y del Derecho en general. Sin persona, a fin de cuentas, no puede hablarse de Derecho.

1. Cine dentro del Derecho Civil: Propuestas fílmicas

El cine aporta extraordinarias maneras para explorar conceptos y categorías fundamentales que gravitan en el Derecho Civil. A partir del séptimo arte podemos asistir a un viaje que pone en escena las complejidades de las personas y de las situaciones, cobrando especial importancia la naturaleza humana que consideramos es piedra angular de nuestra propuesta. Es importante, al respecto, recordar las palabras del célebre cineasta español BUÑUEL:

> El cine ha de dar capital importancia a los problemas fundamentales del hombre actual, pero no considerado aisladamente, como caso particular, sino en sus relaciones con los demás hombres. De esta forma entran en juego los valores –libertad, igualdad, solidaridad, etc.– no con objeto de que esa interrelación nos lleve a sufrir una condena en la que confluyen las ideas de razas superiores, cadenas, marginaciones e ideologías primitivas de fascismos estúpidos e incoherentes, sino con la intención de crear un mundo en el que por lo menos la comunicación y el entendimiento no sean utopías inalcanzables elaboradas por soñadores anacrónicos, sino realidades al alcance de la mano, por las que merezca la pena luchar. Unos valores que, por otra parte, jamás habrán de pasar de moda[14].

---

[14] Ibíd., p. 61.

1.1. «*El hombre bicentenario*»: *Utopía de hacerse persona*

Una película significativa e imprescindible para reflexionar el tema de la persona, así como del derecho a la identidad, de la autonomía y la muerte, entre otros, es *El hombre bicentenario* (Estados Unidos, 1999), una obra dirigida por el director Chris COLUMBUS, y basada en el cuento homónimo del escritor Isaac ASIMOV.

Esta pieza fílmica se sostiene en la historia futurista de un robot NDR-114 que es comprado, en el año 2005, por la familia de Richard Martin para que los ayude en la limpieza u otros quehaceres de la casa. Desde el inicio del metraje vemos el auge en el proceso de «humanización» que experimenta este robot hasta el punto de querer ser reconocido por la comunidad como «persona humana». Como espectadores, descubriremos que no se trata de un robot común y corriente, al contrario, sino de un «ser» pensante y sensible.

En efecto, a pesar de tratarse de un androide y regirse por las «leyes de la robótica» –normas que estaban destinadas a garantizar la convivencia pacífica entre los robots y los humanos, pero, sobre todo, la de proteger a los seres de la especie humana[15]–, se podría decir que va produciéndose en el robot una increíble «humanización». La película sugiere, con lucidez y dramatismo, cómo un robot busca convertirse en una verdadera persona.

Es un proceso, de hecho, que comienza cuando Amanda, la hija pequeña de Martin, identifica al robot con un nombre, el de Andrew. También puede notarse cuando Grace, la hija mayor de la familia, en un intento por romper o destruir al robot, y, al reprenderla su padre, este deja claro que «… Andrew no es una persona, es una forma de propiedad, pero la propiedad también es importante. Así que desde ahora, como un asunto de principios, en esta familia Andrew será tratado como si fuera una persona. No habrá más intentos de romperlo».

---

[15] «1. Ningún robot causará daño a un humano, ni permitirá por inacción que un humano resulte dañado. 2. Todo robot obedecerá siempre a un humano, excepto cuando sus órdenes contravengan la primera ley. 3. Todo robot debe salvaguardar su propia existencia, excepto cuando ello contravenga las dos primeras leyes».

Vemos cómo Andrew, ciertamente, no es tratado como una cosa, sino respetado como un ser humano. Estas escenas constituyen formas significativas para ejemplificar de la mejor manera algunas cuestiones abstractas, o para introducir determinados contenidos jurídicos, tales como el del nombre civil, la individualidad o el carácter único de la persona, que a su vez pueden servir para aproximarnos con el derecho a la identificación.

A la obra no le falta ni le sobra nada, pues a medida que avanza la historia de Andrew, personaje central del filme, puede observarse cómo va forzándose para alcanzar esa condición humana. Poco a poco, van apareciendo interrogantes y problemas en la vida cotidiana del robot que forman parte de toda vida individual y de la identidad dinámica.

La pieza fílmica, por otra parte, puede propiciar la discusión acerca del concepto de capacidad jurídica o de goce, justamente cuando Martin y su abogado tratan el problema de la legalidad o no de que Andrew pueda abrir una cuenta bancaria y disponer del dinero que estaba adquiriendo por la venta de los relojes que había fabricado. Al mismo tiempo, resulta interesante cómo a partir de esa escena podemos asistir admirablemente en el debate de aplicar o no el denominado principio de «plenitud hermética» del ordenamiento jurídico que, como se sabe, rige en el Derecho privado y consiste en que las personas pueden hacer todo aquello que la ley no prohíba ¿acaso resultará aplicable en el caso de Andrew?

Igualmente, es una película idónea e ilustrativa para plantear si Andrew puede ser o no un sujeto de derechos. No sería raro, al respecto, comparar esta cuestión con algunos movimientos de protección de los animales que tratan de conseguir su reconocimiento –el de los animales– como «personas no humanas» ¿tal condición puede existir en el Derecho venezolano?

Más allá de estos planteamientos. Es evidente que la película muestra cómo Andrew empieza a descubrir o conocer su interior. Es una característica dominante de la cinta. A pesar de tratarse de una ficción, cabe advertir, que es una obra artística que invita a pensar sobre el amor, la libertad, la dignidad, es decir, acerca de los valores propios e intrínsecos de la persona, pero que el robot curiosamente experimenta y que desea sean reconocidos y respetados por los demás.

No es casualidad, al respecto, que el robot logra descubrir el carácter universal de la libertad y quiera ser libre «… uno quiere ser libre (…) uno ya no sería de su propiedad…». En ese contexto, Andrew le ofrece a su «dueño» todo el dinero que tiene a cambio de su libertad. Martin, tal vez dolido o afligido, decide dársela «… eres libre ahora. Debo pedirte que dejes la casa (…) Deseabas la libertad, debes aceptar las consecuencias…».

Está claro que la toma de decisiones no es nada fácil. Pero tenemos delante de nosotros la autodeterminación de Andrew que reivindica su individualidad, autonomía y, más aún, el respeto de su derecho a elegir. De esta forma, pareciera que el tema de fondo que trata la película no es otro que la libertad y la dignidad que tiene toda persona humana. Es más, a medida que se desarrolla el metraje la presencia de estos dos conceptos quedan más acentuados al pretender Andrew vindicarse de ellos.

Ahora bien, el punto crítico de la película se suscita cuando el robot tras enamorarse de Portia, la nieta de Amanda, decide tener un cuerpo que biológicamente se asemeje a la condición humana el cual logra alcanzar con implantes de órganos biomecánicos para robots. De este hecho, sin duda, se podría ventilar el estudio de la cuestión de los trasplantes de órganos o tejidos de personas[16], incluso polemizar sobre la legalización o no de la comercialización de partes del cuerpo como efecto del derecho que tiene la persona para disponer de órganos y partes –separadas o separables– del cuerpo, más allá de las inquietudes morales o religiosas que pueden gravitar en estos temas.

---

[16] En Venezuela los trasplantes de órganos está regulada en la Ley sobre Donación y Trasplante de Órganos, Tejidos y Células en Seres Humanos, publicada en la *Gaceta Oficial de la República Bolivariana de Venezuela* N° 39808, del 25-11-11. Véase al respecto Niño Gamboa, Ana Julia y Pellegrino Pacera, Cosimina Gelardina: «Breves comentarios a la nueva Ley sobre Donación y Trasplante de Órganos, Tejidos y Células en Seres Humanos». En: *Anuario de Derecho Público*. N° 5. Universidad Monteávila. Caracas, 2012, pp. 203-218, http://www.ulpiano.org.ve/revistas/bases/artic/texto/ADPUB-MONTEAVILA/ 5/ADPUB_2012_5_203-218.pdf.

El tiempo trascurre y el empeño de Andrew para que sea reconocido como «persona» no cesa. Es cuando decide acudir a una instancia internacional –el Congreso Mundial– a fin de que le sea declarada su condición de «ser humano» y, al mismo tiempo, reconocida la «capacidad» para contraer matrimonio con Portia. El debate filosófico que se suscita entre el presidente del Congreso Mundial y Andrew acerca de la naturaleza humana y la inmortalidad del robot es quizá la piedra angular de la película.

Consciente de esto, pareciera que uno de los principales desafíos que plantea la película es la búsqueda de la consolidación de la humanidad y, por ende, el rechazo a cualquier forma de cosificación del ser humano, más allá de mostrar el complejo y multidimensional mundo de los seres humanos. Y es que es muy evidente el deseo que tiene Andrew Martin de vivir y morir como un humano «... prefiero morir como humano, que vivir por toda la eternidad como máquina...». Todo un empeño de querer envejecer y morir «dignamente» tras sus 200 años de existencia en la Tierra.

El lenguaje audiovisual de esta pieza fílmica es un medio ideal para propiciar la discusión y el análisis en torno al concepto legal de «muerte» y la «muerte digna». Es especialmente obvia la escena cuando el robot de nuevo solicita ante el Congreso Mundial que se le reconozca su condición de «ser humano» porque desea morir como una persona que, sin duda, revela el espacio para reflexionar acerca de estos temas.

La película es reivindicativa con la libertad de morir dignamente o con el derecho a disponer de la vida, y puede ser, incluso una herramienta útil y favorable para plantear el análisis de la eutanasia o el suicidio asistido, sobre todo si consideramos el hecho que son pocos los países que han legalizado la eutanasia –Holanda, Bélgica, Luxemburgo, Canadá o Colombia–, o el suicidio asistido –Suiza y cinco estados de Estados Unidos: Oregón, Washington, Montana, Vermont y California–.

Está claro que estas cuestiones están ligadas con la autonomía que tiene la persona –principio de autonomía– «... a decidir cómo ha de vivir la propia vida, en particular, cómo ha de tomar las decisiones de vida críticas…»[17]. En vista de ello, es posible sostener que no sería viable la adopción de medidas restrictivas por parte de otros, incluso del Estado cuando estas decisiones autónomas y responsables de la persona no supongan o causen daño a otras personas. Cuando menos, en todo caso, esta discusión podría ser relevante en un grado mucho mayor que el planteado en la película, por ejemplo.

En fin, existe una diversidad de cuestiones que pueden trazarse a partir del filme *El hombre bicentenario*, que resulta, sin duda, de especial interés no solo porque narra problemas que han de quedar bien resueltos por el Derecho Civil, sino que también dice mucho de la condición humana desde la mirada de un robot.

1.2. Otras películas
El cine sería un instrumento útil, por tanto, para la enseñanza del Derecho Civil. Nos parece, de hecho, un medio idóneo para cultivar la sensibilidad necesaria para comprender mejor algunos problemas complejos. Veamos cuáles.

1.2.1. La defensa de la identidad sexual
Nussbaum[18] subraya que la sexualidad humana es un tema importante en la investigación científica, tal como es un aspecto importante de la vida. Advierte, de hecho, que el sexo es un tema que nos incumbe a todos como ciudadanos, en muchas de las funciones que cumplimos.

Es evidente, que la filósofa estadounidense quiere mostrar y poner gran énfasis en lograr en la educación superior un auténtico mundo plural y una actitud abierta para la comprensión de temas como el de la sexualidad, la homosexualidad y, en general, sobre los aspectos más apremiantes de la diferencia humana con el propósito de llegar a ser un buen ciudadano:

> Por ejemplo, como jurados se nos pueden pedir veredictos imparciales y justos en casos que se relacionen con el abuso infantil, abuso conyugal,

---

[17] Feinberg citado en Rivera López, Eduardo: *Problemas de vida o muerte. Diez ensayos de bioética*. Marcial Pons. Madrid, 2011, p. 71.
[18] Nussbaum, Martha C.: *El cultivo de la humanidad. Una defensa clásica de la reforma en la educación liberal*. Paidós. Barcelona, 2012, pp. 235-274.

recuperación de recuerdos, violencia sexual y violación, o acoso sexual. Se nos puede pedir que evaluemos testimonios sobre la posibilidad de que una persona homosexual críe hijos, sobre la defensa basada en el «pánico homosexual» en casos de homicidio impremeditado, sobre el síndrome de la mujer maltratada, o violación del cónyuge, sobre los derechos relativos de los padres biológicos y adoptivos (…) Como miembros de grupos profesionales, empresas, universidades, negocios de muchos tipos, se nos puede pedir que opinemos sobre qué políticas debería adoptar nuestro grupo respecto del acoso sexual, o si debería extenderse a parejas del mismo sexo los privilegios que tienen los cónyuges en relación con el cuidado de la salud y otros beneficios (…) Como ciudadanos del mundo, debemos hablar sobre estos temas con gente de otras naciones, cuyas tradiciones y normas en estas áreas es probable que sean diferentes de las nuestras. La posición del ciudadano del mundo en la universidad debería ser muy simple: que estas elecciones se hagan desde el conocimiento más que desde la ignorancia. Por lo tanto, deberíamos producir estudiantes con conocimientos de aspectos pertinentes en historia, antropología, ciencias sociales, biología e historia de la literatura; conocimientos de argumentos pertinentes en filosofía moral y política y en la historia y práctica actual de las religiones[19].

Por supuesto, el cine puede ofrecernos algunas sugerencias que nos ayuden a superar los prejuicios sexuales contra gais, lesbianas, transexuales y otros, y a buscar la justicia en nuestras relaciones con los demás. Justamente, la transexualidad es un complejo problema que puede ser abordada a partir de la gran pantalla dado que hay un buen número de películas destinadas a este tema desde varias posturas o puntos de vista.

Sobre todo, uno de los cineastas precursores en la incursión de la transexualidad en el cine, incluso de la homosexualidad, es el español Pedro ALMODÓVAR. La identidad sexual es la columna vertebral de las tramas de ALMODÓVAR que, sin duda, puede contribuir en la academia jurídica para la reflexión de los problemas que puedan suscitar sus personajes gais, transexuales, bisexuales, lesbianas, y que forman parte de la vida cotidiana de la sociedad contemporánea,

---

[19] Ibíd., pp. 239 y 240.

tal como lo expuso con el personaje de Lola en la cinta *Todo sobre mi madre* (1999), o en la película *La piel que habito* (2011).

Desde la mirada de los filmes del manchego, o de otros directores del cine mundial, el tema de la transexualidad o el cambio de sexo pueden plantear interesantes discusiones, por ejemplo, las diferencias entre sexo y género, si bien es cierto que el sexo corresponde al plano biológico, en tanto que el género es el producto de la construcción sociocultural. Así como, problemas que gravitan en torno al cambio de nombre derivado de la transexualidad o el cambio de identidad, entre otras situaciones.

No es el objetivo de este ensayo hacer una enumeración exhaustiva de filmes. Al respecto, para nuestro estudio hemos tomado como referencia *La chica danesa*, dirigida por Tom Hooper (2015), en la que se narra la historia del pintor danés Einar Morgens Wegener (1882-1931), que a principios del siglo pasado decidió someterse a varias operaciones para cambiar de sexo tras descubrir su deseo de ser mujer.

Esta cinta muestra con dramatismo la transición y el sufrimiento de un hombre que logró convertirse en Lili Elbe. El filme constituye un testimonio de búsqueda y superación humana. Es incuestionable la sutiliza con que el filme aborda la transición del pintor y el impacto en la sociedad tras el cambio de su sexo. Sin embargo, cabe advertir, que carece del tono analítico y reflexivo sobre las implicaciones legales que tuvo el pintor con su cambio. En cualquier caso, el filme deja claro el derecho a la autodeterminación y la propia identidad sexual como aspectos centrales.

Otra clave fílmica para la deliberación de este tema es la pieza chilena del director Sebastián Lelio, *Una mujer fantástica* (2017), en que cuenta la historia de Marina Vidal, una joven transexual que se enfrenta al rechazo y la discriminación de la sociedad. El tema de la identidad sexual es, igualmente, planteado por el cine criollo. Así resulta interesante el filme *Cheila una casa pa'maita* (2010) dirigido y escrito por Eduardo Barberena y Elio Palencia, catalogada como la primera cinta venezolana en abordar la transexualidad. Un largometraje de ficción donde se relata la historia de una mujer transexual quien, al regresar de Canadá a pasar las navidades con su mamá, le trae la noticia de hacer realidad su sueño de cambiar de sexo y ser una mujer totalmente.

Pero quizá este *leitmotiv* es el que gira en toda la película *Tamara* (2016) de la directora Elia K. SCHNEIDER, al confrontar los problemas de la transexualidad ante la marginalización, el machismo y, en general, los estereotipos y prejuicios de la sociedad venezolana, y la demora en la reivindicación justa de los derechos de los transexuales en el país con leyes positivas.

Justamente, la película *Tamara* es la mejor propuesta –nacional– para analizar el proceso de transición de un hombre a mujer, así como sus dilemas personales y las dificultades para enfrentar la violencia e intolerancia de la sociedad venezolana. Es una cinta inspirada en la vida de Tamara Adrián, primera diputada transgénero elegida en Venezuela en las elecciones parlamentarias celebradas en el año 2015.

Los problemas jurídicos que se plantean en la trama de la película resultan obvios: ¿cómo reconocer la identidad de los transexuales?, ¿cómo utilizar un nombre cónsono a esta identidad sexual?, ¿qué sucede con la corrección de los documentos de identidad?, ¿qué respuesta ha de ofrecer el Derecho Civil? Se trata de un asunto muy interesante, que de momento en Venezuela está en manos del máximo tribunal del país su solución.

En estas breves notas solo hemos pretendido ilustrar en el plano cinematográfico, de forma no exhaustiva, pero sí significativa el tema de la identidad sexual que, sin duda, merece un análisis más detenido, sobre todo cuando se enlaza con la cuestión controvertida y novedosa de las «familias homoparentales», que, a pesar de ser una realidad evidente en la sociedad venezolana, esta no se encuentra regulada en nuestro ordenamiento y, por consiguiente, es innegable su discusión y debate.

Existen numeras películas que pueden ser utilizadas como estrategias pedagógicas para propiciar un acercamiento al tema de las parejas del mismo sexo que optan por extender sus familias. Hay que destacar, al respecto, la pieza dramática *Rara* (2016) de Pepa San Martín, basada en el caso real de una jueza chilena que perdió la custodia de sus dos hijas tras su relación amorosa con otra mujer.

Trata, sin duda, de un problema complejo y muy interesante que es visto desde la mirada de una preadolescente –Sara– en la que muestra su convivencia con su hermana menor –Cata– y sus dos madres lesbianas. En fin, es una película que se enfoca en la discriminación y los prejuicios que sufren las parejas del mismo sexo que deciden formar una familia.

En la misma dirección habría que citar la comedia *Los chicos están bien* (2011) de Lisa Cholodenko, que, a diferencia del filme anterior, desdramatiza el problema de la homosexualidad, y se dedica más bien a mostrar las crisis que pueden padecer estas familias homoparentales.

En este caso, el filme se centra en la historia de un matrimonio de lesbianas que afrontan ciertos conflictos tras la curiosidad que sienten sus dos hijos adolescentes de conocer la identidad de su padre biológico –identidad biológica– quien fue el que donó el esperma a cada una de sus madres para que pudieran concebir. En realidad, en esta película, así como en *Rara* se puede encontrar un alegato a favor de este delicado y actual tema de la homoparentalidad.

1.2.2. Reproducción subrogada y clonación: identidad genética y dignidad humana

Hoy día es prácticamente impensable estudiar el Derecho sustrayéndolo de las investigaciones de la bioética. No es nuestra intención en estos momentos llevar a cabo una presentación general sobre este saber reciente. Pero queremos advertir que el cine es una forma para aproximarnos y contribuir en la enseñanza y debate de los problemas complejos que implican los avances científicos y tecnológicos en el campo de las ciencias de la vida y la medicina, y que son de interés al Derecho Civil.

Una de las grandes cuestiones es, sin duda, el método de la reproducción subrogada, también llamada «gestación por sustitución» o «vientre de alquiler», es decir, cuando las mujeres aceptan gestar hijos para otras personas. Al respecto,

El cuento de la criada (1990) de Volker SCHLÖNDORFF, es una buena película que ayudaría acercarnos a este tema jurídico y éticamente complejo.

Este sorprendente filme distópico, adaptación del clásico literario de ciencia ficción escrito por la canadiense Margaret ATWOOD en 1985, hace reflexionar al espectador sobre las inquietudes y ansias de poder de una dictadura religiosa en la que esclaviza a mujeres fértiles a procrear hijos para las esposas de los altos dirigentes del gobierno que no pueden concebir. Y en el caso de que la mujer se negaba a prestar sus «servicios reproductivos», esta era castigada con la ejecución inmediata o el destierro.

Sin entrar en un análisis más detallado, podría decirse que la película *El cuento de la criada* se enlaza con las piezas narrativas *Farenheit 451* (1953) de Ray BRADBURY, y *1984* (1948) de George ORWELL, igualmente llevadas al cine, especialmente en lo tocante a la represión y manipulación de un Estado donde la dignidad humana se ve desplazada por el utilitarismo, la producción seriada y la masificación.

El cuento de la criada es una obra que, en realidad, se convierte en clave pedagógica para reflexionar no solo sobre la reproducción asistida o procreación artificial y, por ende, de los derechos sexuales de la mujer, sino también para atreverse a plantear la cuestión moral sobre quien alquila su vientre ¿lo hace por elección o coerción?, e incluso para deliberar acerca del peligro que representa la reproducción asistida a la dignidad de la vida humana de las mujeres.

También para el tema de la reproducción asistida, así como de la eugenesia, que es una técnica que supone la posibilidad de intervenir en el ADN con el objetivo de perfeccionar a los nuevos seres, y de la clonación humana, nos bastaría pensar en el clásico del cine de ciencia ficción *Gattaca* (1997), filme dirigido por el neozelandés Andrew NICCOL, en que narra cómo son concebidos la mayor parte de los niños de una sociedad, futurista y perfecta, a través de técnicas de selección genética.

Se trata de la historia de dos hermanos, uno concebido de forma natural –Vincent– y, el otro –Antón– diseñado con la mejor carga genética de sus padres. Vincent tiene una deficiencia cardíaca por la cual no le otorgan más de 30 años de vida, lo que lo incapacita para ocupar el puesto de piloto espacial, pues es un hombre «no válido». *Gattaca*, al respecto, nos presenta una sociedad tecnológicamente avanzada y gobernada por la perfección genética que discrimina insólitamente a las personas desde el mismo momento en que nacen.

Con esta película se pueden ventilar inquietantes interrogantes que gravitan en la manipulación genética, entre otras: ¿en qué casos sería justificable la manipulación genética?, ¿qué aspectos genéticos no deberían dejarse a elección de los padres? En cualquier caso, quizá *Gattaca* sea una película de obligatoria proyección en el auditorio académico, especialmente para realizar una aproximación a estas cuestiones y otros dilemas dado la preocupación que existe ante los avances biológicos y médicos.

1.2.3. Personas discapacitadas: sensibilidad y dignidad humana

El cine tiene mucho que decir sobre las personas discapacitadas, se encuentra, de hecho, con frecuencia, personajes que tienen una discapacidad física o intelectual. Son demasiados numerosos los filmes para ofrecer una lista aquí. Sin embargo, encontramos una película que sensibiliza y mejor describe el problema de las personas con discapacidad. *Yo soy Sam* (2001) del director Jessie NELSON, efectivamente, funciona como un melodrama que mejor vindica este delicado tema.

Esta película puede dar pautas para trabajar este asunto desde una mirada humanista. Su trama está centrada en la historia de Sam y su pequeña hija Lucy. Sam es un hombre que tiene la edad mental de un niño de 7 años de edad. Él es padre de Lucy, que al nacer fue abandonada por su madre, y desde entonces solo Sam se ha encargado de atenderla y cuidarla pese a sus limitaciones.

Sam siempre demuestra en el desarrollo de la pieza fílmica que está dispuesto a arriesgar todo por su hija, incluso con la ayuda de su vecina y amiga Annie. Sin embargo, como es fácil de imaginar, en un momento dado Lucy comienza a superar el coeficiente de su padre, y es ahí cuando la sociedad y las autoridades estatales empiezan a cuestionar la capacidad de Sam para cuidar y responsabilizarse por Lucy generándose una batalla legal para despojarle de la custodia que tiene sobre su hija y entregar a Lucy en adopción a una familia.

Es una película aleccionadora que busca romper los prejuicios y las discriminaciones que separan a las personas con discapacidad del resto del mundo. Es una pieza que quiere, además, distinguir entre la incapacidad mental y la incapacidad emocional de las personas «… la capacidad intelectual de una persona no tiene que ver con la capacidad de amar…», produciendo un profundo efecto espiritual entre los personajes de la trama, y tal vez entre los espectadores. Justamente, esta idea puede exponerse también a partir del documental venezolano *Hay alguien ahí* (2014), dirigido por Eduardo Viloria, que gravita acerca del tema del autismo. Es una pieza extraordinaria que sirve, adicionalmente, para sensibilizar y entender esta discapacidad cognitiva o intelectual a través de la vida de Helena, una niña de 9 años con autismo, y su familia.

Nos atrevemos a señalar que estas películas, así como las otras ya mencionadas durante el recorrido de este ensayo, procuran ejemplificar los diferentes asuntos y problemas que son abordados por Domínguez Guillén a partir de sus estudios del Derecho Civil, y dar pie a que profesores y estudiantes profundicen y reflexionen sobre estos y otros temas que hemos intentado tocar, incluso de forma tangencial, pero con cierta sencillez y la debida prudencia que merecen.

Por la brevedad del ensayo dejamos de lado varias cuestiones; queda pendiente, entonces, la tarea de seguir combinando esta disciplina jurídica a partir de la rica y reflexiva obra de Domínguez Guillén con las infinitas vivencias que el séptimo arte también nos ofrece. Finalmente, quiero expresar mi aprecio y gratitud a nuestra entrañable amiga a quien hoy rendimos homenaje, una amistad de muchos años, que empezó hace casi tres décadas en la Escuela de Derecho, de nuestra querida UCV. ¡Gracias, María Candelaria!

* * *

Resumen: La autora en el presente ensayo reflexiona sobre la obra escrita de la Dra. DOMÍNGUEZ GUILLÉN y como los diversos tópicos del Derecho Civil Personas pueden ser abordados también a través del cine como propuesta pedagógica. Con tal propósito, menciona algunos filmes notables y comenta cómo ellos pueden facilitar el estudio sobre temas polémicos, como identidad, dignidad, eutanasia, identidad sexual, reproducción subrogada, clonación o sobre derechos de las personas con discapacidades.
Palabras clave: Derecho Civil Personas, cine, estudio del Derecho a partir de la cinematografía. Recibido: 31-01-18. Aprobado: 17-02-18.

Breves consideraciones sobre la responsabilidad por ruptura injustificada de las tratativas precontractuales

Sheraldine Pinto Oliveros *

Sumario

Introducción 1. Condiciones de procedencia de la responsabilidad precontractual por ruptura injustificada de las tratativas: La culpa *in contrahendo* 2. Condiciones de procedencia de la responsabilidad precontractual por ruptura injustificada de las tratativas: El daño. Conclusión

Introducción

La responsabilidad precontractual o, lo que es lo mismo, la obligación de reparar el daño ocasionado por hecho ilícito en la fase previa al perfeccionamiento del contrato[1], no se encuentra expresamente regulada en nuestro Código Civil. Por lo tanto, las tradicionales hipótesis[2] reconducibles a dicha responsabilidad

---

* **Universidad Católica Andrés Bello**, Abogado *Cum Laude*. *Università degli Studi di Roma I «La Sapienza»*, Especialista en Derecho del Consumidor y en Responsabilidad Civil. *Università degli Studi di Roma II «Tor Vergata»*, Magíster en Derecho Privado. **Scuola Superiore di Studi Universitari e di Perfezionamento Sant'Anna**, Doctora en Derecho Privado, *Summa Cum Laude*. **Universidad Central de Venezuela**, Profesora de Derecho Civil III (Obligaciones) y de Contratos y Garantías. **Universidad Metropolitana**, Profesora de Contratos Petroleros en el Diplomado de Estudios Avanzados en Derecho de Hidrocarburos.

1 Para Domínguez Guillén, María Candelaria: *Curso de Derecho Civil III Obligaciones*. Editorial RVLJ. Caracas, 2017, p. 544, la responsabilidad precontractual es aquella que «se genera durante el período de formación del contrato por la violación de un deber de conducta impuesto por la buena fe en sentido objetivo».

2 Sin duda, estas no son las únicas hipótesis de responsabilidad precontractual. De allí que, agudamente, Lupini Bianchi, Luciano: *La responsabilidad precontractual en el*

–es decir, la responsabilidad por celebración de contrato inválido y la responsabilidad por ruptura injustificada de tratativas precontractuales– deben subsumirse en el ámbito de la responsabilidad extracontractual[3].

De hecho, la ausencia de contrato en la oportunidad de acaecimiento del hecho ilícito excluye en esas hipótesis el régimen alternativo de la responsabilidad contractual[4], que, en cambio, presupone la existencia de contrato entre las partes, y que además protege un interés jurídico distinto, respecto a aquel tutelado por la responsabilidad extracontractual[5].

Derecho comparado moderno y en Venezuela. ACPS. Caracas, 2014, p. 140, observe que «un hecho que no impide la celebración del contrato o que no se traduce en una anomalía del que se llegue a concluir puede, sin embargo, desencadenar la responsabilidad de una de las partes».

[3] En este sentido, Mélich-Orsini, José: *Doctrina general del contrato*. 2ª, reimp., 5ª, ACPS. Caracas, 2014, p. 118, afirma: «durante el decurso mismo de tratos o conversaciones las partes (…) no pueden considerarse vinculadas por un contrato hasta que no se haya producido un consentimiento en sentido técnico, pero los mecanismos de la responsabilidad extracontractual (artículo 1185 del Código Civil) pueden ser utilizados para impedir que una parte abuse de su libertad para concluir o no el contrato proyectado en daño de aquella otra cuyo interés ha sido solicitado por ella». En el mismo sentido, Domínguez Guillén: ob. cit., p. 545. Por su parte, Lupini Bianchi: ob. cit., p. 261, sostiene que «actualmente, se suele estar de acuerdo en incluir dentro de los supuestos generadores de responsabilidad precontractual no solo la ruptura injustificada de las negociaciones o tratativas, sino también a los casos en que se celebra un contrato inválido o nulo, por haberse incurrido en una violación de la buena fe precontractual y, finalmente, a la celebración de un contrato válido, pero desventajoso, que merma las razonables expectativas económicas de una de las partes, como consecuencia de la actuación desleal de la otra parte en la fase precontractual».

[4] Sobre las diferencias entre la responsabilidad contractual y la responsabilidad extracontractual, se permite el reenvío a Pinto Oliveros, Sheraldine: «A propósito de la responsabilidad contractual». En: *De las obligaciones en general. Coloquio de Iusprivatistas Roma y América*. Fondo Editorial de la Pontificia Universidad Católica del Perú. R. Morales Hervias y G. Priori Posada, editores. Lima, 2012, pp. 283-305.

[5] De acuerdo con Domínguez Guillén: ob. cit., p. 281, «la responsabilidad civil extracontractual tiene lugar por el incumplimiento culposo de una obligación o de una conducta preexistente que no se deriva de ningún contrato o de ninguna convención entre agente y víctima –fuentes de las obligaciones distintas al contrato–».

En la responsabilidad contractual, el interés protegido por el ordenamiento jurídico es el interés del acreedor a la prestación u obligación contractual incumplida por el deudor. De allí que dicha responsabilidad se fundamenta en la violación del principio de la fuerza obligatoria del contrato, previsto en el artículo 1159 de nuestro Código Civil.

En la responsabilidad extracontractual, en cambio, el interés protegido por el ordenamiento jurídico es el derecho subjetivo –o el interés digno de tutela– de la víctima, lesionado por el daño –injusto– ocasionado por el agente. Por ello, la también denominada «responsabilidad delictual» o «aquiliana» se fundamenta en la violación del principio *neminem laedere* o, lo que es lo mismo, del deber genérico de «no ocasionar daño –injusto– a otro». De allí que el artículo 1185 del Código Civil consagre el corolario de dicho principio al expresar «el que con intención, o por negligencia o por imprudencia, ha causado un daño a otro, está obligado a repararlo».

La responsabilidad precontractual por ruptura injustificada de las tratativas constituye una especie de la responsabilidad extracontractual. Por lo tanto, comparte las mismas condiciones de procedencia de esta última, es decir, la culpa, el daño y la relación de causalidad entre la culpa y el daño. Sin embargo, el interés específicamente protegido por el ordenamiento jurídico en la responsabilidad por ruptura injustificada de las tratativas es la confianza «legítima» defraudada por dicha ruptura[6]. De allí que, en la responsabilidad

---

[6] En este sentido, se ha pronunciado también la doctrina italiana, *cfr.* BRECCIA, Umberto *et alter: Diritto privato*. Parte I. UTET. Torino, 2005, p. 238, al señalar que «En la responsabilidad precontractual la razón del ilícito no se encuentra ni en el incumplimiento de una prestación debida, ya que ésta aún no ha surgido pues se fundamenta únicamente en el contrato, ni en la violación de un compromiso contractual, que aún no se ha celebrado. Dicha responsabilidad, en cambio, resulta al mismo tiempo de una conducta antijurídica consistente en la contrariedad a la rectitud en el ejercicio de la libertad contractual, en la violación de un deber de aviso o de uno de los deberes de información que limitan dicha libertad, y de la lesión de un interés jurídicamente relevante constituido por la confianza legítima en la celebración del contrato, o de la confianza legítima en el perfeccionamiento de un contrato válido o no viciado» (trad. libre).

por ruptura injustificada de las tratativas, la culpa y el daño presenten ciertas peculiaridades en atención al interés protegido por dicha especie de responsabilidad. El presente artículo se dirige a analizar las peculiaridades de la culpa y del daño en la responsabilidad precontractual por ruptura injustificada de las tratativas precontractuales.

1. Condiciones de procedencia de la responsabilidad precontractual por ruptura injustificada de las tratativas: La culpa *in contrahendo*

El contrato puede perfeccionarse inmediatamente o como resultado de una etapa previa[7], generalmente denominada «tratativas» o «tratos precontractuales», donde las partes negocian el contenido –es decir, los términos y condiciones– del futuro contrato. Esta fase precontractual está regida, de un lado, por la libertad de contratar o no contratar[8], que las partes conservan hasta el perfeccionamiento del contrato; y, del otro lado, por la buena fe en sentido objetivo[9].

---

[7] En opinión de Domínguez Guillén: ob. cit., p. 542, el período preparatorio de todo contrato «abarca desde que las partes experimentan el deseo de contratar hasta que se perfecciona la integración de voluntades». Para un análisis de las distintas fases de formación del contrato, véase, Lupini Bianchi: ob. cit., pp. 144 y ss.

[8] La doctrina venezolana reconoce la libertad de contratar o no contratar como consecuencia o corolario del principio rector del derecho contractual, es decir, el principio de autonomía de la voluntad. Sobre el tema, véase, entre otros, Kummerow, Gert: *Algunos problemas fundamentales del contrato por adhesión en el Derecho privado*. UCV. Caracas, 1956, p. 45; Pinto Oliveros, Sheraldine: «El contrato hoy en día: entre complejidad de la operación y justicia contractual». En: *Nuevas tendencias en el Derecho privado. Memorias de las I Jornadas franco-venezolanas de Derecho Civil*. J. Annicchiarico, S. Pinto Oliveros y P. Saghy, coords. EJV. Caracas, 2015, p. 264, nota 28.

[9] En este sentido, Terré, François; Simler, Philippe y Lequette, Yves: *Droit Civil. Les obligations*. 9ª, Dalloz. París, 2005, p. 185, recuerdan que «el período precontractual se coloca bajo el doble signo de la libertad y de la buena fe» (trad. libre).

La buena fe[10] en sentido objetivo se refiere a un patrón o regla de conducta correcta y leal de los sujetos[11] que presiden las distintas etapas del contrato[12], incluyendo la fase precontractual[13]. De allí que, además de ser un principio del derecho contractual[14], la buena fe en sentido objetivo constituye «un criterio

---

[10] En el ordenamiento jurídico, la buena fe también posee una acepción subjetiva referida a un estado psicológico o de espíritu del sujeto; o, más específicamente, a la creencia de estar conforme a Derecho. Esta acepción es especialmente aplicable a los derechos reales y, en particular, a la prescripción adquisitiva, pero, no al derecho contractual. Para un exhaustivo análisis de la buena fe, véase, LUPINI BIANCHI: ob. cit., pp. 76 y ss., y 192 y ss.

[11] Al entender la buena fe objetiva como patrón de conducta (MÉLICH-ORSINI: ob. cit., p. 423), regla de conducta (LUPINI BIANCHI: ob. cit., p. 198), comportamiento ético (MADURO LUYANDO, Eloy y PITTIER SUCRE, Emilio: *Curso de Obligaciones*. Tomo II. UCAB. 2001, p. 805), etc., la doctrina venezolana sigue fundamentalmente las enseñanzas de BETTI, quien señala que, con relación al perfeccionamiento del contrato, la mención a la buena fe no es otra cosa que una aplicación del criterio de rectitud –*correttezza*– que se deben recíprocamente deudor y acreedor. Asimismo, el insigne jurista italiano atribuyó a la buena fe el significado de «empeño de cooperación», «espíritu de lealtad», «actividad de cooperación», «respeto recíproco de los contratantes»; y, además, la vinculó con el principio de solidaridad. *Cfr.* BETTI, Emilio: *Teoria generale delle obbligazioni*. Tomo I. Giuffrè editore. Milano, 1953, pp. 80 y ss.

[12] A pesar de que el artículo 1160 del Código Civil regule la buena fe respecto a la etapa de ejecución del contrato, y el artículo 12 del Código de Procedimiento Civil con relación a la interpretación del contrato, la doctrina y la jurisprudencia venezolana unánimemente aceptan que la buena fe debe presidir todas las fases del contrato. Sobre este aspecto, véase, MÉLICH-ORSINI: ob. cit., p. 423; MADURO LUYANDO y PITTIER SUCRE: ob. cit., p. 805; RODRÍGUEZ MATOS, Gonzalo: «La buena fe en la ejecución del contrato». En: *Temas de Derecho Civil. Homenaje a Andrés Aguilar Mawdsley*. Vol. II. TSJ. F. PARRA ARANGUREN, editor. Caracas, 2004, p. 446; DOMÍNGUEZ GUILLÉN: ob. cit., pp. 5-16.

[13] LUPINI BIANCHI: ob. cit., p. 201, señala: «no parece posible dudar actualmente que en Venezuela se configura al deber de comportarse conforme a cánones de lealtad, honestidad y corrección, en la fase precontractual, como una aplicación concreta de la buena fe en su acepción objetiva»; a pesar de ello, el autor añade valiosas precisiones y aplicaciones en razón del relativo desarrollo doctrinal del tema.

[14] Entre otras sentencias, la jurisprudencia venezolana ha reconocido la buena fe como principio de derecho contractual en: TSJ/SPA, sent. N° 01423, del 06-11-08; y, como principio general del derecho en TSJ/SPA, sents. N° 03668, del 02-06-05 y N° 00087, del 11-02-04.

de valoración *a posteriori* del comportamiento de las partes»[15] por parte del juez; quien, a tal fin, debe atender a las circunstancias del caso concreto[16].

En este sentido, la buena fe en sentido objetivo se inspira en la exigencia de conciliar los intereses contrapuestos de las partes; en la fase precontractual, específicamente, ello significa conciliar la libertad de contratar o no contratar de una de las partes con la protección de la confianza «legítima» en la celebración del futuro contrato de la otra parte. En otros términos, el juez debe valorar –atendiendo a las circunstancias del caso concreto, que deben ser alegadas y probadas en el proceso– si la libertad de contratar o no contratar de una de las partes fue ejercida de manera arbitraria, lesionando la confianza «legítima» de su contraparte; dado que, en materia de responsabilidad por ruptura injustificada de las tratativas precontractuales, el interés protegido por el ordenamiento es la confianza «legítima» en la celebración del futuro contrato, defraudada por la ruptura «injustificada» de las tratativas en violación de la buena fe.

De allí que, a los fines de verificar la subsistencia de la culpa –cual condición de procedencia de la responsabilidad precontractual por ruptura injustificada de tratativas– que, en este último ámbito, se denomina «culpa *in contrahendo*», el juez deba apreciar, de un lado, si las tratativas crearon confianza «legítima» en la contraparte respecto a la celebración del futuro contrato o, lo que es lo mismo, si las tratativas fueron serias; y, del otro lado, si la ruptura de las tratativas fue injustificada.

La efectiva presencia de los precitados requisitos de la culpa *in contrahendo* debe ser constatada por el juez; en cuanto, no toda interrupción de las tratativas

---

[15] *Cfr.* BRECCIA *et al.*: ob. cit., p. 211.
[16] De allí que la buena fe en sentido objetivo sea al mismo tiempo un principio del derecho contractual y una cláusula general, que debe ser concretada, por el juez, atendiendo a las circunstancias del caso concreto. En este orden de ideas, KUMMEROW: ob. cit., p. 163, señala: «debemos entender que, al referirse a la 'buena fe', lo que ha querido recoger el Derecho positivo es un concepto que permita al juez desplazarse más libremente en su apreciación de las relaciones concretas en las cuales debe constatar si se realiza el tipo abstractamente previsto por la norma jurídica».

precontractuales viola la buena fe, y además la fase precontractual es regida también por la libertad de contratar o no contratar[17]. En consecuencia, las partes pueden interrumpir las tratativas en cualquier estado de las negociaciones, incluso en el último momento, sin ningún tipo de responsabilidad, siempre que lo hagan conforme a la buena fe[18].

Para determinar si las tratativas engendraron en la contraparte confianza «legítima» en la celebración del futuro contrato, y no una mera expectativa[19] que, en cambio, no merecería tutela por parte del ordenamiento jurídico, el juez debe atender a las circunstancias del caso concreto; y, en particular, a la

---

[17] En tal sentido, AMATO, Cristina: *Affidamento e responsabilità*. Giuffrè editore. Milano, 2012, p. 122, ha sostenido que «la protección de los intereses reconocidos como merecedores –de tutela– por parte del ordenamiento jurídico no es, a su vez, absoluta, sino que requiere un equilibrio entre intereses contrapuestos, sometido a la experiencia del juez y de la doctrina. De forma específica, los intereses apenas citados deben medirse con el principio de libertad contractual, entendido también en sentido negativo, es decir, –libertad– de no celebrar el contrato. Por tal razón, la jurisprudencia –no solo italiana– no considera incorrecto la ruptura de tratativas, sino la ruptura injustificada; ni siquiera el estado avanzado de las tratativas representa, por si solo, un motivo injustificado de ruptura, más bien es relevante la conciencia –no necesariamente dolosa– de no querer/poder celebrar el contrato, quizás manteniendo tratativas paralelas, o el inicio de ejecución de la prestación por parte de quien confió, o la presencia de cartas de intención; así como es incorrecto no respetar los compromisos precontractuales: típicamente, la cláusula de confidencialidad» (trad. libre). Para evitar una impropia aplicación del abuso del derecho a la libertad de contratar o no contratar en el supuesto de la ruptura injustificada de las negociaciones, véase, LUPINI BIANCHI: ob. cit., pp. 238 y ss.

[18] De allí que DOMÍNGUEZ GUILLÉN: ob. cit., p. 545, sostenga: «si los precontratantes, por el hecho de la realización de las tratativas, no contraen obligación alguna de permanecer en ella, resulta evidente que el acto unilateral consistente en ponerle fin en cualquier momento no puede por si solo generar responsabilidad, aunque pudiera generar daños para el interlocutor. Es necesario más que una ruptura meramente intempestiva para que nazca la obligación de resarcir. Será menester que ese retiro o acto sea culposo».

[19] Las meras expectativas, que alguien haya podido crearse sin justo motivo –por ejemplo, por excesivo optimismo o credulidad–, no merecen tutela por parte del ordenamiento jurídico; en cuanto, la buena fe también impone la actuación diligente de las partes. De allí que, respecto a la excesiva credulidad o, en general, la actuación negligente rija la máxima: *Nemo auditur propriam turpitudinem allegans*.

proximidad de las negociaciones respecto al perfeccionamiento del futuro contrato o, de manera más general, al avanzado estado de las negociaciones.

A tal fin, el juez puede tomar en cuenta diversos factores como: i. La extensión del proceso de negociación, o el número de reuniones o contactos entre las partes, y ii. las estipulaciones que las partes «ya» han acordado, o los acuerdos parciales alcanzados; en particular, si estos se refieren a aspectos principales o claves del futuro contrato.

En cambio, otros factores –como: i. Los aspectos o puntos en los aún no existe acuerdo entre las partes, o que aún no han sido negociados; especialmente, si estos están referidos a aspectos principales o claves del futuro contrato; ii. los aspectos en los que las partes están en desacuerdo, o los problemas que aún deberían resolver, y iii. los acuerdos o estipulaciones que deberían ser revisados, en atención al desarrollo de las negociaciones– permitirían al juez constatar el nulo o limitado avance las negociaciones, respecto al perfeccionamiento del contrato; y, en consecuencia, lo llevarían a descartar que las mismas fueron capaces de generar confianza «legítima» en la celebración del futuro contrato.

Si con base en lo alegado y probado en el caso concreto, no puede reputarse que las negociaciones hayan sido capaces de engendrar confianza «legítima» en la celebración del futuro contrato, no podrá considerarse satisfecho el requisito de la culpa *in contrahendo* y, en consecuencia, no procedería la responsabilidad precontractual por ruptura injustificada de las tratativas. En otros términos, la mera expectativa de celebración de un futuro no es suficiente para justificar la procedencia de la responsabilidad precontractual por ruptura injustificada de las tratativas.

En todo caso, para constatar o descartar la presencia de los precitados factores o para verificar el estado de avance de las negociaciones, el juez debe analizar el «contenido» del *term sheet*, de la carta de intención, del memorándum de entendimiento, de las minutas y de los acuerdos parciales, que las partes hayan eventualmente realizado en el caso concreto; así como los demás medios probatorios, que estas hayan producido en el juicio.

Por otra parte, el juez debe valorar si la ruptura de las tratativas fue (in)justificada; ya que, durante la fase precontractual, las partes son libres de contratar o no contratar. Por lo que pueden interrumpir las tratativas en cualquier estado de las negociaciones, siempre que lo hagan conforme a la buena fe. En consecuencia, la ruptura de las tratativas fundada en una justa causa no genera responsabilidad, incluso si tiene lugar en el último momento o cuando las negociaciones presenten un estado considerable de avance, ya que la ruptura de las tratativas fundadas en un justo motivo no viola la buena fe.

2. Condiciones de procedencia de la responsabilidad precontractual por ruptura injustificada de las tratativas: El daño

El daño es la *condictio sine qua non* de la responsabilidad. Sin daño no hay responsabilidad. De allí que, en caso de demandarse la indemnización de daños y perjuicios, el libelo de demanda deba indicar la especificación de estos y sus causas, de acuerdo con el ordinal 7° del artículo 340 del Código de Procedimiento Civil.

El carácter imprescindible del daño, respecto a la responsabilidad, fundamenta también las exigencias conforme a las cuales la parte actora debe cuantificar el monto de los daños demandados[20]; y, además, debe probar la existencia del daño –*an*– y su consistencia –*quantum*– en el juicio, conforme a las reglas de la carga de la prueba[21] en el procedimiento venezolano.

Para identificar los daños reparables debe atenderse al interés protegido por el ordenamiento jurídico, según el tipo de responsabilidad.

En la responsabilidad contractual, el interés protegido por el ordenamiento jurídico es el interés del acreedor a la prestación u obligación contractual incumplida por el deudor. En consecuencia, la reparación del daño se dirige

---

[20] En atención al artículo 38 del Código de Procedimiento Civil.
[21] *Cfr.* artículo 506 del Código de Procedimiento Civil.

a colocar al acreedor en la situación en la que se habría encontrado si el contrato se hubiese cumplido. De allí que la reparación pueda abarcar el daño emergente y el lucro cesante resultantes del incumplimiento del contrato, de acuerdo con el artículo 1273 del Código Civil.

En la responsabilidad extracontractual, en cambio, el interés protegido por el ordenamiento jurídico es el derecho subjetivo –o el interés digno de tutela– de la víctima, lesionado por el daño injusto, atribuible al agente. Por lo tanto, la reparación del daño se orienta a colocar a la víctima en la misma situación en la que se encontraba antes de la ocurrencia del daño; o, cuando ello no fuera posible, en la situación lo más semejante posible[22]. Por ello, la obligación de reparar se extiende a todo daño material o moral causado por el hecho ilícito, de conformidad con el artículo 1196 del Código Civil.

Dado que, en la responsabilidad precontractual por ruptura injustificada de las tratativas, el específico interés protegido por el ordenamiento jurídico es la confianza legítima defraudada por la ruptura injustificada de las tratativas precontractuales, la reparación del daño se dirige a colocar a la parte, cuya confianza legítima fue defraudada, en la situación en la que se encontraba antes de la ruptura de las tratativas[23], y no en aquella que resultaría de la celebración o de la ejecución del contrato, cuya negociación fue interrumpida.

---

[22] Esta diferenciación fundamenta la distinción entre resarcimiento e indemnización.

[23] En este sentido, la doctrina italiana, BRECCIA et al.: ob. cit., p. 238, señala: «la identificación del interés protegido permite también identificar el daño resarcible, que es distinto a aquel resarcible en la responsabilidad contractual. La pérdida sufrida –daño emergente– y la ganancia privada –lucro cesante– (…) no se determinan como efecto de la falta de obtención del interés en la prestación, sino como efecto de la lesión de la expectativa respecto a la celebración del contrato o al perfeccionamiento de un contrato válido o no viciado. Entonces, el daño emergente estará representado por todos los gastos realizados con miras a la celebración del contrato o por la ejecución de un contrato que se consideraba formado. En cuanto al lucro cesante, éste no puede referirse a la prestación que la víctima quería obtener con el contrato, ya que éste no es el interés protegido por la responsabilidad precontractual, sino que debe valorarse respecto a las oportunidades que la parte ha perdido por haber legítimamente confiado en la celebración, o en el perfeccionamiento válido del contrato» (trad. libre).

De allí que, en materia de responsabilidad precontractual por ruptura injustificada de las tratativas, no exista controversia respecto a la irresarcibilidad del denominado «interés positivo» o, lo que es lo mismo, de la prestación, utilidad, ganancia o, en general, de las ventajas que el contrato, cuyas tratativas fueron interrumpidas, habría procurado a la parte cuya confianza legítima fue defraudada. En otros términos, no es reparable el lucro cesante por la falta de celebración o por la inejecución del contrato, cuya negociación fue interrumpida, en el ámbito de la responsabilidad precontractual por ruptura injustificada de las tratativas, pues ello equivaldría a identificar erróneamente el interés jurídico protegido por la responsabilidad precontractual con aquel tutelado por la responsabilidad contractual.

En cambio, se acepta la resarcibilidad del denominado interés negativo[24] que «consistirá en los gastos que hubiera incurrido justificadamente el negociador defraudado por contar con la seriedad de los tratos»[25]. En otras palabras, en el ámbito de la responsabilidad precontractual por ruptura injustificada de las tratativas, es resarcible el daño emergente[26] y, progresivamente, la doctrina ha aceptado la resarcibilidad de la denominada «pérdida de oportunidad»[27].

Sin embargo, la pérdida de oportunidad no debe confundirse con el lucro cesante, en cuanto la pérdida de oportunidad es un daño actual o cierto, mientras que el lucro cesante es un daño futuro[28]. De hecho, «en la también

---

[24] Para DOMÍNGUEZ GUILLÉN: ob. cit., p. 546, «la regla general se sitúa en la reparación del interés negativo, es decir, los gastos generados por tal comportamiento; no alcanzando los beneficios que hubiera generado el contrato no celebrado».
[25] MÉLICH-ORSINI: ob. cit., p. 118.
[26] DOMÍNGUEZ GUILLÉN: ob. cit., p. 543, precisa que «el contenido de la obligación de indemnizar se ciñe en todo caso a los daños producidos por la ruptura de los tratos; alcanza a los gastos que se hicieron en vistas a la celebración de un contrato determinado, siempre que sean específicos; no se extienden así a los que se hubieran tenido por el solo hecho de iniciar la negociación. No comprende, en general, de ganancia dejada de obtener».
[27] En tal sentido, MÉLICH-ORSINI: ob. cit., p. 118.
[28] En la actualidad, el lucro cesante constituye el único daño futuro reparable en el ordenamiento jurídico venezolano.

denominada pérdida de chance, el daño es haber privado a la víctima de una específica oportunidad»[29], es decir, el daño ya aconteció; en consecuencia, «el problema no es la certeza del daño, sino las consecuencias del perjuicio»[30] o, lo que es lo mismo, la determinación de la situación en que se encontraría la víctima si no hubiese sido privada de dicha oportunidad.

Por ello, la reparación de la pérdida de oportunidad es proporcional a la probabilidad que tenía la víctima de obtener el resultado, ofrecido por la oportunidad de la que fue privada, sin que en ningún caso el monto de la reparación pueda equipararse a la consecución de dicho resultado; debido a que, como la oportunidad ya aconteció, nunca se podrá tener certeza de lo que habría sucedido si la víctima no hubiese sido privada de dicha oportunidad[31].

En el específico ámbito de la responsabilidad precontractual por ruptura injustificada de las tratativas, la oportunidad perdida se refiere a otras negociaciones, contratos, licitaciones, etc., distintos al contrato cuyas tratativas fueron interrumpidas injustificadamente[32], que la víctima haya perdido por haber confiado «legítimamente» en la celebración del contrato, cuyas tratativas fueron interrumpidas.

---

[29] *Cfr.* Pinto Oliveros, Sheraldine: «*Taking Personal Injury Seriously*: Luces y sombras en la determinación del daño extrapatrimonial». En: *Derecho de las Obligaciones. Homenaje a José Mélich-Orsini*. ACPS. Caracas, 2012, p. 493.

[30] Ibíd., p. 493. En Francia, respecto a la pérdida de oportunidad, Fabre-Magnan, Muriel: *Les obligations*. PUF. París, 2004, p. 711, ha señalado: «Si, para ser reparado, un daño debe ser cierto, es decir, que no debe haber ninguna duda sobre su existencia o sobre su futura ocurrencia. Es posible, sin embargo, que exista cierta incertidumbre respecto a la situación que habría tenido la víctima si el hecho dañoso no se hubiese producido. A pesar de ello, una indemnización puede ser concedida, considerando que hay certeza respecto a la existencia del daño, pero con base en el cálculo de probabilidades: esto es lo que se denomina 'la indemnización de la pérdida de oportunidad'» (trad. libre).

[31] En este sentido, Pinto Oliveros: ob. cit. («*Taking Personal...*»), p. 493; y Fabre-Magnan: ob. cit., p. 711; Domínguez Guillén: ob. cit., pp. 259 y 260.

[32] En opinión de Mélich-Orsini: ob. cit., p. 118, el interés negativo consiste también «en las negociaciones paralelas que viniera celebrando y que hubiera sido inducido a abandonar por el mismo motivo; pero debe tenerse en cuenta que semejante indemnización no podrá superar en ningún caso el interés contractual positivo».

Por lo que, en un juicio de responsabilidad precontractual por ruptura injustificada de tratativas, la parte que invoca la pérdida de oportunidad debe alegar y probar, de un lado, la específica oportunidad que perdió –por ejemplo, otra negociación en la que dejó de participar, u otra licitación en la que no participó, etc.– por haber confiado legítimamente en la celebración del contrato, cuyas tratativas fueron injustificadamente interrumpidas, y, del otro lado, la probabilidad de alcanzar el resultado ofrecido por la oportunidad –alternativa– de la que fue privada –por ejemplo, la probabilidad de haber celebrado el contrato alternativo que dejó de negociar, o de que se le adjudicase la licitación alternativa, etc.–.

De hecho, la pérdida de oportunidad es perfectamente cuantificable y demostrable en juicio. Por lo que el juez podrá calcular el monto de la reparación a título de pérdida de oportunidad multiplicando la ventaja, utilidad o ganancia, ofrecida por la específica oportunidad perdida, por la probabilidad de obtener dicho resultado; sin que, en ningún caso, la reparación pueda equipararse a la obtención del resultado que derivaría de dicha oportunidad. En otras palabras, la reparación de la pérdida de oportunidad es proporcional a la oportunidad perdida.

Adicionalmente a la culpa y al daño, la responsabilidad precontractual por ruptura injustificadas de las tratativas exige, entre sus condiciones de procedencia, la relación de causalidad entre la culpa *in contrahendo* del agente y el daño sufrido por la víctima. Sin embargo, la relación de causalidad no presenta peculiaridades en la responsabilidad precontractual, respecto a la responsabilidad extracontractual[33]. Por lo que no ha sido objeto de análisis en el presente ensayo.

Conclusión

La Dra. DOMÍNGUEZ GUILLÉN, en cuyo homenaje se realiza el presente número de la *Revista Venezolana de Legislación y Jurisprudencia*, y a quien dedico este estudio, subraya el contraste entre la insuficiente regulación del proceso

---

[33] En este sentido, DOMÍNGUEZ GUILLÉN: ob. cit., p. 546, señala: «por tratarse de una responsabilidad extracontractual cabe seguir la teoría de la causalidad adecuada».

de formación del contrato y su relevancia en la práctica[34]; revelando, de esta manera, la multiplicidad de problemáticas que requieren mayor atención por parte de la doctrina y de la jurisprudencia, especialmente, con relación a la responsabilidad precontractual por ruptura injustificada de las tratativas.

La responsabilidad precontractual por ruptura injustificada de las tratativas comparte las mismas condiciones de procedencia de la responsabilidad extracontractual, debido a que constituye una especie de esta última. Sin embargo, el interés específicamente protegido por el ordenamiento jurídico en dicha especie de responsabilidad –es decir, la confianza «legítima» en la celebración del contrato, defraudada por la ruptura injustificada de las negociaciones– determina ciertas peculiaridades respecto a la culpa y al daño, cuales son condiciones de procedencia de la responsabilidad precontractual por ruptura injustificada de las tratativas.

Para determinar la subsistencia de la denominada «culpa *in contrahendo*», el juez debe apreciar, de un lado, si las tratativas crearon confianza «legítima» en la contraparte respecto a la celebración del futuro contrato y, del otro lado, si la ruptura de las tratativas fue injustificada. La efectiva presencia de estos requisitos debe ser constatada por el juez; en cuanto no toda interrupción de las tratativas precontractuales viola la buena fe, y debido a que la fase precontractual es regida también por la libertad de contratar o no contratar.

En la responsabilidad precontractual por ruptura injustificada de las tratativas, el daño resarcible es el denominado «interés negativo» que puede comprender el daño emergente y la pérdida de oportunidad, ocasionados por la interrupción injustificada de las negociaciones, ya que, en este tipo de responsabilidad, el interés protegido es la confianza legítima en la celebración del contrato, defraudada por la ruptura injustificada de las tratativas precontractuales. De allí que la reparación del daño se dirija a colocar a la parte, cuya confianza legítima fue defraudada, en la situación en la que se encontraba antes de la ruptura de las tratativas, y no en aquella que resultaría de la celebración o de la ejecución del contrato.

---

[34] *Cfr.* ibíd., p. 542.

Sin embargo, la pérdida de oportunidad no debe ser confundida con el lucro cesante, en cuanto aquella es un daño actual o cierto, mientras que el lucro cesante es un daño futuro; el cual, además, es irresarcible en el ámbito de la responsabilidad precontractual por ruptura injustificada de las tratativas, en atención al interés protegido por el ordenamiento jurídico en este tipo de responsabilidad. De hecho, en la responsabilidad precontractual por ruptura injustificada de las tratativas, el interés protegido es la confianza legítima en la celebración del contrato, cuya negociación fue injustificadamente interrumpida, y no la prestación a la que la víctima habría tenido derecho si el contrato se hubiese celebrado.

Para dilucidar estas y otras problemáticas que coloca nuestro ordenamiento jurídico es indispensable el aporte de juristas como la Dra. María Candelaria Domínguez Guillén, quien, con sus obras, ha contribuido, y contribuye, al desarrollo de las diversas áreas del Derecho Civil, incluyendo las obligaciones y el contrato, donde se ubican las problemáticas relativas a la responsabilidad precontractual por ruptura injustificada de las tratativas.

* * *

Resumen: La responsabilidad precontractual por ruptura injustificada de las tratativas constituye una especie de la responsabilidad extracontractual y, por lo tanto, comparte sus mismas condiciones de procedencia. Sin embargo, el interés específicamente protegido por el ordenamiento jurídico en este tipo de responsabilidad –es decir, la confianza «legítima» en la celebración del contrato, defraudada por la ruptura injustificada de las negociaciones– determina ciertas peculiaridades respecto a la culpa y al daño. El presente artículo analiza las singularidades en estas condiciones de procedencia de la responsabilidad precontractual por ruptura injustificada de las tratativas. **Palabras clave**: Responsabilidad precontractual, ruptura de las tratativas, buena fe, culpa *in contrahendo*, pérdida de oportunidad. Recibido: 31-01-18. Aprobado: 19-02-18.

Daños punitivos ¿Una quiebra del sistema de responsabilidad civil?

Enrique Urdaneta Fontiveros *

Sumario

1. Daños punitivos: noción y funciones 2. Antecedentes históricos 3. Supuestos de procedencia 4. *Quantum* de la indemnización 5. Daños punitivos sin que exista un daño efectivo 6. Figuras próximas y manifestaciones en el Derecho venezolano de los daños punitivos *6.1. Cláusula penal 6.2. Enriquecimiento sin causa 6.3. Indemnización por daño moral 6.4. Quantum respondeatur ex artículo 1274 del Código Civil 6.5. Indemnización por determinados accidentes de trabajo 6.6. Indemnización de daños y perjuicios por infracción de los derechos de propiedad industrial 6.7. Conclusión* **7. ¿Conviene trasplantar los daños punitivos al sistema de responsabilidad civil venezolano?**

Me siento muy complacido de estar con ustedes en este acto conmemorativo del Quinto Aniversario de la *Revista Venezolana de Legislación y Jurisprudencia*. Durante sus cinco años de vida, esta *Revista* ha venido realizando significativos aportes a la bibliografía jurídica nacional. Esta iniciativa hay que estimularla y apoyarla y es digna del mayor reconocimiento. Felicito pues en esta oportunidad al profesor Edison Varela Cáceres, director de la *Revista*, así como a su coordinador, mi buen amigo, el profesor Fernando Parra Aranguren.

---

* **Universidad Católica Andrés Bello**, Profesor Titular de Derecho Civil. Individuo de Número de la Academia de Ciencias Políticas y Sociales.
Versión mecanográfica de la Conferencia dictada por el autor en la Academia de Ciencias Políticas y Sociales el 23 de noviembre de 2017 durante las Jornadas Conmemorativas del Quinto Aniversario de la *Revista Venezolana de Legislación y Jurisprudencia*.

También un reconocimiento muy especial, por su perseverancia y dedicación, a la asesora académica de la *Revista*, profesora María Candelaria Domínguez Guillén, cuya obra *Curso de Derecho Civil III Obligaciones* bautizamos hoy. Esta extraordinaria obra de la profesora Domínguez Guillén pone de manifiesto sus altas dotes de docente e investigadora universitaria. Se suma a sus otros manuales en distintas áreas del Derecho Civil, que han sido de gran utilidad para los estudiantes y estudiosos del Derecho, y a sus numerosos artículos de indiscutible calidad científica publicados en revistas jurídicas, en obras colectivas y en libros homenaje, dentro y fuera de Venezuela, que enriquecen significativamente la doctrina iusprivatista venezolana.

El tema de los daños punitivos ha dado lugar a grandes controversias. En esta exposición me referiré, en forma sumaria, a lo que son los daños punitivos, las funciones que cumplen, sus supuestos de procedencia, sus límites si es que existen, y a otros problemas conexos que suscita este instituto. Luego me referiré a algunas figuras próximas y manifestaciones en el Derecho venezolano de los daños punitivos. Por último, haré unos breves comentarios sobre el posible trasplante de los daños punitivos al sistema de la responsabilidad civil imperante en Venezuela[1].

---

[1] Para un examen completo del origen y evolución de los daños punitivos y su régimen jurídico en Inglaterra, Francia, Alemania, Hungría, Italia, países escandinavos, España, Sudáfrica y Estados Unidos, puede consultarse con provecho la obra dirigida por Koziol, Helmut y Wilcox, Vanessa: *Punitive Damages: Common Law and Civil Law Perspectives*. Springer. Viena, 2009. Nuestros enfoques y criterios se han enriquecido igualmente con los trabajos de Markel, Dan: «*How should Punitive Damages work?*». En: *University of Pennsylvania Law Review*. N° 157. Pennsylvania, 2009, pp. 1383-1484 y de Sebok, Anthony J.: «*Punitive Damages: from Myth to Theory*». En: *Iowa Law Review*. N° 92. Iowa, 2007, pp. 957-1036. En la doctrina hispanoamericana son muy valiosos, para el análisis de la fenomenología de los daños punitivos y el examen de los problemas específicos que suscita este instituto, la monografía del profesor de Ángel Yágüez, Ricardo: *Daños punitivos*. Civitas-Thomson Reuters-Editorial Aranzadi. Pamplona, 2012; y los ensayos del autor Méndez-Monasterio Silvela, Pablo: *Daños punitivos: El «patito feo» de la responsabilidad civil*. Editorial Fe D'erratas. Madrid, 2016; y de la profesora Kemelmajer de Carlucci, Aída: «¿Conviene la introducción de los llamados 'daños punitivos' en el Derecho argentino?». En: *Anales Academia Nacional del Derecho y Ciencias Sociales de Buenos Aires*. Segunda época, año XXXVIII, N° 31. Buenos Aires, 1993. En la doctrina nacional,

1. Daños punitivos: noción y funciones

En términos generales, los daños punitivos, también llamados daños ejemplarizantes, son aquellas indemnizaciones de carácter pecuniario que se conceden a la víctima en un proceso civil –además de los daños estrictamente compensatorios– en atención a la especial reprochabilidad de la conducta del demandado.

Los daños punitivos cumplen dos funciones. En primer lugar, castigar al agente del daño por conductas especialmente reprobables; y, en segundo término, disuadirle a él y a los terceros de llevar a cabo conductas similares en el futuro.

Como los daños punitivos se le conceden a la víctima por encima de los daños compensatorios que le corresponden, su monto excede de la pérdida efectivamente experimentada por el demandado. Son, en fin, las sumas de dinero que los tribunales condenan a pagar, no con fines de una indemnización compensatoria, sino como una sanción con una finalidad ejemplarizante. A los daños punitivos se los denomina igualmente daños ejemplarizantes, daños retributivos o dinero picante. Se afirma que son una forma de pena privada, donde el beneficiario de las cantidades de dinero otorgadas por este concepto es la víctima del daño causado.

Así entendidos, los daños punitivos se configuran como una institución que cabalga entre lo civil y lo penal o administrativo-sancionador. Son una especie

---

además de las importantes reflexiones sobre este tema –y sobre tantos otros– que hace el recordado maestro José MÉLICH-ORSINI en su conocida obra *La responsabilidad civil por hechos ilícitos*, la profesora Claudia MADRID MARTÍNEZ, en su reciente trabajo: «Función de la responsabilidad civil en el Derecho venezolano: más allá de la reparación» publicado en la obra coordinada por José G. SALAVERRÍA: *Derecho de daños responsabilidad contractual/extracontractual* (Homenaje a Enrique Lagrange), que recoge las ponencias presentadas en las IV Jornadas Aníbal Dominici llevadas a cabo en Barcelona en 2012, se refiere a los daños punitivos y hace una serie de consideraciones interesantes sobre las funciones de la responsabilidad civil, que también nos sirvieron para reflexionar sobre estos temas y enriquecer esta exposición.

de multa privada que no es propiamente una pena ni una indemnización. Con este instituto se produce un solapamiento entre los dos órdenes de la responsabilidad, civil y penal. Se ha dicho, gráficamente, que los daños punitivos son un hibrido con cuerpo de indemnización y alma de sanción penal.

2. Antecedentes históricos

Históricamente, encontramos manifestaciones de los daños punitivos en textos milenarios como el Código de Hammurabi, las Leyes de Manu y la Biblia. En el Código de Hammurabi se lee una disposición de acuerdo con la cual quien robe un animal del templo, será condenado a restituir treinta veces su valor. En la Biblia en el Libro del Éxodo en el Capítulo 22.1 se lee «si alguno robare un buey u oveja y los matare o vendiere, restituirá cinco bueyes por el buey; y cuatro ovejas por una oveja». En el Derecho romano también encontramos manifestaciones de los daños punitivos en la Ley de las XII Tablas. En el Derecho romano clásico se establecieron sanciones económicas a favor de la víctima por el doble, triple o cuádruple del daño causado –daños múltiples–. En la Edad Media, en la Ley de las Siete Partidas del Rey Alfonso X el Sabio se consagraron disposiciones que exigían a quien negara el daño que lo pagara doblado.

En los tiempos modernos, la doctrina de los daños punitivos o ejemplarizantes adquiere carta de naturaleza en Inglaterra con un célebre caso decidido por la Cámara de los Lores en 1763 –Huckle *vs.* Money– donde por primera vez se reconocen explícitamente los mismos[2]. En la decisión se condena al Estado «a pagar, además del perjuicio efectivamente sufrido por la víctima, una suma adicional por concepto de daños ejemplarizantes, con el objeto de destacar la importancia de los derechos fundamentales de los ciudadanos y de disuadir de la repetición de conductas antijurídicas similares».

De Inglaterra este instituto se trasladó a Canadá, Australia, Nueva Zelanda, Irlanda, Sudáfrica y los Estados Unidos de América en donde se extendió

---

[2] Huckle *vs.* Money, 95 Eng. Rep. 768,769 (K.B: 1763).

rápidamente al punto que a mediados del siglo XIX los daños punitivos eran ya una pieza fundamental y consolidada del Derecho de daños norteamericano y lo siguen siendo hoy en día. Es pues una institución típica del *Common Law*, principalmente de los Estados Unidos de América. Sin embargo, esto no ha impedido que se hayan producido y se sigan produciendo grandes controversias doctrinales acerca de los mismos, tanto dentro de las fronteras de los Estados Unidos como fuera de ellas.

3. Supuestos de procedencia

Para que proceda una condena por daños punitivos se admite que no es suficiente con que se realice una conducta cualquiera que cause un daño. Debe tratarse de una conducta dañosa especialmente reprochable por la sociedad.

En la Sección 908 del *Restatement (Second) of the Law*[3] *of Torts* –hechos ilícitos– se establece que los daños punitivos: «proceden cuando la conducta del demandado es indignante por su maliciosa intención o por una temeraria indiferencia hacia los derechos de los otros».

De donde resulta que los daños punitivos se justifican cuando la conducta del agente es particularmente intolerable, atendiendo a las circunstancias bajo las cuales ocurrió el hecho dañoso y, fundamentalmente, cuando se trate de conductas dolosas o de actuaciones imprudentes o negligentes gravemente temerarias, independientemente de los fines perseguidos –representación por el agente de la alta probabilidad de causar el daño que acarrea su conducta, falta de adopción de las precauciones elementales para evitar el daño, etc.–.

También hay otros casos en los que están justificados los daños punitivos. En particular, cuando la producción del daño le brinda al agente un beneficio mayor que la indemnización que debe satisfacer a la víctima –culpa lucrativa–,

---

[3] Los *restatements of the law* son estudios sobre los principios que rigen determinadas áreas del Derecho norteamericano elaborados por el *American Law Institute*. Se extraen de las sentencias de los tribunales. Aunque no tienen carácter vinculante, su autoridad persuasiva es considerable.

es decir, cuando el monto de la reparación que se debe a la víctima sea inferior al beneficio que derive de la producción del daño para el agente.

Para que haya lugar a una condena por daños punitivos se requiere pues algo más que la producción de un daño. Deben existir circunstancias agravantes que pongan de manifiesto la malicia e intencionalidad del agente o la deliberada falta de atención hacia los derechos o intereses legítimos de los demás. En fin, no cualquier hecho ilícito da lugar a una condena por daños punitivos sino que se requiere para ello, de acuerdo con las decisiones de una buena parte de los tribunales norteamericanos, que el agente haya actuado con temeridad, malicia, mala fe, malignidad, intencionalidad, perversión o que haya desarrollado una conducta altamente reprobable o groseramente negligente. Cuando la conducta del agente ha sido deliberada y reviste los caracteres de un autentico ultraje, son numerosas las sentencias que incorporan a la acción de daños y perjuicios un componente sancionador o ejemplar. Se señalan como ejemplos típicos en los cuales se conceden daños punitivos por parte de los jurados norteamericanos, los casos de lesiones causadas violentamente, seducción, libelo, calumnia, procedimientos judiciales conocidamente indebidos, atentados contra el derecho a la intimidad, engaño o fraude, etc.

Por otra parte, el juez no está obligado a reconocer los daños punitivos. No existe un derecho de la víctima a obtenerlos. La víctima, por supuesto, debe solicitarlos antes de concluido el juicio, para que sean considerados por el jurado. La gravedad de la falta, el beneficio obtenido por el agente, su capacidad económica y el efecto disuasivo de la condena son, entre otros, los elementos que se toman en cuenta para acordarlos.

Además, en principio, los daños punitivos no entran en juego en caso de incumplimiento de una obligación contractual. Sin embargo, se admite su aplicación cuando el demandado con su conducta haya infringido un deber legal independiente de los deberes que le impone el contrato y haya privado a su co-contratante de un beneficio distinto de aquél que derivaría para él de la ejecución del contrato. Es decir, cuando su conducta vaya acompañada de otro agravio constituyendo un *tort*. Se ha sostenido igualmente que cuando se contravienen las exigencias de la buena fe que debe presidir la ejecución de los contratos, especialmente cuando se trata de contratos de adhesión, o si se prueba el fraude, cabe también imponer daños punitivos como sanción al incumplimiento contractual.

En el caso TXO Production Corp. *vs.* Alliance Resources Corp. decidido el 25 de junio de 1993 la Corte Suprema de Justicia de los Estados Unidos de América sostuvo que ante la existencia de un daño, pueden ser objeto de una condena por daños punitivos las siguientes conductas: i. La conducta del demandado que sabe a ciencia cierta que el resultado dañoso iba a producirse y quiere que el mismo se produzca; y ii. la conducta del demandado que sabe que su actuación genera un grave riesgo de producir el daño y que, sin embargo, continúa realizando la actividad de que se trate[4]. Si trasladamos estas categorías al Derecho Penal, se tiene que la conducta descrita en primer lugar podría constituir dolo directo; y la segunda, dolo eventual.

Como puede fácilmente apreciarse, estas tradicionales descripciones de las conductas que merecen ser objeto de una condena por daños punitivos adolecen de una gran vaguedad e imprecisión. Debido a la vaguedad de los criterios que permiten su imposición, los jurados que los acuerdan muchas veces carecen de los elementos de juicio requeridos para decidir imponerlos. Desde luego, esta imprecisión de los estándares para determinar si existe o no responsabilidad suficiente para que entren en juego los daños punitivos trae como consecuencia que en algunas ocasiones los mismos se otorguen cuando no deberían otorgarse y, en otras, que no se otorguen cuando deberían otorgarse.

Quizás por esta razón en Inglaterra, ya en el año 1964, una sentencia de la Cámara de los Lores dictada en el caso Rookes *vs.* Barnard limitó severamente los supuestos de procedencia de los daños punitivos y dejó establecido que los mismos solo podían concederse en tres casos: i. En los supuestos en que la ley expresamente lo autorice; ii. en caso de actos opresivos, arbitrarios o inconstitucionales del gobierno o de sus agentes; y iii. en caso de que el demandado

---

[4] TXO Production Corp. *vs.* Alliance Resources Corp., 509 U.S. 443 (U.S.W.Va., 1993).

ha «calculado» su conducta para obtener un beneficio propio[5]. Esto pone de relieve la tendencia altamente restrictiva y los reparos que se vienen advirtiendo en Inglaterra desde hace varias décadas en relación con los daños punitivos, al punto que se los ha calificado de «remedio anómalo» que debe restringirse en la medida de lo posible.

En los Estados Unidos de América se observa una corriente encaminada a limitar la discrecionalidad del jurado para acordar una condena por daños punitivos. Algunos estudios realizados por prestigiosas universidades norteamericanas se muestran críticos con respecto a esta figura sobre todo por la inexistencia de parámetros claros que permitan orientar a los tribunales para determinar la procedencia de los daños punitivos y su cuantía.

4. *Quantum* de la indemnización

En lo concerniente al *quantum* de la indemnización, conviene tener en cuenta que los daños punitivos, por su naturaleza, no tienen límite alguno. Por lo cual, pueden dar lugar –y, de hecho, han dado lugar– a condenas excesivas y arbitrarias. Quizás por esta razón los tribunales norteamericanos han tratado de establecer algunos lineamientos para que el monto de la indemnización por este concepto guarde una relación adecuada con los objetivos de prevención y castigo que persiguen los daños punitivos. Estos factores son, entre otros, los siguientes: i. Que el monto de la indemnización se establezca en función de la reprochabilidad de la conducta del demandado; ii. que exista una relación razonable entre el monto de los daños punitivos y los daños compensatorios; iii. la rentabilidad que pueda derivarse de la conducta del demandado, esto es, los frutos o provechos que le genere la actividad que le cause el daño a la víctima; iv. la reiteración de la conducta del demandado; y v. la extensión de las sanciones penales establecidas por las leyes para conductas similares.

Por lo que respecta a la relación que debe existir entre el monto de los daños punitivos y los daños compensatorios, campea un gran desorden en la jurisprudencia

---

[5] Rookes *vs.* Barnard (1964) AC 1129, (1964).

de los tribunales norteamericanos. Sin ánimo de exhaustividad, me referiré a algunas decisiones de los tribunales que han tratado de fijar –o de evitar fijar– cuáles son los límites de los daños punitivos y cómo deben calcularse.

En el caso Missouri Pac. Ry. Co. *vs.* Humes decidido en 1885, la Corte Suprema de Justicia sostuvo: «el criterio del jurado (…) no está controlado por ninguna regla muy definida; sin embargo la sabiduría a la hora de otorgar tales daños adicionales se pone de manifiesto por la larga permanencia de la práctica»[6].

Poco más de un siglo después, en un caso decidido en 1988, Kelco Disposal, Inc. *vs.* Browning-Ferris Industries of Vermont, Inc., la Corte Federal de Apelaciones del Segundo Circuito consideró que una condena por daños punitivos por una cantidad superior a 6 millones de dólares y por daños compensatorios por un monto de 51 000 dólares era razonable, es decir, una relación de 117 a 1[7]. La Corte Suprema de Justicia cuando revisó esta decisión declaró que la Octava Enmienda de la Constitución que prohíbe las multas excesivas no era aplicable en materia civil en aquellos casos en los cuales los Estados Unidos no eran parte en el juicio. Pero, adicionalmente, el Máximo Tribunal declinó entrar a considerar si, en el caso concreto, la imposición de los daños punitivos por la Corte Federal de Apelaciones había sido excesiva o violatoria de las exigencias del debido proceso consagrado en la Décima Cuarta Enmienda de la Constitución, por no haber sido esto solicitado por el demandado[8].

En el caso Pacific Mutual Life Insurance *vs.* Haslip decidido en 1991, la Corte Suprema de Justicia declaró que una condena por daños punitivos cuatro veces superior a los daños compensatorios era razonable[9]. En el caso TXO Production Corporation *vs.* Alliance Resource Corp decidido en 1993 la Corte Suprema de Justicia admitió una condena por daños punitivos por un monto

---

[6] Missouri Pac. Ry. Co. *vs.* Humes, 6 S.Ct. 110, 110, 115 U.S. 512, 513 (U.S., 1885).
[7] Kelco Disposal, Inc. *vs.* Browning-Ferris Industries of Vermont, Inc., 845 F.2d 404 (C.A.2 (Vt.), 1988).
[8] Browning-Ferris Industries of Vermont, Inc. vs. Kelco Disposal, Inc., 492 U.S. 257 (U.S.Vt., 1989).
[9] Pacific Mut. Life Ins. Co. *vs.* Haslip, 499 U.S. 1 (U.S.Ala., 1991).

de diez millones de dólares y por daños compensatorios por un monto de 19 000 dólares[10]. Es decir, una relación entre daños punitivos y daños compensatorios de 526 a 1. En el caso BMW of North America Inc. *vs*. Gore decidido en 1996, la Corte Suprema de Justicia señaló que una relación de 500 a 1 entre daños punitivos y compensatorios era excesiva y contraria a disposiciones constitucionales[11]. En el caso State Farm Mutual Automobile Insurance Co. *vs*. Campbell, decidido el 7 de abril de 2003, la Corte Suprema de Justicia declaró que una relación de 10 a 1 entre daños punitivos y daños compensatorios era constitucionalmente aceptable, aunque decidió igualmente que si se sobrepasaba esta relación, no se incurría necesariamente en un supuesto de inconstitucionalidad[12]. El Alto Tribunal declaró, asimismo, que «no existen límites rígidos que una indemnización punitiva no pueda sobrepasar»[13]. En el año 2007, en el caso Philip Morris USA *vs*. Williams, la Corte Suprema de Justicia declaró que al momento de fijar el monto de los daños punitivos solo podían tomarse en consideración los daños experimentados por el actor, pero no los daños causados a terceros extraños al litigio[14]. Curiosamente, en este caso la Corte no desestimó los daños punitivos que por un monto de 79,5 millones de dólares habían sido concedidos por la muerte de un fumador siendo que los daños compensatorios sufridos alcanzaban a la cantidad de 821 000 dólares, es decir, una relación de 100 a 1 entre daños punitivos y compensatorios.

Por último, en el caso Exxon Shipping Co. *vs*. Baker decidido en el año 2008, la Corte Suprema de Justicia redujo drásticamente el monto de los daños punitivos que por un monto de 2,5 billones de dólares había acordado un jurado en su veredicto a favor del demandante[15]. El Alto Tribunal fijó los daños punitivos en la cantidad de 507,5 millones de dólares y declaró, en aras de la previsibilidad de los daños punitivos, que cuando los daños compensatorios eran sustanciales, lo procedente era aplicar una relación menor entre el monto de los daños punitivos y el monto de los daños compensatorios. En cambio,

---

[10] TXO Production Corp. *vs*. Alliance Resources Corp., 509 U.S. 443 (U.S.W.Va., 1993).
[11] BMW of North America, Inc. *vs*. Gore, 517 U.S. 559 (U.S.Ala., 1996).
[12] State Farm Mut. Auto. Ins. Co. *vs*. Campbell, 538 U.S. 408 (U.S., 2003).
[13] Ídem.
[14] Philip Morris USA *vs*. Williams, 549 U.S. 346 (U.S.Or., 2007).
[15] Exxon Shipping Co. *vs*. Baker, 554 U.S. 471 (U.S., 2008).

si los daños compensatorios no eran significativos, la relación daños punitivos/compensatorios podía ser superior. Como en el caso concreto los daños compensatorios experimentados por la víctima fueron muy elevados –507,5 millones de dólares–, la Corte Suprema de Justicia consideró que una relación de 1 a 1 entre daños punitivos y daños compensatorios era apropiada[16].

En fin, como puede fácilmente apreciarse de lo antes expuesto, aún no se ha esclarecido la cuestión de la cantidad o proporción a partir de la cual puede decirse que los daños punitivos son excesivos. La razonabilidad de la indemnización depende, en definitiva, de las circunstancias particulares del caso concreto sometido a la consideración y decisión del juez, lo que contribuye a aumentar el grado de inseguridad que reina en este campo.

5. Daños punitivos sin que exista un daño efectivo

Por otra parte, llevando hasta sus últimas consecuencias la concepción de acuerdo con la cual los daños punitivos constituyen un mecanismo para prevenir y castigar determinadas conductas particularmente reprobables y lesivas del interés público, algunos tribunales de algunos estados de los Estados Unidos de América han admitido la posibilidad de otorgar daños punitivos aunque no se haya probado la existencia de un daño efectivo. Así, en el caso Edwards *vs.* Jewish Hospital of St. Luis decidido en 1988[17] se otorgaron diez mil dólares por concepto de daños punitivos y un dólar a título de daños nominales[18]. Luego, en el caso Abner *vs.* Kansas City Southern R. Co. se otorgaron al demandante 125 000 dólares por concepto de daños punitivos

---
[16] Ídem.
[17] Edwards *vs.* Jewish Hosp. of St. Louis, 855 F.2d 1345 (C.A.8 (Mo.), 1988).
[18] Una condena a pagar daños nominales –*nominal damages*– se produce cuando el tribunal determina que el demandado ha cometido un hecho ilícito sin que del mismo resulte una pérdida efectiva para el demandante, en cuyo caso el tribunal condena al primero a pagar una cantidad simbólica, normalmente equivalente a uno o dos dólares. A veces una condena por daños nominales representa un desagravio para el demandante que demuestra con el pronunciamiento judicial que le asistía la razón. Otras veces dicha condena va acompañada de una condena por daños punitivos que, aunque no representa una compensación para el demandante, sirve para castigar al demandado por su conducta.

y un dólar por daños nominales[19]. Incluso algún autor ha afirmado que se debe eliminar el requisito de que exista un daño para hacer a alguien responsable.

Esta posibilidad, que constituye un anatema para los países afiliados al sistema del *Civil Law* en los cuales el sistema de la responsabilidad civil con todas sus consecuencias solo puede entrar en funcionamiento si existe un daño efectivo, se ha dado en algunos estados de los Estados Unidos de América. Afortunadamente no es lo usual que se imponga una condena por daños punitivos basada exclusivamente en la reprochabilidad de la conducta del agente, cuando la víctima no haya experimentado una pérdida efectiva. Hay que reconocer igualmente que estas decisiones han sido objeto de severas críticas al punto que algún autor ha acuñado la frase feliz: «el derecho de la responsabilidad civil sin daño es como Hamlet sin el príncipe de Dinamarca».

6. Figuras próximas y manifestaciones en el Derecho venezolano de los daños punitivos

Bajo este acápite me referiré, en primer lugar, a algunas figuras jurídicas que, por su aparente similitud con los daños punitivos, pueden dar lugar —y, de hecho, han dado lugar— a algunos equívocos y confusiones respecto a su naturaleza. Concretamente me referiré, necesariamente en forma breve, a la cláusula penal, la indemnización por enriquecimiento sin causa, la indemnización por daño moral y a la cuantía de la indemnización en caso de inejecución dolosa del contrato. Luego me referiré, también brevemente, a algunas manifestaciones concretas de daños punitivos en nuestro ordenamiento, especialmente, a determinadas indemnizaciones en caso de ocurrencia de un accidente de trabajo y a la indemnización de los daños y perjuicios por infracción de los derechos de propiedad industrial.

6.1. Cláusula penal

De acuerdo con lo dispuesto en el artículo 1258 del Código Civil: «la cláusula penal es la compensación de los daños y perjuicios causados por la inejecución de la obligación principal».

---

[19] Abner *vs.* Kansas City Southern R. Co., 513 F.3d 154 (C.A.5 (La.), 2008).

Aunque normalmente la cláusula penal surge de un contrato, se admite que puede tener su origen en todos los actos creadores de obligaciones, aunque no sean contratos. La obligación principal cuyo cumplimiento se garantiza mediante una cláusula penal puede provenir de un contrato o de cualquier otro negocio jurídico y aún de un ilícito civil o penal.

Este instituto cumple una función compulsiva puesto que constriñe sicológicamente al deudor al pago de la obligación principal por el temor de ver agravada su responsabilidad en caso de incumplimiento. La cláusula penal es un recurso compulsivo diseñado para obligar al deudor a cumplir lo convenido, puesto que él sabe que si no cumple tendrá que pagar la pena que suele ser más gravosa que la obligación contraída. Además, por su carácter inmutable, el deudor no puede pretender liberarse entregando una cantidad inferior a la estipulada en la cláusula penal, aun cuando demuestre que su incumplimiento le causó daños menores al acreedor o no le causó perjuicio alguno. El acreedor puede pues reclamar la pena sin necesidad de demostrar daño alguno.

Entonces ¿nos encontramos o no ante la presencia de una manifestación de daños punitivos en nuestro ordenamiento?

La respuesta tiene que ser negativa. En efecto, por lo que respecta a la clausula penal «sustitutiva», la pena estipulada puede ser insuficiente para cubrir los daños y perjuicios causados. Estos pueden ser superiores al monto de la cláusula penal, en cuyo caso este instituto cumple más bien la función de una cláusula limitativa de la responsabilidad civil.

Desde luego, la duda puede plantearse en el caso de una cláusula penal «cumulativa» o cuando el monto de la cláusula penal sea superior al monto de los daños y perjuicios causados. Sin embargo, ni siquiera en este supuesto puede asimilarse la cláusula penal a la figura de los daños punitivos ya que nos encontramos en el ámbito de la libertad contractual y del principio de la autonomía de la voluntad según el cual los contratantes pueden celebrar los contratos que se les ocurra e incluir en ellos las condiciones, términos y estipulaciones que deseen, incluso apartándose en sus convenciones de las reglas sobre los contratos y sobre las obligaciones en general previstas en el Código Civil, con las solas limitaciones que derivan del necesario cumplimiento de las normas en cuya observancia están interesados el orden público y las buenas costumbres (Código Civil, artículo 6). Las partes pueden pues perfectamente establecer una cantidad fija de dinero como indemnización en caso de incumplimiento de la obligación, apartándose de las reglas previstas en los artículos 1273, 1274 y 1275 del Código Civil para la evaluación de los daños y perjuicios. La cláusula penal obedece a un convenio de las partes y no puede asimilarse a los daños punitivos que se le imponen al deudor en contra de su voluntad.

6.2. *Enriquecimiento sin causa*
La indemnización pagadera en caso de enriquecimiento sin causa tampoco puede asimilarse a la figura de los daños punitivos. A esta indemnización se refiere el artículo 1184 del Código Civil según el cual: «Aquél que se enriquece sin causa en perjuicio de otra persona, está obligado a indemnizarla dentro del límite de su propio enriquecimiento, de todo lo que aquélla se haya empobrecido».

De acuerdo con esta disposición legal, la indemnización en materia de enriquecimiento sin causa está sujeta a un doble límite: no puede exceder del enriquecimiento del demandado ni del empobrecimiento del demandante. Como no puede exceder del monto de la pérdida del empobrecido, no puede asimilarse a los daños punitivos que se otorgan «además» de los daños compensatorios experimentados por el demandante.

Pero adicionalmente la indemnización que persigue la acción *de in rem verso* procede independientemente de la culpa del enriquecido. Para que haya lugar a la acción por enriquecimiento sin causa basta con que exista un traslado de bienes del patrimonio del empobrecido al patrimonio del enriquecido sin que este desplazamiento patrimonial tenga una causa que lo explique o lo justifique, conforme al ordenamiento jurídico positivo. La acción *de in rem verso* procede independientemente de toda actuación u omisión culposa por parte del enriquecido. En cambio, los daños punitivos, como indicamos poco antes, se conceden en caso de maliciosa intención o de una conducta especialmente reprobable del agente del daño. En fin, la acción de enriquecimiento sin causa no es ninguna sanción civil que se imponga como consecuencia de una conducta culposa, lo que la distingue claramente de la figura de los daños punitivos.

6.3. Indemnización por daño moral

Se ha sostenido que la indemnización por daño moral reviste el carácter de una auténtica pena privada en el sentido de que la misma persigue imponer un castigo al agente para disuadirle de llevar a cabo conductas similares en el futuro.

Al respecto, por lo que al Derecho venezolano concierne, esta supuesta función punitiva del daño moral no puede deducirse de ningún precepto legal. La indemnización del daño moral esta prevista en el artículo 1196 del Código Civil, según el cual:

> La obligación de reparación se extiende a todo daño material o moral causado por el acto ilícito. El juez puede, especialmente, acordar una indemnización a la víctima en caso de lesión corporal, de atentado a su honor, a su reputación, o a los de su familia, a su libertad personal, como también en el caso de violación de su domicilio o de un secreto concerniente a la parte lesionada. El juez puede igualmente conceder una indemnización a los parientes, afines, o cónyuge, como reparación del dolor sufrido en caso de muerte de la víctima.

En el encabezamiento de esta disposición legal se consagra explícitamente el principio de la reparación integral del daño moral. Los jueces no pueden, por tanto, acordar a la víctima ni más ni menos de lo que le corresponda por la afectación de su esfera moral, lo que desvirtúa el pretendido carácter punitivo de esta indemnización. Una vez que se constata que hubo un daño moral, lo procedente es indemnizar íntegramente a la víctima del mismo *ex* artículo 1196 del Código Civil: «la obligación de reparación se extiende a todo daño material o moral causado por el acto ilícito». Esta disposición no atribuye al juez en ningún caso la facultad de otorgar a la víctima una suma superior al perjuicio sufrido.

Por consiguiente, los jueces una vez determinada la existencia del daño moral, tienen que condenar al agente a pagar a la víctima una indemnización que, en su criterio, sea suficiente para compensar la totalidad del agravio sufrido, siempre que así lo haya solicitado la víctima.

Desde luego, la indemnización por daño moral no deja indemne a la víctima en el sentido de que no la coloca en la misma situación en la cual ella se encontraba antes de sufrir el daño, pero es evidente que dicha indemnización tiene carácter «compensatorio». Aunque el dinero que se le otorga a la víctima del daño moral no borra el daño del terreno de la realidad y aunque el dinero no cumpla aquí la misma función de equivalencia que cumple cuando se trata de la reparación del daño material, el dinero si puede compensar a la víctima del agravio en el sentido de que mediante su utilización adecuada puede ella procurarse sensaciones agradables que le permitan en cierto modo superar el evento dañoso o, por lo menos, sobrellevar sus consecuencias más dolorosas y desagradables.

Por otra parte, se ha sostenido, igualmente, que la indemnización por daño moral tiene carácter punitivo porque la misma es necesariamente discrecional. Nuestro más alto tribunal ha adoptado el criterio de que acordar daños morales es una facultad discrecional del juez[20]. De acuerdo con la jurisprudencia de nuestros tribunales, los jueces tienen un poder discrecional para acordar o no la reparación del daño moral y para fijar su cuantía[21]. Según el Tribunal Supremo de Justicia, no hay ni siquiera que probar el daño, solo

---

[20] Véase: CSJ/SCC, sent. del 29-09-88, en: *Ramírez & Garay*. Tomo 105. Caracas, 1988, p. 440; TSJ/SCC, sent. N° 278, del 10-08-00, http://historico.tsj.gob.ve/decisiones/scc/agosto/R.C.%20278%20100800%2099-896.HTM.

[21] Véase: CSJ/SCC, sent. del 13-10-64, en: *Gaceta Forense*. Caracas, 1964, p. 354; CSJ/SCC, sent. del 28-10-69, en: *Gaceta Forense*. Caracas, 1969, p. 340; CSJ/SCC, sent. del 12-08-70, en: *Gaceta Forense*. Caracas, 1970, p. 499; CSJ/SCC, sent. del 18-11-70, en: *Gaceta Forense*. Caracas, 1970, p. 375; CSJ/SCC, sent. del 05-12-72, en: *Gaceta Forense*. Caracas, 1972, p. 505; CSJ/SCC, sent. del 30-01-75, en: *Gaceta Forense*. Caracas, 1975, p. 402; CSJ/SPA, sent. del 19-07-84, en: *Gaceta Forense*. Caracas, 1984, p. 446; CSJ/SPA, sent. del 11-02-85, en: *Gaceta Forense*. Caracas, 1985, p. 323.

el hecho físico de la lesión, si fuere el caso[22]. Nuestros tribunales parten, pues, del criterio de que ellos tienen una libertad casi total para acordar la indemnización del daño moral *ex* artículo 1196 del Código Civil. Es este carácter subjetivo y arbitrario que nuestros jueces le atribuyen erróneamente a la estimación del daño moral lo que trae consigo que se la considere como una «forma escondida» de daños punitivos[23].

Al respecto conviene tener en cuenta que el artículo 1196 del Código Civil es categórico: «la obligación de reparación se extiende a todo daño material o moral causado por el acto ilícito», lo que excluye que se trate de una potestad puramente facultativa del juez. No es, pues, absolutamente discrecional el poder del juez para acordar o no la reparación del daño moral. Es un deber que la Ley impone de acordar la reparación y ajustarla a la entidad real del perjuicio sufrido, una vez que la víctima demuestre su existencia. En fin, comprobada la existencia de la lesión y la afectación del patrimonio moral de la víctima, el juez tiene que acordar la reparación y ajustar su cuantía a la entidad del daño sufrido. Tal y como lo admite la doctrina patria más autorizada, contrariamente a lo sostenido por nuestros tribunales, no dispone el juez de una potestad para acordar o no a su mero arbitrio el resarcimiento del daño moral cuya existencia él ha reconocido en su sentencia[24].

Por otra parte, es lógico y natural que, en atención al carácter extrapatrimonial del daño moral, los tribunales no coincidan en su valoración. Es muy poco probable que dos órganos judiciales distintos ante un mismo caso, coincidan en su estimación del daño moral y otorguen sumas idénticas a la víctima del agravio. Pero esto no quiere decir de modo alguno que estemos ante

---

[22] Véase CSJ/SCC, sent. del 10-10-73, en: *Gaceta Forense*. Caracas, 1973, p. 388; CSJ/SCC, sent. del 25-04-79, en: *Gaceta Forense*. Caracas, 1979, p. 738; CSJ/SCC, sent. del 03-05-84, en: *Gaceta Forense*. Caracas, 1984, p. 785.
[23] En la doctrina española, Díez-Picazo, Luis: *Derecho de daños*. Civitas. Madrid, 1999, p. 324, al referirse a este tema expresa que la arbitrariedad a que muchas veces da lugar la cuantificación del daño moral sirve para «establecer indebidamente daños larvadamente punitivos».
[24] Melich-Orsini, José: *La responsabilidad civil por hechos ilícitos*. Academia de Ciencias Políticas y Sociales. Caracas, 2001, pp. 50-53.

unos daños punitivos, ya que esta falta de uniformidad también se da en el caso de la valoración de algunos daños materiales como, por ejemplo, el lucro cesante, la pérdida de la oportunidad o los daños corporales.

Lo procedente entonces es racionalizar, en la medida de lo posible, la valoración del daño moral para evitar situaciones de desigualdad. Esta parece ser la tendencia que se observa en una serie de decisiones recientes de nuestros tribunales. En efecto, el Tribunal Supremo de Justicia en diversos fallos dictados a partir del año 2001 –y que han sido reseñados por la profesora DOMÍNGUEZ GUILLÉN en su *Curso de Obligaciones* que hoy bautizamos–, ha tratado de establecer –no siempre con acierto– ciertas pautas más precisas que deben orientar a los jueces para fijar el monto de la reparación por daño moral, tomando en consideración factores objetivos como la llamada «escala de los sufrimientos morales» que viene determinada por la entidad e importancia del daño físico y psíquico de la víctima del agravio, la repercusión social del hecho, las circunstancias en que ocurrió el daño, la edad de la víctima, etc.[25].

Por último, de acuerdo con la jurisprudencia de nuestros tribunales, para apreciar la cuantía de la indemnización por daño moral, los jueces pueden tomar en cuenta «la gravedad de la culpa del agente». El grado de culpabilidad del responsable es, según el Tribunal Supremo de Justicia, uno de los criterios que debe tomarse en consideración para fijar el monto de la reparación por concepto de daño moral[26].

---

[25] DOMÍNGUEZ GUILLÉN, María Candelaria: *Curso de Derecho Civil III Obligaciones*. Editorial RVLJ. Caracas, 2017, pp. 249 y 250; TSJ/SCS, sent. N° 144, del 07-03-02, http://historico.tsj.gob.ve/decisiones/scs/marzo/RC144-070302-01654.HTM; TSJ/SCS, sent. N° 1059, del 01-07-09, http://historico.tsj.gob.ve/decisiones/scs/julio/1059-1709-2009-08-1158.HTML; TSJ/SCC, sent. N° 00234, del 04-05-09, http://historico.tsj.gob.ve/decisiones/scc/mayo/RC.00234-4509-2009-08-511.HTML; TSJ/SCC, sent. N° 00585, del 31-07-07, http://historico.tsj.gob.ve/decisiones/scc/julio/RC-00585-310707-07139.HTM; TSJ/SCC, sent. N° 313, del 12-06-13, http://historico.tsj.gob.ve/decisiones/scc/junio/RC.000313-12613-2013-13-032.HTML; TSJ/SCC, sent. N° 00114, del 12-03-09, http://historico.tsj.gob.ve/decisiones/scc/marzo/RC.00114-12309-2009-07-819.HTML.

[26] Véase: TSJ/SCC, sent. N° 00585, citada *supra*; TSJ/SCC, sent. N° 313, citada *supra*; TSJ/SCC, sent. N° 00114, citada *supra*; TSJ/SCS, sent. N° 1172, del 21-11-13,

A los fines de evitar cualquier confusión al respecto, conviene recordar que, en nuestro ordenamiento, la reparación del daño no depende del grado de la culpa del agente. En materia civil, la indemnización es la misma, independientemente que el agente haya procedido con dolo o con culpa. Este principio solo admite dos excepciones en materia contractual: i. No se repara el daño causado por culpa levísima (argumento: *ex* artículo 1270 del Código Civil), y ii. solo se reparan los daños previstos o previsibles al tiempo del contrato, salvo que el incumplimiento del deudor sea doloso en cuyo caso la reparación comprende aun los daños no previstos ni previsibles (artículo 1274 del Código Civil).

El grado de culpa del agente no influye para aumentar el monto de la reparación, lo que desdice del pretendido carácter punitivo de la indemnización por daño moral. Y esto es así, se insiste, aunque en algunas sentencias nuestros jueces hayan considerado, de manera absolutamente disparatada, que la gravedad de la culpa del agente es uno de los criterios que deben tomarse en cuenta para fijar el monto de la indemnización por daño moral.

Los daños y perjuicios en nuestro sistema tienen una naturaleza compensatoria. De ello resulta que la gravedad del comportamiento del agente del daño no debe tomarse en consideración por el juez civil. A nuestro modo de ver, la manera de preservar la vigencia de este principio y tener en cuenta la conducta del agente es establecer que la misma solo será relevante en tanto y en cuanto contribuya al daño de la víctima. Así, solo si la gravedad de la culpa del agente o su conducta intencional, en el caso concreto, origine una mayor afectación psíquica de la víctima que suponga una agravación del daño o de sus consecuencias, podrá tomarse en cuenta dicha conducta para la fijación de la indemnización. Esto es así porque en tal caso, por hipótesis, la conducta del agente habrá contribuido a incrementar el daño sufrido por la víctima. Por ejemplo, el daño que sufre la víctima de una lesión a su reputación por una publicación injuriosa en la prensa, puede ser mayor cuando el agente se comporta

---

http://historico.tsj.gob.ve/decisiones/scs/noviembre/158955-1172-211113-2013-11-1024.HTML.

ofensiva y arbitrariamente que cuando simplemente media un error debido a un descuido que ha sido rápidamente corregido por el agente.

6.4. *Quantum respondeatur ex artículo 1274 del Código Civil*

Se ha pretendido por algunos que la cuantía de los daños y perjuicios indemnizables que contempla el artículo 1274 del Código Civil tiene una finalidad punitiva. El artículo establece textualmente lo siguiente: «El deudor no queda obligado sino por los daños y perjuicios previstos o que han podido preverse al tiempo de la celebración del contrato, cuando la falta de cumplimiento de la obligación no proviene de su dolo».

Entonces, podría pensarse que esta disposición persigue un objetivo punitivo, ya que el deudor doloso por la realización de un acto idéntico responde en mayor medida que el deudor simplemente imprudente o negligente.

Al respecto cabe observar, en primer lugar, que es perfectamente lógico y razonable que deba responder en mayor medida de sus actos quien actuó con intención de dañar que quien solo se comportó de manera imprudente o negligente.

Pero hay algo más. El artículo 1274 parte del supuesto de que el incumplimiento le ha causado una serie de daños al acreedor y lo que limita es «la extensión del daño contractual resarcible» –*quantum respondeatur*– en función de su previsibilidad. A tal efecto, distingue entre el deudor simplemente culposo y el deudor doloso.

La responsabilidad del deudor que incumple culposamente su obligación se limita a los daños y perjuicios previstos o previsibles al tiempo del contrato. En cambio, cuando la conducta del deudor es dolosa, este responde de todos los daños y perjuicios causados, independientemente de que los mismos hayan podido preverse o no al tiempo del contrato. De donde resulta que no hay, en realidad, una finalidad punitiva en el artículo 1274, ya que, aunque la graduación de la cuantía del resarcimiento se lleva a cabo en función de la gravedad de la culpa del deudor, de ninguna manera el demandado, por muy dolosa que fuera su conducta, responderá por una cuantía superior al daño causado. La reparación se establece siempre en consideración a la cuantía del daño, que constituye su tope; aún en los supuestos de agravación del monto indemnizatorio en función del dolo. De ahí que no hay propiamente una pena o sanción puesto que nunca se responde más allá del daño efectivamente causado al demandante. La indemnización en ningún caso es superior al daño sufrido por la víctima.

Aun cuando puede sostenerse que en cierto modo el artículo 1274 castiga al deudor doloso, ya que este responde en mayor medida que el deudor simplemente imprudente o negligente, lo que resulta absolutamente claro es que esta disposición legal no constituye una manifestación de los daños punitivos en nuestro ordenamiento. En efecto, como indicamos poco antes, los daños punitivos son indemnizaciones de carácter pecuniario que se conceden a la víctima «además» de los daños estrictamente compensatorios. Esta situación no es la que se plantea cuando entra en juego el artículo 1274 ya que, como también se dijo atrás, el deudor nunca responderá más allá del daño efectivamente causado, independientemente de que su conducta haya sido dolosa o simplemente culposa.

Por último, conviene recordar que el artículo 1274 solo se aplica en caso de incumplimiento de obligaciones contractuales. El tenor literal de la norma es absolutamente claro al respecto y así lo admite la doctrina nacional y lo reconoce la jurisprudencia de nuestros tribunales. En materia de incumplimiento de obligaciones extracontractuales, el deudor que incumple por cualquier clase de culpa, trátese de dolo o de imprudencia, o negligencia, o de culpa levísima, responde siempre por los daños no previstos o no previsibles (argumento: *ex* artículos 1185 y 1196 del Código Civil). Como los daños punitivos en los ordenamientos que los consagran solo se aplican, al menos en principio, en la órbita de la responsabilidad extracontractual y no hay lugar para este tipo de condena en el campo de la responsabilidad contractual, el artículo 1274 carece de mayor relevancia cuando de lo que se trata es de identificar manifestaciones concretas de daños punitivos en nuestro Código Civil.

6.5. *Indemnización por determinados accidentes de trabajo*

Una manifestación concreta de los daños punitivos en nuestro ordenamiento se encuentra en el artículo 130 de la Ley Orgánica de Prevención, Condiciones y Medio Ambiente de Trabajo[27], según el cual:

> En caso de ocurrencia de un accidente de trabajo o enfermedad ocupacional como consecuencia de la violación de la normativa legal en materia de seguridad y salud en el trabajo por parte del empleador o de la empleadora, éste estará obligado al pago de una indemnización al trabajador, trabajadora o derechohabientes, de acuerdo a la gravedad de la falta y de la lesión, equivalentes a: 1. El salario correspondiente a no menos de cinco años ni más de ocho años, contados por días continuos, en caso de muerte del trabajador o de la trabajadora. 2. El salario correspondiente a no menos de cuatro años ni más de siete años, contados por días continuos, en caso de discapacidad absoluta permanente para cualquier tipo de actividad laboral. 3. El salario correspondiente a no menos de tres años ni más de seis años, contados por días continuos, en caso de discapacidad total permanente para el trabajo habitual. 4. El salario correspondiente a no menos de dos años ni más de cinco años, contados por días continuos, en caso de discapacidad parcial permanente mayor del 25 % de su capacidad física o intelectual para la profesión u oficio habitual. 5. El salario correspondiente a no menos de un año ni más de cuatro años, contados por días continuos, en caso de discapacidad parcial permanente de hasta el 25% de su capacidad física o intelectual para la profesión u oficio habitual. 6. El doble del salario correspondiente a los días de reposo en caso de discapacidad temporal.
>
> En caso de gran discapacidad asociada a la discapacidad absoluta permanente la indemnización será equiparable a la muerte del trabajador o trabajadora.
>
> Cuando la gran discapacidad esté asociada a la discapacidad temporal, la indemnización será una indemnización equivalente al triple del salario correspondiente a los días que hubiere durado la incapacidad.

---

[27] Publicada en la *Gaceta Oficial de la República Bolivariana de Venezuela* N° 38236, del 26-07-05.

> Cuando la secuela o deformaciones permanentes, provenientes de enfermedades profesionales o accidentes del trabajo, hayan vulnerado la facultad humana del trabajador, más allá de la simple pérdida de su capacidad de ganancias, en las condiciones y circunstancias contempladas en el artículo 71 de esta Ley, el empleador queda obligado a pagar al trabajador, por concepto de indemnización, una cantidad de dinero equivalente al salario de cinco años contando los días continuos.
> A los efectos de estas indemnizaciones, el salario base para el cálculo de las mismas será el salario integral devengado en el mes de labores inmediatamente anterior.

Esta disposición consagra la particular figura del recargo de las cantidades pagaderas al trabajador en caso de accidente de trabajo o enfermedad ocupacional. En razón de este recargo, la prestación a que tiene derecho el trabajador debe aumentarse en caso de incumplimiento por parte del patrono de la normativa legal en materia de seguridad y salud en el trabajo.

El componente punitivo de esta norma es claro. En efecto, cuando el trabajador sufre un accidente de trabajo, queda comprometida la responsabilidad objetiva del patrono conforme a lo dispuesto en el artículo 43 de la Ley Orgánica del Trabajo, los Trabajadores y las Trabajadoras[28]. Pero cuando el accidente de trabajo se produce por haber incumplido el patrono las medidas de prevención de riesgos laborales, este último tiene que pagarle al trabajador o a sus causahabientes, además del daño emergente y del lucro cesante, una indemnización adicional en atención a la gravedad de la falta, de acuerdo con lo dispuesto en el artículo 130 de la Ley Orgánica de Prevención, Condiciones y Medio Ambiente de Trabajo. Esta indemnización a cargo del patrono se debe sumar a las prestaciones a cargo de la Seguridad Social a que también tiene derecho el trabajador, sin que proceda restarla de las prestaciones de ésta para que el patrono asuma la diferencia.

---

[28] Publicada en *Gaceta Oficial de la República Bolivariana de Venezuela* N° 6076 extraordinario, del 07-05-12.

Esta indemnización constituye un verdadero recargo sancionador de carácter punitivo por cuanto que, en primer lugar, se paga además del daño emergente y del lucro cesante que sufre el trabajador, es decir, se impone al patrono una indemnización que excede del daño sufrido por el trabajador; en segundo lugar, solo se establece a cargo de la empresa incumplidora de sus deberes en materia de seguridad e higiene en el trabajo; y, en tercer lugar, la finalidad de este recargo es evitar accidentes de trabajo originados por infracciones empresariales de la normativa sobre riesgos del trabajo. Esta indemnización se asimila, pues, en muchos aspectos a los daños punitivos.

Sin embargo, cabe anotar los siguientes rasgos diferenciales: en primer lugar, la Ley establece el monto máximo que debe tener en cada caso esta indemnización, en atención a un determinado número de salarios mínimos. Los daños punitivos, en cambio, al menos en el sentido en que se concibe este instituto en los sistemas del *Common Law*, en rigor, como indicamos con anterioridad, no están sujetos a ningún tope o límite máximo. Pero adicionalmente, la graduación de la indemnización y su monto máximo, si bien dependen de la gravedad de la falta, se establecen fundamentalmente en atención a la «gravedad de la lesión» experimentada por el trabajador. Así, el monto de la indemnización es mayor en caso de muerte y menor en caso de discapacidad parcial o temporal. Por último, este recargo indemnizatorio es una figura jurídica propia circunscrita a la relación jurídica que vincula al patrono con el trabajador en razón del hecho social del trabajo cuya regulación se establece en atención a unas necesidades muy concretas y a unos objetivos muy bien definidos. Estas características permiten diferenciar este recargo sancionador, al menos en ciertos aspectos, de los daños punitivos en sentido estricto.

Sea lo que fuere, lo que no es procedente es situar en un mismo plano una figura general como son los daños punitivos y una figura concreta y específica como es este recargo indemnizatorio, y extraer de esta asimilación conclusiones que se proyecten hacia todo el sistema de la responsabilidad civil. El carácter punitivo de este recargo indemnizatorio, de difícil encaje en nuestro ordenamiento, no puede extrapolarse al sistema de responsabilidad civil.

6.6. Indemnización de daños y perjuicios por infracción de los derechos de propiedad industrial

Por último, en materia de propiedad industrial, en la Decisión N° 486 del Acuerdo de Cartagena sobre Régimen Común de la Propiedad Industrial[29] se establece como uno de los criterios para fijar la indemnización por daños y perjuicios que corresponden al titular de un derecho de propiedad industrial violado o lesionado, los beneficios que el infractor hubiere obtenido como resultado de los actos de infracción.

En efecto, según el artículo 241 de la referida Decisión N° 486 se establece: «El demandante o denunciante podrá solicitar a la autoridad nacional competente que se ordenen, entre otras, una o más de las siguientes medidas: (...) b. La indemnización de daños y perjuicios...», y según el artículo 243 *eiusdem*:

> Para efectos de calcular la indemnización de daños y perjuicios se tomará en cuenta, entre otros, los criterios siguientes: a. El daño emergente y el lucro cesante sufrido por el titular del derecho como consecuencia de la infracción; b. el monto de los beneficios obtenidos por el infractor como resultado de los actos de infracción; o, c. el precio que el infractor habría pagado por concepto de una licencia contractual, teniendo en cuenta el valor comercial del derecho infringido y las licencias contractuales que ya se hubieran concedido.

---

[29] Cabe hacer notar que, curiosamente, el 12 de septiembre de 2008, el Ministerio del Poder Popular para las Industrias Ligeras y Comercio, por órgano del SAPI, publicó en el diario *Últimas Noticias*, un «Aviso Oficial» mediante el cual se les «recuerda» a los usuarios, interesados y al público en general que, como consecuencia de la denuncia por parte de Venezuela del Acuerdo de Integración Subregional Andino «Acuerdo de Cartagena», que se efectuó el 22 de abril de 2006, «se restituirá la aplicación en su totalidad de la Ley de Propiedad Industrial vigente en nuestro país», es decir, la Ley de Propiedad Industrial de 1956. Asimismo, se indicó en el referido aviso que esta Ley se aplicaría de forma «íntegra». El aviso oficial fue publicado posteriormente, con idéntico contenido, en el *Boletín de la Propiedad Industrial*, N° 496, del 17 de septiembre de 2008. Este aviso oficial significó, por tanto, una modificación profunda del régimen legal de la propiedad industrial, puesto que en él se estableció que no era procedente la aplicación de la Decisión N° 486 del Régimen Común sobre la Propiedad Industrial y se restituyo la aplicación de la Ley de Propiedad Industrial de 1956.

De donde resulta que uno de los criterios para fijar la indemnización por daños y perjuicios que corresponden al titular de una patente de invención o de una marca de fábrica es el beneficio que el infractor hubiere obtenido con la explotación del invento patentado o por la utilización indebida de la marca.

Cabe observar que el texto de estas disposiciones es bastante confuso, como puede apreciarse de su simple lectura. Por otra parte, plantea los siguientes problemas aún no resueltos: ¿Puede el titular de un derecho de propiedad industrial violado o lesionado reclamar como lucro cesante el monto de las ganancias obtenidas por el infractor? ¿Presume el artículo 243 de la Decisión N° 486 que las ganancias obtenidas por el infractor se equiparan al lucro cesante? ¿Puede el titular de una patente lesionada o de una marca objeto de utilización indebida reclamar además del lucro cesante, las ganancias obtenidas por el infractor?

De seguirse este último criterio, para fijar el *quantum* de la indemnización que le corresponde al titular de un invento patentado que ha sido indebidamente explotado o al titular de una marca que ha sido objeto de uso indebido, este podrá obtener «además» del lucro cesante –calculado por los beneficios que el titular habría obtenido previsiblemente de la explotación de la invención patentada o de la utilización de la marca, si no hubiera existido la competencia del infractor–, las ganancias obtenidas por el infractor –calculadas por los beneficios que este último haya obtenido de la explotación del invento patentado o de la utilización indebida de la marca–. Entonces, ¿tiene esta indemnización carácter punitivo?

En nuestro criterio no lo tiene. Se trata más bien de una acción de enriquecimiento sin causa *sui generis* o, si se quiere, una reparación de daños y perjuicios con componentes de la indemnización por enriquecimiento sin causa, sobre todo, si se tiene en cuenta que el beneficio que el titular del invento patentado o de la marca infringida hubiese obtenido sin la violación es un lucro cesante, pero el lucro obtenido por el infractor es un enriquecimiento[30].

---

[30] En el Derecho inglés se distingue entre *punitive* o *exemplary damages* –daños punitivos o ejemplarizantes– cuyo monto, según las circunstancias, puede ser superior

6.7. Conclusión

En resumen, podemos concluir que la mayoría de las figuras jurídicas examinadas, aunque puedan parecer manifestaciones de los daños punitivos en nuestro ordenamiento jurídico, no son tales ni nada parecido. Por otro lado, aunque otras figuras examinadas como, por ejemplo, determinadas indemnizaciones en caso de accidente de trabajo o enfermedad profesional presentan algunos elementos similares a los daños punitivos, tienen un campo de aplicación muy restringido y cuentan con parámetros establecidos por la ley para su fijación. De ahí que, en rigor, no puede afirmarse que en nuestro ordenamiento existen los daños punitivos en sentido estricto.

7. ¿Conviene trasplantar los daños punitivos al sistema de responsabilidad civil venezolano?

En lo concerniente a la conveniencia de introducir los llamados daños punitivos en el Derecho venezolano, caben las siguientes consideraciones de orden general:

i. Desde luego, sin ánimo de agotar el tema que desborda los límites de esta ponencia, conviene recordar que las normas sobre la responsabilidad civil en nuestro ordenamiento tienen una finalidad indemnizatoria, reparadora, compensatoria o resarcitoria. Lo que se persigue a través del instituto de la responsabilidad civil es reparar el daño causado a la víctima. Es esta y no otra su función primordial. La responsabilidad civil tiene, pues, como finalidad la reparación del daño causado y no el castigo para el agente del daño. Tampoco está dirigida a inhibir conductas lesivas o peligrosas. Su función básica es compensar daños y no tratar de evitarlos o prevenirlos, lo que corresponde al Derecho Penal o al Derecho Administrativo sancionador, pero no al Derecho Civil.

Esto, por supuesto, presupone que exista un daño. Si el incumplimiento de una obligación no produce daño alguno, nada habrá que indemnizar y no

o inferior al beneficio obtenido por el infractor y *disgorgement damages* —daños restitutorios de las ganancias percibidas— cuyo monto equivale a las ganancias obtenidas por el infractor.

entrará en funcionamiento el instituto de la responsabilidad civil con todas sus consecuencias. Tal y como afirma el profesor Mélich-Orsini:

> En todo caso la responsabilidad civil de lo que se trata es de obtener una reparación, lo cual supone necesariamente que exista un daño que reparar. El daño es el elemento que da interés al acreedor para ejercer la acción por responsabilidad civil, pues en materia civil, a diferencia de lo que ocurre con la responsabilidad penal, la antijuridicidad de la acción –incumplimiento en sentido objetivo–, ni aun cuando vaya unida a culpa –incumplimiento en sentido subjetivo–, sería suficiente para dar lugar a la reacción del ordenamiento jurídico. Esta reacción se manifiesta en la «represión» del daño mediante la atribución a la víctima de una acción para obtener el restablecimiento de la situación lesionada o una compensación pecuniaria[31].

De donde resulta que no hay responsabilidad civil si no hay daño causado, es decir, no se puede imponer el resarcimiento donde no hay daño que reparar. El daño es entonces un elemento del hecho ilícito sin el cual no existe la responsabilidad civil[32].

En nuestro ordenamiento, cualquier especulación sobre la materia es vana mientras los artículos 1185 y 1196 del Código Civil sigan diciendo lo que dicen, a saber: el que con intención, o por negligencia, o por imprudencia, ha causado un daño a otro, está obligado a repararlo (artículo 1185) y la obligación de reparación se extiende a todo daño material o moral causado por el acto ilícito (artículo 1196). De la lectura de estas disposiciones solo puede concluirse que la finalidad de la responsabilidad civil extracontractual es reparar el daño causado como consecuencia de la violación de un deber preexistente implícito en el artículo 1185, que consiste en no causar daño a otro mediante una conducta dolosa, imprudente o negligente –*alterum non laedere*–. Además es forzoso concluir que la reparación debe cubrir todo el daño causado,

---

[31] Mélich-Orsini: ob. cit., pp. 29 y 30.
[32] Desde luego, puede haber un daño causado sin que exista un deber de responder. Hay hipótesis de daño a terceros que no engendran responsabilidad civil cuando el daño está legalmente justificado –daño lícito–. Pero ese es otro problema.

pero nada más que el daño causado (artículo 1196). Las normas sobre responsabilidad civil no pueden llegar más allá de la extensión del daño efectivamente causado y no pueden entrar en funcionamiento si el daño no ha existido, por muy reprochable que haya sido la conducta del agente.

La responsabilidad civil tampoco tiene entre sus funciones normativas prevenir conductas peligrosas. Otra cosa es que produzca este efecto de rebote, es decir, de modo reflejo. Hay que suponer que quien tiene que pagar una indemnización por el daño que ha causado a otro, tratará de no incurrir en conductas similares en el futuro. Al menos, esto es de esperarse. Pero una cosa es hablar de las funciones de la responsabilidad civil y otra cosa muy distinta es referirse a sus consecuencias. El principio compensatorio es, pues, fundamental en el sistema de la responsabilidad civil en Venezuela, y cualquier otro objetivo debe considerarse como un simple efecto lateral de la reparación.

La responsabilidad penal, en cambio, persigue la imposición de una pena o castigo contra el autor de un delito. Tiene, además, una función preventiva: asegurar que el ciudadano observe una conducta adecuada y que no cometa delitos. Si esta fuera la finalidad de la responsabilidad civil, invadiría el campo de aplicación del Derecho Penal y del Derecho Administrativo sancionador.

Hay quienes sostienen que, como el sistema penal y el sistema administrativo sancionador no son suficientemente disuasorios ni eficientes, hay que ir a buscar soluciones en el sistema de la responsabilidad civil. En nuestro concepto, esta es una solución equivocada. Lo procedente es articular los mecanismos que sean necesarios para mejorar el Derecho Penal y el Derecho Administrativo sancionador. Pero, se insiste, no es la misión del Derecho de la responsabilidad civil llenar esta insuficiencia ni estructurar los mecanismos de prevención de conductas peligrosas o dañosas. Para eso está el Derecho público sancionador. Si este no funciona, que se reforme.

En conclusión, la función normativa de la responsabilidad civil extracontractual en nuestro Derecho no es preventivo-punitiva, sino compensatoria o resarcitoria. Por consiguiente, darle entrada a las indemnizaciones sancionatorias en sentido estricto o a los daños punitivos en nuestro sistema de responsabilidad civil quebraría la finalidad de la responsabilidad civil extracontractual y desnaturalizaría este instituto.

ii. La importación de los daños punitivos al sistema venezolano plantea igualmente serias consideraciones de orden constitucional.

De acuerdo con el artículo 49 de la Constitución, nadie puede ser condenado o sancionado por acciones u omisiones que no constituyan delito, falta o infracción administrativa, de acuerdo con una ley preexistente. *Nullum crimen nulla poena sine lege*. Los daños punitivos constituyen una forma de introducir el castigo en el campo de la responsabilidad civil sin las garantías de que goza todo acusado en un proceso penal. La indemnización no es una pena, sino la reparación de un daño causado; de ahí que los daños punitivos sean contrarios al principio contenido en el artículo 49 de la Constitución.

Los *punitive damages* en cuanto son sancionatorios y no compensatorios comparten la naturaleza de las multas penales, pero no se imponen en un proceso que ofrezca las garantías exigidas para la imposición de sanciones. La introducción de los daños punitivos, por tanto, conllevaría la imposición de una pena sin los requisitos y garantías propias que requiere un proceso penal o los que también requieren las sanciones administrativas. En efecto, como se ha afirmado, la imposición de sanciones penales por parte de tribunales civiles implica eludir los requisitos que la protección constitucional y los derechos humanos imponen al procedimiento penal. De ahí que la imposición de daños punitivos es igualmente contraria a la garantía de la tutela judicial efectiva consagrada en el artículo 26 de la Constitución. En resumidas cuentas, el carácter de «multa privada» de los daños punitivos los convierte en inconstitucionales, salvo que se les aplique el régimen sustantivo y procesal de las sanciones penales.

Además, los daños punitivos son impredecibles y arbitrarios. No existen límites en cuanto a su cuantía ni criterios claros o estándares precisos que permitan su imposición, todo lo cual choca igualmente con el principio de legalidad y las exigencias del debido proceso.

iii. Un principio cardinal de la responsabilidad civil en nuestro sistema, ya lo hemos dicho, es que la indemnización de los daños y perjuicios no debe significar un enriquecimiento para la víctima. Por consiguiente, el acreedor perjudicado debe ser indemnizado de la totalidad del daño que experimente como consecuencia directa e inmediata de la falta de cumplimiento de la obligación (Código Civil, artículo 1275), pero no debe recibir más que aquello que tendría si el incumplimiento no hubiese tenido lugar. La indemnización del daño, como su nombre lo indica, solo ha de conducir a la compensación del daño efectivamente sufrido, pero no a un enriquecimiento del perjudicado.

Dado que el resarcimiento persigue restablecer el equilibrio patrimonial, el perjudicado no debe ser colocado en una situación mejor que la que tenía con anterioridad en virtud de la indemnización. Como afirma DE CUPIS: «El resarcimiento es una reparación que corresponde a la medida del daño. No puede servir para enriquecer al perjudicado, superando tal medida. Semejante enriquecimiento sería extraño a su función reparadora y equilibradora e introduciría, a cargo del responsable, una pena privada»[33].

En el mismo sentido, en la doctrina nacional, el autor BERNAD MAINAR afirma: «nunca el derecho a la indemnización puede implicar un enriquecimiento, por exceder el monto del resarcimiento del daño efectivo»[34]. Al referirse a la extensión del resarcimiento debido, el profesor KUMMEROW afirma: «uno de los principios cardinales (…) del resarcimiento (es que) 'debe resarcirse todo el daño y nada más que el daño' (…) La indemnización debe abarcar el daño –en su integridad–, de donde se infiere que la reparación que traspase tal límite ofrece el aspecto de un lucro indebido extraño a la función de reequilibrio patrimonial que cumple la reparación»[35].

---

[33] DE CUPIS, Adriano: *El Daño: Teoría General de la Responsabilidad Civil*. Bosch, Casa Editorial, S. A. Barcelona, 1975, p. 753.
[34] BERNAD MAINAR, Rafael: *Derecho Civil Patrimonial: Obligaciones*. Tomo I. UCAB. Caracas, 2012, p. 230.
[35] KUMMEROW, Gert: «Esquema del daño contractual resarcible según el sistema normativo venezolano». En: *Indemnización de Daños y Perjuicios*. Fabreton Editores. Caracas, 1998, pp. 307, 308 y 333. Asimismo, este autor, citando a MESSINEO, expresa: «el objeto del resarcimiento consiste en colocar al acreedor en la misma situación patrimonial –hipotética– en que se hallaría de no haber interferido el evento dañoso» (p. 339).

Por último, conviene tener en cuenta que como el resarcimiento se establece en función del perjuicio experimentado por un determinado acreedor perjudicado, ninguna relevancia tiene a los efectos de la cuantía del resarcimiento que el responsable se haya beneficiado o haya obtenido una ventaja económica en razón del daño experimentado por la víctima. Como afirma DE CUPIS: «Que el responsable haya obtenido con la producción del daño una ventaja económica, un enriquecimiento, superior al daño, no puede influir en el resarcimiento, dirigido simplemente a reintegrar el interés del perjudicado»[36].

En conclusión, conforme al Derecho venezolano, no puede colocarse al acreedor en una posición mejor que la que tenía antes del acontecimiento que generó la responsabilidad del deudor. La obligación de indemnización se limita a resarcir el daño real ocasionado, de manera tal que se evite un empobrecimiento del acreedor, pero sin que ello pueda tampoco significar un enriquecimiento del acreedor.

Los daños punitivos producen un enriquecimiento injustificado para la víctima. En efecto, como los daños punitivos no tienen límite y la indemnización se establece a favor de la víctima, ella termina recibiendo por este concepto una cantidad de dinero muy superior a la pérdida efectivamente sufrida. Es decir, la víctima queda en una posición mejor después de producido el daño. Entonces, podría afirmarse que, paradójicamente, a la víctima le conviene sufrir el daño, puesto que, como consecuencia del mismo, ella puede obtener un considerable incremento de su patrimonio. Aparte, desde luego, de que esta situación tiende a incentivar las demandas y aumentar los juicios, lo que no es ni puede ser nada deseable para el buen orden de la sociedad.

iv. Por último, darle cabida a un sistema de daños punitivos en nuestro ordenamiento plantearía muchos problemas prácticos que no han sido claramente resueltos ni siquiera en los Estados Unidos de América donde los daños punitivos, como se dijo, son un componente fundamental del Derecho de la responsabilidad civil.

---

[36] DE CUPIS: ob. cit., p. 754.

Entre otros se plantean los siguientes interrogantes: ¿Qué proporción tienen que guardar los daños punitivos con los daños compensatorios? ¿Puede una persona ser condenada a pagar daños punitivos por el hecho de otro? ¿Deben responder o pagar daños punitivos los padres en lugar de sus hijos? ¿O los dueños, directores o principales en vez de sus sirvientes o dependientes? ¿O los patronos en lugar de sus trabajadores? ¿O la Administración por los actos de sus funcionarios? ¿O, por el contrario, debe ser el agente material del daño quien deba siempre soportar de modo exclusivo una responsabilidad tan personal? ¿Se transmiten los daños punitivos a los herederos del agente, como ocurre con los daños compensatorios de carácter patrimonial, o, por el contrario, son intrasmisibles como ocurre con el daño moral? ¿Pueden los daños punitivos estar amparados por un seguro de responsabilidad civil? Si esto último se permitiera, no tendrían ya los daños punitivos la eficacia preventiva que se busca con su reconocimiento.

Todos estos problemas –y muchos más– no han sido resueltos ni siquiera en los países afiliados al *Common Law*, como los Estados Unidos de América, donde los daños punitivos constituyen una pieza fundamental del Derecho de daños.

En conclusión, entiendo perfectamente el propósito loable que persiguen los daños punitivos, esto es, que el causante del daño no vuelva a incurrir en conductas similares y que los terceros igualmente queden disuadidos de hacerlo. Pero lo que no entiendo, es que este papel de prevención lo tenga que cumplir el instituto de la responsabilidad civil. Tampoco entiendo por qué extraña razón la víctima de un daño tenga que ser resarcida con una indemnización que excede en mucho la pérdida efectivamente sufrida.

Por lo antes expuesto, considero que existen poderosas razones para que los daños punitivos, que son ajenos al sistema de la responsabilidad civil que impera en los países afiliados a los sistemas del *Civil Law*, permanezcan donde se encuentran, esto es, en otros ordenamientos y bien lejos de nosotros.

* * *

Resumen: El autor en este trabajo –que tiene su génesis en la reproducción de una conferencia, aderezada con las citas de rigor para esta versión escrita–, se pasea por la interrogante sobre si los daños punitivos –famosos en los ordenamientos del *Common Law*– son admisibles en el Derecho venezolano. Para acercarse a la respuesta explica su definición, antecedentes, supuestos de procedencia, además de otras aristas de interés, como su cotejo con institutos próximos que sí tienen reconocimiento en el sistema nacional. Finalmente, concluye que no resulta adecuado su implantación en nuestro sistema, pues quebrantarían en diversos aspectos el modelo de responsabilidad civil venezolano. **Palabras clave**: Daño punitivo, daño ejemplarizante, responsabilidad civil. Recibido: 06-12-17. Aprobado: 22-12-17.